Loh/Wippermann
Faschismus kontrovers

Erwägungskultur in Forschung,

Lehre und Praxis

(herausgegeben von Werner Loh)

Band 3

Menschheitsgeschichtlich bedacht sind in den letzten Jahrhunderten – vom Mikrobereich der Atome bis zum Makrobereich des Weltraums, von der Gentechnik bis zur Robotertechnik – reproduzierbare und radikal neue Ergebnisse gewonnen worden. Trotzdem bestehen in den Wissenschaften nicht nur hinsichtlich ihrer Grundlagen einander widersprechende Auffassungen – von der Mathematik über Physik und Biologie bis hin zu den Kulturwissenschaften –, sondern auch darüber, wie mit diesen Ergebnissen praktisch umgegangen werden sollte. Viele dieser Differenzen sind in Weltbildern verankert, die zuweilen über mehrere tausend Jahre zurück verfolgbar sind. Es gibt bisher keine Tradition, die derartige Differenzen erforschend in *Erwägungen* einzubringen trachtet. Erwägen ist ein konstitutiver Bestandteil menschlicher Problembewältigung als Entscheidungsprozess. Erwägungen können erinnert und damit auch als Geltungsbedingungen von Lösungen bewahrt und verbessert werden, insbesondere für Erwägungen, wie zu erwägen sei; hierdurch werden Erwägungsforschungsstände möglich. In der Reihe *Erwägungskultur in Forschung, Lehre und Praxis* werden Arbeiten veröffentlicht, die sich am Konzept des Erwägens orientieren. Es werden sowohl Grundlagen als auch spezifische Anwendungsfragen behandelt. Methodisch reicht das Spektrum von der Zusammenführung unterschiedlicher Auffassungen, die zu Erwägungen herausfordern, bis hin zu kombinatorischen Vorgehensweisen. Die Reihe soll Tradierungen ermöglichen, die der Relevanz entsprechend sich in Forschung, Lehre und Praxis methodisch um Verbesserungen von Erwägungen umfassend kümmern.

»Faschismus« kontrovers

herausgegeben von Werner Loh und Wolfgang Wippermann

mit Beiträgen von

Lothar Fritze, Peter Fritzsche, Roger Griffin, Eike Hennig, Klaus
Holz, Wolfgang Kraushaar, Volker Kronenberg, Reinhard Kühnl,
Werner Loh, Stanley G. Payne, Friedrich Pohlmann, Karin Priester,
Werner Röhr, Achim Siegel, Lothar Steinbach, Ernst Topitsch,
Jan Weyand, Wolfgang Wippermann, Friedrich Zunkel

 Lucius und Lucius

Anschriften der Herausgeber:

Dr. Werner Loh
Univ.-GH Paderborn
FB 1
Warburger Str. 100
33098 Paderborn

Prof. Dr. Wolfgang Wippermann
Freie Universität Berlin
FB Geschichtswissenschaft
Koserstr. 20
14195 Berlin

Bibliografische Information der Deutschen Bibliothek
Die Deutsche Bibliothek verzeichnet diese Publikation in der Deutschen
Nationalbibliografie; detaillierte bibliografische Daten sind im Internet
über http://dnb.ddb.de abrufbar

ISBN 3-8282-0238-1
© Lucius & Lucius Verlagsgesellschaft mbH Stuttgart 2002
  Gerokstr. 51, D-70184 Stuttgart
  www.luciusverlag.com

Druck und Einband: Rosch-Buch, Scheßlitz

Printed in Germany

INHALT

Vorwort

Einleitung

Wolfgang Wippermann
Was ist Faschismus? – Geschichte und Theoriegeschichte   1

Hauptartikel

Wolfgang Wippermann
Hat es Faschismus überhaupt gegeben?
Der generische Faschismusbegriff zwischen Kritik und Antikritik   51

Kritiken

Lothar Fritze
Über die Unentscheidbarkeit, ob es Faschismus gegeben hat   71

Peter Fritzsche
Fascism, Desire, and Social Mechanics   76

Roger Griffin
'Racism' or 'rebirth'? The case for granting German citizenship
to the alien concept 'generic fascism'   81

Eike Hennig
Selbstverständlich: Faschismus hat es gegeben!   89

Klaus Holz
Zum kulturwissenschaftlichen Defizit des Faschismusbegriffes   97

Wolfgang Kraushaar
Das Scheitern der Faschismustheorie am Nationalsozialismus   102

Volker Kronenberg
Jenseits des "Entweder - Oder"   107

Reinhard Kühnl
Probleme einer Faschismusdefinition   112

Stanley G. Payne
Generic Fascism: An Epochal Phenomenon Only   116

Friedrich Pohlmann
Anmerkungen zu einem Faschismusbegriff der 70er Jahre   121

Karin Priester
Faschismus war mehr als Rassismus   125

Werner Röhr
Faschismus: Begriff versus Realtypus   130

Achim Siegel
Ist der „generische Faschismusbegriff"
der Totalitarismuskonzeption überlegen?   137

Lothar Steinbach
'Faschistenstrolch' und 'Neufaschist' –
Betrachtungen zu einem umstrittenen Gattungsbegriff   145

Ernst Topitsch
Etikettenschwindel   154

Friedrich Zunkel
Ein Gattungsbegriff mit Sonderfall   158

Replik

Wolfgang Wippermann
Über einige theoretische und methodologische Grundfragen
der Faschismusdiskussion   163

Abschließende Stellungnahmen

Lothar Fritze
Statt einer abschließenden Stellungnahme   175

Peter Fritzsche
Talk About Fascism   175

Roger Griffin
Nazism's 'Cleansing Hurricane'
and the Metamorphosis of Fascist Studies   179

Eike Hennig
Faschismus: Zur Kritik in der Wissenschaft und an der Gesellschaft   191

Klaus Holz und Jan Weyand
Rassig interpretierte Nation –
Zum Begriff der faschistischen Ideologie   196

Wolfgang Kraushaar
Abschließende Stellungnahme   204

Volker Kronenberg
Gegensätze, die keine sind   211

Friedrich Pohlmann
Der Faschismusbegriff Wolfgang Wippermanns –
Anmerkungen zu einem geheimnisvollen Phänomen   215

Karin Priester
Abschließende Stellungnahme
zur Debatte und zu Wippermanns Replik   221

Werner Röhr
Pragmatik statt Semantik:
Bemerkungen zur Replik und zur Einleitung von Wolfgang Wippermann   231

Achim Siegel
Methodische Mängel
in Wippermanns Beiträgen erschweren eine inhaltliche Diskussion   244

Lothar Steinbach
„FÜR FRIEDEN FREIHEIT UND DEMOKRATIE
NIE WIEDER FASCHISMUS   MILLIONEN TOTE MAHNEN"   245

Friedrich Zunkel
Bemerkungen zu Grundfragen der Faschismusdiskussion   247

Adressen der Autorin, Autoren und Herausgeber   253

Vorwort

Was ist „Faschismus"?: Nur ein Schlagwort oder politischer Gattungsbegriff zur Charakterisierung von Parteien und Regimen, die sich am Vorbild des faschistischen Italiens orientiert haben und/oder im Hinblick auf ihr Erscheinungsbild, ihre Ideologie sowie ihre soziale Basis und soziale Funktion bedeutsame Gemeinsamkeiten aufweisen? Kann man an einem allgemeinen, d.h. keineswegs nur auf das Italien Mussolinis bezogenen Faschismusbegriff festhalten oder hat es »Faschismus« außerhalb Italiens gar nicht gegeben?

Diese Fragen sind schon immer, d.h. seit Gründung des »Partito Nazionale Fascista« im Jahr 1921, kontrovers diskutiert worden. Phasen einer sehr weitgefassten, ja inflationären Verwendung des Faschismusbegriffs wurden von solchen abgelöst, in denen die Legitimität eines generischen Faschismusbegriffs grundsätzlich in Zweifel gezogen wurde. Letzteres ist gerade jetzt der Fall. Sinn und Nutzen eines allgemeinen Faschismusbegriffes werden im In- und Ausland äußerst kontrovers diskutiert. Neben wissenschaftlichen geht es dabei auch um politische Fragen wie der Einstellung zur Demokratie und zum kapitalistischen Wirtschaftssystem. So gesehen, ist die Faschismusdiskussion zum Faktor und Indikator der politischen Kultur geworden.

Aus solchen grundsätzlichen Erwägungen heraus hat sich die Zeitschrift »Ethik und Sozialwissenschaften« (EuS) – seit 2002 mit dem neuen Titel „Erwägen Wissen Ethik" (EWE) –, die sich generell den Herausforderungen durch neuzeitliche Entwicklungen mit dem Ziel stellt, das Erwägen von Alternativen zu fördern, des Faschismusthemas angenommen. Eingeleitet durch einen Hauptartikel von Wolfgang Wippermann, haben 16 in- und ausländische Historiker, Philosophen, Politologen und Soziologen Sinn und Nutzen eines allgemeinen ideal- oder realtypischen Faschismusbegriffs diskutiert. Aufgefordert dazu waren sie von dem Mitherausgeber der Zeitschrift EuS, Werner Loh, der – wie bei EuS üblich – sonst keinen weiteren Einfluss auf die eingeworbenen Artikel ausübte. Es entstand eine ebenso lehrreiche wie die weitere Diskussion anregende Kontroverse, in der in knapper und pointierter Form die Argumente, die für und die gegen einen allgemeinen Faschismusbegriff sprechen, ausgetauscht wurden. Die Konsens- und Dissenspunkte hat dann Wolfgang Wippermann in seiner an den Hauptartikel anschließenden Replik noch einmal aufgelistet.

Insgesamt handelt es sich unseres Erachtens um ein Musterbeispiel einer lehrreich geführten Kontroverse. Daher sind wir auf die Idee gekommen, sie in Buchform zu veröffentlichen. Alle Beteiligten haben diesem Vorhaben zugestimmt. Das Buch sollte aber nicht allein die in der Zeitschrift veröffentlichte Diskussion reproduzieren, sondern zusätzlich in einer Einleitung einen Überblick über die allgemeine Geschichte und Theoriegeschichte des Faschismus bieten. Weiterhin sollte der Band die kontroverse Forschungssituation verdeutlichen. Daher haben wir allen Beteiligten angeboten, zu der gesamten Diskussion und der Einleitung Stellung zu nehmen. Nur drei Teilnehmende haben hiervon nicht Gebrauch gemacht. Diese abschließenden Stellungnahmen verdeutlichen erneut, wie umstritten das Thema nicht nur wissenschaftlich ist. Die zuweilen ironischen und polemischen Bemerkungen machen darauf aufmerksam, dass die Problemlage des »Faschismus« nicht nur zu wissenschaftlichen Problembewältigungen herausfordert. Einige Leserinnen und Leser mögen sich fragen, wie denn auf diese, teilweise verschärfte Kontroverse – mit ihren Widersprüchen auch untereinander – wiederum zu antworten wäre. Doch die Herausgeber wollten gerade keine weitere Replik. Es sollte der offene Forschungsprozess zum Ausdruck kommen. Besonders in Schulen und Hochschulen sollte gelernt werden, mit derartigen Kontroversen klärungsförderlich umzugehen. Hierfür soll dieser Band »*Faschismus*« *kontrovers* auch eine Herausforderung sein.

»*Faschismus*« *kontrovers* soll also dazu anregen, in Lehre und Forschung den Umgang mit unterschiedlichen Auffassungen zur Faschismusproblematik inhaltlich sowie methodisch zu üben und zu verbessern. Hierbei ist es hilfreich, die jeweils auf der Problemlösungsebene sich ausschließenden Auffassungen erst einmal auf der Erwägungsebene zusammenzuführen und zu klären, was bei jeweiligen Problemen als Alternativen zu erwägen ist und was nicht dazu gehört. Welche Methoden hilfreich sein können, wäre selbst zu erwägen und weiter zu erforschen. Aus reflexiven Erwägungen wären auch die Gründe zu gewinnen, warum man gewisse Alternativen präferiert bzw. andere ablehnt oder zu einer begründeten Bewertung sich noch nicht fähig erachtet. In Seminaren könnten hierdurch Lehre und Forschung eine Einheit bilden.

Der in der Zeitschrift veröffentlichte Text (EuS, 11. Jg., 2002, Heft 2: S. 289-334) wurde insgesamt mit nur geringfügigen Korrekturen übernommen. Es wurde nicht vorgeschrieben, welchen Regeln der Rechtschreibung man folgen möchte. Weiterhin galt auch für die abschließenden Stellungnahmen das Prinzip, keinen Einfluss zu nehmen, um eine möglichst offene Diskussion zu erreichen.

In den nun hinzugekommenen abschließenden Stellungnahmen wurde auf die anderen Texte des Bandes in gleicher Weise verwiesen wie es in der Zeitschrift üblich ist:
Wird in den Kritiken, der Replik und den abschließenden Stellungnahmen auf Stellen des *Hauptartikels* verwiesen, dann wird die jeweilige eingeklammerte Nummer zu dieser Stelle des Hauptartikels angegeben.
Für den Bezug auf die *Kritiken* kommt zu den Nummern noch der Name hinzu, für die *Einleitung* ein "E" und die *Replik* ein "R", also z.B. ((R 1)).

     Werner Loh   Wolfgang Wippermann

Was ist Faschismus?

Geschichte und Theoriegeschichte

Wolfgang Wippermann

Einleitung

((1)) „Der Faschismus hat einen Namen, der an sich nichts sagt über den Geist und die Ziele der Bewegung. Ein fascio ist ein Verein, ein Bund, Faschisten sind Bündler und Faschismus wäre Bündlertum".[1] Mit diesen Worten hat Fritz Schotthöfer 1924 auf eine banale, aber dennoch häufig nicht hinreichend beachtete Tatsache verwiesen. Anders als die Begriffe Konservativismus, Liberalismus, Sozialismus, Kommunismus etc. ist der Begriff Faschismus an sich inhaltsleer. Faschismus ist aus dem italienischen Wort für Bund „fascio" abgeleitet und bedeutet wörtlich übersetzt wirklich nichts anderes als 'Bündlertum'. Doch dies ist nicht alles. Da „fascio" aus dem lateinischen fasces – dem Rutenbündel der römischen Liktoren – stammt, hat das Wort eine symbolhafte Bedeutung.[2] Es suggeriert, daß eine zu einem Bund vereinigte Gruppe von Menschen stärker ist als jede Einzelperson, bzw. jede einzelne Rute, die man eben im Unterschied zum gesamten Rutenbündel brechen kann. Dies ist ein originär linker Gedanke. Und tatsächlich waren es im 19. Jahrhundert auch ausschließlich Linke, die sich im Italien des 19. Jahrhunderts zu „fasci" zusammenschlossen. Die Linie reicht von den Jakobinern bis hin zu den Syndikalisten.

((2)) Wie konnte aus diesem – weitgehend inhaltsleeren und noch dazu von Linken verwendeten – italienischen Wort für Bund der politische Gattungs-

begriff Faschismus werden, der auf zahlreiche und noch dazu sehr unterschiedliche Phänomene angewandt wurde und immer noch wird? Welche waren dies
und mit welcher theoretischen Begründung wurden sie als „faschistisch" eingestuft? Im folgenden Überblick geht es um beides. Einmal um die reale Geschichte des bzw. der Faschismen[3] und zum anderen um die Geschichte des
Begriffs und der Theorien über den Faschismus.[4]

((3)) Wir beginnen mit der Geschichte und Struktur des faschistischen Regimes in Italien, um dann auf die Bewegungen und Regime einzugehen, die
ebenfalls als „faschistisch" klassifiziert wurden. Danach werfen wir einen Blick
auf die zeitgenössische Faschismusdiskussion, wobei zwischen der der Kommunisten und Sozialdemokraten sowie der Konservativen und Liberalen zu
unterscheiden ist. In einem dritten und letzten Kapitel diskutieren wir die Frage, ob es Faschismus auch nach 1945 gegeben hat und immer noch gibt. Dabei wird wiederum zwischen Regimen und Bewegungen differenziert, die von
den einen als „faschistisch" oder „neofaschistisch", von anderen dagegen als
„autoritär", „rechtsradikal" oder „rechtsextremistisch" bezeichnet werden.
Schließlich werfen wir noch einen Blick auf die Faschismusdiskussion nach
1945.

((4)) All dies geschieht in bewußt knapper Form. Lücken und Auslassungen
sind unvermeidlich. Dies gilt vor allem für den Nationalsozialismus, dessen
Geschichte nur gestreift und als weitgehend bekannt vorausgesetzt wird. Der
folgende Überblick über die Geschichte und Theoriegeschichte des Faschismus
mag dazu beitragen, die anschließende Debatte über Sinn und Nutzen eines
generischen Faschismusbegriffes besser verstehen und einordnen zu können.

1. Die Geschichte des Faschismus bis 1945

1. 1 „Die Doktrin ist die Tat":
Der Aufstieg des italienischen Faschismus

((5)) 1915 rief der damalige inoffizielle Führer der italienischen Sozialistischen Partei Benito Mussolini die „fasci d'azione rivoluzionari" ins Leben.
Sinn und Zweck dieser 'Bünde der revolutionären Aktion' war die Agitation
für den Kriegseintritt Italiens auf der Seite der Entente. Dies gelang bekanntlich, führte aber zum Ausschluß Mussolinis aus der Sozialistischen Partei.[5]
Nach dem Ersten Weltkrieg, der für Italien nicht die Erfüllung seiner Kriegs-

ziele brachte, obwohl es zu den Siegermächten gehörte, gründete Mussolini 1919 aus frustrierten Nationalisten und Veteranen des Krieges, die sich nicht an den Frieden gewöhnen wollten, die „fasci di combattimento". Diese 'Kampfbünde' hatten zunächst große Ähnlichkeiten mit den deutschen Freikorps und den österreichischen Heimwehren. Wie diese bekämpften die „fasci" die slavischen Minderheiten in den Grenzregionen im Nordosten Italiens und die Linken in Oberitalien, die immer mächtiger wurden und 1920 sogar die Revolution probten, was die bis dahin allmächtigen italienischen Großagrarier und Industriellen veranlaßte, die von den 'Kampfbünden' angebotenen Dienste in Anspruch zu nehmen.

((6)) In ihrem Auftrag und mit dem reichlich fließenden Geld der Großagrarier und Industriellen versehen führten die inzwischen uniformierten, bewaffneten und nach militärischen Kriterien in „squadre" (= Geschwader) organisierten „fascisti", die auch „squadristi" oder nach ihrer Uniform „Schwarzhemden" genannt wurden, einen Terrorfeldzug gegen die Sozialisten und die Angehörigen der christlich-demokratischen Partei der „Popolari", wobei in sog. Strafexpeditionen („spedizioni punitive") ganze Regionen Italiens erobert bzw. „befreit" wurden. Der bürgerliche Staat tolerierte dieses völlig ungesetzliche Treiben in einer Mischung aus Hilflosigkeit und klammheimlicher Zustimmung.

((7)) Dies erhöhte wiederum die Anziehungskraft von Mussolinis Kampfbünden auf ausschließlich männliche und vornehmlich junge Italiener, die in den Reihen der „fasci" ihr Ersatz-Kriegserlebnis suchten und fanden. Die „fascisti" selber feierten ihre schändlichen Taten mit bestimmten männlichen und gewaltverherrlichenden Riten und Ritualen, die Mussolini von dem charismatischen Dichter-Politiker Gabriele D'Annunzio übernommen hatte. D'Annunzio hatte 1919 für mehrere Monate die jugoslawische Stadt Rijeka (Fiume) besetzt und dort ein Regiment errichtet, das im Detail vieles von dem vorwegnahm, was den späteren Faschismus 'auszeichnen' sollte.[6]

((8)) Mussolini verfügte zu diesem Zeitpunkt noch keineswegs über ein fest gefügtes politisches Programm.[7] Doch dies bemäntelte er mit der Behauptung, daß die „Lehre" („dottrina") des „fascismo" eben nicht in der Ideologie, sondern in der „Tat" liege. Dies war nicht unbegründet. Tatsächlich verschafften sich Mussolini und seine „fascisti" durch Gewalt einen Namen. Sie erhielten immer mehr Zulauf. Im April 1921 wurden die „fasci di combattimento" in eine Partei, den „Partito Nazionale Fascista" umgewandelt, deren unumstrittener, aber noch keineswegs allmächtiger Führer („duce") Mussolini war. Trotz,

ja gerade wegen ihrer Gewalttaten wurden die „fascisti" nach wie vor von den
Großagrariern und Industriellen als Bündnispartner gegen den angeblich drohenden Bolschewismus geschätzt und unterstützt. Die Gewaltexpeditionen
der Faschisten führten zu bürgerkriegsähnlichen Unruhen, die Polizei und
Militär nicht mehr eindämmen konnten und wollten. Auch der von einem
Abwehrbündnis, der „Alleanza del Lavoro", am 31.7.1922 ausgerufene Ge-
neralstreik scheiterte. Der italienische Staat kapitulierte schließlich vor der
angedrohten und ausgeübten Gewalt der Faschisten. Am 28. Oktober 1922
ernannte der König Mussolini zum Ministerpräsidenten.

1.2. "Stato totalitario"?:
Geschichte und Struktur des faschistischen Regimes in Italien

((9)) Von einer Machtergreifung konnte man jedoch nicht bzw. noch nicht
sprechen. Mussolinis Minderheitsregierung wurde im mehr als 500 Abgeordneten zählenden italienischen Parlament nur von 35 Faschisten unterstützt.
Ihnen schlossen sich jedoch die Nationalisten von der „Associazione Nazio-
nalista" an. Außerdem zeigten sich die Liberalen zur Kollaboration bereit. Sie
stimmten am 8. November 1923 dem von den Faschisten eingebrachten neu-
en Wahlgesetz zu, das vorsah, daß eine Partei, die 25 % der abgegebenen
Stimmen erhielt, zwei Drittel der Parlamentssitze bekommen sollte. Tatsächlich erreichten die Faschisten bei den Parlamentswahlen vom 5. April 1924
dies. Sie verfügten zusammen mit ihren liberalen Listenverbündeten über eine
Zweidrittelmehrheit im Parlament. Mussolini schien am Ziel zu sein.

((10)) Doch da fand sich die an sich schon geschlagene Opposition noch einmal zu einer gemeinsamen Gegenwehr bereit. Anlaß war die Ermordung des
populären sozialistischen Abgeordneten Giacomo Matteotti durch faschistische Terroristen, die große Empörung hervorrief. Unter Führung Giorgio
Amendolas verließen die oppositionellen Abgeordneten das Parlament, um
auf dem Aventin ein eigenes Vertretungsorgan zu bilden. Doch die von ihnen
geforderte sofortige Absetzung Mussolinis wurde vom König abgelehnt. Dies
verschaffte dem schwer angeschlagenen Mussolini Luft. Er übernahm die Verantwortung für die Ermordung Matteottis, um gleichzeitig einige der besonders radikalen faschistischen Unterführer zu entlassen. Schließlich konnte er
die Repräsentanten der Armee und der Industrie davon überzeugen, daß nur
die faschistische Regierung in der Lage sei, einen Wiederaufschwung der sozialistischen Bewegung zu verhindern. Die Initiative war wieder an ihn über-

gegangen. Und er nützte sie, um in kurzer Zeit die Reste der Demokratie zu beseitigen und den faschistischen Staat zu errichten.

((11)) Nachdem bereits im Juli 1925 die Pressefreiheit faktisch aufgehoben worden war, wurden durch die „Leggi Fascistissime" vom 11. November 1926 alle nicht-faschistischen Parteien und Vereine verboten und Sondergerichte einberufen, die Antifaschisten zu langjährigen Freiheitsstrafen verurteilten oder auf Inseln und in abgelegene Regionen verbannten. Außerdem wurden die faschistischen Squadren in Milizen umgewandelt, die die Armee ergänzen sollten, aber allein Mussolini unterstellt blieben. Am 30. April 1927 wurde mit dem Erlaß der „Carta del Lavoro" (= Arbeitsgesetz) die schon ein Jahr zuvor vollzogene Umwandlung der freien Gewerkschaften in die faschistischen Korporationen gesetzlich festgelegt. In diesen Korporationen saßen neben faschistischen Funktionären die Repräsentanten der einzelnen Industriezweige, die im Zweifelsfall das Sagen hatten. Weitere Eingriffe in das Wirtschaftsleben unterblieben jedoch. Verstaatlichungen größeren Ausmaßes fanden in Italien nicht statt. Ebenso wie die Industrie wurde auch die Armee nicht „gleichgeschaltet". Sie mußte sich aber mit den faschistischen Milizen abfinden, die jedoch niemals zu einer ernsten Konkurrenz wurden, zumal sich bald zeigen sollte, daß ihr Kampfwert gering war. An die einflußreiche katholische Kirche wagte sich Mussolini überhaupt nicht heran. Aufgrund der 1929 mit dem Papst abgeschlossenen Lateranverträge gewann die Kirche sogar noch mehr Macht als zuvor.

((12)) Von einem „stato totalitario", wie ihn erst die Antifaschisten und dann auch die Faschisten selber bezeichneten, konnte also beim besten Willen nicht die Rede sein. Mussolinis Machtbefugnis beruhte einmal auf der ihm vom König übertragenen Stellung als Regierungschef („capo del governo") sowie seiner Funktion als Parteiführer, bzw. „duce del fascismo". Mussolini war auch in der Folgezeit sehr darauf bedacht, diese Doppelfunktion zu wahren, die es ihm ermöglichte, Partei- und Staatsapparat gegeneinander auszuspielen. Zu einer Verschmelzung beider, wie dies radikale Faschisten immer gefordert haben, und wie dies dann später Hitler erreichen sollte, kam es nicht. Von einer „Gleichschaltung" von Staat und Gesellschaft wie im faschistischen Deutschland (die aber auch nicht total war) war wenig zu spüren.

((13)) Das faschistische Regime basierte einmal auf dem Bündnis zwischen Faschisten und Konservativen und zum anderen auf der Fähigkeit Mussolinis, sowohl die innerparteilichen Konkurrenten wie die staatlichen und gesellschaftlichen Gruppen und Personen gegeneinander nach der traditionellen Herrschaftsmaxime von divide et impera auszuspielen. Dies gelang ihm zunächst auch sehr gut, wobei ihm seine bei großen Teilen der Bevölkerung unzweifelhaft vorhandene große Popularität zugute kam. Die von der faschistischen Propaganda entsprechend gefeierten Erfolge in der Innen- und Wirtschafts- sowie der Außen- und Militärpolitik taten ihr übriges. Insgesamt war das System jedoch ganz und gar auf Mussolini zugeschnitten und hatte ein sehr spezifisches, nämlich italienisches Gepräge. Dies war ganz im Interesse Mussolinis, der sich – völlig anders als etwa Lenin – nicht als Ideologe und Begründer einer politischen Bewegung mit einem europaweiten oder gar globalen Anspruch fühlte.

1.3 „Kein Exportartikel"?:
Faschistische Bewegungen in Westeuropa

((14)) Noch Anfang der 30er Jahre hat Mussolini betont, daß der italienische „fascismo" kein „Exportartikel" sei. Doch zu diesem Zeitpunkt war aus der Selbstbezeichnung der faschistischen Partei und des faschistischen Regimes in Italien der politische Gattungsbegriff Faschismus geworden, der auf zahlreiche und zugleich sehr unterschiedliche Parteien und Regime außerhalb Italiens angewandt wurde.[8]

((15)) Den Anfang hatten fast gleichzeitig, aber unabhängig voneinander einige deutsche Kommunisten und Sozialdemokraten gemacht, die bereits Ende 1922 die deutschen Nationalsozialisten und die österreichischen Heimwehren als „faschistisch" bezeichneten. Dies war nicht unbegründet, denn schließlich zeigten sich diese deutschen und österreichischen politischen Bewegungen vom Beispiel der Faschisten Mussolinis beeindruckt, die sie auch im Hinblick auf ihr – uniformiertes und paramilitärisch organisiertes – äußeres Erscheinungsbild und ihren – gewaltsamen – politischen Stil imitierten. Ziel zumindest der deutschen Nationalsozialisten[9] war es, wie Mussolini durch einen Putsch oder auf einem anderen gewaltsamen Wege zur Macht zu kommen. Dennoch unterließen es sowohl die Nationalsozialisten wie die Heimwehren, sich öffentlich zu ihrem italienischen Vorbild zu bekennen oder sich sogar selber als „Faschisten" zu bezeichnen.

((16)) In Frankreich war dies anders.[10] Hier gründete 1925 Georges Valois eine faschistische Partei, die nach italienischem Muster „Le Faisceau" genannt wurde. Sie imitierte das Vorbild der italienischen „fasci" bis ins Detail. Dies galt sowohl für ihren Aufbau wie für ihre sowohl antikapitalistische wie antimarxistische Ideologie. Nur äußerlich unterschieden sich diese französischen Faschisten von ihren italienischen Gesinnungsgenossen etwas. Statt der schwarzen Hemden trugen sie dunkelblaue Jacken und ebenfalls in der französischen Nationalfarbe Blau gehaltene Hemden. Zu ihrem sonstigen „Outfit" gehörten graue Hüte und besondere Stöcke.

((17)) Besonders erfolgreich war Valois' Partei nicht. Gehörten ihr doch nur maximal 30.000 Personen an. Daß die „Faisceau" sich nicht so entwickeln konnte wie ihre italienische 'Schwesterpartei', lag vor allem darin, daß sie in der schon im 19. Jahrhundert von Charles Maurras (1868-1952) gegründeten „Action Française" über eine starke Konkurrenz verfügte, die nach der Meinung einiger Forscher schon so etwas wie eine Frühform des Faschismus darstellte. Der radikale Antisemit und vehemente Nationalist Maurras warf dann Valois auch dessen Orientierung am italienischen Faschismus vor. Außerdem kritisierten Maurras und andere Repräsentanten der extremen Rechten die ihrer Meinung nach zu linke Gesinnung Valois', der ursprünglich Anarcho-Syndikalist gewesen war. Valois' „Le Faisceau" wurde schon Anfang der 30er Jahre von anderen faschistischen Bewegungen verdrängt.

((18)) Davon gab es mehrere. Neben einigen Splittergruppen wie der „Parti Franciste" Marcel Bucards sind hier vor allem die „ligues" zu nennen. Dabei handelte es sich ursprünglich um Veteranenverbände, die sich jedoch mehr und mehr in faschistische Parteien wandelten. Dies traf einmal auf die „Union Nationale des Combattants" Henri Dorgères zu, der selber aus der „Action Française" stammte. Seine „Union Nationale des Combattants" wurde zu einer Massenbewegung mit nicht weniger als 700.000 Mitgliedern. Sie vertrat neben betont konservativen und nationalistischen auch gewisse antikapitalistische Ziele. Dies deutet ebenso auf die Beeinflussung durch das faschistische Vorbild hin wie die Tatsache, daß sie, bzw. ihre Untergruppe, die „Défense paysanne", über paramilitärische Einheiten verfügte, deren Mitglieder grüne Hemden trugen.

((19)) Nicht ganz so stark wie die „Union Nationale des Combattants" waren die 1927 vom Obersten François de La Rocques gegründeten „Croix-de-Feu". Doch auch diesen „Feuerkreuzlern" gehörten immerhin mehr als 100.000 Männer an. Schließlich sind noch die „Jeunesses patriotes" Pierre Taittingers zu nennen. Angehörige dieser „patriotischen Jugend" versuchten am 6. Februar 1934, das Parlament zu stürmen, wobei 16 Personen getötet und Hunderte verletzt wurden. Durch diesen Gewaltakt geschockt, griff der Staat zu Gegenmaßnahmen. Eingeleitet wurden sie sowohl von der Regierung der nationalen Einheit Edouard Herriots wie der nachfolgenden Volksfrontregierung unter Léon Blum. Dadurch ging der Einfluß der Ligen zurück. Die „Feuerkreuzler" lösten sich sogar freiwillig auf. Frankreich blieb das Schicksal Italiens und Deutschlands erspart.

((20)) Dennoch gab es auch in Frankreich noch weitere faschistische Parteien. Die wichtigste und interessanteste war die „Parti Populaire Français", die 1936 von Jacques Doriot gegründet wurde. Doriot war ein führendes Mitglied der Kommunistischen Partei Frankreichs gewesen, aus der er erst 1934 wegen seiner Kritik an der Sozialfaschismusthese Stalins ausgeschlossen worden war. Es gelang ihm, auch andere Kommunisten zum Übertritt in seine faschistische Partei zu bewegen, die einen sowohl antibolschewistischen wie antikapitalistischen Kurs verfolgte. Dies mit gewissem Erfolg. Unter ihren insgesamt etwa 60.000 Mitgliedern gab es viele Arbeiter und noch mehr Jugendliche. Sie wurden jedoch durch Doriots immer konservativer und nationalistischer werdende Politik verprellt. Doriot selber kollaborierte dann mit der deutschen Besatzungsherrschaft und meldete sich freiwillig zur Wehrmacht, in deren Reihen er schließlich Anfang 1945 umkam.

((21)) Doriot war keineswegs der einzige Kollaborateur. Auch andere französische Faschisten unterstützten das Vichy-Regime Pétains oder traten in dessen Regierung ein, die schon deshalb einen zumindest halbfaschistischen Charakter trug. Insgesamt verfügte der französische Faschismus über eine eigenständige, nämlich französische Wurzel und war daher Teil der Geschichte der extremen Rechten in Frankreich. Hinzu kam jedoch die Orientierung am Vorbild der ausländischen faschistischen Mächte, zunächst Italiens und dann auch Deutschlands.

((22)) In Belgien war dies ähnlich.[11] Hier entstanden zwei bedeutende faschistische Bewegungen, die beide in der nationalen Tradition des flämischen und wallonischen Bevölkerungsteils standen. Dies gilt einmal für den 1931 von Joris van Severen gegründeten „Verband van Dietsch National-Solidaristen (Verdinaso)", aus dem durch den Beitritt weiterer flämischer nationalistischer Gruppierungen der „Vlaamsch Nationaal Verband (VNV)" wurde. Van Severen propagierte zunächst die Unabhängigkeit Flanderns, um dann eine groß-belgische Konzeption zu vertreten. Dabei sollte nach dem Vorbild des mittelalterlichen Burgunds aus Belgien, den Niederlanden, Luxemburg und den nordöstlichen Gebieten Frankreichs ein Großreich gebildet werden. Zur Erreichung dieses nationalistischen Ziels orientierte sich van Severen jedoch an der Ideologie und Organisation des Faschismus. Die VVN verfügte nach faschistischem Vorbild über eine Parteimiliz, die zunächst „Vlaamsche Nationaal Militie", dann „Dietsche Militanten Orde" genannt wurde. Doch großer Erfolg war dem VVN van Severens nicht beschieden. Er selber wurde 1940 von französischen Soldaten erschossen.

((23)) Als Reaktion auf die flämische Nationalbewegung und unter dem Einfluß der faschistischen Bewegungen im benachbarten Frankreich entstanden auch im wallonischen Teil Belgiens einige kleinere faschistische Bewegungen. Zu erwähnen ist einmal die schon 1924 gegründete „Action Nationale", die neben einer betont antiflämischen eine antidemokratische und vor allem antibolschewistische Zielsetzung vertrat und sich nach italienischem Vorbild für die Errichtung eines korporativen Systems einsetzte. Die „Action Nationale" ging dann in der ursprünglich von Kriegsveteranen gegründeten „Légion Nationale" auf, die von Paul Hoornaert angeführt wurde, der dieser Partei eine deutlich erkennbare faschistische Prägung gab. So verfügte sie mit den „Jeunes Gardes" über eine uniformierte und zum Teil sogar bewaffnete Parteimiliz. Die „Légion Nationale" blieb jedoch mit maximal 4.000 Mitgliedern eine Splitterpartei. Verschiedene ihrer Mitglieder haben sich während des Krieges an der belgischen Widerstandsbewegung beteiligt. Dies galt auch für Paul Hoornaert selber, der 1944 in einem deutschen Konzentrationslager umkam.

((24)) Die Entwicklung der faschistischen „Rex-"Partei verlief völlig anders. Gegründet wurde sie 1935 von Léon Degrelle. Der 1906 geborene Degrelle entstammte einer wohlhabenden katholischen Familie und war nach seinem nicht ordnungsgemäß mit einem Examen abgeschlossenen Studium für die Katholische Kirche tätig, und zwar unter anderem als Leiter des katholischen „Christkönigsverlages". Nachdem er sich vergeblich dafür eingesetzt hatte, die katholische Kirche Belgiens zu einem noch schärferen antikommunistischen und nationalistischen Kurs zu bewegen, rief er die schon erwähnte und nach dem katholischen „Rex-" Verlag genannte politische Partei ins Leben.

((25)) Sie vertrat ein ziemlich eklektisches Programm, wobei jedoch bald die spezifisch faschistischen die originär katholischen Momente überwogen. Dennoch oder gerade deshalb fand Degrelle Unterstützung von Seiten des belgischen Militärs und der Beamtenschaft. Nicht unbedeutende finanzielle Mittel erhielt Degrelle aus Kreisen des belgischen Großkapitals und von Mussolini. Der Erfolg blieb nicht aus. Bei den Parlamentswahlen 1936 erreichte die erst ein Jahr zuvor gegründete „Rex"-Partei 11,5 % der abgegebenen Stimmen. In der wallonischen Provinz waren es sogar 25 % gewesen. 21 „Rexisten" traten in das belgische Parlament ein. Hier setzten sie sich sofort für eine Neuwahl in einzelnen Bezirken, darunter der belgischen Hauptstadt, ein. Degrelle wollte sie zu einem Plebiszit für sich und seine Partei nutzen.

((26)) Er selber trat gegen den Kandidaten der Katholischen Partei, den früheren Ministerpräsidenten Paul van Zeeland, an. Dieser versicherte sich jedoch nicht nur der Unterstützung aller übrigen Parteien, einschließlich der Kommunisten, auch der katholische Erzbischof von Malines ergriff die Partei van Zeelands, indem er zwei Tage vor der Wahl die „Rex"-Bewegung förmlich ächtete, weil sie eine „Gefahr für das Land und die Kirche" darstelle. Die Nachwahl fand im April 1937 statt und endete mit einer verheerenden Niederlage Degrelles. Er erhielt nur 25% der abgegebenen Stimmen. Knapp 75% der Wähler votierten für van Zeeland. Degrelle steigerte daraufhin seine antikatholischen und antisemitischen Attacken, konnte jedoch den Zerfall seiner Partei nicht aufhalten. Bei den Wahlen von 1939 erzielte der „Rex" nur noch 4,4% der Stimmen.

((27)) Doch Degrelle ließ sich nicht entmutigen. Immer deutlicher brachte er seine Sympathie für den Nationalsozialismus zum Ausdruck. Deshalb wurde er 1940 von den belgischen Behörden verhaftet und nach Frankreich deportiert, wo er schließlich von der deutschen Wehrmacht befreit wurde. Gewissermaßen zum Dank dafür setzte er sich aktiv für die Kollaboration mit der deutschen Besatzungsmacht ein.[12] 1941 übernahm er die Führung der Waffen-SS Division „Wallonie", die sich vornehmlich aus „Rexisten" rekrutierte. Sie wurde an der Ostfront eingesetzt und beteiligte sich schließlich noch an der Verteidigung Berlins. Degrelle selber konnte jedoch nach Spanien entkommen, von wo er zunächst die „Organisation Odessa" mitaufbaute, die die Flucht verschiedener Nazis ins Ausland organisierte. Danach betätigte sich Degrelle in verschiedenen neofaschistischen Parteien und verbreitete die Auschwitzlüge. Erst 1994 ist der niemals für sein faschistisches Engagement und seine sonstigen Verbrechen gerichtlich zur Verantwortung gezogene Degrelle gestorben.

((28)) Dem holländischen Faschisten Anton Adriaan Mussert erging es anders und schlechter.[13] Mussert hatte 1931 die „Nationaal Socialistische Bewegung (NSB) gegründet, die sich, wie schon ihr Name sagt, am Vorbild der NSDAP orientierte. Dies gilt einmal in organisatorischer Hinsicht. Als Pendant zur deutschen SA wurde eine uniformierte „Weerafdeling" aufgebaut. Wie die deutschen vertraten auch die holländischen Nationalsozialisten eine betont nationalistische, antisozialistische und antiparlamentarische Zielsetzung. Geringer ausgeprägt war jedoch zunächst der Antisemitismus. Unterstützung fand die NSB vornehmlich bei Beamten, Kaufleuten, Offizieren, Akademikern und anderen Angehörigen des oberen Mittelstandes. 1936 verfügte sie bereits über 47.000 Mitglieder. Schon ein Jahr zuvor, 1935, hatte die NSB bei den Parlamentswahlen respektable 8% der abgegebenen Stimmen erringen können. Damit war sie zu einem ernstzunehmenden politischen Faktor geworden.

((29)) Doch durch die Ereignisse im benachbarten nationalsozialistischen Deutschland gewarnt, fanden sich Staat und Gesellschaft zur Gegenwehr bereit. Nachdem bereits 1934 den Beamten der Beitritt zur NSB untersagt worden war, wurde ein Jahr später auch die „Weerafdeling" verboten und aufgelöst. Für Mussert war dies ein schwerer Schlag. Ein weiterer Einbruch in das Wählerklientel der Katholiken, Protestanten und Sozialdemokraten gelang ihm nicht mehr. Das in diese drei Gruppen segmentierte („Verzuiling") politische und gesellschaftliche System Hollands bewies seine Festigkeit. Neben den Parteien fanden sich auch die Kirchen zur Abwehr bereit, wofür jedoch vor allem die Furcht vor dem übermächtigen nationalsozialistischen Deutschland maßgebend war.

((30)) Erst nach der Okkupation Hollands durch die deutschen Truppen gewann die NSB wieder an Bedeutung.[14] Mussert wurde zwar nicht, wie er gehofft und erwartet hatte, Chef eines „Quisling-Regimes" und mußte sich mit dem ihm von Hitler verliehenen bedeutungslosen Titel eines „Führers des holländischen Volkes" begnügen, doch viele Mitglieder seiner Partei wurden am deutschen Besatzungsregiment beteiligt. Dabei haben sie auch an der Deportation der holländischen Juden und an der häufig unter Zwang durchgeführten Verschickung holländischer (Zwangs-) Arbeiter nach Deutschland mitgewirkt. Dadurch zogen sie sich den Haß und die Verachtung ihrer holländischen Landsleute zu. Mussert selber wurde nach der Befreiung des Landes in einem Hochverratsprozeß zum Tode verurteilt und hingerichtet.

((31)) Dieses Schicksal teilte er mit dem Norweger Vidkun Quisling, dessen Name zum Synonym für alle wurde, die mit den ausländischen Faschisten kollaborierten und zu Verrätern ihres eigenen Landes wurden.[15] Der 1887 als Sohn eines Pastors geborene Quisling hatte sich von 1918 bis 1929 als norwegischer Militärattaché und Mitarbeiter des Nansenschen Hilfskomitees in der Sowjetunion aufgehalten. Dabei war seine anfängliche Sympathie für das revolutionäre bolschewistische System in einen abgrundtiefen Haß auf den Kommunismus umgeschlagen. Nach seiner Meinung war die parlamentarische Demokratie dem Kommunismus nicht gewachsen. Dies ginge nur mit diktatorischen Methoden und mit Hilfe eines starken Staates, der gleichzeitig einige Strukturelemente des Bolschewismus übernehmen müsse. Quisling nannte dies „Sowjets ohne Kommunismus". Dies war eine genuin faschistische Idee.

((32)) Doch zunächst suchte Quisling, seine politischen Vorstellungen innerhalb der norwegischen Bauernpartei zu verwirklichen, für die er erfolgreich um einen Parlamentssitz kandidierte. Als Angehöriger der Bauernpartei wurde Quisling 1931 Verteidigungsminister in einer bürgerlichen Minderheitsregierung, die jedoch bei den Parlamentswahlen von 1933 von der Arbeiterpartei geschlagen wurde. Doch anstatt in die Opposition zu gehen, koalierte Quislings Partei mit den Sozialisten. Quisling wollte dies nicht mitmachen. Er trat aus der Bauernpartei aus und versuchte, die restlichen bürgerlichen Parteien zu einer betont antisozialistischen und nationalistischen Sammlungspartei zu vereinen. Nachdem dies mißlang, schloß er drei kleinere faschistische Gruppierungen zur „Nasjonal Samling" zusammen.

((33)) Sie orientierte sich mehr und mehr am Vorbild der deutschen NSDAP, von der sie auch finanziell unterstützt wurde. Als Pendant zur SA wurde eine paramilitärische Organisation namens „Hird" aufgebaut, deren Jugendorganisation „Småhird" wiederum das Vorbild der HJ imitierte. Dagegen konnte der Plan, auch noch die „Nationalsozialistische Betriebszellenorganisation (NSBO)" nachzuahmen, nicht verwirklicht werden. Dazu war die Nasjonal Samling mit insgesamt nur 8.500 Mitgliedern einfach zu klein. Auch bei den Wahlen war ihr kein Erfolg beschieden. Bei den Parlamentswahlen vom Oktober 1933 erreichte sie nur 2,2 % der abgegebenen Stimmen, was nicht einmal für ein Mandat ausreichte. Bei den weiteren Kommunal- und Parlamentswahlen ging ihr Stimmanteil auf unter zwei und schließlich sogar unter ein Prozent zurück.

((34)) Diesen Mißerfolg hatte Quisling vor allem seiner kritiklosen Übernahme der antisemitischen, antisozialistischen und rassistischen Bestandteile des Parteiprogramms der NSDAP zu verdanken. In Norwegen, wo es insgesamt nur knapp 1.000 Juden gab, war Antisemitismus unpopulär, ja faktisch kaum vorhanden. Angesichts der äußerst schwachen Kommunistischen Partei und der betont reformistisch ausgerichteten sozialdemokratischen Arbeiterpartei, die mehrmals mit bürgerlichen Parteien koalierte und fest in das norwegische politische System integriert war, liefen auch seine antisozialistischen Tiraden gewissermaßen ins Leere. Absolut kein Verständnis hatten selbst die norwegischen Bauern für Quislings rassistische „Blut-und-Boden"-Parolen, was ins Norwegische mit „heim og oett" (= Heim und Herd) übersetzt wurde. Der von Quisling ebenfalls aus Deutschland übernommene Wikinger-Kult wurde als heidnisch abgelehnt.

((35)) Dennoch sollte man Quislings Partei nicht unterschätzen. Er selber war ein belesener, redegewandter und in gewisser Hinsicht sogar charismatischer Politiker. Seine große Stunde schien 1940 zu kommen. Unmittelbar nach dem deutschen Überfall auf Norwegen bildete Quisling am 9. April 1940 eine Kollaborationsregierung, die die norwegische Armee aufforderte, jeglichen Widerstand einzustellen. Dies war ebenso vergeblich wie die Hoffnung Quislings, daß ihn seine Landsleute als ihren „Führer" anerkennen würden. Das Gegenteil war der Fall. Quisling erntete nur Verachtung. Hinzu kam, daß Hitler die von Quisling angebotenen Dienste zurückwies und statt dessen den deutschen Gauleiter Josef Terboven zum „Reichskommissar" ernannte. Terboven verwaltete das Land mit äußerst harter Hand, wobei er von Angehörigen der zur einzig legalen Partei im Land erklärten „Nasjonal Samling" unterstützt wurde. Trotz oder gerade wegen ihrer Kollaborationsbereitschaft konnte die norwegische faschistische Partei ihre Mitgliederzahl auf 57.000 steigern. Dies waren immerhin 1,8 % der gesamten norwegischen Bevölkerung. Nach der Befreiung haben die Norweger ein sehr hartes Strafgericht über diese „Quislinge", wie sie verächtlich genannt wurden, gehalten. Quisling selber wurde bereits 1945 zum Tode verurteilt und hingerichtet.

((36)) Den Faschisten im benachbarten Dänemark blieb dieses Schicksal weitgehend erspart.[16] Dies lag aber mehr an ihrer zahlenmäßigen und politischen Schwäche. So konnte die 1930 von dem Arzt Frits Clausen gegründete „Danmarks Nationalsocialistike Arbejder Partei" (DNSAP) bei den Parlamentswahlen von 1935 und 1939 noch nicht einmal 2 Prozent der abgegebenen Stimmen erreichen. Bei den 1943 unter deutscher Besatzung durchgeführten Wahlen waren es nur 2,1 %. Mit einer derartigen Splitterpartei konnte man kein Quisling-Regime errichten. Dies hinderte die Dänen jedoch nicht, die Angehörigen der DNSAP konsequent zu boykottieren und mit Verachtung zu strafen. Zu verhaßt waren ihnen die deutschen Nationalsozialisten, deren Partei von Frits Clausen bis ins Detail hinein kopiert wurde. Hinzu kam, daß dieser Frits Clausen nun wirklich nicht das Zeug zu einem charismatischen faschistischen Führer hatte. 1944 wurde er wegen seiner notorischen Alkoholsucht von seinen eigenen Anhängern entmachtet.

((37)) Noch schwächer als die dänische waren die schwedischen faschistischen Parteien.[17] Die erste wurde schon 1924 von den Brüdern Birger, Gunnar und Sigurd Furugård gegründet. Sie nannte sich zunächst „Svenska Nationalsocialistika Frihetsfördundet (SNF)" (= Schwedischer Nationalsozialistischer Freiheitsverband), dann „Svenska Nationalsocialistika Bonde- och Arbetarpartiet" (= Schwedische Nationalsozialistische Bauern- und Arbeiterpartei). Schon die Namengebung deutet auf ihre Beeinflussung durch die NSDAP hin. Doch anders als sein deutsches Vorbild gelang es dem SNF nie, eine nennenswerte Zahl der umworbenen Bauern und Arbeiter zu gewinnen. Außerdem mußten sich die Brüder Furugård der Konkurrenz von zwei weiteren faschistischen Parteien erwehren. Die eine war die von Elof Eriksson 1925 gegründete „Nationella Samlingsrörerlsen" (= Nationale Sammlungsbewegung), die aber völlig bedeutungslos blieb und sich schließlich 1935 selber auflöste. Die andere hieß ursprünglich „Sveriges Fascistika Kamporganisation" (= Faschistische Kampforganisation Schwedens) und seit 1930 „Sveriges Nationalsocialistika Partiet" (= Nationalsozialistische Partei Schwedens). Gegründet und geleitet wurde sie von dem ehemaligen Feldwebel Sven-Olof Lindholm. Trotz deutschen Drängens kam es nicht zu einer Vereinigung der schwedischen faschistischen Parteien. Sie blieben ziemlich einflußlose politische Sekten, die bei den Wahlen von 1936 nur 0,6 % der Stimmen erzielten. Wie in Dänemark wirkte sich auch hier die ziemlich sklavische Imitation des deutschen Vorbildes negativ aus. Lindholm zog daraus die Konsequenz und nannte 1938 seine Partei in „Svensk Socialistik Samling" (= Schwedische Sozialistische Sammlung) um, die statt des Haken- das sog. Wasakreuz als Parteisymbol verwandte. Erfolgreich war diese Mimikry nicht. Immerhin fand der von den schwedischen faschistischen Parteien vertretene Antisemitismus einen gewissen Anklang bei Studenten, die sich vehement gegen die Einwanderung deutscher Juden wandten.

((38)) Eine gewisse politische Bedeutung erlangten die schwedischen Faschisten jedoch nach Ausbruch des Krieges. Aus Angst vor dem übermächtigen deutschen Nachbarn, mit dem das neutrale Schweden sehr intensive wirtschaftliche Kontakte unterhielt, wagten die schwedischen Behörden nicht, mit repressiven Methoden gegen die einheimischen Faschisten vorzugehen. Diese nutzten dies aus und forderten öffentlich den Beitritt Schwedens zum Antikominternpakt. Fast tausend Schweden haben sich ähnlich wie verschiedene Norweger und Dänen freiwillig zum Dienst in der deutschen Wehrmacht gemeldet, um gegen den Bolschewismus zu kämpfen. Im okkupierten Norwegen wurde sogar eine „Bruna Gardet" (= Braune Garde) genannte Truppe aufgestellt, deren Aufgabe es sein sollte, die Deutschen bei einer Besetzung Schwedens zu unterstützen. Ihr Führer wurde jedoch 1944 von den schwedischen Behörden verhaftet und wegen Landesverrats zu fünf Jahren Gefängnis verurteilt. Die schwedischen faschistischen Parteien, die bei den Wahlen von 1944 nur noch 0,14 % der abgegebenen Stimmen gewonnen hatten, wurden dann aufgrund des 1946 erlassenen Antidiffamierungsgesetzes formell verboten. Danach wurde die Tatsache, daß es auch in Schweden faschistische Parteien gegeben hatte, nahezu verdrängt. Eine kritische Aufarbeitung begann erst in den 80er Jahren.

((39)) In der Schweiz war es ähnlich.[18] Auch hier paßte die Existenz faschistischer Parteien einfach nicht in das Bild, das sich die Schweizer von ihrer Demokratie gemalt haben. Faschismus galt als „unschweizerisch". Tatsächlich haben sich die „Fronten" genannten faschistischen Gruppierungen, die sich Anfang der 30er Jahre in der Schweiz bildeten, in organisatorischer und ideologischer Hinsicht sehr stark am Vorbild der NSDAP orientiert. Ihr Schwerpunkt lag nicht zufälligerweise in den deutschsprachigen Kantonen. In Zürich erreichten die zu einer Partei vereinigten „Fronten" 1933 6,2% der Stimmen. In der kleinen Grenzstadt Schaffhausen waren es sogar 27,1% gewesen. Noch bedenklicher war, daß die „Fronten" vor allem innerhalb der schweizerischen Studentenschaft Anhänger gewannen. Anlaß war wie in Schweden die Furcht, daß eingewanderte deutsche Juden den angehenden Akademikern die Arbeitsplätze wegnehmen könnten. Die „Fronten" verstärkten daraufhin ihre antisemitische Agitation. Doch der von vielen schon erwartete „Frontenfrühling" brach nicht aus. Maßgebend war vor allem die entschlossene Gegenwehr der demokratischen Institutionen. Schon im Februar 1934 wurde das Schweizer Gegenstück zur SA im Kanton Zürich verboten. 6 Jahre später wurde auch der – allerdings nie ganz unbestrittene – Führer der „Fronten" Robert Tobler verhaftet. Zu diesem Zeitpunkt waren die Schweizer „Fronten" aber bereits fast bedeutungslos geworden. Sie hatten alle die zwischenzeitlich in Zürich und anderswo errungenen Mandate verloren. Den Schlußstrich setzte die Regierung, die im Herbst 1943 alle noch bestehenden Gruppierungen der „Fronten" verbot.

((40)) Auch in England führte das entschlossene Handeln der Regierung zu einem schnellen und ruhmlosen Ende der englischen faschistischen Parteien.[19] Davon hatte es verschiedene gegeben. Die wichtigste war die 1932 gegründete „British Union of Fascists (BUF)". Sie blieb zwar eine Splitterpartei, der es schon wegen des englischen Mehrheitswahlrechts niemals gelang, Sitze im Unterhaus zu erobern, dennoch wurde sie zu einem durchaus ernstzunehmenden politischen Faktor. Dies lag vor allem an ihrem Gründer und Führer Oswald Mosley. Mosley entstammte einer englischen Adelsfamilie und hatte den Ersten Weltkrieg als Offizier mitgemacht. Seine politische Karriere begann er in der Konservativen Partei, für die er erfolgreich um ein Mandat im Unterhaus kandidierte. Doch schon 1920 wechselte er zur Labour Party über, wo er sich bald als Fachmann in Wirtschaftsfragen einen Namen machte. Nach dem Ausbruch der Weltwirtschaftskrise entwickelte Mosley Pläne, wie diese durch eine staatliche Autarkiepolitik zu überwinden sei. Sie wurden jedoch von der Regierung abgelehnt. Darüber war Mosley so erbost, daß er die Labour Party verließ und die genannte BUF gründete.

((41)) Sie orientierte sich mehr und mehr am faschistischen, zunächst italienischen und dann auch deutschen Vorbild. Das galt einmal in äußerlicher und organisatorischer Hinsicht. Die schwarz uniformierten Mitglieder der „Fascist Defense Force" lieferten sich wie die SA in Berlin im Londoner East End erbitterte Straßenschlachten mit Kommunisten und anderen Antifaschisten. Dies verstärkte ihre Anziehungskraft auf bestimmte Kreise auch der Arbeiterschaft. Grund war der gerade im Londoner East End, wo viele jüdische Immigranten aus Osteuropa lebten, grassierende Antisemitismus. Mosley sah hier seine Chance, stellte seine ursprünglichen wirtschaftspolitischen Forderungen zurück und radikalisierte die antisemitischen. Zunächst war dies keineswegs erfolglos. Die Mitgliederzahl der BUF stieg bis 1934 auf über 40.000 meist relativ junge Anhänger an. Bei Lokalwahlen in London erreichte die BUF temporär 19 Prozent der abgegebenen Stimmen. Doch dann fanden sich Staat und demokratische Parteien zur Gegenwehr bereit. Die sich langsam abschwächende Wirtschaftskrise tat ein übriges. Zahlenmäßige Stärke und politischer Einfluß der BUF gingen zurück. Nach Ausbruch des Krieges wurde die BUF formell aufgelöst. Mosley selber wurde verhaftet und für die Zeit des Krieges interniert. Dies hat ihn jedoch nicht gehindert, 1948 eine Art come back zu versuchen. Dies scheiterte zwar, dennoch hat Mosley noch einen gewissen Einfluß auf die später entstandene neofaschistische „National Front" ausgeübt.

((42)) In den übrigen nord- und westeuropäischen Ländern hat es, mit Aus-

nahme vielleicht der finnischen Lappo-Bewegung[20], nur sehr schwache faschistische Bewegungen gegeben. Dies trifft sowohl auf die verschiedenen
spanischen faschistischen Gruppierungen[21] wie die irischen „Blueshirts" Generals Eion O' Duffys[22] und einige andere mehr zu. Eine völlig andere Situation gab es dagegen in Osteuropa, wo sowohl relativ starke faschistische Bewegungen wie einige Diktaturen entstanden, die von einigen Beobachtern
und späteren Forschern ebenfalls als „faschistisch" eingestuft worden sind.

1.4 „Zone der Gegenrevolution"?:
Faschistische Bewegungen und Regime in Osteuropa

((43)) In einem 1931 veröffentlichten Aufsatz hat der sozialdemokratische
Politiker und Theoretiker Alexander Schifrin die ostmitteleuropäischen Länder zur „Zone der Gegenrevolution" gerechnet, weil diese „Gegenrevolution"
hier entweder „bereits als Diktatur gesiegt oder als faschistische Bewegung
um die Staatsmacht" kämpfe.[23] Schifrin berief sich bei dieser Analyse auf die
Faschismustheorie Arkadij Gurlands, der in seinem ebenfalls 1931 veröffentlichten Buch über „Das Heute der proletarischen Aktion" mit Recht darauf
verwiesen hatte, daß nicht Deutschland, sondern Italien das „klassische Land
des Faschismus" sei.[24] Der „faschistische Brandherd" habe sich hier nicht an
einem „Zuviel an Kapitalismus" entzündet, sondern seine Entstehung und sein
Aufstieg basierten auf „einem Zuwenig an Kapitalismus, an Industrialisierung, an industrialisiertem Proletariat".[25]

((44)) Einen ähnlich günstigen „Nährboden" finde der Faschismus in Ostmitteleuropa, weil es hier ein vergleichbares „Zusammenwirken einer ganz
bestimmten ökonomischen und sozialen Struktur und eines ebenso bestimmten politischen Überbaus" gebe, was Gurland folgendermaßen präzisierte:
„Lebensunfähiger Kapitalismus, aufgepropft auf eine stagnierende, unter rie-
siger Übervölkerung stöhnende Landwirtschaft; politische Demokratie, aufgebaut in einem Lande, in dem es klassenmäßig zusammengeschweißte, politisch aktive Massen einer städtischen Bevölkerung nicht gibt, die mit bestimmten ökonomischen Funktionen verwachsen wäre."[26]

((45)) Schifrin und Gurland hatten Recht. Tatsächlich ist es mit Ausnahme
des Gebiets der heutigen tschechischen Republik in allen anderen ostmitteleuropäischen Ländern zur Entstehung von strukturell ähnlichen Regimen gekommen, die man alle als Varianten einer spezifischen, eben ostmitteleuro-

päischen Form des Faschismus bezeichnen kann.[27] Was ist das Besondere an diesen Diktaturen?

((46)) Sie wurden einmal in Ländern errichtet, die sich im Hinblick auf ihre sozioökonomische Struktur wesentlich von Italien und noch mehr von Deutschland unterschieden. Außerdem fand hier keine wie auch immer geartete Machtergreifung der jeweiligen faschistischen Parteien statt, die sich übrigens wegen ihrer proletarischen und subproletarischen Basis vom Partido Nazionale Fascista und noch mehr von der Nationalsozialistischen Deutschen Arbeiterpartei unterschieden. Repräsentanten dieser faschistischen Parteien kamen entweder wie in Kroatien und Ungarn erst mit Hilfe der deutschen und (allerdings weit weniger) italienischen Faschisten als Juniorpartner der jeweiligen wirklich mächtigen Diktatoren zur Macht. Letzteres war in Litauen, der Slowakei und – kurzfristig – in Rumänien der Fall. Sonst wurde ihre „Machtergreifung" von Diktatoren verhindert, die sich bei dieser Abwehr der jeweiligen faschistischen Bewegung selber faschistischer Methoden bedienten. Dabei kam es in einigen Ländern zu einer Faschisierung von oben. In dem folgenden ganz knappen Überblick soll diese These näher ausgeführt und bewiesen werden.

((47)) Beginnen wir mit Estland.[28] Hier entstand kurz nach der gegen in- und ausländische Kommunisten erkämpften Unabhängigkeit ein Veteranenverband, der sich „Eesti Vabadussojalste Liit (EVL)" (= Verband der Freiheitskämpfer) nannte. Ähnlich wie die österreichischen Heimwehren orientierten sich die estnischen „Freiheitskämpfer" sehr bald in ideologischer und äußerlicher Hinsicht am faschistischen Vorbild Italiens. Tatsächlich wurden die in grau-grüne Hemden gekleideten „Freiheitskämpfer" schon von zeitgenössischen Beobachtern wie Julius Deutsch als faschistisch eingestuft.[29] Der EVL wurde zu einer Massenbewegung, die im Oktober 1933 eine Volksabstimmung zur Abschaffung des parlamentarischen Systems organisierte. Nicht weniger als 72,7% der Esten stimmten mit Ja. Die Machtergreifung der „Freiheitskämpfer" schien bevorzustehen. Doch dies geschah nicht.

((48)) Verhindert wurde die Machtergreifung der „Freiheitskämpfer" durch den 1934 gewählten Präsidenten Konstantin Päts. Päts verfügte als Präsident aufgrund der von den „Freiheitskämpfern" beantragten Verfassungsreform über sehr weitgehende Machtbefugnisse. Und die nutzte er. Durch umfangreiche Einkommensverbesserungen konnte er sich der Unterstützung der Beamten und Offiziere versichern. Im März 1934 wurde der Ausnahmezustand ausgerufen und die Armee mit der vollziehenden Gewalt beauftragt. Der EVL wurde aufgelöst und nach einem vergeblichen Aufstandsversuch im Dezember 1935 völlig zerschlagen. Doch Päts hob den Ausnahmezustand nicht auf, sondern ließ sich in seinen diktatorischen Amtsbefugnissen von einem Parlament bestätigen, das aus manipulierten Wahlen hervorgegangen war. Darüber hinaus baute er mit der „Ismaaliit" (= Vaterländischer Verband) eine Massenorganisation auf, die große Ähnlichkeit mit der österreichischen „Vaterländischen Front" Schuschniggs hatte. Generell kann das estnische Päts-Regime als ein Pendant zum „Austrofaschismus" eingeschätzt werden. Päts selber verfügte zwar nicht über so viel Macht wie die faschistischen Diktatoren Mussolini und Hitler, dennoch war er kein 'nur' autoritärer Herrscher.

((49)) Zu einer ähnlichen Entwicklung wie in Estland kam es im benachbarten Lettland.[30] Auch hier gab es eine faschistische Partei, die sich zunächst „Ugunkrust" (= Glühendes Kreuz) dann „Perkonkrusts" (= Donnerkreuz) nannte und von Gustavs Celmins angeführt wurde. Sie war aber nicht so stark wie der estnische EVL. Gleichwohl wurden die „Donnerkreuzler" 1934 auf Veranlassung der lettischen Sozialdemokraten verboten. Damit war die faschistische Gefahr in Lettland jedoch keineswegs abgewehrt. Waren die Sozialdemokraten doch nun dem wachsenden Druck des rechten Bauernverbandes ausgesetzt, der über eine, „Aizarsgi" genannte, 35.000 Mann starke Parteiarmee verfügte. Führer dieses Bauernverbandes war Karlis Ulmanis, der im März 1934 zum Regierungschef ernannt wurde. Ulmanis mobilisierte die „Aizarsgi", die zusammen mit der lettischen Polizei die Parteizentrale der Sozialdemokraten und das Parlament besetzten.

((50)) Ulmanis Staatsstreich war erfolgreich. Die politischen Parteien wurden verboten, das Parlament als nicht existent betrachtet. Ulmanis regierte mit Hilfe des immer wieder verlängerten Ausnahmezustandes. Zahlreiche politische Gegner wurden verhaftet. Einige von ihnen kamen in ein Sondergefängnis in Lipaw, das mit gewissem Recht als „Konzentrationslager" bezeichnet wurde. Doch anders als Päts (und Schuschnigg) verzichtete Ulmanis auf den Aufbau einer faschistischen Massenorganisation. Er beherrschte das Land mit Hilfe von Polizei, Militär und der „Aizarsgi". Dabei war er vor allem bei der Bauernschaft durchaus populär, wozu sowohl seine erfolgreiche Wirtschaftspolitik wie die Unterdrückung der Minderheiten, allen voran der Juden, beitrug. Insgesamt kann Ulmanis, der sich als „Vadonis" (= Führer) titulieren ließ und aus seiner Bewunderung für Mussolini kein Hehl machte, durchaus als faschistischer Diktator eingestuft werden, der sich aber mehr auf Polizei und Militär als auf die als faschistisch einzustufende „Aiszargis" und auf einige Mitglieder der offiziell verbotenen „Donnerkreuzler" stützte.

((51)) Noch komplizierter war die Lage in Litauen.[31] Hier war die letzte demokratische Regierung bereits 1926 durch einen Militärputsch gestürzt worden. Neuer „starker Mann" wurde Antanas Smetona, der sich zum Präsidenten wählen ließ. Smetona stützte sich zwar im wesentlichen auf Polizei und Armee, nahm aber bei seinem diktatorischen Regierungsstil auch die Hilfe einer kleinen faschistischen Partei in Anspruch. Sie hieß „Lietuviu Tautininku Sajunga" (= Litauischer Volksverband). Der Partei selber sollen nur 8.000 Litauer angehört haben. Dagegen verfügte ihr Jugendverband „Jaunoji Lietuva" (= Litauische Jugend) über immerhin 25.000 Mitglieder, was bei einer Gesamtbevölkerungszahl von nur 2,5 Millionen nicht wenig war. Doch in Gestalt einer anderen faschistischen Partei, die „Gelezinis Vilkas" (= Eiserner Wolf) genannt wurde, erhielt Smetona eine unerwartete Konkurrenz. Ihr Führer Augustinas Voldemaras plädierte nämlich für einen noch autoritäreren Kurs Litauens, wobei er auf das Vorbild des nationalsozialistischen Deutschlands verwies. Um dieses Ziel zu erreichen, führten die Angehörigen des „Eisernen Wolfs" einen Staatsstreich durch, der jedoch niedergeschlagen wurde. Smetona verstärkte daraufhin die Polizei und stellte aus Mitgliedern seiner faschistischen Partei eine faschistische Miliz, die „Saulin Sjunga", auf. Dadurch wurde die Ähnlichkeit mit dem faschistischen Regime in Italien noch mehr verstärkt, was es insgesamt als berechtigt erscheinen läßt, auch das Smetona-Regime als faschistisch zu klassifizieren, was jedoch von den heutigen litauischen Historikern fast einhellig abgelehnt wird.

((52)) Darin stimmen sie mit ihren polnischen Kollegen überein, die ebenfalls behaupten, daß die These von der Existenz eines polnischen Faschismus eine kommunistische Propagandalüge sei.[32] Tatsächlich ist das Regime des 1926 durch einen Staatsstreich zur Macht gekommenen Jósef Pilsudskis sowohl von den zeitgenössischen Kommunisten wie von den Sozialdemokraten und auch von den Trotzkisten, die sich hier ausnahmsweise einig waren, als faschistisch charakterisiert worden. Zu den wenigen, die diese Faschismus-These ablehnten, gehörte der eben erwähnte Arkadij Gurland. Gurland zählte das Gerede über den „polnischen Faschismus" zu den „revolutionären Grotesken".

((53)) Doch ganz so „grotesk", wie Gurland meinte, dessen Buch schon 1931 erschien, ist dies keineswegs. Schon Pilsudski hat sich bei seinem autoritären

Regierungsstil der Hilfe einer Massenorganisation bedient, die „Bezpartyjny Block Wspólpracy z Rzadem" (= Parteiloser Block der Zusammenarbeit mit der Regierung") genannt wurde.[33] Dieser „parteilose Block" brach zwar mit dem Tode Pilsudskis im Jahr 1935 auseinander, doch eine seiner Nachfolgeorganisationen, der „Obóz Zjednoczenia Narodowego (OZN)" (= Lager der Nationalen Einigung), kann als eine Imitation der faschistischen Staatspartei Italiens bezeichnet werden. Neben und in Opposition zur OZN gab es noch die eindeutig faschistische „Obóz Narodowo- Radykalny-Falanga (ONR)" (National-Radikale Lager Falanga) Boleslaw Piaseckis. Wegen dieses 'Faschismus von unten' kam es auch in Polen zu einer Radikalisierung und Faschisierung des Obristen-Regimes.

((54)) Dies war, wie schon erwähnt, in der Tschechoslowakei nicht der Fall. Bis zu seiner Preisgabe durch die Westmächte und bis zur nachfolgenden Teilung konnte der tschechoslowakische Gesamtstaat seinen demokratischen Charakter wahren, obwohl es auch hier verschiedene faschistische Bewegungen gab. Doch dann wurde mit Billigung Hitlers in der Slowakei das faschistische Tiso-Regime etabliert, das sich nicht nur auf die katholische Kirche, sondern auch auf die faschistische Partei „Hlinkova Slovenska Ludova Strana (HSLS)" (= Slowakische Volkspartei von Hlinka) stützte und eine schändliche antisemitische Politik betrieb, für die vornehmlich Tiso selber und nicht etwa Hitler verantwortlich zeichnete.[34]

((55)) In Ungarn ist es dem, Reichsverweser genannten, Diktator Nikolaus von Horthy lange Zeit gelungen, die einheimischen faschistischen Parteien von der Macht fernzuhalten.[35] Die „Nationalsozialistische Ungarische Arbeiterpartei" Zoltan Bösczörménys wurde sogar verboten. Doch das 1940 erfolgte Verbot der 1935 von Ferenc Szálasi gegründeten „Partei des Nationalen Willens", die nach ihrem Parteiabzeichen „Pfeilkreuzler" genannt wurden, mußte auf deutschen Druck hin rückgängig gemacht werden. Im Oktober 1944 kamen die Pfeilkreuzler, die eine originär faschistische Partei mit Massenbasis (über 300.000 Mitglieder) waren, wobei der hohe Anteil der Arbeiterschaft besonders auffällig ist, zur Macht und errichteten ihr kurzfristiges, aber mehr als abscheuliches Terrorregime.

((56)) In Kroatien war dies schon 1941 der Fall, als der „Pogalvnik" (= Führer) Ante Pavelic mit Billigung Italiens und Deutschlands sein „Ustascha"(= Der Aufständische)-Regime errichtete, das einen blutigen Ausrottungsfeldzug gegen Serben sowie Juden und Roma führte, dem Tausende von Menschen zum Opfer fielen.[36] Der kroatische Ustascha-Staat ist nicht nur im Hinblick auf Ideologie und Organisation, sondern auch wegen seines extrem terroristischen Charakters mit den faschistischen Regimen in Italien und selbst in Deutschland zu vergleichen.

((57)) Ein fast ebenso blutiges, aber sehr kurzfristiges faschistisches Regime ist in Rumänien von der „Garda de Fier" (= Eiserne Garde) errichtet worden.[37] Entstanden war die „Eiserne Garde" aus der 1927 von Corneliu Zelea Codreanu gegründeten „Legiunea Arhangelui Mihai" (= Legion des Erzengels Michael). Der für eine faschistische Partei mehr als ungewöhnliche Name deutet auf ihre religiöse Orientierung hin. Allerdings galt dies ausschließlich für ihren Fanatismus. Politische Gegner und Juden wurden mit einem kompromißlosen Eifer und einer Brutalität verfolgt, wie man sie seit den Zeiten der Kreuzzüge nicht mehr gekannt hatte. Diese Assoziation ist nicht zufällig. Denn tatsächlich nannten sich die Legionäre teilweise auch „Kreuzfahrer". Trotz, ja vielleicht sogar wegen ihres Terrorismus übte die rumänische faschistische Partei eine große Anziehungskraft vor allem auf Studenten und auch auf Bauern aus. Ihre parlamentarischen Erfolge waren dagegen geringer. 1937 erreichte die „Eiserne Garde" 16 % der abgegebenen Stimmen. Doch dies hinderte sie nicht, ihren Terrorfeldzug fortzusetzen. Die rumänische Königsdiktatur reagierte mit ebenfalls gewaltsamen Methoden. Im April 1938 wurde dann Codreanu wegen der vielen von ihm begangenen Gewalttaten verhaftet und kurz darauf, wie es hieß, „auf der Flucht erschossen". Dies war nicht das Ende der „Eisernen Garde". Sie profitierte von der außenpolitischen Annäherung Rumäniens an Hitler-Deutschland. 1940 wurde sie von General Ion Antonescu als Bündnispartner in sein diktatorisches Regime aufgenommen. Die inzwischen von Horia Sima angeführten Angehörigen der „Eisernen Garde" setzten dennoch ihre terroristischen Aktivitäten fort. In Bukarest selber kam es zu Metzeleien von Juden. Im Januar 1941 brach der Machtkampf zwischen Horia Sima und Antonescu offen aus. Der Aufstand der Legionäre wurde blutig niedergeschlagen. Horia Sima mußte nach Deutschland fliehen, wo er schließlich noch 1944 von Hitler zum Chef einer rumänischen Exilregierung ernannt wurde. Da das Land jedoch kurz darauf von sowjetischen Truppen besetzt wurde, kam es – anders als in Ungarn – nicht mehr zur Bildung einer faschistischen Diktatur unter Führung Horia Simas.

((58)) Eine ganz andere Entwicklung nahm Bulgarien.[38] Hier gab es mit der schon 1922 gegründeten „Naroden Sgowor" (= Nationale Verständigung) zwar ebenfalls eine faschistische Partei, doch sie wurde von dem bulgarischen Re-

gierungschef Alexander Stambolijski nicht als die eigentliche Gefahr empfunden. Statt dessen wandte sich Stambolijskis Nachfolger Alexander Zankoff mit aller Härte gegen die Kommunisten, deren Partei 1923 verboten und
deren Mitglieder blutig verfolgt wurden. Zankoff wurde deshalb in der europäischen Öffentlichkeit geächtet und von vielen Linken als „Faschist" bezeichnet. Tatsächlich rief er 1930 mit der „Sozialen Volksbewegung" eine
Partei ins Leben, die durchaus als faschistisch einzuschätzen ist und mit über
100.000 Mitgliedern auch über eine Massenbasis verfügte. Doch 1934 putschte
eine Offiziersgruppe, die sich „Zweno" (= Die Glocke) nannte. Die von dem
Obersten Kimon Georgieff angeführten Offiziere wagten aber nicht, die Monarchie abzuschaffen. König Boris III. nutzte dies, um selber das Regiment der
Offiziere abzusetzen und wie in Jugoslawien und Rumänien eine Königsdiktatur zu errichten, die von verschiedenen Zeitgenossen und auch den späteren kommunistischen Historikern als „faschistisch", bzw. als eine weitere
Variante des sog. „Monarchofaschismus" klassifiziert wurde.

((59)) Doch dies ist genauso umstritten wie die Klassifizierung der Diktatur
des griechischen Generals Joannis Metaxas.[39] Metaxas regierte von 1936 bis
zur Besetzung Griechenlandes durch deutsche und italienische Truppen mit
Zustimmung des Königs als Diktator auf der Grundlage des Ausnahmezustandes. Nach faschistischem Vorbild hat er zwar 1937 eine Jugendorganisation ins Leben gerufen, die sich „Ethniki Organosis Neolaias" (= Nationale
Jugendorganisation) nannte, doch zu einer weiteren ideologischen und organisatorischen Anlehnung an die faschistischen Systeme in Italien und Deutschland ist es nicht mehr gekommen. Im Gegenteil kann man fast sagen. Denn es
war Metaxas, der der Invasion seines Landes durch das faschistische Italien
seinen unbeugsamen Widerstand entgegensetzte. Dies verschaffte dem 1941
verstorbenen Metaxas zumindest in Griechenland den Ruf, ein großer Patriot
und kein Faschist gewesen zu sein.

2. Theoriegeschichte des Faschismus bis 1945

2.1 „Zwillingsbrüder":
Die kommunistische Faschismusdiskussion

((60)) Schon Ende 1922, wenige Wochen nach Mussolinis „Marsch auf Rom",
haben verschiedene kommunistische Autoren den Begriff Faschismus auf
andere nichtitalienische Bewegungen und Regime übertragen. Der damalige

Vorsitzende der Kommunistischen Internationale, Grigori Sinowjew, erklärte im Dezember 1922 auf dem Vierten Weltkongreß der KI, daß der Sieg der italienischen „Fascisten" keine „lokale Erscheinung" sei. Auch „in anderen Ländern" könnten sich „dieselben Erscheinungen" wiederholen. Man müsse sogar mit einer „Periode mehr oder weniger fascistischer Umwälzungen in ganz Zentral- und Mitteleuropa" rechnen.[40]

((61)) Aus heutiger Sicht wirkt dies hellseherisch, aus damaliger war es aber nicht viel mehr als Panikmache, mit der die Kommunisten davon ablenken wollten, daß die im unterentwickelten Rußland ausgebrochene Revolution nicht auf die hoch entwickelten kapitalistischen Staaten Westeuropas übergegriffen hatte. Die Niederlagen, die die Kommunisten in Deutschland, Ungarn und nun auch noch in Italien erlitten hatten, wurden mit dem Hinweis auf einen ebenso neuen wie übermächtigen Gegner gewissermaßen entschuldigt. Damit wurde das Wesen des Faschismus von Anfang an auf seine antirevolutionäre und prokapitalistische Funktion eingegrenzt. Dies führte gleichzeitig zu einer sehr inflationären und damit zugleich auch fehlerhaften Anwendung des Faschismusbegriffs.[41]

((62)) Dies trifft vor allem auf Deutschland zu, wo die Führung der KPD bereits 1923 verkündete, daß der „Faschismus" auch hier gesiegt habe und schon an der Macht sei. Gemeint war der Chef der Reichswehr Seeckt, der gemäß Artikel 48 der Weimarer Reichsverfassung vom Reichspräsidenten Ebert mit der vollziehenden Gewalt beauftragt worden war und der im Auftrag Eberts die aus SPD und KPD gebildeten Koalitionsregierungen in Sachsen und Thüringen abgesetzt hatte. Dies führte wiederum dazu, daß der von der KPD großspurig angekündigte „deutsche Oktober" in einem totalen Desaster endete. Nur in Hamburg kam es zu Auseinandersetzungen zwischen kommunistischen Arbeitern und der ihnen weit überlegenen Polizei, die keine Schwierigkeiten hatte, diesen Aufstand sofort niederzuschlagen. Für diesen Mißerfolg machten die Kommunisten nicht nur Ebert, sondern die Sozialdemokratie generell verantwortlich. Sie wurde als „Helfershelferin des Faschismus" beschimpft. Nicht genug damit, wurden alle Sozialdemokraten, die nicht bereit waren, mit ihren Führern zu brechen, ebenfalls als „Werkzeuge des Faschismus" denunziert.

((63)) Dies waren keine einmaligen verbalen Entgleisungen. Auf dem V. Weltkongreß der KI, der im Juni und Juli 1924 stattfand, erhielten sie sogar eine theoretische Begründung. Sie wurde von dem deutschen Kommunisten Hermann Remmele vorgetragen.[42] Der „Faschismus" wurde ausschließlich mit dem Hinweis auf seine soziale Funktion als „Instrument der Bourgeoisie gegen das revolutionäre Proletariat" definiert. Dieses „Instrument" werde zwar aus den „bürgerlichen Mittelschichten" gebildet, doch wichtig sei nicht, „aus welchem Material ein Instrument gefügt ist, sondern welchen Zwecken es dienen soll."[43] Anders als Karl Radek und Clara Zetkin interessierte sich Remmele nicht für die Frage, warum Angehörige der Mittelschichten und selbst der Arbeiterschaft zu Faschisten geworden waren. Allein entscheidend sei die soziale Funktion und nicht die soziale Basis des Faschismus.

((64)) Mit dieser rein instrumentalistischen Definition setzte sich Remmele durch. In der abschließenden Resolution des V. Weltkongresses der KI wurde der „Faschismus" als „Kampfinstrument der Großbourgeoisie gegen das Proletariat" bezeichnet.[44] Nicht genug damit, wurde behauptet, daß auch die Sozialdemokratie eine ähnliche prokapitalistische Funktion habe, weshalb „der Faschismus und die Sozialdemokratie" als die „beiden Seiten ein und desselben Werkzeuges der großkapitalistischen Diktatur" bezeichnet wurden. Dieser Auffassung schloß sich Stalin ausdrücklich an. In einem am 20. September 1924 veröffentlichten Artikel charakterisierte er die Sozialdemokratie als „Zwillingsbruder" und nur etwas „gemäßigten Flügel des Faschismus".[45] Im März 1927 erklärte die KPD die SPD gar zum „Hauptfeind".[46] Diese Einschätzung wurde vom VI. Weltkongreß der KI von 1928 bestätigt.[47] Und auf dem ein Jahr später, im Sommer 1929, veranstalteten XII. Parteitag der KPD rief man dazu auf, den „Hauptstoß" gegen die „Sozialfaschisten" und nicht etwa die „Nationalfaschisten" vom Schlage der NSDAP Adolf Hitlers zu führen, weil die „Sozialfaschisten" die „gefährlichsten Feinde der Arbeiterklasse" seien.[48] Der Haß der Kommunisten auf die „sozialfaschistische" SPD steigerte sich. Ernst Thälmann bezeichnete sie 1930 als „treue Stütze der faschistischen Diktatur".[49] Damit war die Regierung Brüning gemeint, die von der SPD zunächst toleriert wurde. Dies erbitterte die KPD noch mehr. Schließlich beginne, so wiederum Thälmann, der Faschismus nicht, „wenn Hitler kommt". Er habe längst begonnen, denn beim Kabinett Brüning handele es sich bereits um eine „faschistische Diktatur".[50]

((65)) Für die Kommunisten gab es also allein in Deutschland drei Formen des „Faschismus". Einmal den sog. „Nationalfaschismus" Hitlers, der aber als längst nicht so gefährlich eingeschätzt wurde wie die zweite „sozialfaschistische" Variante des „Faschismus". Die Kabinette Brüning, Papen und Schleicher repräsentierten für die Kommunisten einen 'dritten Faschismus',

nämlich den „Faschismus von oben." Dennoch, trotz dieser dreifachen faschistischen Gefahr, erklärten die Kommunisten noch im Oktober 1932 auf
dem XII. Exekutivkomitee der KI, daß der „Sieg der proletarischen Revolution in Deutschland" unmittelbar bevorstünde.[51]

((66)) Auf die politischen Folgen dieser fatalen Fehleinschätzungen soll hier
nicht weiter eingegangen werden. Erst 1934 wurden sie zunächst in Frankreich in Frage gestellt, wo Kommunisten und Sozialdemokraten ihren Bruder-
kampf aufgaben. Ein Jahr später, 1935, wurde die Sozialfaschismusthese auch
vom VII. Weltkongreß offiziell für verfehlt erklärt und zur Bildung einer
„Volksfront" mit Sozialdemokraten und selbst bürgerlichen Antifaschisten
aufgerufen.[52] Dieser diametrale Wechsel der politischen Taktik war aber nicht
mit einer Revision der auf ihr basierenden instrumentalistischen Definition
des Faschismus verbunden. Im Gegenteil. Die schon vom XIII. Exekutivkomitee der Kommunistischen Internationale im Dezember 1933 gefundene Bestimmung des „Faschismus an der Macht" als die „offene terroristische Diktatur der am meisten reaktionären, chauvinistischen und imperialistischen Elemente des Finanzkapitals"[53] wurde vom Vorsitzenden der Kommunistischen
Internationale Dimitroff offiziell sanktioniert. Verbunden damit war eine sehr
weit gefaßte, ja geradezu inflationäre Anwendung des Faschismusbegriffs.
Als „faschistisch" wurde neben den Diktaturen in Italien, Deutschland und
Österreich auch die in Polen, Bulgarien, Jugoslawien und einigen anderen
Ländern bezeichnet. Als ebenfalls faschistisch galten ferner die „Braunhemden-
bewegung" des revisionistischen Flügels des Zionismus und die „Blauhemden-
bewegung" Tschiang Kai-Scheks in China.

((67)) An der von Dimitroff bekräftigten instrumentalistischen Definition des
Faschismus als einer „Diktatur" des „Finanzkapitals" hat man in den Ländern
des „real existierenden Sozialismus" bis zum Schluß festgehalten. Unter „Faschismus" wurde hier im wesentlichen das verstanden, was dem Kapitalismus nützte und dem Kommunismus schadete. Kein Wunder, daß alle möglichen Personen, Parteien und Regime ständig oder auch nur temporär als faschistisch denunziert wurden. Für die DDR war schließlich selbst die Mauer
ein „antifaschistischer Schutzwall". Doch damit ist die kommunistische und
keineswegs die gesamte marxistische Faschismusdiskussion diskreditiert. Es
gab auch andere Ansätze. Vertreten wurden sie von Angehörigen der Sozialdemokratie und der in ihnen in dieser Hinsicht nahestehenden kommunistischen und sozialistischen Splittergruppen.

2.2 „Si vis pacem":
Die sozialdemokratische Faschismusdiskussion

((68)) Ähnlich und fast gleichzeitig wie die Kommunisten haben auch Sozial-demokraten die Selbstbezeichnung der Partei und des Regimes Mussolinis auf andere, nicht-italienische politische Erscheinungen übertragen.[54] Sie ta-ten dies aber mit einer etwas anderen Begründung. Ohne die unbezweifelbar prokapitalistische Funktion des Faschismus zu leugnen, wiesen sie vor allem auf seine antidemokratische Zielsetzung hin. Dies gelte vor allem für demo-kratische Länder, in denen es eine starke Arbeiterbewegung gebe. Hier sei es, wie der österreichische Sozialist Julius Braunthal schon 1922 formulierte, zu einem „Gleichgewichtszustand der Klassenkräfte" gekommen.[55] Während das Proletariat versuche, die Demokratie im allgemeinen, das Wahlrecht im be-sonderen als „wirksamen Hebel" für die „Erringung der Staatsgewalt" zu be-nutzen, versuche die Bourgeoisie, dies mit allen, auch illegalen Methoden zu verhindern. Dabei setze sie die ihnen noch verbliebene „ökonomische Ge-walt" ein, indem sie die faschistischen Banden alimentiere und als „illegales Gewaltmittel" einsetze. Nach der römischen Weisheit „si vis pacem, para bellum" („willst du Frieden, so rüste zum Krieg") müßten auch die Sozia-listen der faschistischen Gewalt mit antifaschistischer Gewalt begegnen, d.h. antifaschistische Abwehrorganisationen aufbauen, die ihre faschistischen Geg-ner auch mit gewaltsamen Methoden bekämpfen sollten. Mit der Gründung des „Republikanischen Schutzbundes" in Österreich und dem „Reichsbanner Schwarz-Rot-Gold" folgten diesen Worten auch Taten.

((69)) Allerdings wies dieses antifaschistische Abwehrkonzept einen konzep-tionellen Fehler auf. Gingen die Sozialdemokraten doch davon aus, daß alle nicht-italienischen Faschisten sich an ihrem Vorbild Mussolini orientieren und versuchen würden, gewaltsam durch einen Putsch zur Macht zu kommen.[56] Doch dies war nicht, bzw. nicht mehr so. Schon Hitler erkannte nach seinem 1923 fehlgeschlagenen „Marsch auf Berlin", daß der ansonsten so bewunder-te Mussolini doch kein direktes Vorbild sei. Statt durch einen Putsch wollte Hitler als Führer der stärksten Partei scheinbar völlig legal zur Macht kom-men, um dann erst den demokratischen in einen faschistischen Staat umzu-wandeln.

((70)) Wie war dies zu verhindern? Einmal durch den Versuch, den Faschi-sten ihre Massenanhängerschaft abspenstig zu machen. Verschiedene so-zialdemokratische Faschismustheoretiker vermuteten diese in den Reihen des

„alten" und des „neuen Mittelstandes", d.h. unter Handwerkern, kleinen Ge-
werbetreibenden, Angestellten und Beamten.[57] Dies erwies sich aber schon
deshalb als schwierig, weil die Sozialdemokraten kaum etwas tun konnten,
um die soziale Lage der von den Folgen der Wirtschaftskrise schwer getroffe-
nen Mittelschichten zu verbessern. Dies auch deshalb nicht, weil sie gleichzeitig bemüht waren, Hitler unbedingt von der Macht fernzuhalten, weshalb
sie in der Regierung Brüning das „kleinere Übel" sahen, dessen Politik sie
deshalb „tolerierten", obwohl es gerade Brüning war, der bewußt keinerlei
Anstalten unternahm, um die Wirtschaftskrise zu überwinden. Dies war in der
Tat eine schwierige Situation, die einige Sozialdemokraten an die „Quadratur
des Kreises" erinnerte.[58] Dennoch waren sie an ihrem eigenen, noch dazu völlig kampflosen Untergang nicht ganz unschuldig.

((71)) Die Folgen, die die Sozialdemokraten aus ihrer Niederlage und dem
Sieg des Faschismus auch in Deutschland zogen, waren sehr unterschiedlich.
Zunächst schien die Exil-SPD der kommunistischen Auffassung zuzuneigen,
wonach der siegreiche Faschismus in Deutschland tatsächlich so etwas sei
wie die „Diktatur" bestimmter Elemente des „Finanzkapitals".[59] Folglich forderten sie in ihrem „Prager Manifest" vom Januar 1934 die „restlose Zerstö-
rung der kapitalistisch-feudalen und politischen Machtpositionen der Gegenrevolution".[60] Andere Sozialdemokraten meinten dagegen, daß es im Dritten
Reich zu einer „totalen Verselbständigung der Staatsgewalt" gekommen sei,[61]
weshalb der Faschismus an der Macht große Ähnlichkeit mit dem Bolschewismus habe. Ähnliche totalitarismustheoretische Konzeptionen waren jedoch
schon vor 1933 in der sozialdemokratischen Propaganda vertreten worden.

((72)) Doch dies war keineswegs die einzige und schon gar nicht die vorherr-
schende Theorie innerhalb der sozialdemokratischen Faschismusdiskussion.
In Anlehnung an die Bonapartismustheorie von Marx und Engels entwickel-
ten verschiedene Sozialdemokraten, aber auch August Thalheimer von der
KPD-Opposition eine Deutung des Faschismus an der Macht, die in ihren
Grundzügen von der modernen Forschung bestätigt wurde.[62] Danach ist der
Faschismus in der Situation eines „Gleichgewichts der Klassenkräfte" zur
Macht gekommen, weil die „Bourgeoisie" zugunsten der „Exekutive" auf die
weitere Ausübung der „politischen Macht" verzichtet habe, um ihre „soziale
Macht" , d.h. die Verfügung über die Produktionsmittel zu behalten. Folglich
sei es zu einer „Verselbständigung der Exekutive" gekommen, die aber nur
einen partiellen, weil nur den politischen Bereich umfassenden und folglich
auch nur temporären Charakter habe.[63]

((73)) Von einem etwas anderem Ansatz ist der schon erwähnte Arkadij Gurland ausgegangen. Nach seiner Meinung habe der Faschismus vor allem in ökonomisch rückständigen Gesellschaften eine Chance, wo er dann die Funktion einer Art Entwicklungsdiktatur ausübe. In Deutschland dagegen bilde die Verelendung von großen Teilen der Arbeiterschaft und des Mittelstandes den Nährboden für den Erfolg des Faschismus.

((74)) Mit den sozialen und sozialpsychologischen Ursachen der Anziehungskraft des Faschismus auf breite soziale Schichten haben sich dann Wilhelm Reich[64] und die Angehörigen der Frankfurter Schule beschäftigt.[65] Ihre Arbeiten sind jedoch erst lange nach 1945 rezipiert worden.

2.3 „Rechtsbolschewismus":
Die konservative und liberale Faschismusdiskussion

((75)) In Italien, Deutschland, Spanien und anderen Ländern sind die Konservativen und Liberalen mit dem Faschismus ein Bündnis eingegangen. Doch diese Entscheidung war keineswegs unumstritten und wurde nicht überall imitiert. Anlaß war der Totalitätsanspruch und die unverkennbaren revolutionären, ja, wenn man will, 'linken' Züge und Ziele des Faschismus. Auf sie haben schon sehr frühzeitig einige italienische Konservative und Liberale hingewiesen, weshalb der Faschismus große Ähnlichkeiten mit dem Bolschewismus habe.[66] Schon 1926 wurde dies von dem Führer der italienischen „Popolari", Luigi Sturzo, auf die Formel gebracht, wonach der Faschismus ein „Rechtsbolschewismus" und der Bolschewismus ein „Linksfaschismus" sei, weil beide die Demokratie ablehnten und eine strukturell ähnliche Diktatur errichtet hätten.[67] Hier liegen die Ursprünge der Totalitarismustheorie.[68]

((76)) Für andere, vor allem deutsche Konservative war der (deutsche) Faschismus nicht konservativ,[69] „preußisch"[70] und „christlich"[71] genug, weshalb sie in ihm eine eher undeutsche Erscheinung sehen wollten, die das italienische Vorbild nachahme und geistesgeschichtlich in eine revolutionäre Kontinuität gehöre, die mit der Französischen Revolution begonnen habe. Deshalb, wegen seines revolutionären Ursprungs und Charakters, wurde der Faschismus dann auch von einigen Konservativen mit dem Bolschewismus verglichen. Allerdings geschah dies im Unterschied zu den Liberalen nicht unter gleichzeitiger Anerkennung der Werte der Demokratie.

3. Faschismus nach 1945?

3.1 „Faschistische" und/oder autoritäre Regime nach 1945

((77)) Verschiedene Faschismusforscher sind der Meinung, daß der Faschismus mit dem Tode seiner Schöpfer und Hauptrepräsentanten Mussolini und Hitler untergegangen sei. Mit wenigen Ausnahmen[72] vermeiden sie daher auch den Terminus „Faschismus" und charakterisieren die in Frage kommenden Bewegungen und Regime statt dessen als „autoritär", „rechtsradikal" oder „rechtsextremistisch".[73] Auf die Vor- und Nachteile dieser Alternativbegriffe kann hier nicht näher eingegangen werden.[74]

((78)) Übersehen wird dabei einmal, daß zwei der schon in den 30er Jahren entstandenen faschistischen Diktaturen 1945 nicht untergegangen sind und erst nach diesem Epochenjahr ihre endgültige Gestalt gewonnen haben. Gemeint sind die Regime Francos und Salazars in Spanien und Portugal.

((79)) In Spanien hat es, wie oben schon erwähnt wurde, nur sehr schwache faschistische Parteien gegeben, denen es auch nach ihrer Vereinigung zur „Falange Española de las Juntas de Ofensiva Nacional Sindicalista" nicht gelang, auch nur ein einziges Parlamentsmandat zu erwerben.[75] Die Falange gehörte vor 1936 zu den vielen faschistischen Splitterparteien Europas. Doch dies sollte sich nach dem Ausbruch des Spanischen Bürgerkrieges am 18. Juli 1936 schnell ändern. Die Falange unterstützte den Militärputsch von Anfang an und stellte ihre etwa 4.000 Mann starke Parteimiliz in den Dienst der Putschisten. Gleichzeitig gewann sie neue Anhänger. Von einer wirklichen Massenbasis war sie jedoch noch weit entfernt. Außerdem verlor sie ihren Führer José Antonio Primo de Rivera, der von den republikanischen Behörden verhaftet und kurz danach ermordet wurde. Sein Nachfolger Manuel Hedilla war schwach und konnte nicht verhindern, daß die Falange auf Befehl Francos am 19. April 1937 mit den extrem konservativen Carlisten, die ebenfalls über eine, „Requetés" genannte, Parteimiliz verfügten, zur „Falange Española Tradicionalista y de las Juntas de Ofensiva Nacional Sindicalista" vereinigt wurde. Nach Francos Willen, der zugleich den Parteivorsitz übernahm und sich „caudillo" (= Führer) nennen ließ, sollte sie die einzige Staatspartei im neuen Staat sein, der auch Beamte und Militärs beitraten, bzw. beitreten mußten.

((80)) Nach dem endgültigen Sieg Francos über die Truppen der Republik und die Internationalen Brigaden im Jahr 1939 wurde die Falange zu einer wichtigen Stütze des Franco-Regimes. Hinzu kamen jedoch das Militär und die Geheimpolizei. Beide führten auch nach Ende des Bürgerkrieges, der insgesamt 500.000 Tote gekostet hat, den Terrorfeldzug gegen Anhänger der Republik und andere Oppositionelle fort. Allein zwischen 1939 und 1943 sind 200.000 Personen aus politischen Gründen zum Tode verurteilt und hingerichtet worden. Dies waren weit mehr als im faschistischen Italien und selbst im radikalfaschistischen Deutschland.

((81)) Doch dies ist nicht der einzige Grund, weshalb das Franco-Regime als faschistisch zu klassifizieren ist. Hinzu kam die ideologische und organisatorische Orientierung vor allem am faschistischen Italien, nach dessen Vorbild 1942 das Korporativsystem eingeführt wurde. Zu diesem Zeitpunkt war das Parlament schon völlig ausgeschaltet. Seine Abgeordneten wurden auch nicht mehr gewählt, sondern durch die einzelnen Syndikate, Handelskammern und anderen gesellschaftlichen Organisationen ernannt. Anders als Hitler machte Franco jedoch keinerlei Anstalten, die Armee gleichzuschalten und die Macht der katholischen Kirche zu schwächen. Dies war auch nicht nötig, denn beide, Armee wie Kirche, folgten Franco bedingungslos und wurden zu den wichtigsten Garanten seiner Macht.

((82)) In außenpolitischer Hinsicht vermied Franco jedoch eine all zu enge Anlehnung an die übrigen faschistischen Mächte, vor allem an Hitler-Deutschland. Zwar trat Spanien 1939 dem Antikominternpakt bei und belieferte in der Folgezeit die deutsche Rüstungsindustrie mit wichtigen Rohstoffen, doch trat offiziell nicht in den Krieg ein. Franco entsandte nur eine Division, die nach der Parteifarbe der Falange die „blaue Division" genannt wurde, an die Ostfront, doch sonst wahrte er eine allerdings sehr profaschistische Neutralität. Dies wurde von den Alliierten respektiert, die ihrerseits darauf verzichteten, auch dem faschistischen Spanien den Krieg zu erklären. Allerdings ächteten und isolierten sie das Franco-Regime. Auf Wunsch der USA und der UdSSR, die in dieser Hinsicht noch völlig einer Meinung waren, forderte die Generalversammlung der Vereinten Nationen ihre Mitgliedstaaten noch am 12. Dezember 1946 auf, jeglichen politischen und wirtschaftlichen Kontakt mit Spanien abzubrechen.

((83)) Doch nach und wegen des Ausbruchs des Kalten Krieges änderten die USA ihre Meinung und schlossen 1950 mit Spanien einen Militärvertrag ab, durch den die amerikanische Flotte und Luftwaffe ermächtigt wurden, die strategisch wichtigen Häfen und Flughäfen auf den Kanaren und im spanischen Mutterland selber zu benutzen. Ebenfalls auf Druck der USA lockerten die Vereinten Nationen ihren Boykott und nahmen schließlich 1955 das faschistische Spanien als gleichberechtigtes Mitglied auf. Zwei Jahre zuvor hatte bereits der Vatikan ein Konkordat mit Spanien abgeschlossen, womit das Franco-Regime trotz seines verbrecherischen und faschistischen Charakters moralisch aufgewertet wurde. In der Folgezeit wurden auch die wirtschaftlichen Beziehungen zwischen den westlichen demokratischen Ländern und Spanien intensiviert. Dies trug wesentlich zu einem bedeutenden wirtschaftlichen Aufschwung Spaniens bei und sicherte den Bestand des Franco-Regimes.

((84)) Aus vornehmlich wirtschaftlichen Gründen sah sich das Franco-Regime jedoch gezwungen, die Grenzen für ausländische Unternehmen und für den Tourismus zu öffnen, was wiederum im Innern zu einer Lockerung der Pressezensur führte.[76] Beides wurde von der sich neu formierenden kommunistischen und sozialistischen Opposition genutzt, der es gelang, illegale Gewerkschaften, die „comisiones obreras", zu gründen, die sehr bald auch von Angehörigen des niederen Klerus unterstützt wurden. Dies veranlaßte wiederum einige Kirchenführer, auf Distanz zum Regime zu gehen. Damit geriet eine der wichtigsten Stützen Francos ins Wanken. Doch dies hinderte ihn nicht, weiterhin mit brutalen Methoden gegen die Opposition vorzugehen. In Gestalt der baskischen Untergrundorganisation ETA erhielt das Regime jedoch einen unbeugsamen Gegner, der auf den faschistischen Terror mit Gegenterror antwortete, dem zahlreiche Repräsentanten des Polizei- und Staatsapparates zum Opfer fielen. Doch all dies führte nicht zum Zusammenbruch des faschistischen Systems in Spanien.

((85)) Erst nach dem Tode Francos am 20. November 1975 trat eine neue Situation ein. Franco selber hatte den Prinzen Juan Carlos faktisch zu seinem Nachfolger ernannt. Doch der nun zum König gekrönte und zum Oberbefehlshaber der Streitkräfte ernannte Juan Carlos handelte nicht so, wie dies Franco offensichtlich von ihm erwartet hatte. Der damals noch als schwach und unfähig eingeschätzte und damit völlig verkannte König Juan Carlos leitete nämlich den langsamen und, wie sich dann zeigen sollte, sogar friedlichen Übergang von der faschistischen Diktatur zur Demokratie ein.

((86)) Den Beginn dieses, „transicion" genannten, Überganges markierte die Wiederzulassung der demokratischen Parteien, schließlich sogar der damals noch als sehr mächtig eingeschätzten kommunistischen. Mit einem ebenso mutigen wie völlig überraschenden Coup löste König Juan Carlos im April 1977 die allmächtig erscheinende faschistische Massenpartei auf. Die, abkürzend nur noch „movimiento" (= die Bewegung) genannte, faschistische Partei ließ sich dies widerstandslos gefallen. Auch die Armee griff nicht ein und fand sich auch später nicht mehr bereit, Putschversuche gegen das ganz wesentlich von König Juan Carlos installierte demokratische System zu unterstützen. Auf diese Weise wurde Spanien ohne erneuten Bürgerkrieg zu einer heute ganz offensichtlich gefestigten Demokratie. Allerdings hat eine wirkliche Aufarbeitung des spanischen Faschismus bisher noch nicht stattgefunden, der zudem keineswegs völlig untergegangen ist, sondern in Gestalt von einigen alt- und neofaschistischen Bewegungen und Gruppierungen fortbesteht.

((87)) Zu einer ähnlichen Entwicklung ist es im benachbarten Portugal gekommen.[77] Hier wurde in den 30er Jahren ebenfalls eine autoritäre Diktatur errichtet, die von verschiedenen Zeitgenossen und späteren Forschern als faschistisch klassifiziert wurde. Zur Macht gelangte die portugiesische Variante des Faschismus jedoch nicht wie in Italien und Deutschland von unten, sondern wie in Spanien und einigen osteuropäischen Ländern von oben. Errichtet wurde sie zudem nicht von einem Parteiführer, sondern von einem Ökonomie-Professor. Gemeint ist Antonio de Oliveira Salazar, der von dem durch einen Militärputsch 1928 zur Macht gekommenen General Oscar Carmona erst zum Finanzminister und dann 1932 auch zum Regierungschef berufen wurde. Mit Billigung Carmonas, der sein Präsidentenamt bis zu seinem Tode im Jahre 1951 innehatte, baute Salazar schrittweise ein diktatorisches System auf, das „Estado Novo" (= Neuer Staat) genannt wurde.

((88)) Vieles an diesem „Neuen Staat" war jedoch alles andere als neu, sondern war von den faschistischen Regimen Europas übernommen worden. Dies galt vor allem für die allmächtige politische Polizei, der PIDE, die nach dem Muster der deutschen Gestapo jegliche politische Opposition im Keim erstickte. Ebenfalls nach faschistischem Vorbild wurde nach dem Verbot aller übrigen Parteien eine Regierungspartei geschaffen, die „União Nacional" (= Nationalunion) genannt wurde. Sie verfügte sowohl über eine Jugend- wie eine paramilitärische Organisation und wurde selbstverständlich von Salazar angeführt, der sich zumindest temporär als „Führer" bezeichnen und mit dem faschistischen Gruß grüßen ließ.

((89)) Ähnlich wie in einigen osteuropäischen Diktaturen gab es jedoch auch in Portugal mit der von Rolão Preto angeführten „Integralistischen Partei" eine originär faschistische Bewegung. Sie stand in Opposition zum Salazar-Regime und versuchte es, in Zusammenarbeit mit einer anarchosyndikalistischen Gruppe, 1934 zu stürzen. Doch dieser, bemerkenswerterweise von Faschisten und Anarchosyndikalisten gemeinsam durchgeführte, Staatsstreich mißlang. Preto mußte ins Ausland fliehen, und die Reste seiner faschistischen Partei wurden in die „Nationalunion" eingegliedert, wo sie die Kerntruppe der schon erwähnten Parteimiliz, der „Legão Portuguesa" bildeten.

((90)) Weitere Anlehnungen an das Vorbild der ausländischen faschistischen Regime wurden von Salazar jedoch vermieden, der zudem zwar Franco im Bürgerkrieg unterstützt hat, sich sonst aber in außenpolitischer Hinsicht nicht den faschistischen Mächten annäherte. Portugal trat noch nicht einmal dem Antikominternpakt bei. Diese außenpolitische Zurückhaltung sicherte den Fortbestand des Salazar-Regimes, das sich nach 1945 mehr auf die PIDE als auf die Massenpartei stützte und seinen entscheidenden Rückhalt bei den allmächtigen Großgrundbesitzern und der katholischen Kirche fand. All dies garantierte die Langlebigkeit des Salazar-Regimes, das selbst den Tod seines Schöpfers im Jahr 1974 noch um vier Jahre überdauerte.

((91)) Doch dann kam es 1978 zu einer Revolution. Getragen wurde diese „Nelkenrevolution" vor allem von jungen Offizieren, die durch die blutigen Kolonialkriege, die das Salazar-Regime in Angola und Mosambique führte, desillusioniert worden waren. Unterstützt von linken Intellektuellen und der sich neu formierenden Kommunistischen Partei, konnten die putschenden Offiziere den Widerstand der PIDE brechen. Doch das von einigen radikalen Kräften angestrebte Ziel einer sozialistischen Umgestaltung des Landes wurde schließlich nicht erreicht. Portugal wurde zu einer parlamentarischen Demokratie westlichen Musters.

((92)) Daß diese westlichen Demokratien keineswegs davor gefeit sind, noch einmal durch autoritäre und/oder faschistische Diktaturen ersetzt zu werden, zeigte sich ausgerechnet in Griechenland, in dem Lande also, in dem Begriff und Sache der „Demokratie" erfunden wurde. Doch dies ist lange her, und die antike unterscheidet sich erheblich von der modernen Demokratie. Im modernen Griechenland war sie schon wegen des blutigen Bürgerkrieges, der hier schon während und vollends nach dem Ende des Zweiten Weltkrieges zwischen Kommunisten und Konservativen ausgefochten worden war, keineswegs gefestigt. Rechte und Linke standen sich auch noch in den 60er Jahren unversöhnlich gegenüber.[78]

((93)) Um den für sicher gehaltenen Wahlsieg der Linken unter Papandreou zu verhindern, führten Teile der griechischen Armee im April 1967 einen Putsch durch. An die Stelle der Demokratie trat eine Militär-Junta, in der der Oberst Papadopoulos sehr bald eine führende Stellung einnahm. Papadopoulos setzte die Verfassung außer Kraft, verbot alle Parteien und führte eine sehr rigide Pressezensur ein. Die sich rasch bildende Opposition wurde unterdrückt. Viele Oppositionelle wurden verhaftet oder zur Emigration gezwungen. Dort setzten sie ihren publizistischen und politischen Kampf gegen das von vielen als faschistisch charakterisierte Papadopoulos-Regime fort.

((94)) Diese Klassifizierung war jedoch von Anfang an umstritten. Und dies mit gutem Grund. Schließlich verzichtete Papadopoulos darauf, nach dem Muster der faschistischen Diktaturen der Zwischenkriegszeit eine faschistische Massenorganisation ins Leben zu rufen. Sein Regime stützte sich ausschließlich auf Polizei und Militär. Hinzu kam die direkte und indirekte politische und wirtschaftliche Unterstützung durch das Ausland, vor allem die USA. Davon profitierte die griechische Wirtschaft, was wiederum den Bestand der Diktatur zu sichern schien. Doch 1974 brach es dann doch ziemlich unvermittelt zusammen. Anlaß war ein vom Obristenregime angeregter Putsch von Angehörigen des griechischen Bevölkerungsanteils auf Zypern, der die türkische Armee zu einer Invasion der Insel veranlaßte, die zu ihrer Teilung in einen türkischen und griechischen Teil führte. Papadopoulos konnte und wollte dies vermutlich auf Druck der USA nicht verhindern, weshalb er von den griechischen Nationalisten als Verräter der eigenen griechischen Sache angesehen und verhaftet wurde. Griechenland kehrte zur Demokratie zurück.

((95)) Noch umstrittener als die Charakterisierung des griechischen Obristenregimes ist die Klassifizierung von einigen außereuropäischen Diktaturen als faschistisch. Dies gilt für das Regime Perons in Argentinien,[79] Sukarnos in Indonesien, Nassers in Ägypten[80] und einige andere mehr. Diese Diktaturen unterschieden sich in folgenden Punkten wesentlich von den faschistischen in Europa. Einmal in sozioökonomischer Hinsicht. Zum anderen darin, daß sie entweder über keine oder über eine anders geartete Massenorganisation verfügten. Letzteres gilt vor allem für die Perons, die einen eher linken, auf jeden Fall aber betont antiimperialistischen Kurs verfolgten. Daß Peron gerade deshalb vor allem von amerikanischen Autoren zumindest temporär als „Faschist" bezeichnet, bzw. beschimpft wurde, ist ein Beweis dafür, daß er dies nicht war. Ähnliches gilt für die vorwiegend im Westen anzutreffende

Diffamierung Nassers. Dagegen ist das Regime Sukarnos fast ausschließlich in den kommunistischen Staaten als „faschistisch" klassifiziert worden.

((96)) Man sieht daran, daß diese unterschiedlichen Bezeichnungen dieser Regime der sog. Dritten Welt ganz wesentlich durch den globalen Ost-West-Konflikt beeinflußt worden waren. Dennoch darf dies nicht dazu führen, diese Diktaturen in irgendeiner Weise zu verharmlosen. Letzteres gilt vor allem für das Sukarno-Regime in Indonesien, das 1966 einen blutigen Ausrottungs-feldzug gegen die indonesische Kommunistische Partei führte, dem 600.000 Menschen zum Opfer gefallen sind. Dies scheint heute fast vergessen zu sein. Insgesamt ist das letzte Wort in der Frage, ob diese oder auch andere außer-europäische Diktaturen nicht doch als faschistisch zu klassifizieren sind, noch nicht gesprochen. Und erst die Zukunft wird zeigen, ob der Faschismus in den Ländern der, wie man jetzt sagen muß, ehemaligen Dritten Welt wirklich kei-ne Chance hat.

3.2 (Neo-) faschistische und/oder rechtsextremistische Bewegungen

((97)) Daß der Faschismus mit dem Tode Mussolinis, Hitlers und anderer faschistischer Diktatoren nicht einfach und völlig untergegangen ist, lehrt auch die Tatsache, daß es in verschiedenen Ländern Europas und den USA[81] Par-teien gab, die in ideologischer und selbst personeller Beziehung an die schein-bar verschwundenen und formell verbotenen faschistischen der Kriegs- und Vorkriegszeit anknüpften.

((98)) Beispielhaft ist hier die von dem ehemaligen faschistischen Unter-staatssekretär Giorgio Almirante schon 1946 ins Leben gerufene faschisti-sche Sammlungspartei „Movimento Sociale Italiano (MSI)" (= Italienische Soziale Bewegung) in Italien.[82] Die Wahlerfolge des MSI waren zunächst bescheiden. Dennoch reichten sie aus, um ständig im italienischen Parlament vertreten zu sein. Hier bot sich der MSI als Koalitionspartner der Democrazia Cristiana an. Dies war zunächst erfolglos. Doch nachdem es Anfang der 70er Jahre in einigen Regionen Süditaliens zu Volksaufständen gekommen war, die von dem MSI geschürt worden waren, dem es zudem gelang, 1972 fast 9 Prozent der Stimmen zu erreichen, waren zumindest Teile der DC zu einem Bündnis mit dem MSI bereit.

((99)) Dazu kam es dann doch nicht, weil verschiedene Aktivisten des MSI

einige Terroranschläge verübten, die in der italienischen Öffentlichkeit gro-
ßes Entsetzen hervorriefen. Die Führung der DC entschloß sich daher zu
einer Zusammenarbeit mit der Linken. Der MSI konnte davon und von der
auch durch linke Terroranschläge hervorgerufenen Krise des politischen
Systems Italiens nicht profitieren. Ihr Stimmanteil ging wieder auf etwa 6 %
zurück. Dennoch blieb die Partei auch weiterhin im Parlament vertreten.
Hatte sie es inzwischen doch verstanden, neben alten auch neue Faschisten zu
gewinnen. Die, wie sie sich auch selber nannten, Neofaschisten blieben
jedoch ihren alten Zielen treu. Allerdings verstanden sie es, das etwas zu
kaschieren.

((100)) In den 1990er Jahren erreichte diese Mimikry mit der Umbenennung
der Partei in „Alleanza Nazionale" (= Nationale Allianz) ihren Höhepunkt.
Dennoch besteht kein Zweifel, auch diese inzwischen von Gianfranco Fini
angeführte Partei als „faschistisch", bzw. „neofaschistisch" zu bezeichnen.
1994 bildete Fini zusammen mit dem Medienmogul Silvio Berlusconi und
dessen „Forza Italia" sowie der separatistischen „Lega Lombarda" Umberto
Bossis sogar eine Koalitionsregierung. Sie wurde zwar von der vereinigten
Linken wieder gestürzt, um jedoch im Mai 2001 wieder neu gebildet zu werden. Geführt wird diese italienische Regierung von einem Mann – Berlusconi
–, an dessen moralischer Integrität und demokratischer Einstellung begründete Zweifel bestehen, und der sich zudem auf einen neofaschistischen Koalitionspartner stützt. Um so erstaunlicher ist, daß die übrigen europäischen Re-
gierungen darauf so zurückhaltend reagiert haben.

((101)) Dagegen hat die Europäische Union auf die Regierungsbeteiligung
der FPÖ in Österreich im Jahr 2000 zunächst mit harten Boykottmaßnahmen
reagiert, die inzwischen jedoch wieder aufgehoben worden sind.[83] Die FPÖ
war zwar ursprünglich nicht viel mehr als ein Sammelbecken ehemaliger
Nationalsozialisten, hatte sich aber in den 70er Jahren zu einer eher rechts-
liberalen Partei gewandelt, bis sie dann von ihrem neuen Vorsitzenden Jörg
Haider wieder auf einen zwar nicht offen antidemokratischen, wohl aber
eindeutig rassistischen Kurs gebracht wurde. Dies manifestiert sich in der
ziemlich offenen Hochschätzung des nationalsozialistischen „Rassenstaates"
einerseits, einer immer aggressiver werdenden rassistischen Hetze gegen
„Ausländer" andererseits. Haider ist auch durch eine bemerkenswert offene
antisemitische Agitation aufgefallen. Es besteht daher kein Grund, Haiders
FPÖ zu verharmlosen. Auch wenn ihre Charakterisierung umstritten ist, steht
fest, daß es sich bei ihr um eine extrem rechte, wenn nicht sogar rechtsextre-

mistische oder neofaschistische Partei handelt, die, und dies ist das Bemerkenswerte, sich an der Regierung eines europäischen Landes beteiligen konnte.

((102)) Von einer solchen Situation ist Deutschland Anfang des 3. Jahrtausends entfernt.[84] Hier ist es bisher keiner der vielen post- und neofaschistischen Parteien gelungen, die 5 Prozent-Hürde zu überwinden und in den Bundestag einzuziehen. In verschiedene Landesparlamente konnten sie jedoch
einziehen. Dies ist schon der aus einer Aufspaltung der „Deutschen Rechts-
partei" entstandenen „Sozialistischen Reichspartei (SRP)" Ende der 40er Jahre gelungen. Doch am 23. Oktober 1952 wurde die SRP, die bis dahin temporär im Niedersächsischen Landtag und der Bremer Bürgerschaft vertreten war,
vom Bundesverfassungsgericht verboten.

((103)) Das SRP-Verbot hat aber die Entstehung weiterer Parteien nicht verhindert, die von einigen Beobachtern als „neofaschistisch", von anderen dagegen als „rechtsextremistisch" bezeichnet wurden. Neben der „Deutschen
Reichspartei" (DRP) des ehemaligen Wehrmachts-Offiziers Rudel, die in den
1950er Jahren von sich reden machte, aber ziemlich erfolglos blieb, war dies
in den 1960er Jahren die „Nationaldemokratische Partei Deutschlands (NPD)".
Der 1964 als Sammlungsorganisation verschiedener alt- und neofaschistischer
Organisationen gegründeten NPD gelang Ende der 60er Jahre der Einzug in
verschiedene Landesparlamente. Den von vielen erwarteten Sprung in den
Bundestag schaffte sie 1969 jedoch gleichwohl nicht. Sie hatte 'nur' 4,6 %
der abgegebenen Stimmen erreicht. In den 70er und noch mehr in den 80er
Jahren ging ihr Einfluß sukzessive zurück. Doch ihr von vielen voreilig vor-
ausgesagte völliger Untergang fand nicht statt. Ende der 90er tauchte sie aus
ihrer scheinbaren Bedeutungslosigkeit wieder auf und zog in einige Landesparlamente ein.

((104)) Die Zwischenzeit, d.h. die 70er und 80er Jahre sind einmal durch die
Existenz verschiedener „neofaschistischer", bzw. wie sie jetzt meist genannt
wurden, „rechtsextremistischer" Bewegungen gekennzeichnet, von denen es
keiner gelang, auch nur in ein Landesparlament einzuziehen. Trotz oder gerade wegen ihrer zahlenmäßigen Schwäche fand eine bemerkenswerte ideologische Radikalisierung statt, durch die ihre Anziehungskraft vor allem auf Jugendliche erhöht wurde. Diese Jugendlichen waren es dann auch, die in zu-
nehmendem Maße Gewalt gegen politisch Andersdenkende und vor allem gegen tatsächliche oder vermeintliche „Ausländer" ausübten. Die staatlichen Or-
gane konnten diesen schon in den 80er Jahren eskalierenden Terror nicht ein-

dämmen. Verbote einzelner Organisationen – von der „Aktionsfront Nationaler Sozialisten" (ANS) über die „Wehrsportgruppe Hoffmann" bis hin zur „Freiheitlichen Arbeiterpartei (FAP)" – erwiesen sich schon deshalb als wirkungslos, weil sofort nach deren Verbot neue, aber durchaus ähnliche Organisationen – meist noch von den gleichen Personen – gegründet wurden.

((105)) Die, wie gesagt, schon in den 1980er Jahren anzutreffende Entwicklung radikalisierte sich nach der Vereinigung von Ost- und Westdeutschland, weil diese im Westen gegründeten und meist auch von Westdeutschen angeführten Gruppen großen Zulauf unter ostdeutschen Jugendlichen fanden. Dabei wirkten sich sowohl die autoritäre Erziehung in der alten DDR wie die Enttäuschung über die soziale Situation im vereinten Deutschland aus, die sich für viele entweder gar nicht oder jedenfalls nicht in dem von den Politikern versprochenen Ausmaß verbesserte. Um die Jahrtausendwende herum gab es in einigen ostdeutschen Städten und Regionen tatsächlich so etwas wie „national befreite Zonen", die von „Ausländern" oder auch bloß „ausländisch" aussehenden Personen nur unter Gefahr für Leib und Leben betreten werden konnten, was ein Gefahrenpotential darstellt.

((106)) Vielleicht noch problematischer und gefährlicher ist hier das Einstellungspotential der Bevölkerung. Insgesamt hat es sich nach rechts verschoben. Nach glaubwürdigen Schätzungen sind etwa 20 % der Deutschen um die Jahrtausendwende antisemitisch, weitere 40 % „ausländerfeindlich" und nicht weniger als zwei Drittel (64 - 68 Prozent) antiziganistisch eingestellt. Anders als noch in den 1950er und 1960er Jahren findet man derartige rassistische Einstellungen keineswegs nur bei den Angehörigen der älteren, sondern auch, ja sogar vor allem bei der jüngeren Generation, wobei die in Ostdeutschland ermittelten Ergebnisse die in den westlichen Bundesländern noch bedeutend übertreffen.

((107)) Und dennoch konnte das profaschistische, bzw. rechtsextremistische Einstellungspotential, das von Wahlforschern um die Jahrtausendwende auf mindestens 15 Prozent geschätzt worden ist, von den vorhandenen neofaschistischen, bzw. rechtsextremistischen Parteien auch nicht annähernd ausgeschöpft werden. Parteien wie die aus der NPD hervorgegangene „Aktion Neue Rechte" (ANR) und die von dem Mitgründer der Grünen August Haußleiter gegründete und geleitete „Aktionsgemeinschaft Unabhängiger Deutscher" blieben bedeutungslos. Dagegen schaffte es die erst kurz zuvor gegründete Partei der „Republikaner" im Jahr 1989 auf Anhieb, bei den Wahlen zum (West-) Berliner Abgeordnetenhaus 1989 fast 10 Prozent der Stimmen zu erreichen. Ähnliche und ähnlich überraschende Erfolge konnte dann in den 1990er Jahren die von dem Herausgeber der eindeutig rechtsradikalen „Nationalzeitung" Gerhard Frey gegründete „Deutsche Volksunion (DVU)" erzielen.

((108)) Insofern unterscheidet sich Deutschland Anfang des dritten Jahrtausends von verschiedenen seiner westlichen und inzwischen auch östlichen Nachbarländer, in denen neofaschistische, bzw. rechtsextremistische Parteien in den Parlamenten vertreten sind. In Frankreich war dies schon einmal in den 1950er Jahren der Fall, als die von Pierre Poujade gegründete „Union de Défense des Commerçants et Artisans" (= Union für die Verteidigung der Händler und Handwerker) nicht weniger als 56 Sitze in der französischen Nationalversammlung erringen konnte.[85] Diese Partei wandte sich, wie ihr Name sagt, zwar vornehmlich an Händler und Handwerker, konnte jedoch ganz offensichtlich Einbrüche in das Lager der französischen Rechten erzielen, die durch die Situation im damals noch französischen Algerien mehr als beunruhigt war.

((109)) Eine weitere eindeutig faschistische Terrororganisation namens „Organisation Armée Secrète (OAS)" = Geheime Armeeorganisation) versuchte, die Aufgabe Algeriens sogar durch terroristische Gewaltakte zu verhindern. Dadurch geriet Frankreich in eine schwere innenpolitische Krise, die jedoch durch den 1958 zur Macht gekommenen Charles de Gaulle abgewendet werden konnte. Das von de Gaulle eingeführte Präsidialsystem mit seinem strikten Mehrheitswahlrecht verhinderte dann das Erstarken weiterer neofaschistischer bzw. rechtsextremistischer Parteien. Doch in den 80er Jahren gelang es der „Front National" Jean Marie Le Pens, diese Hürde zu überwinden. Die „Front National" wurde zu einem ernst zu nehmenden politischen Faktor, bevor sie in den 90er Jahren in einige rivalisierende Gruppen zerfiel.[86]

((110)) Ähnliche Bewegungen und Parteien entstanden in England,[87] Belgien und einigen anderen westeuropäischen Ländern. Sie haben bei allen sonstigen Unterschieden folgendes gemeinsam. Einmal ihre ideologische und selbst personelle Anknüpfung an die faschistischen Bewegungen und Regime vor 1945. Dies wurde jedoch in der Folgezeit mehr und mehr kaschiert. Außerdem rekrutierten sich diese Parteien bald kaum noch aus alten Faschisten, sondern gewannen Mitglieder und Anhänger auch unter der postfaschistischen Generation. Anlaß dafür waren neben sozialen vor allem ideologische Faktoren. An erster Stelle ist die eher rassistisch als nur xenophob geprägte Angst vor den neuen Immigranten zu nennen. Dagegen trat der Antisemitismus, der im Zentrum der Ideologie der meisten 'klassischen' faschistischen Bewegungen und Regime gestanden hatte, etwas zurück, ohne jedoch völlig zu verschwinden. Diese antisemitischen und noch mehr rassistischen Einstellungen haben sich seit den 1990er Jahren nicht nur verbreitet, sondern auch radikalisiert und führten zu Gewaltakten gegenüber „Ausländern" und sonstigen als „rassisch fremd und minderwertig" angesehenen Personen. Sie haben zwar bis zu dieser Zeit nicht das Ausmaß der von den Faschisten in den 1920er und 1930er Jahren verübten Gewaltakte erreicht, stellen jedoch eine ernst zu nehmende Gefahr dar und unterstreichen die Ähnlichkeiten zwischen den 'alten' und 'neuen' Faschisten.

((111)) Ein gänzlich neues Phänomen sind die rechten Parteien und selbst Regime, die nach dem Zusammenbruch des Kommunismus in verschiedenen osteuropäischen Ländern entstanden sind.[88] Ob sie als „neofaschistisch" oder 'nur' als rechtsextremistisch zu bezeichnen sind, ist nach wie vor umstritten. Dagegen spricht die andere, weil wesentlich durch den Kommunismus geprägte Vorgeschichte dieser Länder; dafür die unverkennbare ideologische Orientierung am Vorbild sowohl der 'klassischen' wie der neofaschistischen Bewegungen Westeuropas. Wie immer man diese Streitfragen beurteilt, eins ist sicher: Eine völlige deckungsgleiche Wiederholung der Geschichte wird es nicht geben. Dies heißt jedoch nicht, daß es in Zukunft überhaupt keinen Faschismus mehr gibt und geben wird.

3.3 Zwischen Inflationierung und Infragestellung: Ausblick auf die Faschismusdiskussion nach 1945

((112)) Wie bereits mehrmals erwähnt, ist die Anwendung des Faschismusbegriffs auf Bewegungen und Regime, die den Zusammenbruch des deutschen und italienischen Faschismus überstanden haben oder überhaupt erst nach 1945 entstanden sind, umstritten. Maßgebend dafür waren (und sind) keineswegs nur wissenschaftliche, sondern auch politische Motive. Faktor und Indikator dafür ist die wechselvolle Geschichte des Faschismusbegriffs.

((113)) Schon vor 1945 verstanden Kommunisten, Sozialdemokraten sowie Konservative und Liberale unter „Faschismus" keineswegs das gleiche. Diese Tendenz setzte sich nach 1945 fort. Zwischen Kommunisten auf der einen, Konservativen, Liberalen und inzwischen auch Sozialdemokraten auf der anderen Seite bestanden bald so große Unterschiede in der Frage, was „Faschismus" überhaupt sei, daß letztere vorschlugen, auf den Terminus völlig zu verzichten, weil er zu einem bloßen kommunistischen Propagandabegriff geworden sei. Dies war nicht unbegründet. Die bereits vor 1945 in der kommunistischen Faschismusdiskussion anzutreffende Tendenz, den Begriff ziemlich inflationär und ohne wirklich stichhaltige Begründung auf fast alle Personen, Parteien und Staaten zu verwenden, die dem Kapitalismus nützten und dem Kommunismus schadeten, setzte sich fort. Jetzt kam auch noch das politische Interesse der kommunistischen Staaten hinzu, alle möglichen außen- und innenpolitischen Gegner als „faschistisch" zu diffamieren. In der DDR wurden bekanntlich selbst der Arbeiteraufstand von 1953 als „faschistischer Putsch" und die Mauer als „antifaschistischer Schutzwall" bezeichnet.

((114)) Diese mißbräuchliche Verwendung des Faschismusbegriffs führte im Westen zu seiner Tabuisierung. Besonders ausgeprägt war dies in der Bundesrepublik Deutschland der Fall. In den übrigen westeuropäischen Staaten sowie in den USA war dies zwar anders, weil hier der Faschismusbegriff nach wie vor verwandt wurde, dennoch häuften sich auch hier die Zweifel an seiner Anwendbarkeit auf verschiedene nich-titalienische Bewegungen und Regime.

((115)) In den 1960er Jahren änderte sich dies. Die schon fast vergessenen marxistischen Faschismustheorien der Zwischenkriegszeit wurden in verschiedenen westeuropäischen Ländern und auch in den USA wieder neu entdeckt und rezipiert. In der Bundesrepublik war dieser Wandel besonders drastisch. War hier doch der konkurrierende Alternativbegriff des Totalitarismus innerhalb der Politik und politischen Bildung geradezu verordnet worden. Folglich kam es zu einem erbitterten Streit um Worte, nämlich zwischen dem marxistisch konnotierten Faschismus- und dem als 'demokratisch' geltenden Totalitarismusbegriff. Dabei ging es wiederum keineswegs vornehmlich um Wissenschaft und Geschichte, sondern um Gegenwart und Politik. Mit dem durchaus richtigen Hinweis auf die personellen und strukturellen Kontinuitäten zwischen Drittem Reich und Bundesrepublik wurde ihr demokratischer Charakter infragegestellt, weil sie bereits „faschistoid" oder zumindest auf dem Wege zum „Faschismus" sei.[89] Ähnliche Vorwürfe wurden gegenüber den USA und einigen anderen westlichen Staaten erhoben. Wie schon in der Zwischenkriegszeit kam es zu einer erneuten Inflationierung des Faschismusbegriffs. Verschiedene Konservative und Liberale nahmen dieses Gerede viel zu ernst und sahen den Bestand der Demokratie als gefährdet an. Die Diskussion nahm geradezu hysterische Züge an. Malten einige die Gefahr des unmittelbar bevorstehenden Sieges des „Faschismus" an die Wand, wollten andere darin den Beweis sehen, daß die Demokratie tatsächlich in Gefahr sei, allerdings mehr durch diese „Antifaschisten" als durch die „Faschisten".

((116)) Die eigentlich entscheidende Frage, ob man an einem generischen Faschismusbegriff aufgrund welcher wissenschaftlicher Argumente festhalten könne oder nicht, geriet in dieser politischen und tagespolitischen Faschismusdiskussion fast in Vergessenheit, zumal auch die ernstzunehmenden Forscher auf eine intensive und wirklich vergleichende Faschismusforschung weitgehend verzichteten. Daher war es fast unvermeidlich, daß auf die erneute Inflationierung des Faschismusbegriffs seine erneute generelle Infragestellung folgte.

Anmerkungen

1   Fritz Schotthöfer, Il Fascio. Sinn und Wirklichkeit des italienischen Faschismus, Frankfurt/M. 1924, S. 64.

2   Im Deutschen ist dies anders. Hier hat der Begriff „Bund" eine religiöse Färbung, weil er an den „alten" und „neuen Bund" Gottes mit den Juden und den Christen erinnert. Vgl. dazu: Reinhart Koselleck, Bund, Bündnis, Föderalismus, Bundesstaat, in: Otto Brunner / Werner Conze /Reinhard Koselleck (Hrsg.), Geschichtliche Grundbegriffe. Historisches Lexikon zur politisch-sozialen Sprache in Deutschland, Bd. 1, Stuttgart 1972, Sp. 582-671.

3   Die wichtigsten Überblicksdarstellungen zur Geschichte des, bzw. der Faschismen sind: Ernst Nolte, Die faschistischen Bewegungen. Die Krise des liberalen Systems und die Entwicklung der Faschismen, München 1968; Stuart J. Woolf (Hrsg.), European Fascism, London 1968; Hans-Ulrich Thamer/Wolfgang Wippermann, Faschistische und neofaschistische Bewegungen, Darmstadt 1977; Stein U. Larsen u.a. (Hrsg.), Who were the Fascists? Social Roots of European Fascism, Bergen 1980; Wolfgang Wippermann, Europäischer Faschismus im Vergleich 1922-1982, Frankfurt/M. 1983; chinesische Übersetzung Peking 1992; mit einem Nachwort versehene russische Übersetzung Nowosibirsk 2000; Stanley G. Payne, A History of Fascism 1914-1945, Madison 1995; Walter Laqueur, Faschismus - Gestern, Heute, Morgen, Berlin 1997; Roger Eatwell, Fascism. A History, Harmondsworth 1997; Jerzy W. Borejsza, Schulen des Hasses. Faschistische Systeme in Europa, Frankfurt/M. 1999.

4   Die wichtigsten Überblicksdarstellungen zur Geschichte der Faschismustheorien sind: Ernst Nolte, Vierzig Jahre Theorien über den Faschismus, in: ders. (Hrsg.), Theorien über den Faschismus, Köln 1967, S. 1-75; Richard Saage, Faschismustheorien, München 1976; Renzo De Felice, Die Deutungen des Faschismus, Göttingen 1980; Wolfgang Wippermann, Faschismustheorien. Die Entwicklung der Diskussion von den Anfängen bis heute, Darmstadt 7. Aufl. 1997.

5   Zur Geschichte des italienischen Faschismus vor allem die voluminöse Mussolini-Biographie

von Renzo De Felice: Renzo De Felice, Mussolini il rivoluzionari, 1883-1920, Turin 1965; ders., Mussolini il fascista 1921-1929, Turin 1968; ders., Mussolini il duce 1929-1940, Turin 1981; ders., Mussolini l'alleato 1943-1945, Turin 1990. Sehr nützlich die folgenden knappen Überblicke von: Alexander De Grand, Italian Fascism. Its Origins & Development, Lincoln 1982; Brunello Mantelli, Kurze Geschichte des italienischen Faschismus, Berlin 1998.

6 Dazu: Michael A. Ledeen, The First Duce, Baltimore 1977.

7 Dazu vor allem: Ernst Nolte, Der Faschismus in seiner Epoche, München 1963, S. 200 ff.

8 Zum folgenden die Überblicke von: Ernst Nolte, Die faschistischen Bewegungen. Die Krise des liberalen Systems und die Entwicklung der Faschismen, München 1966; Francis L. Carsten, Der Aufstieg des Faschismus in Europa, Frankfurt/M. 1968; Stuart J. Woolf (Hrsg.), European Fascism, London 1968; Hans-Ulrich Thamer/Wolfgang Wippermann, Faschistische und neofaschistische Bewegungen, Darmstadt 1977; Stein U. Larsen u.a. (Hrsg.), Who were the Fascists? Social Roots of European Fascism, Bergn 1980; Wolfgang Wippermann, Europäischer Faschismus im Vergleich (1922-1982), Frankfurt/M. 1983; Enzo Collotti, Fascismo e fascismi. Movimenti, partiti, regime in Europa e nel mondo, Florenz 1989; Roger Griffin, The Nature of Fascism, London 1991; Stanley G. Payne, A History of Fascism 1914-1945, London 1995; Angelo Del Boca (Hrsg.), Il regime fascista. Storia e storiografia, Rom 1995; Walter Laqueur, Faschismus - Gestern, Heute, Morgen, Berlin 1997; Roger Griffin (Hrsg.), International Fascism. Theories, Causes and the New Consensus, London 1997; Christoph Dipper u.a. (Hrsg.), Faschismus und Faschismen im Vergleich, Köln 1998; Jerzy W. Borejsza, Schulen des Hasses. Faschistische Systeme in Europa, Frankfurt/M. 1999.

9 Die Forschung zur Geschichte des Nationalsozialismus ist unübersehbar geworden. Zum Forschungsstand: Ian Kershaw, Der NS-Staat. Geschichtsinterpretationen und Kontroversen im Überblick, Reinbek 1994. Die neuesten Überblicksdarstellungen sind: Ulrich v. Hehl, Nationalsozialistische Herrschaft, München 1996; Ludolf Herbst, Das nationalsozialistische Deutschland. Von den Anfängen bis zur Gegenwart, München 1997; Wolfgang Wippermann, Umstrittene Vergangenheit. Fakten und Kontroversen zum Nationalsozialismus, Berlin 1998.

10 Zur Geschichte der französischen Faschismen: Zeev Sternhell, Neither Right nor Left: Fascist Ideology in France, Berkeley 1986; Robert Soucy, French Fascism: The First Wave, 1924-1933, New Haven 1986; Pierre Milza, Le fascisme français, Paris 1987; Ariane Chebel d'Appolonia, L'extrême-droite en France de Maurras à Le Pens, Brüssel 1988.

11 Beste zusammenfassende Darstellung immer noch: Luc Schepens, Fascists and Nationalists in Belgium, 1919-1940, in: Stein U. Larsen (Hrsg.), Who were the Fascists?, S. 501-516. Ferner: Borejsza, Schulen des Hasses, S. 235 ff.

12 Martin Conway, Collaboration in Belgium: Léon Degrelle and the Rexist Movement in Belgium, 1940-1944, New Haven 1993.

13 Herman van der Wusten/ Ronald. E. Smit, Dynamics of the Dutch National Socialist Movement (the NSB) 1931-1935, in: Stein U. Larsen u.a. (Hrsg.), Who were the Fascists?, S. 524-541.

14 Gerhard Hirschfeld, Nazi Rule and Dutch Collaboration, New York 1988.

15 Hans-Dietrich Loock, Quisling, Terboven und Rosenberg, Stuttgart 1970; Paul M. Hayes, Quisling: The Career and Political Ideas of V. Quisling 1887-1945, London 1971; O. K. Hoidal, Quisling:

A Study in Treason, Oslo 1989. Ferner die Aufsätze von Larsen, Hagtvet, Myklebust und Loock in: Stein U. Larsen (Hrsg.), Who were the Fascists?

16 Henning Poulsen/Malen Djursaa, Social Bases of Nazism in Denmark: The DNSAP, in: Stein Larsen u.a. (Hrsg.), Who were the Fascists?, S. 702-713; M. Djursaa, DNSAP. Danske Nazister 1930-1945, Kopenhagen 1979.

17 Eric Wärenstam, Fascismen och Nazisme i Sverige, Stockholm 1972; Bernd Hagtvet, On the Fringe: Swedish Fascism 1920-1945, in: Stein U. Larsen u.a. (Hrsg.), Who were the Fascists?, S. 715-722; Ulf Lindström, Fascism in Scandinavia, 1920-1940, Stockholm 1985; Heléne Lööw, Hakorset och Wasakärven. En studie av nationalsocialismen i Sverige 1924-1950, Göteborg 1990.

18 W. Wolf, Faschismus in der Schweiz. Die Geschichte der Frontenbewegung in der deutschen Schweiz, 1930-1940, Zürich 1969; Beat Glaus, Die Nationale Front. Eine Schweizer faschistische Bewegung 1930-1940, Zürich 1969.

19 Colin Cross, The Fascists in Britain, London 1961; W. F. Mandle, Anti-Semitisms and the British Union of Fascists, London 1968; R. Thurlow, Fascism in Britain: A History, 1918-1988, Oxford 1987; D. S. Lewis, Illusions of Grandeur: Mosley, Fascism and British Society, 1931-1981, Manchester 1987; T. Kushner/K. Lunn, Traditions of Intolerance, Manchester 1989; Arnd Bauerkämpfer, Die „radikale Rechte" in Großbritannien, Göttingen 1991.

20 I. Karvonen, From White to Blue-and-Black. Finnish Fascism in the Interwar-Era, Helsinki 1988.

21 Vgl. dazu unten Anm. 75 ff.

22 Maurice Manning, The Blueshirts, Dublin 1970; M. Cronin, The Blueshirts and Irish Politics, Cork 1997.

23 Alexander Schifrin, Gegenrevolution in Europa, in: Die Gesellschaft 8, I, 1931, S. 1-21.

24 Arkadij Gurland, Das Heute der proletarischen Aktion. Hemmnisse und Wandlungen im Klassenkampf, Berlin 1931

25 Ebenda S. 111 f.

26 Ebenda S. 102.

27 Dazu und zum folgenden die interessanten Bemerkungen des ungarischen Historikers Miklós Lackó, Ostmitteleuropäischer Faschismus. Ein Beitrag zur allgemeinen Faschismus-Definition, in: Vierteljahreshefte für Zeitgeschichte 21, 1973, S. 39-51. Ferner: Wolfgang Wippermann, „Zone der Gegenrevolution"? Der ostmitteleuropäische Faschismus in Vergangenheit und Gegenwart, in: Peter Gerlich u.a. (Hrsg.), Im Zeichen der liberalen Erneuerung. Liberale Strömungen und antiliberale Traditionen Mitteleuropas, Wien-Poznan 1999, S. 157-166.

28 T. Parming, The Collapse of Liberal Democracy and the Rise of Authoritarianism in Estonia, London 1975; A. Kasekamp, The Estonian Veteran's League: A Fascist Movement?, in: Journal of Baltic States 24, 1993, S. 263-268.

29 Julius Deutsch (Hrsg.), Der Faschismus in Europa. Eine Übersicht im Auftrag der Internationa-

len Kommission zur Abwehr des Faschismus, Wien 1929. Diese „Übersicht" ist ebenso material-
reich wie bemerkenswert.

30 Vgl. Borejsza, Schulen des Hasses, S. 189-191.

31 Vgl. Borejsza, Schulen des Hasses, S. 168-171.

32 Vgl. dazu: Borejsza, Schulen des Hasses, S. 163 ff.

33 Dazu und zum folgenden: Pjotr S. Wandycz, Fascism in Poland, 1918-1939: in: Peter Sugar
(Hrsg.), Native Fascism in the Successor States, 1918-1945, Santa Barbara 1971, S. 92-97; E. D.
Wynot, Polish Politics in Transition: The Camp of National Unity and the Struggle for Power,
1935-1939, Athens 1974.

34 Yeshayahu Jelinek, The Paris Republic: Hlinka's Slovak People's Party, 1939-1945, Boulder 1976.

35 Nicolas M. Nagy-Talavera, The Green Shirts and the Others. A History of Fascism in Hungary
and Rumania, Stanford 1970; Miklos Lackó, Arrow-Cross Men, National Socialists 1935-1944,
Budapest 1960; ders., Ostmitteleuropäischer Faschismus, S. 39 ff; ders., The Social Roots of
Hungarian Fascism: The Arrow Cross, in: Stein U. Larsen u.a. (Hrsg.), Who were the Fascists?, S.
395-400; M. Szöllösi-Janze, Die Pfeilkreuzlerbewegung in Ungarn, München 1989.

36 Ladislas Hory/Martin Broszat, Der kroatische Ustascha-Staat 1941-1945, Stuttgart 1964; W. D.
Irvine, The Croat Question, Boulder 1993.

37 Nagy-Talavera, The Green Shirts, S.12 ff; A. Heinen, Die Legion „Erzengel Michael" in Rumänien, München 1986; R. Ioanid, The Sword of the Archangel, New York 1990.

38 M. L. Miller, Bulgaria during the Second World War, Stanford 1975; S. Groueff, Crown of
Thorns: The Reign of King Boris III. of Bulgaria, 1918-1943, Lanham 1987.

39 Yannis Andricopoulos, The Power Bases of Greek Authoritarianism, in: Stein U. Larsen u.a.
(Hrsg.), Who were the Fascists?, S. 568-585; J. V. Kofas, Authoritarianism in Greece: The Metaxas
Regime, Boulder 1983.

40 Protokoll des Vierten Kongresses der Kommunistischen Internationale. Petrograd/Moskau vom
5. November bis 5. Dezember 1922, Hamburg 1923, S. 57.

41 Zur im folgenden ganz knapp zusammengefaßten kommunistischen Faschismusdiskussion: Wolfgang Wippermann, Zur Analyse des Faschismus. Die sozialistischen und kommunistischen Faschismustheorien 1921-1945, Frankfurt/M. 1981; ders., Faschismustheorien, S. 11 ff; Hermann Weber,
Hauptfeind Sozialdemokratie. Strategie und Taktik der KPD 1929-1933, Düsseldorf 1982.

42 Rede Hermann Remmeles (unter dem Pseudonym Freymuth), in: Protokoll des V. Kongresses
der Kommunistischen Internationale, 17.6.-8.7.1924, Hamburg 1924, S. 754 ff.

43 Ebenda S. 766.

44 Thesen und Resolutionen des V. Weltkongresses der Kommunistischen Internationale, Hamburg 1924, S. 121.

45 J. W. Stalin, Zur internationalen Lage (20.9.1924), in: Stalin, Werke, Bd. 6, Berlin 1952, S. 252 f.

46 XI. Parteitag der KPD vom 2. bis 7.3.1927 in Essen. Thesen zur politischen Lage und zu den Aufgaben der KPD, in: Dokumente und Materialien, Bd. VIII, S. 445-479, bes. S. 447 f.

47 Protokoll. VI. Weltkongreß der Kommunistischen Internationale, Moskau 17.7.-1.9.1928, Bd. 1-4, Hamburg-Belrin 1928/29.

48 Waffen für den Klassenkampf. Beschlüsse des XII. Parteitages der KPD, Berlin o. J. (1929), in: Dokumente und Materialien, Bd. VIII, S. 810-840.

49 Ernst Thälmann, Der Weg zur Freiheit, in: Thälmann, Reden und Aufsätze 1930-1933, Bd. 1, Köln 1975, S. 15-23.

50 Ernst Thälmann, Schmiedet die rote Einheitsfront, in: Die Rote Fahne, 29.11.1931, in: Thälmann, Reden und Aufsätze, Bd. 1, S. 327.

51 Das XII. Plenum des EKKI und der KPD, in: Die Internationale 15, 1932, S. 372-390.

52 Vor allem in der programmatischen Rede Dimitroffs: Georgi Dimitroff, Arbeiterklasse gegen Faschismus. Bericht, erstattet am 2. August 1935 zum 2. Punkt der Tagesordnung des Kongresses: Die Offensive des Faschismus und die Aufgaben der Kommunistischen Internationale im Kampfe für die Einheit der Arbeiterklasse gegen den Faschismus, in: Protokoll des VII. Weltkongresses der Kommunistischen Internationale, Bd. 1-2, Moskau-Leningrad 1935, Bd. 1, S. 54 ff.

53 Protokoll des XIII. Plenums des EKKI, Dezember 1933, Moskau-Leningrad 1934, S. 277.

54 Zur sozialdemokratischen Faschismusdiskussion: Wippermann, Zur Analyse, S. 9 ff; ders., Faschismustheorien, S. 28 ff.; Wolfram Pyta, Gegen Hitler und für die Republik. Die Auseinandersetzung der deutschen Sozialdemokratie mit der NSDAP in der Weimarer Republik, Düsseldorf 1989.

55 Julius Braunthal, Der Putsch der Fascisten, in: Der Kampf 15, 1922, S. 320-323.

56 Vgl. dazu: Wolfram Wette, Mit dem Stimmzettel gegen den Faschismus? Das Dilemma des sozialdemokratischen Antifaschismus in der Endphase der Weimarer Republik, in: Wolfgang Huber/Johannes Schwerdtfeger (Hrsg.), Frieden, Gewalt, Sozialismus. Studien zur Geschichte der sozialistischen Arbeiterbewegung, Stuttgart 1976, S. 358-403.

57 Maßgebend war die zeitgenössische Wahlanalyse von: Theodor Geiger, Panik im Mittelstand, in: Die Arbeit 7, 1930, S. 637-653.

58 Rudolf Hilferding, In Krisennot, in: Die Gesellschaft 8, II, 1931, S. 1-8.

59 So unter anderem: Otto Bauer, Zwischen zwei Weltkriegen? Die Krise der Weltwirtschaft, der Demokratie und des Sozialismus, Bratislava 1936.

60 Prager Manifest der Sopade – Kampf und Ziel des revolutionären Sozialismus, 28.1.1934, in: Mit dem Gesicht nach Deutschland, S. 215-225.

61 So Rudolf Hilferding in einem 1940 kurz vor seiner Ermordung durch die Gestapo geschriebe-

nen programmatischen Aufsatz. Rudolf Hilferding, Das historische Problem, in: Zeitschrift für Politik NF 1, 1954, S. 293-324.

62 Vgl.: Wolfgang Wippermann, Die Bonapartismustheorie von Marx und Engels, Stuttgart 1983, S. 201 ff.

63 Neben Bauer, Zwischen zwei Weltkriegen, sind hier vor allem die Schriften von August Thalheimer und weiterer Mitglieder der KPD-Opposition zu erwähnen. Vgl: Wolfgang Abendroth (Hrsg.), Faschismus und Kapitalismus. Theorien über die sozialen Ursprünge und die Funktion des Faschismus in Deutschland, Frankfurt/M. 1967, S. 19 ff; Gruppe Arbeiterpolitik (Hrsg.), Der Faschismus in Deutschland. Analysen der KPD-Opposition aus den Jahren 1928 bis 1933, Frankfurt/M. 1973; Gruppe Arbeiterpolitik (Hrsg.), Volksfront, ihre Ursachen und ihre Folgen am Beispiel Frankreichs und Spaniens. Artikel aus dem „Internationalen Klassenkampf" von 1935 bis 1939, Bremen o. J. ; Theodor Bergmann, 50 Jahre KPD (Opposition). 30.12.1928-30.12.1978. Der Beitrag der KPD zur marxistischen Theorie und Geschichte der deutschen Arbeiterbewegung – Versuch einer kritischen Würdigung, Hannover 1978. Ebenfalls auf die Bonapartismustheorie von Marx und Engels gestützt waren die ersten 'klassischen' Analysen des NS-Staates von Fraenkel und Neumann. Vgl.: Ernst Fraenkel, Der Doppelstaat, Frankfurt/M. 1974 (zuerst: New York 1940); Franz Neumann, Behemoth. Struktur und Praxis des Nationalsozialismus 1933-1944, Frankfurt/M. 1977 (zuerst New York 1942/44).

64 Wilhelm Reich, Massenpsychologie des Faschismus, Kopenhagen 2. Aufl. 1934.

65 Vgl. unter anderem: Theodor W. Adorno, The Authoritarian Personality. Studies in Prejudice, New York 1950. Vgl. dazu: Wippermann, Faschismustheorien, S. 76 ff.

66 Erste Ansätze bei: Luigi Salvatorelli, Nationalfascismo, Turin 1923; Francesco Nitti, Bolschewismus, Fascismus und Demokratie, München 1926.

67 Luigi Sturzo, Italien und der Fascismus, Köln 1926.

68 Vgl.: Wolfgang Wippermann, Totalitarismustheorien. Die Entwicklung der Diskussion von den Anfängen bis heute, Darmstadt 1997.

69 So vor allem der ehemalige Nationalsozialist Rauschning. Vgl.: Hermann Rauschning, Gespräche mit Hitler, Zürich 1940; ders., Die Revolution des Nihilismus, Zürich 1938.

70 So vor allem: Ernst Niekisch, Hitler. Ein deutsches Verhängnis, Berlin 1932.

71 So vor allem: Waldemar Gurian (unter dem Pseudonym Walter Gerhart), Um des Reiches Zukunft. Nationale Wiedergeburt oder politische Reaktion?, Freiburg 1932.

72 Zu diesen Ausnahmen gehörte der inzwischen überholte Überblick von: Angelo Del Boca/Mario Giovana, Fascism Today. A World Survey, London 1970. Ferner: G. Gaddi, Neofascismo in Europa, Mailand 1974; A. E. Joes, Fascism in the Contemporary World, Boulder 1978; G. Ford (Hrsg.), Fascist Europe, London 1993.

73 Franz Greß/Hans-Gerd Jaschke/ Klaus Schönekäs, Neue Rechte und Rechtsextremismus in Europa, Opladen 1990: Ignazi Piero/Colette Ysmal (Hrsg.), Extreme right-wing parties in Europe, in: European Journal of Political Research 22, 1, 1992 (Sonderheft); Paul Hainsworth (Hrsg.), The Extreme Right in Europe and America, London 1992; Hans-Georg Betz, Radical Right-wing Populism

in Europe, New York 1994; Piero Ignazi, L'estrema destra in Europa, Bologna 1994; Herbert Kitschelt, The Radical Right in Western Europe. A Comparative Analysis, Ann Arbor 1995; Luciano Chels u.a. (Hrsg.), The Far Right in Western and Eastern Europe, New York 1996; Michael Minkenberg, Die neue radikale Rechte im Vergleich. USA, Frankreich, Deutschland, Opladen 1998.

74 Vgl. dazu: Wolfgang Wippermann, „Doch ein Begriff muß bei dem Worte sein". Über „Extremismus", „Faschismus", „Totalitarismus" und „Neofaschismus", in: Siegfried Jäger/Alfred Schobert (Hrsg.), Weiter auf unsicherem Grund. Faschismus – Rechtsextremismus – Rassismus. Kontinuitäten und Brüche, Duisburg 2000, S. 21-48.

75 Stanley G. Payne, Falange. A History of Spanish Fascism, Stanford 1962; Paul Preston, The Spanish Civil War 1936-1939, London 1986; Walther L. Bernecker, Krieg in Spanien 1936-1939, Darmstadt 1991.

76 Klaus v. Beyme, Vom Faschismus zur Entwicklungsdiktatur – Machtelite und Opposition in Spanien, München 1971.

77 Philippe C. Schmitter, The Social Origins, Economic Bases and Political Imperatives of Authoritarian Rule in Portugal, in: Stein u. Larsen u.a. (Hrsg.), Who were the Fascists?, S. 435-466; Antonio Costa Pinto, Salazar's Dictatorship and European Fascism, New York 1995.

78 Pavlos Bakojannis, Militärherrschaft in Griechenland. Eine Analyse zu Parakapitalismus und Spätfaschismus, Stuttgart 1972; Marios Nikolinakos, Widerstand und Opposition in Griechenland, Darmstadt 1974.

79 George J. Blanksten, Peron's Argentina, New York 1965; Pierre Lux-Wurm, Le Péronisme, Paris 1965; Peter Waldmann, Der Peronismus 1943-1955, Hamburg 1974.

80 J. Lacouture, Nasser, London 1973; J. P. Jankowski, Egypt's Young Rebels: „Young Egypt". 1933-1952, Stanford 1975.

81 Zu den zahlreichen, aber insgesamt sehr schwachen rechtsextremistischen Bewegungen in den USA mit weiterführender Literatur: Michael Minkenberg, Die neue radikale Rechte im Vergleich. USA, Frankreich, Deutschland, Opladen 1998, S. 245 ff.

82 Enzo Santarelli, Fascismo e neofascismo, Rom 1974; Petra Rosenbaum, Neofaschismus in Italien, Frankfurt/M. 1975; L. B. Weinberg, After Mussolini: Italian Neo-Fascism and the Nature of Fascism, Washington 1979; F. Ferraresi, La destra radicale, Mailand 1984; V. S. Piano, The Dynamics of Subversion and Violance in Contemporary Italy, Stanford 1987; Piero Ignazi, Il polo excluso: Profilo del Movimento Sociale Italiano, Bologna 1989.

83 Hans-Henning Scharsach (Hrsg.), Haider. Österreich und die rechte Versuchung, Reinbek 2000; Siegfried Jäger, Das Machtspiel des Jörg Haider. Eine diskursanalytische Annäherung, in: Siegfrid Jäger/Alfred Schobert (Hrsg.), Weiter auf unsicherem Grund. Faschismus – Rechtsextremismus – Rassismus. Kontinuitäten und Brüche, Duisburg 2000, S. 127-148.

84 Die Forschung zum Rechtsextremismus in der Bundesrepublik ist fast unübersehbar geworden. Hier nur die wichtigsten Studien in zeitlicher Reihenfolge: Otto Büsch/Peter Furth, Rechtsradikalismus im Nachkriegsdeutschland, Berlin 1957; Manfred Jenke, Verschwörung von Rechts? Ein Beitrag über den Rechtsradikalismus in Deutschland nach 1945, Berlin 1961; Hans Werner Höff-

ken/Martin Sattler, Rechtsextremismus in der Bundesrepublik Deutschland. Die „alte" und die „neue" Rechte und der Neonazismus, Hamburg 1979; Reinhard Kühnl u.a., Die NPD. Struktur, Ideologie und Funktion einer neofaschistischen Partei, Frankfurt/M. 1969; Lutz Niethammer, Angepaßter Faschismus. Politische Praxis der NPD, Frankfurt/M. 1969; Peter Dudek/Hans Gerd Jaschke, Entstehung und Entwicklung des Rechtsextremismus in der Bundesrepublik, Opladen 1984; Richard Stöss, Die extreme Rechte in der Bundesrepublik. Entwicklung-Ursachen-Gegenmaßnahmen, Opladen 1989; Hans-Joachim Schwagerl, Rechtsextremes Denken. Merkmale und Methoden, Frankfurt/M. 1993; Armin Pfahl-Traughber, Rechtsextremismus. Eine kritische Bestandsaufnahme nach der Wiedervereinigung, Bonn 1993; Wolfgang Benz (Hrsg.), Rechtsextremismus in Deutschland. Voraussetzungen, Zusammenhänge, Wirkungen, Frankfurt/M. 1994; Wolfgang Kowalsky/Wolfgang Schröder (Hrsg.), Rechtsextremismus. Einführung und Forschungsbilanz, Opladen 1994; Jens Mecklenburg (Hrsg.), Handbuch Deutscher Rechtsextremismus, Berlin 1996; Jürgen Falter u.a., Rechtsextremismus. Ergebnisse und Perspektiven der Forschung, Opladen 1996; Christoph Butterwegge, Rechtsextremismus, Rassismus und Gewalt. Erklärungsmodelle-Deutungsmuster-Mediendiskurse, Darmstadt 1996; Wolfgang Gessenharter/Helmut Fröchling (Hrsg.), Rechtsextremismus und Neue Rechte in Deutschland, Opladen 1998; Richard Stöss, Rechtsextremismus im vereinten Deutschland, Bonn 1999; Jens Mecklenburg (Hrsg.), Braune Gefahr. DVU, NPD, REP - Geschichte und Zukunft, Berlin 1999.

85 Stanley Hoffmann, Le mouvement Poujade, Paris 1956.

86 Edwy Plénel/Alain Rollat (Hrsg.), L'effet Le Pen, Paris 1984; E. Roussel, Le cas Le Pen: Les nouvelles droites en France, Paris 1985; J. Chatain, Les affairs de M. Le Pen, Paris 1987; Nonna Mayer/Pascal Perrineau (Hrsg.), Le Front National à découvert, Paris 1989; Ariane Chebel d'Appolonia, L'extrême droite en France. De Maurras à Le Pen, Paris 1996.

87 Zur National Front, die Anfang der 80er Jahre gewisse Erfolge erzielte, dann aber fast völlig von der politischen Bildfläche verschwand: N. Fielding, The National Front, London 1981; D. T. Husbands, Racial Exclusionism and the City: The Urban Support of the National Front, London 1983; R. Thurlow, Fascism in Britain: A History, 1918-1985, Oxford 1987.

88 Klaus v. Beyme, Rechtsextremismus in Osteuropa, in: Falter u.a. (Hrsg.), Rechtsextremismus, S. 433-442. Besonders intensiv und kritisch ist die Entwicklung des Rechtsextremismus in Rußland analysiert worden. Vgl.: Walter Laqueur, Black Hundred: The Rise of the Extreme Right in Russia, New York 1993; ders., Faschismus - Gestern, Heute, Morgen, Berlin 1997; M. Solovyov/E. Klepikova (Hrsg.), Zhirinovskij: Russian Fascism and the Making of a Dictator, New York 1995.

89 Ausführlich dazu: Wolfgang Wippermann, Faschismustheorien. Zum Stand der gegenwärtigen Diskussion, Darmstadt 1972, S. 49 ff.

Hat es Faschismus überhaupt gegeben?

Der generische Faschismusbegriff zwischen Kritik und Antikritik

Wolfgang Wippermann

Zusammenfassung: Einmal ist behauptet worden, daß sich alle Faschismustheorien als ungeeignet erwiesen hätten, die Empirie zu erklären, weil sie einen viel zu globalen Charakter hätten. Zweitens hat man eingewandt, daß es zwischen den einzelnen als faschistisch deklarierten Parteien und Regimen weit mehr Unterschiede als Gemeinsamkeiten gebe. Drittens schließlich ist befürchtet worden, daß durch die Charakterisierung des Dritten Reiches als „faschistisch" die Singularität des Holocaust bestritten werde.
Die Einordnung der nationalsozialistischen in die Gruppe der faschistischen Diktaturen kann in der Tat zu einer Relativierung des in vieler Hinsicht singulären nationalsozialistischen „Rassenstaates" führen. Was die Unterschiede zwischen den einzelnen Faschismen angeht, so sind sie zwar nicht zu bestreiten, aber keineswegs so groß, daß damit die Legitimität des Gattungsbegriffs insgesamt in Frage gestellt werden würde. Damit wird zugleich auch der Einwand entkräftet, daß Faschismustheorien einen viel zu globalen Charakter hätten. Die am Bonapartismusmodell orientierten können vielmehr als „Theorien mittlerer Reichweite" bezeichnet werden, mit deren Hilfe so wichtige und zentrale Probleme wie das der Etablierung und Strukturierung faschistischer Regime erklärt werden können.

Summary: First, it has been argued that all theories of fascism are unsuitable to describe the history of fascism, because they are far too global in nature. Secondly, it has been objected that there are far more differences than similarities between the separate parties and regimes that were regarded as „fascist." And finally, it is feared that defining the Third Reich as simply „fascist" undermines the historical singularity of the Holocaust.
The classification of the National Socialists as fascism can actually lead to a relativization of the National Socialist „racial state". Regarding the differences between the separate fascisms, such observations remain incontestable, but they are in no way so important as to undermine the legitimacy of the generic concept itself. This point likewise weakens the objection that theories of fascism are too global in character. Those which orient themselves around the bonapartist model can be seen more as „middle ranged theories", which allow us to explain so central and crucial a problem as the establishment and structuring of fascist regimes.

((1)) „Entspricht die weit verbreitete Ansicht, daß der Faschismus ein Produkt des modernen Kapitalismus ist, den Tatsachen, dann ist unser System kaum zu verteidigen".[1] Mit diesen Worten kritisierte der amerikanische Historiker Henry Ashby Turner im Jahr 1972 das Grundaxiom marxistischer Faschismustheorien, wonach der Faschismus auf dem Boden kapitalistischer Gesellschaften entstanden sei, um dann entweder im Auftrag oder im Bündnis mit bestimmten kapitalistischen Kreisen eine Diktatur zu errichten. Turner wies diese These keineswegs mit historischen Argumenten zurück, er kritisierte sie aus gegenwartspolitischen Motiven, weil sonst „unser System", womit keineswegs die Demokratie, sondern der „Kapitalismus" gemeint war, „nicht zu verteidigen" sei.

((2)) Ähnlich hat Karl Dietrich Bracher in verschiedenen Publikationen argumentiert. Er hielt den „Faschismusbegriff" nicht nur für die „konkrete Analyse" für unergiebig, er wollte in ihm ein „Produkt der Marxismus-Renaissance" sehen, durch das die „parlamentarische Demokratie" und die „Freiheit" bedroht würden.[2] Und für Brachers Bonner Kollegen Hans-Hellmuth Knütter war „Faschismus" nichts anderes als eine „unzulässig verallgemeinernde Bezeichnung, die von linksextremer Seite als innenpolitischer Kampfbegriff verwendet wird."[3]

((3)) Auch in jüngeren Publikationen wird der Faschismusbegriff scharf und kompromißlos zurückgewiesen, weil es sich um ein „kommunistisches Schlagwort" handele, dessen Gebrauch mit dem gleichzeitig dekretierten „antitotalitären Grundkonsens" nicht vereinbar sei.[4] Andere Autoren werfen Linken und „Linksextremisten" vor, mit diesem Begriff, bzw. mit der „Faschismuskeule" nicht nur ihre politischen Gegner zu treffen, sondern das kapitalistische Wirtschaftssystem und die parlamentarische „Grundordnung" diffamieren und unterminieren zu wollen.[5] Nicht genug damit, wird heute ständig behauptet, daß die Begriffe „Faschismus" und noch mehr „Antifaschismus" der Propagandasprache der untergegangenen DDR entstammen würden, weshalb sie unbedingt zu vermeiden seien.[6] Daher spricht man im heutigen Deutschland lieber von „Nationalsozialismus", „Drittem Reich" oder schlicht von „Hitler", wenn man den vergangenen deutschen Faschismus meint, oder bezeichnet die gegenwärtigen faschistischen Bewegungen als „rechtsradikal", „rechtsextremistisch" oder einfach als „extremistisch". Damit befindet sich das neue Deutschland auf einem sprachlichen Sonderweg, denn sowohl in unseren europäischen Nachbarländern wie in den USA wird der Faschismusbegriff sehr wohl noch benutzt.

((4)) Allerdings wird auch im Ausland Kritik an der Legitimität eines allgemeinen, d.h. nicht allein auf Italien bezogenen Faschismusbegriffs geübt, wobei jedoch statt der in Deutschland vorherrschenden politischen Motive die wissenschaftlichen Argumente überwiegen.[7] Welche sind das?

((5)) Einmal wird behauptet, daß sich alle Faschismustheorien als ungeeignet erwiesen hätten, die Empirie zu erklären, weil sie einen viel zu globalen Charakter hätten.[8] Zweitens wird darauf hingewiesen, daß die Unterschiede zwischen den verschiedenen Faschismen so groß seien, daß die angenommene Einheit des Phänomens in Frage gestellt werde.[9] Drittens schließlich wird befürchtet, daß man mit der Charakterisierung des „Dritten Reiches" als „faschistisch" seinem besonderen Charakter nicht gerecht werde, der sich vor allem im spezifischen, ja historisch einzigartigen Holocaust manifestiere.[10]

((6)) Wenn diese Argumente zutreffen, dann wäre „Faschismus" wirklich nur ein „Schlagwort",[11] dann stünde die seit nunmehr über 70 Jahren betriebene Faschismusforschung vor einem einzigen „Scherbenhaufen"[12] und wäre ein einziger Irrweg gewesen, wie ihn die Wissenschaftsgeschichte bisher kaum gekannt hat. Hat es „Faschismus" im generischen Sinne also gar nicht gegeben?

((7)) Bevor diese Frage beantwortet wird und bevor auf die erwähnten Einwände einzugehen ist, muß jedoch zunächst einmal geklärt werden, was Faschismus überhaupt ist. Dies erscheint banal, ist es aber keineswegs, weil sowohl Gegner wie Anhänger eines allgemeinen Faschismusbegriffs unter „Faschismus" häufig etwas völlig anderes verstehen.

Was ist Faschismus?

((8)) Der Begriff „Faschismus" stammt aus dem italienischen Wort für Bund - „fascio" - und bedeutet wörtlich übersetzt Bündlertum.[13] Dies macht natürlich wenig Sinn. Tatsächlich haben erst die „fascisti" Mussolinis dem neuen Begriff einen Sinn verliehen, und zwar mehr durch ihre brutalen Taten als durch programmatische Erklärungen und sorgfältige Definitionen. Die Selbstbezeichnung der italienischen Faschisten wurde auch von ihren Gegnern nicht mehr in Frage gestellt, die sich folglich „Antifaschisten" nannten. Und dies war bald nicht nur in Italien so. Seit Ende 1922 begannen zunächst kommunistische und sozialistische, dann auch liberale und konservative Autoren da-

mit, auch verschiedene Bewegungen und Regime außerhalb Italiens als „faschistisch" zu bezeichnen.[14] Faschismus war zu einem politischen Gattungsbegriff geworden, der jedoch vornehmlich in politischer Absicht als Waffe im
„antifaschistischen" Kampf benutzt wurde. Die wichtige, ja eigentlich entscheidende Frage, ob die jeweilige politische Erscheinung - seien es Personen, Parteien oder Regime - wirklich Ähnlichkeiten mit dem namen- und stilbildenden italienischem Faschismus hatte oder nicht, wurde nur noch von
wenigen gestellt und von noch wenigeren beantwortet.[15] Vor allem in der
kommunistischen Diskussion verkam „Faschismus" zum bloßen **politischen
Kampfbegriff** und austauschbaren Schimpfwort. Belege und Beispiele lassen sich jedoch auch noch im heutigen Sprachgebrauch gewisser besonders
radikaler Kräfte und Personen finden.[16]

((9)) Doch „Faschismus" war nicht nur politisches Schlagwort, sondern zugleich auch **wissenschaftliche Theorie**, weil verschiedene Autoren aus nahezu allen politischen Lagern seit den 20er Jahren immer wieder versucht haben, das Problem theoretisch in den Griff zu bekommen. Die in diesem Zusammenhang entwickelten Faschismustheorien waren zugleich Faktoren und
Indikatoren des antifaschistischen Kampfes, weshalb eine Geschichte der
Faschismustheorien zu einer Geschichte des Antifaschismus führt und teilweise sogar mit ihr identisch ist.[17] Doch auf diesen gewissermaßen quellen-
mäßigen Charakter und Wert der Faschismustheorien soll hier nicht weiter
eingegangen werden. Statt dessen konzentriere ich mich auf den wissenschaftlichen Erkenntniswert der vorliegenden Faschismustheorien, die jedoch nur
ganz knapp und in systematisierter Form vorgestellt werden.[18]

((10)) Monokausale Globaltheorien, die „Faschismus" von etwas anderem
ableiten oder mit ihm identifizieren, haben sich als problematisch und falsch
erwiesen. Dies gilt vor allem für die kommunistischen Faschismustheorien,
die im Faschismus ein unselbständiges Werkzeug des oder einiger „Elemente" des Kapitalismus sehen wollten.[19] Faschismus war mehr als nur ein Agent
oder Instrument von etwas anderem, sondern eine weitgehend autonome Erscheinung. Richtig und wichtig ist jedoch der Hinweis, daß faschistische
Bewegungen und Regime nicht nur auf dem Boden kapitalistischer Gesellschaften entstanden sind, sondern darüber hinaus auch in einem Bündnis mit
bestimmten kapitalistischen (und großagrarischen) Kreisen und sie unterstüt-
zenden konservativen Parteien zur Macht gekommen sind. Da es in keinem
faschistischem Regime zu einer grundlegenden Veränderung der kapitalistischen Eigentumsstruktur gekommen ist, muß man auch die marxistische

Grundfrage nach der ökonomischen Funktion des Faschismus an der Macht als legitim ansehen.

((11)) Einen ähnlich ambivalenten Charakter hat auch die vor allem von Sozialdemokraten vertretene These, wonach der Faschismus ein Repräsentant des Mittelstandes gewesen sei.[20] Angehörige des (alten und neuen) Mittelstandes waren zwar temporär in einigen faschistischen Parteien überrepräsentiert,[21] dennoch haben sie niemals die Ideologie und Politik der Partei oder gar des faschistischen Staates bestimmen können. Faschismus war keine Partei einer Klasse oder sozialen Schicht. Allerdings gab es im Hinblick auf die Zustimmung zu den jeweiligen faschistischen Parteien und Regime gewisse schichtenspezifische Unterschiede, die berücksichtigt werden müssen.

((12)) Ähnliche Bedenken gelten auch für sozialpsychologische Faschismustheorien, die die Anziehungskraft faschistischer Parteien und Regime auf bestimmte psychische Merkmale und Mechanismen wie Angst und Aggression zurückführen wollen.[22] Diese Erklärung reicht schon deshalb nicht aus, weil es derartige „autoritäre Charaktere" auch außerhalb von faschistischen Parteien und Staaten gab, während andererseits keinesfalls alle Faschisten als psychisch gestört zu bezeichnen sind. Viele waren „ganz normale Männer", bzw. „ganz normale Deutsche".[23] Faschismus ist keine psychische Krankheit. Dennoch ist die Anziehungskraft faschistischer Parteien und die Zustimmung zur Politik faschistischer Regime auch auf sozialpsychologische Faktoren zurückzuführen.

((13)) Problematisch sind schließlich auch Theorien, die das Aufkommen und Erstarken faschistischer Parteien an gewisse Stadien des Modernisierungsprozesses koppeln.[24] Es hat nämlich sowohl starke wie schwache faschistische Bewegungen in Ländern gegeben, die sich in sozioökonomischer Hinsicht sehr unterschieden. Deshalb ist es m.E. auch nicht möglich, Faschismus als Produkt der Moderne schlechthin zu charakterisieren. Es ist aber durchaus notwendig, die Frage zu prüfen, welchen Modernisierungsstand die Länder erreicht hatten, in denen der Faschismus zur Macht kam und wo er völlig scheiterte.

((14)) Insgesamt ist aber festzuhalten, daß sich diese monokausalen Globaltheorien schon deshalb als unzureichend erwiesen haben, weil sie von einer idealtypischen Konstruktion ‘des’ Faschismus ausgehen,[25] den es in der Wirklichkeit nicht gibt. Auszugehen ist statt dessen von der konkreten Gestalt des

italienischen Faschismus als **faschistischem „Realtypus"**, der von
außeritalienischen Parteien und Regimen nachgeahmt wurde, die sich im Hinblick auf ihr Erscheinungsbild an dem Vorbild Mussolinis (später dann auch
Hitlers) orientiert haben. Dies gilt für die NSDAP in Deutschland, die British Union of Fascists, die ungarischen Pfeilkreuzler, die kroatische Ustascha,
die rumänische Eiserne Garde und viele andere mehr.

((15)) Diese Parteien waren hierarchisch nach dem Führerprinzip gegliedert,
verfügten über uniformierte und bewaffnete Abteilungen und wandten einen
damals neuartigen spezifischen politischen Stil an, den man auf Massenkund-
gebungen und auf Massenaufmärschen zelebrierte, wobei der jugendliche und
vor allem männliche Charakter der einzelnen „faschistischen" Parteien betont
wurde. Hinzu kam eine ausgesprochen pseudoreligiöse Ausrichtung. So wurden die Parteimitglieder, die bei den gewaltsamen Auseinandersetzungen mit
den politischen Gegnern ums Leben gekommen waren, mit religiös anmuten-
den Riten und Ritualen bei Totenehrungen und in Liedern und Festen als
„Blutzeugen" der Bewegung gefeiert. Doch im Mittelpunkt sowohl der Propaganda wie der Politik stand die Gewalt. Sie wurde in offener und rituali-
sierter Form gegen „Feinde" und „Fremde" gleichermaßen eingesetzt, was Au-
ßenstehende sowohl abschreckte wie anzog und im Innern den Zusammen-
halt der Parteimitglieder festigte.[26]

((16)) Diese Parteien ähnelten sich nicht nur in ihrem **Erscheinungsbild**[27]
und ihrem **politischen Stil**, sondern auch im Hinblick auf die **Ideologie**, die
mehr war als bloß verschleiernde und instrumentalisierende Propaganda und
Manipulation, sondern die einen durchaus programmatischen Charakter hatte.[28] Die, man kann es so formulieren, „faschistische Ideologie" war in ihrem
Kern **rassistisch**,[29] wies aber gleichzeitig sowohl antisozialistische wie antikapitalistische, antimodernistische wie gewisse moderne Momente auf.

((17)) Zwischen den einzelnen Faschismen gab es in dieser Hinsicht graduelle und quantitative, aber keine qualitativen Unterschiede. So waren nicht alle
Faschismen von Anfang an extrem antisemitisch eingestellt, doch alle vertraten in der einen oder anderen Form eine rassistische Zielsetzung. Dies gilt auch
für den italienischen Faschismus.[30] Der Rassismus[31] und nicht der Antimarxismus, wie Nolte[32] und die Marxisten meinten, stand im Mittelpunkt der faschistischen Ideologie. Um diesen ‘rassistischen Kern' gruppierten sich antimarxistische, antidemokratische, gewaltverherrlichende und - bei dieser betont
männlichen Bewegung nicht ungewöhnlich - antifeministische Ideologeme.[33]

Faschismus im Vergleich

((18)) Diese Ähnlichkeiten im Bereich des Erscheinungsbildes und der Ideologie rechtfertigen es m.E., zumindest im heuristischen Sinne von einem allgemeinen Faschismusbegriff auszugehen und einen **Vergleich der Faschismen** durchzuführen.[34] Bei einem derartigen Vergleich scheint man jedoch zunächst auf viel Unvergleichbares zu stoßen. Hier ist einmal die Tatsache zu
erwähnen, daß der Faschismus in Deutschland zur Macht kam, während er in
allen anderen hochindustrialisierten Ländern kaum Chancen hatte, obwohl es
in den USA, in England und noch mehr in Frankreich ebenfalls relativ starke
faschistische Bewegungen gegeben hat. Man kann daraus nur den Schluß ziehen, daß die dogmatisch marxistische These, wonach der - hochentwickelte -
Kapitalismus zum Faschismus geführt hat, schlicht falsch ist.

((19)) Kritisch-marxistische Autoren wie Alexander Schifrin und Arkadij
Gurland haben dagegen schon in der Zwischenkriegszeit darauf hingewiesen,
daß der in Italien entstandene Faschismus vor allem in den relativ rückständigen Ländern Ostmitteleuropas große Chancen habe.[35] In dieser, wie sie Schifrin
nannte, „Zone der Gegenrevolution" habe der Faschismus vielerorts „bereits
gesiegt" oder kämpfe „als faschistische Bewegung um die Staatsmacht".[36]
Arkadij Gurland wies in seinem klassischen, aber dennoch viel zu wenig be-
achteten und noch weniger rezipierten Werk über „Das Heute der proletarischen Aktion" darauf hin, daß der Faschismus hier wie schon in Italien nicht
wegen eines „Zuviels an Kapitalismus", sondern wegen eines „Zuwenig an
Kapitalismus, an Industrialisierung, an industrialisiertem Proletariat" entstanden sei.[37] Gerade in den ostmitteleuropäischen Ländern finde der Faschismus
einen besonders „günstigen Nährboden".[38]

((20)) Gurlands Analyse und Prophezeiung waren richtig. Mit Ausnahme des
Gebietes der heutigen Tschechischen Republik ist es in allen anderen
ostmitteleuropäischen Ländern zur Entstehung von strukturell ähnlichen Regimen gekommen, die ich als Varianten einer spezifischen, eben **ostmitteleuropäischen Form des Faschismus** bezeichnen möchte.[39] Diese diktatorischen
Regime entstanden in Ländern, die sich im Hinblick auf ihre sozioökonomische Struktur wesentlich von Italien und noch mehr von Deutschland unterschieden. Außerdem fand hier keine wie auch immer geartete „Machtergreifung" der jeweiligen faschistischen Parteien statt. Repräsentanten dieser faschistischen Parteien kamen hier entweder erst mit Hilfe der deutschen und
(allerdings weniger) der italienischen Faschisten oder als Juniorpartner der

einheimischen Diktatoren zur Macht. Ersteres war in Kroatien 1940 und in
Ungarn 1944 der Fall; letzteres ereignete sich in Litauen, der Slowakei und -
kurzfristig - auch in Rumänien. In den übrigen Ländern wurde eine Macht-
beteiligung der jeweiligen faschistischen Parteien gewaltsam verhindert, wobei sich die einzelnen Diktatoren jedoch selber faschistischer Methoden bedienten, was in Polen und Estland zu einer Faschisierung der diktatorischen
Regime führte.

((21)) Ohne näher auf die hier nur angedeutete Entwicklung in den genannten
Ländern eingehen zu wollen, kann gesagt werden, daß der in Italien entstandene „Normalfaschismus" seine 'klassische' Ausprägung in Ostmitteleuropa
erhalten hat, während er sich in Deutschland zum „Radikalfaschismus" weiter entwickelt hat.[40]

Der Sonderfall des deutschen Faschismus

((22)) Deutschland ist dagegen als ein Sonderfall anzusehen. Dies gilt einmal
für die deutsche Verknüpfung von ökonomischer Modernität und politischer
sowie mentalitätsgeschichtlicher Rückständigkeit, die schon von verschiedenen
zeitgenössischen Faschismustheoretikern behauptet[41] und von neueren Historikern bewiesen wurde.[42]

((23)) Dies und die Wirtschaftskrise mit ihren verheerenden sozialen Folgen
riefen am Ende der Weimarer Republik einen **Gleichgewichtszustand** der
Parteien und Klassen hervor.[43] In dieser Situation kam es 1933 ähnlich wie
11 Jahre zuvor in Italien zu einem **Bündnis** zwischen der zur Massenpartei
gewordenen NSDAP und der DNVP sowie den hinter dieser Partei stehenden
konservativen Kräften in Landwirtschaft und Industrie. Gemeinsames Ziel
dieser ungleichen Bündnispartner war es, durch einen Lohnstopp, die Zerschlagung der Organisationen der Arbeiterbewegung sowie durch Arbeitsbe-
schaffungsmaßnahmen und eine rasante Aufrüstung die Krise zu überwinden, was schließlich um den Preis des fast planmäßig angestrebten Krieges
auch gelang.

((24)) Doch einmal im Besitz der Exekutive und gestützt auf die Massenorganisationen seiner Partei gelang es Hitler, sich von seinen ursprünglichen Bündnispartnern im Bereich der Politik, Bürokratie, Militär und Wirtschaft zu verselbständigen. Diese **Verselbständigung der Exekutive** ging im nationalso-

zialistischen Deutschland weiter als im faschistischen Italien und ermöglichte die unterschiedliche Brutalität und Effektivität des deutschen „Radikalfaschismus", der sein rassenideologisches Programm weitgehend verwirklichen konnte, ohne dabei von irgendwelchen konkurrierenden oder widerständigen Institutionen gestört zu werden. Andererseits erklärt diese Verselbständigung, warum es möglich war, Mussolini zu stürzen, während Hitler sich erst das Leben nahm, als der von ihm angezettelte totale Krieg mit einer ebenso totalen Niederlage Deutschlands endete.

((25)) Mit dem Theorem der Verselbständigung der Exekutive kann man die Ermöglichung des Holocaust und des nationalsozialistischen Rassenmordes ganz allgemein erklären, aber nicht seine Ursachen. Sie liegen im **Rassismus**, der zwar den Kern der faschistischen Ideologie insgesamt bildete und auch die Politik der anderen Faschismen beeinflußte, im faschistischen Deutschland aber eine derartige Bedeutung erhielt, daß dieses Regime als „Rassenstaat" charakterisiert werden kann. Ziel dieses faschistischen „Rassenstaates" war die „Reinigung des Volkskörpers" von allen „rassefremden, kranken und asozialen Elementen" im innenpolitischen und die Errichtung einer hierarchischen Rassenordnung im außenpolitischen Bereich.[44]

Relativierung des Holocaust?

((26)) Hier liegen die Grenzen des Faschismuskonzepts, das in der Tat zu einer Relativierung der Verbrechen der Nationalsozialisten, oder sagen wir mit Goldhagen „der Deutschen", führen kann - aber nicht muß![43] Mit der Bezeichnung des NS-Staates als „faschistisch" ist keine Relativierung seiner Verbrechen verbunden. Im Gegenteil möchte ich sagen. Wenn man „faschistisch" sagt, meint man das Regime als ganzes und keineswegs nur seinen „Führer". Die in (West-) Deutschland viel gebrauchten Begriffe **„Führerstaat", „Hitlerismus", „Hitler-Deutschland"** oder schlicht **„Hitler"** als eigentlicher und einziger historischer Akteur relativieren die Verbrechen „der Deutschen", weil sie nach dem schönen Theaterstück „Ich war es nicht, Hitler war es" den „großen Diktator" und eben nicht die Deutschen und vor allem nicht die deutschen Eliten in Heer, Verwaltung, Wirtschaft und nicht zuletzt in den Universitäten für die Verbrechen verantwortlich machen. Die propagandistische Selbstbezeichnung **„Nationalsozialismus"** ist schon deshalb abzulehnen, weil das faschistische Regime in Deutschland rassistisch und nicht „national" und schon gar nicht „sozialistisch" war.

((27)) Wenn man, wie ich versucht habe auszuführen, die Beziehungen zwischen der Ideologie des Rassismus und dem politischen System des Faschismus erfaßt und die Opfer des faschistischen Rassismus nicht mit denen in anderen Regimen vergleicht und 'aufrechnet', dann kann man durchaus von Faschismus sprechen und Faschismustheorien anwenden.

Totalitarismustheorien sind keine Alternative

((28)) Dies auch deshalb, weil die konkurrierenden **Totalitarismustheorien** beides nicht leisten.[46] Totalitarismustheorien, die eine weitgehende Gleichartigkeit von Faschismus (bzw. Nationalsozialismus) propagieren, werden der Bedeutung des Rassismus im Faschismus nicht gerecht, weil sie die faschistische mit der marxistischen Ideologie gleichsetzen und daher übersehen, daß sich der in faschistischen wie kommunistischen Regimen unzweifelhaft vorhandene Terror gegen andere Opfergruppen richtete. Der faschistische Rassenmord unterscheidet sich eben vom bolschewistischen Klassenmord.[47]

((29)) Dies ist der wichtigste Kritikpunkt. Hinzu kommt, daß das bekannteste und einflußreichste Totalitarismusmodell von Carl Joachim Friedrich und Zbigniew Brzezinski einen idealtypischen und statischen Charakter hat.[48] Daß sich „totalitäre" Regime auch wandeln können, ist gewissermaßen nicht vorgesehen. Dies war in den kommunistischen Staaten nach dem 20. Parteitag der KPdSU von 1956 unzweifelhaft der Fall. Ohne das Ausmaß der sogenannten Entstalinisierung im Innern und die im außenpolitischen Bereich betriebene „Entspannungspolitik" überschätzen zu wollen, die Sowjetunion hat dann doch keinen Weltkrieg begonnen und schließlich unter Gorbatschow eine Reformpolitik begonnen, die innenpolitisch zwar wenig erfolgreich war, außenpolitisch aber die kampflose Aufgabe der osteuropäischen Satellitenregime ermöglichte. Etwas auch nur annähernd Vergleichbares hat es in den faschistischen Regimen nicht gegeben. Sie haben sich nicht liberalisiert, sondern immer mehr radikalisiert. Dies trifft vor allem auf das „radikalfaschistische" Deutschland zu, das einen „totalen Krieg" geführt hat, der mit einer „totalen Niederlage" enden mußte. Eine deutsche Entspannungspolitik und einen 'deutschen Gorbatschow' hätte es niemals geben können.

((30)) Das Totalitarismusmodell von Friedrich und Brzezinski weist jedoch noch andere Fehler auf. So kann keine Rede davon sein, daß es im faschistischen Deutschland eine mit der in der Sowjetunion vergleichbare „Befehlswirtschaft" gegeben hat. Anders als in den kommunistischen ist die Wirtschaft in den faschistischen Staaten nicht verstaatlicht worden. Als falsch hat sich schließlich auch die These Friedrichs und Brzezinskis erwiesen, wonach es sich bei den totalitären und monolithisch geschlossenen Einparteienregimen mit einem allmächtigen „Führer" an der Spitze gehandelt habe. Das „Dritte Reich" hatte statt dessen einen eher polykratischen Charakter. Inzwischen spricht auch einiges dafür, daß auch Stalins Macht nicht grenzenlos war.

((31)) Auf die weiteren Totalitarismustheorien von Hannah Arendt, Erwin Faul, Jacob Talmon, Eric Voegelin und anderen[49] muß hier nicht weiter eingegangen werden, weil sie weder in der Kommunismus- noch in der Faschismus-, bzw. Nationalsozialismusforschung[50] rezipiert worden sind. Insgesamt kann gesagt werden, daß sich die klassischen Totalitarismustheorien als nicht fähig erwiesen haben, die historische Wirklichkeit zu erklären. Daher sollte man entweder auf sie verzichten oder zumindest versuchen, neue zu entwickeln. Doch dies ist bisher noch nicht geschehen.[51]

Ist der Faschismus Geschichte?

((32)) Zum Schluß zur vielleicht wichtigsten Frage, die jedoch kaum noch gestellt und noch weniger beantwortet wird: **Ist der Faschismus Geschichte?** Wenn ja, dann wären alle bisherigen Faschismustheorien geradezu anachronistisch und weitgehend funktionslos geworden, weil es ihren Verfassern ja keineswegs nur um die Erklärung eines vergangenen, sondern um die Bekämpfung eines gegenwärtigen Phänomens ging. Doch dem ist nicht so!

((33)) Zwischen der faschistischen Vergangenheit und der demokratischen Gegenwart gibt es einmal vielfältige Bezüge und **Kontinuitäten** im biographischen, ideologischen, strukturellen und mentalitätsgeschichtlichen Bereich. Noch leben einige wenige Opfer und erstaunlich zahlreiche Täter. Noch werden Elemente der faschistischen Ideologie und Sprache von vielen Personen vertreten, die keineswegs alle als ewiggestrig zu bezeichnen sind und die sich zumindest selber als überzeugte Demokraten einschätzen. Noch gibt es auch Strukturen, die den Untergang des Faschismus überdauert haben. Und noch ist allen anderslautenden Aufforderungen zum Trotz der Faschismus eine „Vergangenheit, die nicht vergehen will",[52] weil sie tiefe Spuren in unserer Mentalität hinterlassen hat, was sich in den immer wieder neu aufflammenden Kontroversen über diese Zeit manifestiert.[53]

((34)) Zwischen Vergangenheit und Gegenwart gibt es jedoch nicht nur Kontinuitäten, sondern auch **Ähnlichkeiten**, weil es immer noch und immer neue
Gruppen und Parteien gibt, die sich sowohl in ihrer Ideologie wie in ihrem
politischen Stil und teilweise sogar in ihrem Erscheinungsbild an dem angeblich 'toten' Faschismus orientieren. Sie werden jedoch in der Öffentlichkeit und Forschung nicht als faschistisch, sondern als „**rechtsextremistisch**"
bezeichnet.[54] Der bis in die 70er Jahre hinein verwendete Begriff „rechtsradikal" wurde dagegen auf Weisung des Verfassungsschutzes aufgegeben.[55]

((35)) Ich halte beide Begriffe aus drei Gründen für problematisch.[56] Einmal
weil sie eine Ähnlichkeit zwischen „Rechts"- und „Linksextremismus" sug-
gerieren, den es jedenfalls nicht in dem Ausmaß gibt, wie dies von den sog.
„Extremismusforschern" behauptet wird.[57] Zum anderen, weil das als „rechts-
extrem" (oder: „linksextrem") bezeichnet wird, was sich allzuweit vom demokratischen Konsens der „Mitte" wegbewegt. Diese Ausgrenzung ist meist
ziemlich willkürlich, weil sie weitgehend vom eher linken oder eher rechten
Selbstverständnis des Betrachters abhängt, weshalb es in Forschung und öffentlicher Meinung sehr unterschiedliche Vorstellungen darüber gibt, welche
Parteien, Bewegungen und Gruppierungen als „rechtsextremistisch" einzustufen sind. Schließlich ist drittens eindringlich vor dem Eindruck zu warnen, daß die Gefahren immer von den Rändern dieses extremistischen
Halbkreismodells kommen müssen. Sie können auch von oben und aus der
Mitte der Gesellschaft kommen.[58]

((36)) Und dies gilt nicht nur für unsere Gesellschaft. Faschismus war und ist
keine nur deutsche, sondern eine **internationale Erscheinung**. In verschiedenen anderen europäischen Ländern gibt es Parteien, die durchaus als faschistisch charakterisiert werden können.[59] Ob man dagegen auch die gegenwärtigen Regime in Weißrußland, Jugoslawien und Kroatien als faschistisch
bezeichnen sollte, ist zwar fraglich, aber diskussionswert.

((37)) Wer angesichts dieser Gefahren von einem totalen Sieg der europäischen
Demokratien oder gar von einem „Ende der Geschichte" (Francis Fukuyama)
spricht, ist oder stellt sich blind und handelt töricht. Die „Epoche des Faschismus" (Ernst Nolte) mag zu Ende gegangen sein, der **Faschismus selber ist
noch keineswegs tot**. Er hat den Kommunismus in Europa überlebt und stellt
eine potentielle und teilweise sogar schon sehr reale Gefahr dar. Faschismus (im
generischen, keineswegs allein auf Italien bezogenen Sinne) hat es gegeben,
gibt es heute noch und wird es aller Voraussicht nach auch in Zukunft geben.

Zusammenfassung - Thesen

((38))   1. „Faschismus" ist unzweifelhaft auch als bloßer Kampfbegriff gebraucht worden. Dennoch und obwohl es dabei auch zu einer inflationären Verwendung gekommen ist, wird damit die Legitimität eines generischen Faschismusbegriffs nicht grundsätzlich widerlegt. Hinzu kommt, daß auch der Kampfbegriff Faschismus Geschichte geprägt und sie zugleich widergespiegelt hat. So gesehen, war er Faktor und Indikator einer Geschichte des Antifaschismus.

((39))   2. Alle Globaltheorien „des Faschismus" haben sich als mehr oder minder ungeeignet erwiesen, die Empirie zu erklären. Sie können jedoch durchaus als „Theorien mittlerer Reichweite" (Richard Merton) bei der konkreten Faschismusforschung angewandt werden: Soziale und vor allem sozialpsychologische Faschismustheorien bieten Erklärungsmuster für die Anziehungskraft des Faschismus auf Menschen unterschiedlicher sozialer Herkunft und psychischer Disposition. Mit Hilfe von Modernisierungstheorien kann die Frage beantwortet werden, warum faschistische Bewegungen in einigen Ländern zur Massenpartei werden und zur Macht kommen konnten, während dies in anderen nicht der Fall war. In dieser Hinsicht haben auch die marxistischen Theorien einen zumindest heuristischen Wert. Alle bisherigen faschistischen Parteien und Regime sind nun einmal in kapitalistischen Gesellschaften entstanden und haben die kapitalistische Wirtschaftsstruktur nicht in Frage gestellt oder gar abgeschafft. Daher ist die Frage nach den Beziehungen zwischen Faschismus und Kapitalismus grundsätzlich legitim. Allerdings ist vor jedem Schematismus oder gar Automatismus zu warnen. Nicht jede Form des Kapitalismus muß zum Faschismus führen. Schließlich hat es sowohl starke wie ausgesprochen schwache faschistische Bewegungen sowohl in hochentwickelten wie in noch sehr rückständigen kapitalistischen Gesellschaften gegeben. Doch nur in einigen Ländern - neben Italien und Deutschland ist vor allem auf Spanien und einige osteuropäische Regime zu verweisen - ist der Faschismus zur Macht gekommen. In wirtschaftlicher Hinsicht waren sie entweder sehr rückständig oder besonders krisenanfällig. Keins verfügte über eine tief verwurzelte und gefestigte demokratische Tradition. In allen kam es zu einem „Gleichgewicht der Klassenkräfte", das zu einem Bündnis zwischen konservativen Kräften und der faschistischen Partei führte, wobei es dem faschistischen Bündnispartner jedoch in der Folgezeit gelang, sich mehr und mehr zu verselbständigen. Diese „Verselbständigung" war bei den einzelnen faschistischen Regimen jedoch unterschiedlich stark ausgeprägt.

((40))   3. Sowohl zwischen den faschistischen Regimen wie Parteien hat
es Unterschiede gegeben. Sie waren jedoch einmal nicht größer als die unverkennbaren Gemeinsamkeiten und bewegen sich zweitens im Rahmen des bei
übergeordneten Begriffen Üblichen. Mit vergleichbaren Problemen hat nämlich auch die Absolutismus-, Konservativismus-, Liberalismus-, Sozialismus-
etc. -forschung zu kämpfen, ohne daß die Legitimität dieser generischen Termini grundsätzlich bezweifelt wird. Außerdem sollten diese Unterschiede erst
nach einer grundlegenden und umfassenden vergleichenden Faschismusforschung konstatiert und abgewogen werden. Doch daran mangelt
es bisher noch. Die Kritiker des generischen Faschismusbegriffs haben, von
ganz wenigen Ausnahmen abgesehen, sogar völlig auf eine derartige vergleichende Forschung verzichtet. Gerade dies macht ihre Argumentation sehr angreifbar.

((41))   4. Die wichtigste Streitfrage ist nach wie vor, was „Faschismus"
überhaupt ist. Einige, zu nennen sind vor allem Roger Eatwell, A. James Gregor, Roger Griffin, Stanley Payne, gehen von einer idealtypischen Definition
eines „faschistischen Minimums" aus, wozu neben dem Erscheinungsbild faschistischer Parteien vor allem ihre Ideologie gerechnet wird. Im Anschluß
an einige 'klassische' Faschismustheoretiker wie Georg Decker, Rudolf Hilferding, Arkadij Gurland, Antonio Gramsci, Alexander Schifrin, Angelo Tasca,
aber auch in Anlehnung an die frühen Arbeiten von Ernst Nolte vertrete ich
das Konzept eines realtypischen Faschismusbegriffs, der durch die reale Existenz des namengebenden und stilbildenden italienischen Faschismus bestimmt
wird. Als „faschistisch" sind demnach solche Bewegungen und Regime zu
bezeichnen, die im Hinblick auf Erscheinungsbild, politischen Stil, Ideologie, soziale Basis und soziale Funktion sowie die Art und Weise ihrer „Machtergreifung" und der Struktur ihrer Regime bedeutende Ähnlichkeiten mit dem
italienischen Faschismus als Bewegung und als Regime aufweisen, was einmal beschrieben und zweitens mit Hilfe von einer, bzw. mehrerer multikau-
saler Faschismustheorien mittlerer Reichweite erklärt werden kann:
Modernisierungstheorien können die Voraussetzungen, soziale und sozialpsychologische die Anziehungskraft auf bestimmte Schichten und Personen und
am Bonapartismusmodell orientierte Faschismustheorien können die „Machtergreifung" und Machtfestigung des Faschismus erklären, dessen Geschichte
mit dem Zusammenbruch der faschistischen Regime in Italien, Osteuropa,
Deutschland und Spanien keineswegs zu Ende gegangen ist.

Anmerkungen

1 Henry Ashby Turner, Faschismus und Kapitalismus in Deutschland, Göttingen 1972, S. 7.

2 Karl Dietrich Bracher, Zeitgeschichtliche Kontroversen. Um Faschismus, Totalitarismus, Demokratie, München 1976, S. 13 ff; ders., Der Faschismus, in: Meyers Enzyklopädisches Lexikon, Bd. 8, München 1973, S. 547 ff.

3 Hans-Hellmuth Knütter, Hat der Rechtsradikalismus in der Bundesrepublik eine Chance?, in: Bundesministerium des Innern (Hrsg.), Sicherheit in der Demokratie. Die Gefährdung des Rechtsstaats durch Extremismus, Köln-Berlin 1982, S. 113.

4 Joachim Gauck, Vom schwierigen Umgang mit der Wahrnehmung, in: Stéphan Courtois u.a., Das Schwarzbuch des Kommunismus, München 1998, S. 885-894.

5 Angriffe dieser Art findet man in den folgenden Publikationen: Hans-Hellmuth Knütter, Die Faschismuskeule. Das letzte Aufgebot der Linken, Berlin 1993; Antonia Grunenberg, Antifaschismus - Ein deutscher Mythos, Reinbek 1993; Claudia Keller u.a. (Hrsg.), Die Nacht hat zwölf Stunden, dann kommt schon der Tag. Antifaschismus, Geschichte und Neubewertung, Berlin 1996.

6 Zu diesen eher geschichtspolitischen als geschichtswissenschaftlichen Aspekten und Wandlungen: Wolfgang Wippermann, Wessen Schuld? Vom Historikerstreit zur Goldhagen-Kontroverse, Berlin 2. Aufl. 1997.

7 Vgl. zum folgenden: Wolfgang Wippermann, Faschismustheorien. Die Entwicklung der Diskussion von den Anfängen bis heute, Darmstadt 7. Aufl. 1997. Die erste Auflage dieses Buches erschien 1972 und wurde in der Folgezeit mehrmals verändert und umgearbeitet. Mit den hier behandelten Problemen habe ich mich auch in anderen Publikationen auseinandergesetzt, auf die ich im folgenden deshalb verweise, um den Umfang des vorliegenden Aufsatzes möglichst knapp zu halten.

8 Dieser Einwand ist im Zusammenhang des Streites zwischen den Verteidigern des Historismus und den Exponenten der Gesellschaftsgeschichte zu sehen, bei dem es unter anderem um die Legitimität des Einsatzes von Theorien in der Geschichtswissenschaft generell ging. Diese Auseinandersetzung wirkte sich innerhalb der NS-Forschung auf die Kontroverse zwischen den sog. Intentionalisten und Funktionalisten aus. Vertreter der in den 80er Jahren modisch gewordenen Alltagsgeschichte wandten sich ebenfalls gegen den Einsatz von Theorien im allgemeinen, Faschismustheorien im besonderen. Vgl. dazu: Wolfgang Wippermann, Forschungsgeschichte und Forschungsprobleme, in: ders. (Hrsg.), Kontroversen um Hitler, Frankfurt/M. 1986, S. 13 ff.; ders., Umstrittene Vergangenheit. Fakten und Kontroversen zum Nationalsozialismus, Berlin 1998, bes. S. 17 ff.; Ian Kershaw, Der NS-Staat. Geschichtsinterpretationen und Kontroversen im Überblick, Reinbek 1988, S. 43 ff.

9 Dieser Einwand wurde vor allem von dem amerikanischen Historiker Allardyce vorgetragen, der weder vorher noch nachher durch Arbeiten zur Faschismusproblematik hervorgetreten ist. Vgl.: Gilbert Allardyce, What Fascism is Not: Thought on the Deflation of a concept, in: American Historical Review 84, 1979, S. 367-388. Vgl. ferner: Bernd Martin, Zur Tauglichkeit eines übergreifenden Faschismus-Begriffs. Ein Vergleich zwischen Japan, Italien und Deutschland, in: Vierteljahrshefte für Zeitgeschichte 29, 1981, S. 48-73. Martin übersieht, daß das Japan der Kriegs-

zeit von kaum einem Faschismusforscher erwähnt, geschweige denn als faschistisch bezeichnet worden ist.

10 Ganz dezidiert und völlig kompromißlos hat der israelische Historiker Saul Friedländer das Faschismuskonzept abgelehnt, weil es „eine bis zum Exzeß getriebene Normalisierung (des Holocaust) aufgrund eines vorgefaßten Begriffsrahmens" betreibe. Vgl.: Saul Friedländer, Kitsch und Tod. Der Widerschein des Nazismus, München 1984, S. 112 f. Im kurz danach ausbrechenden sog. Historikerstreit spielte die Kontroverse über die Legitimität eines generischen Faschismusbegriffs keine Rolle mehr. Vgl. dazu: Hans-Ulrich Wehler, Entsorgung der deutschen Vergangenheit? Ein polemischer Essay zum „Historikerstreit", München 1988; Richard Evans, Im Schatten Hitlers? Historikerstreit und Vergangenheitsbewältigung in der Bundesrepublik, Frankfurt/M. 1991. Bei der Goldhagen-Kontroverse war es dann genauso. Vgl. dazu: Wippermann, Wessen Schuld, bes. S. 10 ff.

11 Wolfgang Wippermann, Faschismus - nur ein Schlagwort? Die Faschismusforschung zwischen Kritik und kritischer Kritik, in: Tel Aviver Jahrbuch für deutsche Geschichte 17, 1987, S. 346-366.

12 Wolfgang Wippermann, Vom „erratischen Block" zum Scherbenhaufen. Rückblick auf die Faschismusforschung, in: Thomas Nipperdey u.a. (Hrsg.), Weltbürgerkrieg der Ideologien. Antworten an Ernst Nolte, Berlin 1993, S. 207-215.

13 Auf diesen vielfach übersehenen Tatbestand hingewiesen hat: Fritz Schotthöfer, Il Fascio. Sinn und Wirklichkeit des italienischen Fascismus, Frankfurt/M. 1934. Schotthöfer erklärte hier: „Der Fascismus hat einen Namen, der an sich nichts sagt über den Geist und die Ziele der Bewegung. Ein fascio ist ein Verein, ein Bund, Fascisten sind Bündler und Fascismus wäre Bündlertum" (S. 64).

14 Die ersten Beispiele, die ich gefunden habe, waren: Julius Braunthal, Der Putsch der Fascisten, in: Der Kampf 15, 1922, S. 320-323; A. Jacobsen, Der Faszismus, in: Die Internationale 5, 1922, S. 301-304. Sowohl der Sozialist Braunthal wie der Kommunist Jacobsen weisen auf „faschistische" Erscheinungen außerhalb Italiens hin. Auf dem Vierten Kongreß der Kommunistischen Internationale, der vom 5. November bis 3. Dezember 1922 stattfand, ist „Faschismus" sowohl im generischen wie singulären, d.h. allein auf Italien bezogenen Sinne verwandt worden. Letzteres traf auf Lenin, ersteres auf Sinowjew zu, der im „Fascismus" keine „lokale Erscheinung" sehen wollte und mit einer „Periode mehr oder weniger fascistischer Umwälzungen in ganz Zentral- und Mitteleuropa" rechnete. Vgl.: Protokoll des Vierten Kongresses der Kommunistischen Internationale. Petrograd/ Moskau, Hamburg 1923, S. 231 und S. 57.

15 Zu den wenigen Ausnahmen gehörte der Sozialdemokrat Georg Decker, der 1930 dazu aufrief, „von Faschismus nur dann zu sprechen, wenn sich die in Frage kommende Bewegung in allen wesentlichen Punkten mit dem italienischen Faschismus deckt". Vgl.: Georg Decker, Der erste Schritt, in: Die Gesellschaft 7 II, 1930, S. 97-103, S. 98.

16 Zahlreiche Beispiele, deren Bedeutung viel zu ernst genommen wurde, in: Wippermann, Faschismustheorien, 1. Aufl., S. 49 ff.

17 Eine umfassende Geschichte des internationalen Antifaschismus liegt erstaunlicherweise nicht vor. Hinzuweisen ist auf den älteren, aber immer noch informativen Artikel von: Charles F. Delzell/ Hans Mommsen, Antifaschismus, in: Sowjetsystem und Demokratische Gesellschaft, Bd. 1, Freiburg 1966, Sp. 220-237. Mit aktuellen Problemen des Antifaschismus beschäftigt sich der Sammelband von: Frank Deppe/Georg Fülberth/Rainer Rilling (Hrsg.), Antifaschismus, Heilbronn 1996.

18 Vgl. auch: Wolfgang Wippermann, Faschismustheorien in systematischer Perspektive, in: Helga Grebing/Klaus Kinner (Hrsg.), Arbeiterbewegung und Faschismus. Faschismusinterpretationen in der europäischen Arbeiterbewegung, Essen 1990, S. 23-25.

19 Diese rein instrumentalistische Definition des Faschismus wurde bereits 1924 auf dem V. Kongreß der Kommunistischen Internationale beschlossen. Vgl.: Protokoll des V. Kongresses der Kommunistischen Internationale, 17.6. -8.7.1924, Hamburg 1924. Ihre endgültige dogmatische Form erhielt diese instrumentalistische Definition auf dem XIII. Plenum des Exekutivkomitees der Komintern, das im Dezember 1933 tagte. Hier wurde der „Faschismus an der Macht" als „die offene terroristische Diktatur der am meisten reaktionären, chauvinistischen und imperialistischen Elemente des Finanzkapitals" bezeichnet. Vgl.: Protokoll des XIII. Plenums des EKKI, Dezember 1933, Moskau-Leningrad 1934, S. 277. Diese Definition ist dann 1935 auf dem VII. Weltkongreß der Komintern von Georig Dimitroff zustimmend zitiert worden, weshalb sie häufig fälschlich als „Dimitroff-Definition" bezeichnet wird. Mehr zu den kommunistischen und faschistischen Faschismustheorien bei: Wolfgang Wippermann, Zur Analyse des Faschismus. Die sozialistischen und kommunistischen Faschismustheorien, Frankfurt/M. 1981.

20 Zu erwähnen ist vor allem der sehr wirkungsvolle Aufsatz des Soziologen Theodor Geiger: Panik im Mittelstand, in: Die Arbeit 7, 1930, S. 637-653.

21 Der Forschungsstand ist sehr unterschiedlich. Intensiv untersucht ist die soziale Zusammensetzung der NSDAP und ihrer Wählerschaft. Vgl.: Michael H. Kater, The Nazi Party. A Social Profile of Members and Leaders, Oxford 1983; Jürgen W. Falter, Hitlers Wähler, München 1991.

22 Wichtig und bis heute maßgebend waren die 'klassischen' Studien von: Wilhelm Reich, Massenpsychologie des Faschismus, Kopenhagen 1934; Erich Fromm, Die Furcht vor der Freiheit, Zürich 1945; Theodor W. Adorno u.a., The Authoritarian Personality. Studies in Prejudice, New York 1950. Vgl. dazu: Wolfgang Wippermann, Faschismus und Psychoanalyse. Forschungsstand und Forschungsperspektiven, in: Bedrich Loewenstein (Hrsg.), Geschichte und Psychoanalyse. Annäherungsversuche, Pfaffenweiler 1992, S. 261-274.

23 Christopher Browning, Ganz normale Männer. Das Reserve-Polizeibataillon 101 im Dritten Reich, Hamburg 1992; Daniel Jonah Goldhagen, Hitlers willige Vollstrecker. Ganz gewöhnliche Deutsche und der Holocaust, Berlin 1996.

24 Diese These geht zurück auf: Franz Borkenau, Zur Soziologie des Faschismus, in: Archiv für Sozialgeschichte und Sozialpolitik 68, 1933; und: Karl Otten, Geplante Illusionen. Eine Analyse des Faschismus, Frankfurt/M. 1989 (zuerst: London 1942). Übernommen, aber ausschließlich auf den deutschen Faschismus angewandt wurde sie von: Ralf Dahrendorf, Gesellschaft und Demokratie in Deutschland, München 1965; David Schoenbaum, Die braune Revolution. Eine Sozialgeschichte des Dritten Reiches, Köln 1968. Für den polnischen Soziologen Zygmunt Baumann sind nicht nur faschistische, sondern auch kommunistische Regime Produkte der Moderne schlechthin. Vgl.: Zygmunt Baumann, Dialektik der Ordnung. Die Moderne und der Holocaust, Hamburg 1992; ders., Moderne und Ambivalenz. Das Ende der Eindeutigkeit, Hamburg 1992.

25 Von einer idealtypischen Konstruktion des Faschismus, bzw. eines „faschistischen Minimums" gehen auch die Verfasser zweier neuer Studien aus. Vgl.: Roger Griffin, The Nature of Fascism, London 1991; Stanley G. Payne, A History of Fascism 1914-1945, London 1995. Während Griffin dabei nahezu ausschließlich auf die faschistische Ideologie rekurriert, rechnete Payne neben der Ideologie auch Erscheinungsbild, Stil und Organisation mit zum „faschistischen Minimum".

26 Vgl. dazu: Wolfgang Wippermann, Der Kult der Gewalt im Faschismus, in: Norbert Leser (Hrsg.), Macht und Gewalt in der Politik und Literatur des 20. Jahrhunderts, Wien-Köln 1985, S. 50-71.

27 Dieses Moment ist von Ernst Nolte zweifellos etwas überschätzt worden. Dennoch ist es schon wichtig, wie sich die Faschisten gekleidet und gebärdet haben. Vgl.: Ernst Nolte, Der Faschismus in seiner Epoche, München 1963.

28 Ich folge hier dem von Kurt Lenk geprägten Begriff der „Ausdrucksideologie". Vgl.: Kurt Lenk, Volk und Staat. Strukturwandel politischer Ideologien im 19. und 20. Jahrhundert, Stuttgart 1971, S. 20 ff.

29 Auf die Bedeutung des Rassismus in der Ideengeschichte des Faschismus hingewiesen hat bereits: Hannah Arendt, Elemente und Ursprünge totaler Herrschaft, Bd. 1-3 Berlin 1975 (zuerst: 1955), bes. Bd. II. Der erwähnte englische Faschismusforscher Roger Griffin spricht in diesem Zusammenhang von einem „palingenetischen Ultra-Nationalismus", womit ein Nationalismus gemeint ist, der auf eine völkische Wiedergeburt (Palingenese) abzielt. Ich halte den Rassismus-Begriff für angebrachter und vor allem für verständlicher. Vgl.: Wolfgang Wippermann, Was ist Rassismus? Ideologien, Theorien, Forschungen, in: Barbara Danckwortt u.a. (Hrsg.), Historische Rassismusforschung. Ideologen, Täter, Opfer, Hamburg 1995, S. 9-33; ders., „Gefängnisse von langer Dauer". Stand und Aufgaben der historischen Rassismusforschung, in: Barbara Danckwortt/Claudia Lepp (Hrsg.), Von Grenzen und Ausgrenzung. Interdisziplinäre Beiträge zu den Themen Migration, Minderheiten und Fremdenfeindlichkeit, Marburg 1997, S. 159-174.

30 Mehr dazu bei: Wolfgang Wippermann, War der italienische Faschismus rassistisch? Anmerkungen zur Kritik an der Verwendung eines allgemeinen Faschismusbegriffs, in: Werner Röhr (Hrsg.), Faschismus und Rassismus. Kontroversen um Ideologie und Opfer, Berlin 1992, S. 108-122.

31 Im „radikalfaschistischen" Deutschland hat der Rassismus nahezu alle Lebensgebiete in einer Weise beeinflußt, daß dieses faschistische Regime den Charakter eines „Rassenstaates" hatte. Vgl. zu dieser These: Michael Burleigh/Wolfgang Wippermann, The Racial State. Germany 1933-1945, Cambridge 1992.

32 Vgl. Noltes berühmt gewordene Faschismusdefinition: „Der Faschismus ist Anti-Marxismus, der den Gegner durch die Ausbildung einer radikal entgegengesetzten und doch benachbarten Ideologie und die Anwendung von nahezu identischen und doch charakteristisch umgeprägten Methoden zu vernichten trachtet, stets aber im Rahmen nationaler Selbstverwaltung und Autonomie". Ernst Nolte, Der Faschismus in seiner Epoche, S. 51.

33 Der Antifeminismus in der faschistischen Ideologie ist viel zu wenig erkannt und analysiert worden. Anregend für den deutschen Faschismus ist immer noch: Klaus Theweleit, Männerphantasien, Bd. 1-2 Frankfurt/M. 1977/78.

34 Vgl. dazu: Wolfgang Wippermann, Europäischer Faschismus im Vergleich 1922-1982, Frankfurt/M. 1983; und: Stanley G. Payne, A History of Fascism, der zu ähnlichen Ergebnissen gelangt. Auf die umfangreiche Spezialliteratur zur Geschichte der einzelnen Faschismen kann hier nicht weiter eingegangen werden.

35 Alexander Schifrin, Gegenrevolution in Europa, in: Die Gesellschaft 8 I, 1931, S. 1-21; Arkadij Gurland, Das Heute der proletarischen Aktion. Hemmnisse und Wandlungen im Klassenkampf, Berlin 1931. Zu den im folgenden entwickelten Gedanken: Wolfgang Wippermann, „Zone der

Gegenrevolution"? Der ostmitteleuropäische Faschismus in Vergangenheit und Gegenwart, in: Peter Gerlich u.a. (Hrsg.), Im Zeichen der liberalen Erneuerung. Liberale Strömungen und antiliberale Traditionen Mitteleuropas, Wien-Poznan 1996, S. 157-166.

36 Schifrin, Gegenrevolution in Europa, S. 1.

37 Gurland, Das Heute der proletarischen Aktion, S. 111 f.

38 Ebenda S. 102.

39 Ähnlich bereits: Miklós Lackó, Ostmitteleuropäischer Faschismus. Ein Beitrag zur allgemeinen Faschismus-Definition, in: Vierteljahrshefte für Zeitgeschichte 21, 1973, S. 39-51.

40 Diese differenzierenden Begriffe stammen von: Ernst Nolte, Die Krise des liberalen Systems und die faschistischen Bewegungen, München 1968, S. 87.

41 So unter anderem von: Ernst Bloch, Erbschaft dieser Zeit, Frankfurt/M. 1962 (zuerst: 1935).

42 Besonders gut von: Detlev Peukert, Die Weimarer Republik. Krisenjahre der klassischen Moderne, Frankfurt/M. 1987.

43 Die im folgenden entwickelte Deutung geht auf die Bonapartismustheorie von Marx und Engels zurück, die von marxistischen Faschismustheoretikern wie Julius Braunthal, Otto Bauer, Arkadij Gurland, August Thalheimer, Rudolf Hilferding und anderen zur Deutung der Entstehung und Struktur des Faschismus an der Macht angewandt wurde. Zur Theoriegeschichte vgl.: Wolfgang Wippermann, Die Bonapartismustheorie von Marx und Engels, Stuttgart 1983. Zur Anwendung auf die sogenannte Machtergreifung: ders., Umstrittene Vergangenheit. Fakten und Kontroversen zum Nationalsozialismus, Berlin 1998, S. 61 ff.; und: Eberhard Jäckel, Hitlers Herrschaft. Vollzug einer Weltanschauung, Stuttgart 1986, S. 139 ff.

44 Mehr dazu bei: Michael Burleigh/Wolfgang Wippermann, The Racial State; dies., The Third Reich: Racial State, Class State, Modern State?, in: British Journal of Holocaust Education 1, 1992, S. 185-201.

45 Vgl. dazu die oben Anm. 10 zitierte Literatur, bes. Friedländer.

46 Zum folgenden: Wolfgang Wippermann, Totalitarismustheorien. Die Entwicklung der Diskussion von den Anfängen bis heute, Darmstadt 1997.

47 Dieses Problem steht im Mittelpunkt der immer noch anhaltenden Kontroverse über das „Schwarzbuch des Kommunismus". Vgl.: Stéphane Courtois u.a., Das Schwarzbuch des Kommunismus. Unterdrückung, Verbrechen und Terror, München 1998. Zur Kritik: Jens Mecklenburg/Wolfgang Wippermann (Hrsg.), „Roter Holocaust"? Kritik des Schwarzbuchs des Kommunismus, Hamburg 1998. Eine Sammlung von Artikeln von fast ausschließlich Verteidigern des Schwarzbuches enthält: Horst Möller (Hrsg.), Der rote Holocaust und die Deutschen. Die Debatte um das „Schwarzbuch des Kommunismus", München 1999.

48 Carl Joachim Friedrich unter Mitarbeit von Zbigniew Brzezinski, Totalitäre Diktatur, Stuttgart 1957.

49 Vgl.: Wippermann, Totalitarismustheorien, S. 21 ff.

50 Mehr dazu bei: Wippermann, Umstrittene Vergangenheit.

51 Siehe die Zusammenfassung in: Wippermann, Totalitarismustheorien, S. 111 ff.

52 Ernst Nolte, Vergangenheit, die nicht vergehen will. Eine Rede, die geschrieben, aber nicht gehalten werden konnte, in: „Historikerstreit" - Die Dokumentation der Kontroverse um die Einzigartigkeit der nationalsozialistischen Judenvernichtung, München 1987, S. 39-47.

53 Im sogenannten Historikerstreit spielte die Frage, ob man an einem allgemeinen Faschismusbegriff festhalten kann oder nicht, jedoch eine ganz geringe Rolle. Vgl.: Hans-Ulrich Wehler, Entsorgung der deutschen Vergangenheit? Ein polemischer Essay zum „Historikerstreit", München 1988; Richard Evans, Im Schatten Hitlers? Historikerstreit und Vergangenheitsbewältigung in der Bundesrepublik, Frankfurt/M. 1991.

54 Unter anderen von: Peter Dudek/Hans-Gerd Jaschke, Entstehung und Entwicklung des Rechtsextremismus in der Bundesrepublik, Opladen 1984; Richard Stöss, Die extreme Rechte in der Bundesrepublik. Entwicklung-Ursachen-Gegenmaßnahmen, Opladen 1989; Wolfgang Benz (Hrsg.), Rechtsextremismus in der Bundesrepublik, Frankfurt/M. 2. Aufl. 1989; Armin Pfahl-Traughber, Rechtsextremismus. Eine kritische Bestandsaufnahme nach der Wiedervereinigung, Bonn 1993; Wolfgang Kowalsky/Wolfgang Schröder (Hrsg.), Rechtsextremismus. Einführung und Forschungsbilanz, Opladen 1994. Weitere Hinweise in dem Forschungsüberblick von: Christoph Butterwegge, Rechtsextremismus, Rassismus und Gewalt. Erklärungsmodelle in der Diskussion, Darmstadt 1996.

55 Nach der Mitteilung des ehemaligen Mitarbeiters des Verfassungsschutzes: Hans-Joachim Schwagerl, Rechtsextremes Denken. Merkmale und Methoden, Frankfurt/M. 1993, S. 15 f.

56 Vgl. dazu und zum folgenden auch: Wolfgang Wippermann, Verfassungsschutz und Extremismusforschung, in: Jens Mecklenburg (Hrsg.), Braune Gefahr. DVU, NPD, REP. Geschichte und Zukunft, Berlin 1999, S. 268-280.

57 Von der Existenz eines einheitlichen „Extremismus" gehen aus: Uwe Backes/Eckhard Jesse, Politischer Extremismus in der Bundesrepublik Deutschland, Bd. 1-3 Bonn 1989.

58 Zu dieser Kritik auch: Hans-Martin Lohmann (Hrsg.), Extremismus der Mitte. Vom rechten Verständnis der deutschen Nation, Frankfurt/M. 1984; Kurt Lenk, Rechts, wo die Mitte ist. Studien zur Ideologie: Rechtsextremismus, Nationalsozialismus, Konservativismus, Baden-Baden 1994.

59 Dazu unter anderem: Martin Kirfel/Walter Oswalt (Hrsg.), Die Rückkehr der Führer. Modernisierter Rechtsradikalismus in Europa, 2. Aufl. Wien 1991; Christoph Butterwegge/Siegfried Jäger (Hrsg.), Rassismus in Europa, Köln 1993; Rainer Fromm/Barbara Kernbach, ... und morgen die ganze Welt? Rechtsextreme Publizistik in Westeuropa, Marburg-Berlin 1994; Hans-Georg Betz, Radical Right-wing Populism in Western Europe, New York 1994; Herbert Kitschelt, The Radical Right in Western Europe. A Comparative Analysis, Ann Arbor 1995.

Über die Unentscheidbarkeit, ob es Faschismus gegeben hat

Lothar Fritze

((1)) Der Versuch, die **Legitimität** eines generischen, d. h. eines allgemeinen, nicht allein auf Italien bezogenen, Faschismusbegriffs ((4)), ((37)) nachzuweisen, ist wissenschaftstheoretisch legitim. Zu fragen ist, wie der Autor des sich der Kritik stellenden Aufsatzes, Wolfgang Wippermann, diesen Nachweis führt. Ich werde ausschließlich dieser Frage nachgehen – und zwar unter einem methodologischen Gesichtspunkt.

((2)) Für den Nachweis der Legitimität eines wissenschaftlichen (Gattungs-)Begriffs scheinen mir prinzipiell nur zwei Möglichkeiten in Betracht zu kommen: Man kann entweder dartun, daß der Begriff zweckmäßig ist, d. h. als ein Instrument geeignet, bestimmte Ziele, vor allem Erkenntnisziele, zu befördern, oder man kann versuchen zu zeigen, daß es das durch den Gattungsbegriff bezeichnete Allgemeine tatsächlich gibt, also in der von unserem Denken unabhängigen Wirklichkeit angetroffen wird. Die erste Möglichkeit ist mit einem methodologischen Nominalismus, der sich in der Wissenschaft als fruchtbar erwiesen hat und wohl immer mehr durchsetzt, vereinbar. Er beruht darauf, Begriffe als menschliche Konstruktionen und Definitionen als sprachliche Festsetzungen zu begreifen. Die zweite Möglichkeit folgt einem methodologischen Essentialismus, einem Forschungsprogramm, demzufolge es die Aufgabe der Wissenschaft ist, das Wesen der Dinge zu erkennen und diese Erkenntnis in wahren Begriffsdefinitionen (Real- bzw. Wesensdefinitionen) zum Ausdruck zu bringen. Kennzeichnend für das essentialistische Denken ist die Behandlung von „Was-ist"-Fragen.[1]

((3)) Die Wippermannsche Fragestellung – „Hat es 'Faschismus' im generischen Sinne also gar nicht gegeben?" ((6)) – läßt die Vermutung aufkommen, der Autor folge einem essentialistischen Denkansatz. Tatsächlich scheint ihm daran gelegen, die gattungsmäßige „Einheit des Phänomens" ((5)) „Faschismus" gesichert zu sehen, sie gleichsam als einen objektiv-realen Tatbestand nachzuweisen. Diese Vermutung wird des weiteren gestützt durch die Behauptung Wippermanns, es müsse „zunächst einmal geklärt werden, was Faschismus überhaupt ist" ((7)). Die Beantwortung derartiger Fragen – herauszufinden, was ein Ding überhaupt, d. h. seinem Wesen nach ist – ist jedoch an spezielle Erkenntnisvermögen zur Wesenserkenntnis gebunden.[2] Aus der Sicht des methodologischen Nominalismus sind solche „Was-ist"-Fragen letztlich nicht beantwortbar. Antworten, die auf „Was-ist"-Fragen gegeben werden, sind keineswegs geeignet, die „wahre Natur" eines Dinges, eines Phänomens etc. zu enthüllen, also mitzuteilen, was die betreffende Entität überhaupt ist.

((4)) Wippermann nähert sich seiner Hauptfrage „Was ist Faschismus?" ((41)), indem er zunächst Theorien als unzureichend abweist, die „von einer idealtypischen Konstruktion 'des' Faschismus ausgehen" ((14)). Dieser Herangehensweise setzt er sein Diktum entgegen: „Auszugehen ist statt dessen von der konkreten Gestalt des italienischen Faschismus als **faschistischem 'Realtypus'**, der von außeritalienischen Parteien und Regimen nachgeahmt wurde, die sich im Hinblick auf ihr Erscheinungsbild an dem Vorbild Mussolinis (später dann auch Hitlers) orientiert haben." ((14)) Die weitere Vorgehensweise besteht dann darin, Ähnlichkeiten zwischen den nachahmenden Parteien bzw. Regimen und dem italienischen Vorbild aufzuzeigen.

((5)) Mit der Formulierung „Auszugehen ist" vermittelt Wippermann den Eindruck, wir stünden bei der Wahl der konkreten Gestalt des italienischen Faschismus als Ausgangspunkt für den Vergleich vor einer Wahrheitsfrage. Davon kann jedoch keine Rede sein. Tatsächlich handelt es sich bei dieser Wahl um eine (wenn auch naheliegende) **Entscheidung** des Autors. Wippermann ist es, der **festlegt** (vorschlägt), dasjenige staatlich-politische Phänomen, welches historisch zuerst als „Faschismus" bezeichnet wurde und für andere Personen, Parteien oder Regime Vorbildcharakter gewann, als einen (nicht historisch-genetischen, sondern gattungsmäßigen) Prototyp des Faschismus, als „Normalfaschismus" ((21)), **aufzufassen**. Parteien oder Regime, die diesem Vorbild hinsichtlich bestimmter, als wesentlich anzusehender[3], Merkmale [vgl. ((41))] ähnlich sind, werden ebenfalls als „faschistisch" bezeichnet.

((6)) Wollen wir Wippermanns Vorgehen eine unbedenkliche Deutung geben, so bietet sich folgendes Verständnis an: Der Autor schlägt vor, den italienischen

Faschismus als „namengebenden und stilbildenden" ((8)), ((41)) Prototyp des Faschismus (bzw. als einen paradigmatischen Fall von Faschismus) zu betrachten; er geht des weiteren von der Annahme aus, daß dieser Faschismus von „außeritalienischen Parteien und Regimen nachgeahmt" worden ist ((14)), und fragt schließlich nach den Ähnlichkeiten bzw. Unterschieden zwischen dem italienischen Vorbild und den nicht-italienischen Nachahmungen.

((7)) Nach einem Vergleich zwischen Vorbild und Nachahmungen und der empirischen Erkenntnis übereinstimmender Merkmalsausprägungen gelangt der Autor zu der Überzeugung, die festgestellten Ähnlichkeiten rechtfertigten es, „zumindest im heuristischen Sinne von einem allgemeinen Faschismusbegriff auszugehen" ((18)). Dies ist nicht zu beanstanden. Gleichwohl wird offensichtlich, daß Wippermann gerade an dieser Stelle dem Essentialismus nicht entgeht. Anstatt es nämlich bei der Feststellung der heuristischen Nützlichkeit eines allgemeinen Faschismusbegriffs zu belassen, behauptet er in Gestalt einer Wirklichkeitsaussage: „Zwischen den einzelnen Faschismen gab es in dieser Hinsicht graduelle und quantitative, aber keine qualitativen Unterschiede." ((17)) Indem er in dieser absoluten Weise – d. h. ohne Bezugnahme auf ein Kriterium zur Unterscheidung von qualitativen und quantitativen Unterschieden – behauptet, zwischen den von ihm ins Auge gefaßten Faschismen bestünden keine qualitativen Unterschiede, macht er aus der Frage nach einem generischen Faschismusbegriff letztlich doch eine Wahrheitsfrage. Damit werden die von Wippermann ausfindig gemachten Ähnlichkeiten eben nicht nur als Belege für die mögliche Zweckmäßigkeit eines allgemeinen Faschismusbegriffs, sondern geradezu als ein Beweis für die objektiv-reale Existenz einer Gattung „Faschismus" gedeutet. Im Sinne dieser Deutung kann dann verkündet werden: „Faschismus (im generischen, keineswegs allein auf Italien bezogenen Sinne) hat es gegeben, gibt es heute noch und wird es aller Voraussicht nach auch in Zukunft geben." ((37))

((8)) Die Argumentation des Autors setzt voraus, daß die Frage, ob graduelle bzw. quantitative oder qualitative Unterschiede vorliegen, „wahrheitsfähig" ist – und zwar wahrheitsfähig ohne Bezugnahme auf normative Festsetzungen. Dem ist entgegenzuhalten, daß sich immer ein Gesichtspunkt finden oder konstruieren läßt, unter dem die von Wippermann als nur graduell und quantitativ angesehenen Unterschiede als qualitativ erscheinen. Hat man ein solches Bezugssystem der Betrachtung gefunden, ist es sinnlos zu fragen, ob denn nun die Unterschiede **in Wirklichkeit** quantitativer oder qualitativer Natur sind. Es ist kein wissenschaftliches Verfahren bekannt, eine derartige

Frage zu beantworten. Jede Kennzeichnung eines Unterschieds als quantitativ oder qualitativ nimmt Bezug auf ein von uns konstruiertes bzw. ausgewähltes Abgrenzungs-Kriterium. Insofern involviert jede solche Abgrenzung ein subjektiv-konstruktives Element. Welches Bezugssystem gewählt wird, hängt von den Erkenntniszielen oder praktischen Interessen des Betrachters ab. Erst nachdem wir uns für ein Kriterium entschieden haben, mittels dessen qualitative von quantitativen Unterschieden zu unterscheiden sind, ist es eine Frage der Wahrheit, ob – gemessen an diesem Kriterium – ein qualitativer oder ein quantitativer Unterschied vorliegt.

((9)) Daraus folgt, daß die Frage, ob es einen Faschismus im generischen Sinne **gibt**, nicht beantwortbar ist. Die ontologische Redeweise ist fehl am Platze. Eine Antwort hängt vielmehr von definitorischen Vorentscheidungen ab, unter welchen Voraussetzungen wir bestehende Unterschiede nicht nur als quantitativ (und damit als innerhalb des durch den Gattungsbegriff aufgespannten Spielraums verbleibend), sondern als qualitativ (und damit die Gattungsgrenzen sprengend) betrachten wollen. Diese **Relativität qualitativer Ähnlichkeit** unterstellt,[4] leistet das von Wippermann eingeführte Kriterium für die Akzeptanz eines generischen Begriffs, nämlich die Existenz qualitativ ähnlicher Dinge, nicht mehr das, was es leisten sollte.[5] Ob „der Faschismus ein singuläres, allein auf Italien zu beziehendes, oder ein generelles historisches Phänomen"[6] ist, ist eine Frage, die **rein empirisch** nicht entscheidbar ist. „Was 'Faschismus' überhaupt ist", ist daher keineswegs „die wichtigste Streitfrage" ((41)).

((10)) An diesen Feststellungen ändert auch die Versicherung des Autors nichts, die zwischen den faschistischen Parteien und Regimen festgestellten Unterschiede seien „einmal nicht größer als die unverkennbaren Gemeinsamkeiten und bewegen sich zweitens im Rahmen des bei übergeordneten Begriffen Üblichen" ((40)). Selbst dann, wenn man diese Versicherung akzeptiert, bleibt es doch dabei, daß das Vorliegen von „bedeutende(n) Ähnlichkeiten" ((41)) kein objektiver Tatbestand ist, sondern auch von definitorischen Festlegungen abhängt.

((11)) Diese Festlegungen allerdings kann Wippermann sehr wohl in der Weise treffen, wie er es für richtig hält. In diesem Sinne ist sein Anliegen, einen generischen Faschismusbegriff zu konstruieren, keineswegs unzulässig. Kritiker, die eine derartige Unzulässigkeit pauschal behaupten, folgen offenbar selbst einer essentialistischen Denkweise. Eine andere Frage ist die nach dem heuristischen Wert eines allgemeinen Faschismusbegriffs – doch darüber soll hier nicht geurteilt werden.

Anmerkungen

1 Zum methodologischen Essentialismus sowie zur Problematik von „Was-ist"-Fragen vgl. Karl R. Popper: Die offene Gesellschaft und ihre Feinde. Tübingen 1992, Bd. I, S. 39-42; Bd. II, S. 15-29, sowie ders.: Das Elend des Historizismus. Tübingen 1987, S. 21-27.

2 Siehe hierzu Lothar Fritze: Essentialismus in der Totalitarismusforschung. Über Erscheinungsformen und Wege der Vermeidung. In: Achim Siegel (Hrsg.): Totalitarismustheorien nach dem Ende des Kommunismus. Köln – Weimar 1998, bes. S. 151-157.

3 Die Frage, welche Eigenschaften eines Dinges wesentlich sind, ist nicht empirisch zu klären, sondern hängt von dem vorausgesetzten Identitätsbegriff ab – also von unserer Auffassung oder normativen Festsetzung (Definition), welche Eigenschaften das Ding notwendigerweise aufzuweisen hat, um als dieses Ding oder ein Ding dieser Art angesprochen zu werden. Diesem Problem entgeht man nicht, indem man ein real existierendes Ding, etwa den italienischen Faschismus, als namen- und stilbildend bzw. als Prototyp betrachtet. Soziale Gebilde beispielsweise unterliegen dem Wandel, sie verlieren Eigenschaften oder gewinnen neue hinzu. Man kann immer die – empirisch unbeantwortbare – Frage stellen, welche Eigenschaften das Ding aufweisen muß, um noch dasselbe Ding zu sein oder zu derselben Art von Dingen zu gehören.

4 Von dieser Relativität der Ähnlichkeit ist zumindest in bezug auf die hier zur Diskussion stehenden Merkmale (Erscheinungsbild, politischer Stil, Ideologie, soziale Basis und soziale Funktion, Art und Weise der „Machtergreifung", Struktur der Regime [((41))]) auszugehen. Selbst dann nämlich, wenn man unterstellt, daß uns „ein Maßstab der Ähnlichkeit angeboren" ist (Willard V. O. Quine: Ontologische Relativität und andere Schriften. Stuttgart 1984, S. 169), dürfte diese „angeborene qualitative Gliederung der Reize" (ebd., S. 170) wenig hilfreich sein, Fragen nach der Ähnlichkeit bei solch komplexen, abstrakten und unscharfen Merkmalen intuitiv zu beantworten.

5 Man könnte geneigt sein, das Problem auf folgende Weise zu lösen: Ausgehend vom Prototyp des Faschismus und einer Analyse der Gesetzmäßigkeiten, die ihn beherrschen, wird nach sozialen Phänomenen gesucht, die von denselben Gesetzmäßigkeiten beherrscht werden, um diese Phänomene alsdann der Klasse des Faschismus zuzuordnen. Dieser Weg scheint mir jedoch an der Komplexität und Heterogenität der zu betrachtenden sozialen Erscheinungen und der daraus resultierenden Unmöglichkeit, hinreichend präzise formulierte soziale Gesetzmäßigkeiten aufzudecken, zu scheitern. Es müßten nämlich Gesetzesformulierungen gefunden werden, die nicht selbst wiederum ein Identitäts- bzw. Ähnlichkeitsproblem (Wann handelt es sich um „dieselben" Gesetzmäßigkeiten?) aufwerfen.

6 Wolfgang Wippermann: Europäischer Faschismus im Vergleich 1922-1982. Frankfurt am Main 1983, S. 15.

Fascism, Desire, and Social Mechanics

Peter Fritzsche

((1)) It is a paradox that the appeal of fascism has not been taken seriously despite libraries of commentary devoted to it. All the talk in the last decades about fascism as the creature of advanced capitalism; or as the expression of the fears of a downwardly mobile middle class; or as the horrific derivative of long-term political backwardness has obscured its ideological coherence. There is general resistance to accept fascism as a legitimate twentieth-century political project or to understand its endurance in terms other than fear, manipulation, and accommodation. Fascism, along with political alternatives which depart from a model of Enlightenment rationality and are plainly illiberal, is regarded somehow aberrational, superficial, or pathological. The familiar correlation of Germany's rising unemployment with the Nazi vote in the years 1930-33, for example, gives the Third Reich a very circumstantial point of origin. Likewise, the persistent fascination with Hitler's autobiography and with counterfactuals – Hitler killed by a policeman's bullet in November 1923, Hitler fatally injured in an automobile accident in summer 1930 – insinuate a certain depthlessness to the National Socialist movement in general. Wolfgang Wippermann is therefore to be commended for his insistence that fascism is a general ideological phenomenon. However, he does not go far enough in accounting for the origins and appeal of the fascist revolution and its place in the modern world.

((2)) To answer the question „Hat es Faschismus überhaupt gegeben?" it would be appropriate to consider how European fascists saw themselves. Without appreciating fascism from the inside out neither its power nor its appeal are understandable. In the 1920s and 1930s there is no doubt that fascists claimed an affinity with the term, recognized the novelty of political events in Italy, and quite self-consciously rejected the mantle of the Enlightenment, the procedures of parliamentary liberalism, and the pertinence of left- and right-wing political designations. They looked forward to the inauguration of a new political community that would break decisively with nineteenth-century traditions. Theirs was a distinctly postwar politics of revolutionary progress and new birth. Youthful and belligerent, and calibrated as they thought they were to the exigencies of the twentieth-century, fascists had the singular confidence of an avant-garde. The term „fascism" recognizes this political dynamic.

Whereas the familiar German terminology of „Führerstaat", „Hitlerismus", or „Third Reich", puts the accent on Hitler and a few Nazis, as Wippermann notes ((26)), and tends to lead to the stylization of Nazi Germany as an „occupied country," „fascism" puts the emphasis on a revolutionary project that enjoyed substantial popular backing and intellectual support. Although Wippermann objects to „National Socialism" because the movement was neither „national" nor „socialist", the Nazis (and their supporters) celebrated precisely the fusion of the national and the social and quite effectively condemned the established political parties who were their main rivals for their inattention to the one or the other. The term is useful because it offers an accurate self understanding. Nonetheless, „National Socialism" as a concept tends to restrict an understanding of a European tendency to German politics. „Fascism" does not lead us so quickly into contingencies and invites us to think of its popular, revolutionary, and modern aspects.

((3)) German fascism was genuinely popular. To focus only on the NSDAP is to lose sight to the long-term „national socialist" direction of German politics. From the beginning of the World War I, political alternatives that mixed national and even racist concerns with social reforms and political enfranchisement found increasing favor. Dozens of fascist groups played an increasingly influential role in popular grass-roots politics during the 1920s. Long before the National Socialists broke through electorally in 1929, „national socialist" movements including the Landvolk and most importantly the Stahlhelm had mobilized ordinary citizens into mass organizations and thereby acquired considerable legitimacy in towns and neighborhoods across Germany. Indeed, the Stahlhelm should be recognized as the major fascist precursor to the Nazis. The result of this dissident mobilization was a fatal weakening of the established bourgeois parties well before the onset of the Great Depression. With or without the troublesome presence of Hitler, or the stock-market crash, the DDP, DVP, and DNVP were doomed, and their rapid destruction over the course of the mid-1920s revealed a fundamentally new dynamic in German politics, one that was populist, participatory, chauvinistic, and socially reformist. Hitler's National Socialists were the most efficient organizers of this „national socialist" consensus, but they were not the first or the only fascist grouping on the scene. To correlate indices of economic well-being with the National Socialist vote and thus to stress the role of the Great Depression is to miss this wider political context. In any case, the Nazis were already in a strong position before the onset of economic hardtimes in 1930. By the same token, the modest reversals which Nazis suffered in November 1932 cannot be taken as a resumption of the authority of the DNVP or DVP. There could be no return to Papen, or Schleicher, or Brüning: Germans had become too democratic as they turned fascist.

((4)) After the seizure of power, the legitimacy of the National Socialists continued to grow. It did so not because the Nazis were similar to other parties, but because they were different; not because they promised to restore the good old days, but because they represented a new generation and a new way of envisioning the national community. When Germans dissented from specific aspects of NSDAP policy after 1933, they did not necessarily dissent from the basic principles of the fascist revolution, which the Nazis represented but did not monopolize.

((5)) The great merit of Daniel Goldhagen's argument (*Hitler's Willing Executioners* [New York, 1996]) is to stress the popular consensus upon which the National Socialist regime rested. The great mistake he makes is to assume that the Nazis were popular because they articulated so well the anti-Semitism that Germans purportedly shared so avidly. This insistence on the primacy of anti-Semitism has the effect of evacuating Nazism of ideological salience; it denies fascism. A more plausible explanation is that Germans took an interest in anti-Semitism because they became (increasingly) interested in the Nazis, and what interested them in the Nazis was the notion of the Volksgemeinschaft, the national and social reformulation of the (non-Jewish) community. The majority of Germans switched parties at some time during the Weimar Republic: anti-Semitism played little part in this extraordinary and sustained search for a new political home.

((6)) Furthermore, German fascism was genuinely revolutionary. The popularity of the Nazis, and before them the Stahlhelm and other fascism groupings, was founded on the radical new beginning they promised. The Nazis were not just another „right-wing" movement. Fascists sought a decisive break with traditional elites, and denied the legitimacy of the past. Right-wing parties such as Italy's Nationalists or Germany's German Nationalists were roundly condemned for practicing an anti-social, deferential politics that had little in common with the participatory element of fascism. The broad-based, cross-class mobilization of citizens revolutionized non-socialist politics in both Italy and Germany. Although fascists came to power with the help of traditional elites, and remained staunchly illiberal and anti-Marxist, they completely upset the context in which the elites operated and political calculations were made. They foreclosed the twentieth-century future to politicians such as Giolitti or Stresemann.

((7)) The fascist new community was based on biology, as Wippermann emphasizes ((16-17)). Racism was central to the fascist worldview not simply because it was a hyperventilated expression of nationalism, as George Mosse and other scholars have argued, but because biology offered the principal means to radically remake the community. Given biology's pseudo-scientific claim to nurture healthy bodies and weed out deleterious influences and inheritances, biology offered fascists a ready-made a vocabulary for social revolution. Simply put, biology recast politics in an exceptionally vivid and active way. In the fascist view, the national population was mortally threatened in the absence of emergency measures. By the same token, radical surgery and sustained biological cleansing would insure that the nation would survive and flourish in the fierce international struggles in which World War I had been only the first installment. Biology, in other words, apeared to provide Germany and Italy, losers in the war, with highly useful technologies of mobility. The ambition to refashion the „Volkskörper," and to organize social, demographic, and even foreign policy according to eugenic assumptions, is what makes fascism so revolutionary. Arguments that fascism in power became more conservative or reactionary miss this Promethean ambition. Nazi Germany's eugenic social policies, the racial order it imposed on Eastern Europe, and the extermination of the Jews was the culmination of its revolutionary aims.The Holocaust was singular in its murderousness, but part and parcel of a broader biological program; Wippermann is justified in arguing that the centrality of racism in a generic definition of fascism does not relativize the Shoah. Italian and other fascisms were notably less radical but still featured body politics that subordinated the particular individual to the racial whole (for Italy, see, for example, David Horn, *Social Bodies* [Princeton, 1994]). The fascist assumption (one that makes it so different from liberalism) was that the twentieth-century future was masterable through massive biological intervention.

((8)) Finally, German fascism was genuinely modern. It represented an attempt to manage the future and meet the challenges of the twentieth century. Wippermann is right to challenge interpretations which regard fascism as a development dictatorship emerging out of tardy modernization. After all, Germany was among the advanced industrialized regions; Italy was not. But Wippermann is too quick to assume the backwardness of what he unhelpfully describes as the German „Sonderfall" ((22)). „The backwardness in politics as well as mentality" to which he alludes assumes a normative model of development that finds little consensus among twentieth-century historians. Merely a glance at the political discourse in France in the 1930s or even Britain at the time of the 1926 General Strike challenges the distinctiveness of German „backwardness." Besides even democrats in France and Britain marvelled at Nazi Germany's mobilization of energy and youth and commended its modernity.

((9)) But the main reason the Nazis were modern is not so much that they adhered to some normative modernization program but that they conceived of the political future in terms that owed very little to the past. As I have argued („Nazi Modern," *Modernism/Modernity* 3 [January 1996]), the National Socialists should be considered modern because they made the acknowledgement of the discontinuity of history the premise of their fantastic political and racial designs. Three aspects of this apocalyptic vision stand out: (1) the conviction that the grand narrative of „History" as it had developed over the course of the nineteenth century had been invalidated, circumstances which (2) the extreme instability of World War I had clarifed and which, in turn, encouraged (3) contemporaries to envision the wholesale renovation of the social body. The war offered a new universe, and it generated its own possibilities which, for all the talk of the lost generation in the trenches, scholars have generally overlooked. Characteristic postwar images of crippled veterans, striking workers, tumbledown metropolitan facades, and menacing arsenals all testified to the impermanence of the material world but also to the tractability of its reconstruction. Germany seemed to stand outside „History", exposed to the anarchy of national and international politics but poised as well to reinvent itself. The future had never appeared so dangerous or so openended as when viewed from among the ruins of the postwar years. Danger and energy were the two sides of the twentieth-century manufacturing process that had literally stamped the planet with an unmistakable geometry. Here, untethered to history, was the modernist subject *par excellence*.

((10)) The modernity of fascism is an important argument to make because it highlights the extreme conditions of jeopardy and possibility by which fascism justified its disciplinary politics and collective zeal. Biology was so central to the fascist worldview precisely because it represented the world dynamically, in terms of degeneration and regeneration. It was the tool to master the contingencies, the radical discontinuities which fascists took to be the character of the modern, postwar world. While fascism's brutal building blocks are still with us today – racism, militarism, nationalism – the conviction that the world can be remade and the self-centered emphasis on the „triumph of the will" are not, and without that Promethean ambition, and without the purist's confidence that things are as they seem, fascism cannot offer a dynamic, utopian ideal or a regenerate biological community. It recalls a social mechanics that the present day finds exceedingly difficult to imagine for itself.

'Racism' or 'rebirth'? The case for granting German citizenship to the alien concept 'generic fascism'

Roger Griffin

((1)) It is heartening to encounter a 'native' German academic prepared to defend on his home territory the potential value of applying to studies of National Socialism the generic term 'fascism' stripped of its capitalist connotations. It is equally encouraging for me that, even though I am an outsider to the seemingly hermetic, partisan, and highly politicized world of German humanities, I have been invited to comment on his intervention. Professor Wippermann rightly points out how intellectually blinkered it is to dismiss *u priori* the applicability of 'fascism' just because it has been used so simplistically and propagandistically by Marxists ((10)). It would be equally inane for liberals to refuse to use it just because the German historian who did most to stimulate the quest for the 'fascist minimum' in the 1960s was Ernst Nolte, later to become one of the most sophisticated protagonists of 'revisionism'. Nor is the way 'fascism' has degenerated into a boo-word with mind-numbing polemical or pejorative connotations ((8)) a good reason to abandon attempts to sharpen its discriminatory edge as a tool of analysis.

((2)) As for the argument that 'the uniqueness' of Nazism somehow precludes a generic concept being applied to it, only the 'methodologically naive' could maintain such a position. As Professor Wippermann implies ((40)), all generic concepts in the realm of human reality by definition embrace unique

singularities. For example, no two feudal systems, revolutions, or liberal regimes are identical. It is precisely the function of what Max Weber called
'idealizing abstraction' to infer 'ideal typically' a definitional minimum of a
generic phenomenon on the basis of patterns discerned in historical entities or
events which never repeat themselves precisely in their entirety, and will inevitably have glaring points of difference. Thus, as Ian Kershaw points out in
The Nazi Dictatorship,[1] Nazism can be both unique and fascist (and totalitarian, for that matter) without any contradiction.

((3)) Professor Wippermann is also right to imply ((3)) that the tendency of
non-Marxist German historians of Nazism to snub the term 'fascist' points to
a disturbing example of collective myopia. Even Japanese academics have
taken on board the foreign term 'fascism' as a heuristic device to attempt to
understand their own authoritarian regime of the 1930s and 40s. It is thus
deeply anomalous that most professional historians in Germany ignore the
debate over its semantics and dynamics which has been raging outside the
Marxist camp ever since the 1920s, and grown increasingly sophisticated since
the 1960s, especially in the hands of such major scholars as George Mosse,
Stanley Payne, and Zeev Sternhell (who agrees that fascism should not be
applied to Nazism, but at least takes the term 'fascism' highly seriously). Is
there some perverse subliminal impulse at work in Germany to treat Nazism
as a domestic affair, to refuse to wash dirty linen in public, or even use the
services of an outside laundry? If so it only serves to underline just how self-
perpetuating the myth has become that the modern socio-political history of
Germany constitutes a *Sonderweg* and is incommensurable with that of any
other nation. This position (deliberately?) ignores the simple fact that there has
never been a 'normal' path to nationhood or liberal democracy from which to
deviate, creating the disturbing impression that Germany's intelligentsia still
hosts a 'will to be different', a deep-seated assumption that it does not fully
belong to the Western family of nations. This would be ironic indeed given
the role which such a conviction played in the *Los-von-Weimar* movement and
hence in the rise of Hitler.

((4)) Certainly the argument that treating Nazism as a full member of a generic ideological family called 'fascism' somehow relativizes or trivializes
the issue ((26)) does not hold water. Why does the application of the terms
'totalitarianism' or 'terror state' to both Stalin's Russia and the Khmer Rouge's
Cambodia, or the concept 'genocide' to the mass murder of both Armenians
and Tutsies in this century diminish the sense of moral horror and repugnance

which any human being not blinded by fanaticism should feel at such calcu-
lated acts of modern 'barbarism'? To identify the use of 'fascism' in the context of Nazism as intrinsically revisionist is absurd.

((5)) The main potential advantage to German academics of applying a
heuristically useful ideal type of generic fascism to Nazism after half a century of insularity is that it might shed fresh light on aspects of its dynamics as
an ideological and institutional force. In particular it might suggest new ways
of approaching the by now sterile issues of the role played in Nazism by modernity, Hitler's personality, and Germany's *Sonderweg*. It would also help
shift the emphasis of research from 'what is it about Germany which produced Nazism?', to 'what were the distinctive components of German fascism in relation to other manifestations of it?', and 'what factors in Germany's history enabled its peculiar form of fascism to come to power, whereas
most other liberal democratic systems under considerable internal pressure in
the post-1918 period managed to resist it?'. In framing such questions German scholars would finally be operating as full members of a global rather
than national academic community which refuses to give in to the myth of
German exceptionalism, and recognizes that good history results from a dialectic between the comparative and singular, the nomothetic and the
idiographic.

((6)) However, the case for non-Marxist German scholars 'naturalizing' the
generic term fascism which at present seems so alien to them clearly depends
on its precise heuristic value to furthering their empirical research. They have
been right to close their doors to many definitions of fascism whose intrinsic
methodological weakness and vagueness has deprived them of such value.
Despite his excellent contributions to understanding the Third Reich as a 'racial state' and clarifying issues raised by the *Historikerstreit*, I consider Professor Wippermann's characterization of fascism to be yet another example of
such a (non)-definition. Given the constraints of space I must restrict myself
to a series of points each of which would require considerable elaboration to
be fully intelligible. First, it is methodologically confused to claim that there
is 'no fascism on which to base an ideal type' ((14)). No generic concept is
derived from a single paradigmatic phenomenon or a preexistent essence on
which to construct an ideal type: the conceptual contents of the phenomenon
are created through the very act of definition. Second, to base a definition of
fascism on Italian Fascism involves abstracting certain features from it and
making them definitional. What emerges is another ideal type, one princi-

pally modelled on Italian Fascism. The distinction which Wippermann makes in ((14)) between 'real type' and 'ideal type' is thus spurious.

((7)) Third, to identify the core of fascist ideology as 'racism' ((16, 25)) without providing either an explanation of what is meant by racism or the precise definition of fascism which results from this approach largely deprives it of any heuristic value in considering Nazism or any other 'putative' form of fascism. The centrality of a racist conception of the world to the Third Reich is hardly something that needs emphasizing. Moreover, without further delimitation or qualification Wippermann's approach implies that any regime which has operated some form of racism has been a permutation of fascism: Vichy France, Pilsudski's Poland, apartheid South Africa, Stalinist Russia, Indonesia, imperial Japan. Indeed, since Fascist Italy adopted anti-Semitic race laws only in 1938, 'racism' is perhaps being used here as a synonym for any overtly anti-liberal form of ultra-nationalism, in which case many dictatorships in Latin America, Africa, and inter-war Europe would qualify. At this point the term has inflated so much that it tells us nothing about Nazism whatsoever, except that it was based on a highly illiberal form of nationalism, which is not exactly a revelation. There is every reason to suspect that Professor Wippermann, expert on the Third Reich, German academic, and co-author of *The Racial State*, has subliminally taken Nazism as the paradigm of fascism and then extrapolated a watered down version of one of its definitional traits, its biological, eugenic, anti-Semitic racism, into his (undefined) ideal type of generic fascism.

((8)) Fourth, the absence of a clear characterization of fascism's definitional properties means that the conceptual foundation for the discussion of comparative fascism ((18-25)) is inadequate. This passage introduces the concepts 'fascist movements', makes the distinction between 'dictatorial regimes' and 'fascist parties' ((20)), sets up the idea of a 'normal' 'East-European' form of fascism' (another ideal type), and then presents the idea of Nazism as a 'special case' ((22-25)). All of this implies a definition of fascism which stubbornly remains virtual rather than real. If there is a distinction between the regimes of Horthy and Szálasi, or the political ideologies of the Iron Guard and Antonescu (all of them more ultra-nationalist and anti-Semitic than Mussolini's Fascism until the late 1930s), what is it? How is a 'genuine' fascist regime (Mussolini's Italy) to be distinguished from ones which merely imitated some of its external features (Franco's Spain, Vargas' Brazil), a distinction not lost on the Austrian Nazis who assassinated Dollfuss, creator of a form of state which according to Wippermann's 'real type' must surely count as fascist if pre-1938 Fascism serves as the model. In addition, the reference to Nazism as a 'special case' means that the crucial realization alluded to in ((40)) that *all* singularities identified by ideal types are simultaneously *both* manifestations of a generic phenomenon *and* 'special cases' has been sadly lost sight of.

((9)) Fifth, since Professor Wippermann is keen to argue for the continuity between inter-war and post-war fascism ((32-37)), it is counter-productive for him to build into the characterization of generic fascism references to its pseudo-religious political style (leader cult, mass rallies) ((15)), thus showing that his ideal typical construction of the concept, like that of Stanley Payne and so many other theorists of what constitutes fascism, is based exclusively on the inter-war period. It is true that some neo-Nazi groups are particularly keen to perpetuate the charismatic style of politics where possible (e.g. at the cross-burning, swastika-waving Aryan Fests held in North America or at 'White Noise' concerts staged at venues throughout the Europeanized world). Yet much contemporary ultra-right extremism with a demonstrable ideological (and sometimes organizational) continuity with inter-war Fascism and Nazism is made up of leaderless groups which are too minute to hold mass rallies. Other groups have officially expurgated the revolutionary agenda from their movement to take up the style of democratic politics, while others are fighting a purely 'cultural war' on web-sites and in periodicals with not a uniform in sight.

((10)) The reason Wippermann gives for the superiority of his 'racism-concept' over my ideal type of 'palingenetic ultra-nationalism' in his fleeting reference to it (footnote 29) is its 'appropriateness' and greater 'intelligibility'. Appropriateness is in the eye of the beholder: each ideal type maps the empirical terrain differently, and a definition of fascism whose conceptual boundaries are as fuzzy as the one he presents seems appropriate only to making an already confused issue even more confused. As for intelligibility, I ask readers to judge for themselves what is cryptic about Hans Grimm's statement that voting for Hitler as President on 10 April 1932 meant a vote not for the NSDAP or for Hitler as a person, but 'the indestructible will to create a new, clean Germany' (neues, sauberes Deutschland)[2], about the announcement at the opening of Leni Riefenstahl's *Triumph of the Will* that the 1934 Party Congress took place 'one year after German's rebirth [Wiedergeburt]', or about Alfred Rosenberg's declaration in one of his last recorded thoughts that 'the political idea of National Socialism' was 'the rebirth [Neugeburt] of Germa-

ny's national-*völkisch* character in a system of government and life which over-
comes the damage inflicted by democracy'.[3] It can be shown through textual
analysis of the discourse of Nazism in all its permutations that 'racism' was
not the core myth of Nazism. Rather, the Third Reich's concern with race was
the function of a more elemental and primary obsession with the renewal, the
regeneration of the national community needed to put an end to national de-
cay and decadence. This is the empirically demonstrable structural link between Nazism and Fascism, and, according to my ideal type, with all other
fascisms.[4]

((11)) The myth of rebirth (*palingenesis*) is one of the great archetypes of
human mythopoeia and cosmology. Projected onto the nation mythically conceived in overtly illiberal, organic, *ultranationalist* terms, it produces the vision of a regenerated national community rising phoenix-like from its present
decadence in a post-liberal new order. Treated ideal-typically as the basis of
generic fascism, 'palingenetic ultra-nationalism' provides a definitional core
far more precise and considerably less abstract than 'racism'.[5] (The advantage
of the term 'palingenetic' over 'revolutionary', one that offsets the disadvan-
tage posed by its obscurity as a term, is that it highlights the central role played
in generic fascism by the vision of cultural, moral, and national *decadence*
and the need for its reversal in a process of regeneration, which sets it apart
from materialistic revolutionary ideologies such as Marxism.)

((12))   The main heuristic features of a definition of fascism based on 'rebirth' as opposed to 'racism' are that:
(a) it allows fascism to be defined on a par with all other ideological 'isms'
without reference to organizational or political 'style' and exclusively in terms
of how its protagonists express its ideology and the policies they advocate
and adopt as a result, whether inter-war (Mussolini, Farinacci, Rosenberg,
Degrelle, Mosley) or post-war (Bardèche, Evola, Kühnen, Fini);
(b) it points to a deep-seated vision of, obsession with, the imminent regeneration of the nation (whose conception inevitably varies markedly according to the cultural and historical context) which throws fresh light on the
psychology of fascism and breaks out of a sterile concern with sociological
categories, particularly ones based on class;
(c) since the presence of this vision/obsession can be empirically proved on
the basis of textual analysis to be a topos which pervades Fascist ideology and
policy, it satisfies the need for a generic definition of fascism to apply to Fascism as the original 'real type' of the genus; indeed it suggests that the term

gained currency outside Italy because people sensed that Fascism represented a new ideological force, not because of its racism, but because of its fusion of populist illiberal nationalism with anti-conservative, palingenetic myth;

(d)   by stressing the presence of a genuine revolutionary momentum, it allows fascism to be distinguished both from forms of modernising conservatism (e.g. Franco's Spain, imperial Japan) which adopt the externals of fascist style, and from non-revolutionary states with a conspicuous component of racism whether right-wing (e.g. apartheid South Africa) or left-wing (e.g. Ceaucescu's Romania);[6]

(e)   it reveals the principle of cohesion underlying the wide range of component myths which particular forms of fascism derive from their unique cultural and political history (e.g. while the imperialism, racism, and aesthetics of Fascist Italy and Nazi Germany conflict, their rationale in both regimes is the quest for 'total' regeneration);

(f)   it explains the profound dialectic which links fascist destructiveness and the attempts to 'rebuild' or 'renew' in every area of society, a dialectic which empirically pervades the social and human realities of the Third Reich (e.g. when Wippermann identifies the goal of the fascist 'racial state' as the 'cleansing of the *Volkskörper'*, the mythic core of such a policy is precisely that of ultra-nationalist rebirth needed to overcome cultural and biological decadence);

(g)   it suggests that the structural reason for the ritualistic style of inter-war fascism was not its need for 'propaganda' or drive towards 'social engineering', but its instinctive urge to generate in the nation as a whole the experience of belonging to a new historical era;

(h)   it allows the post-war evolution of fascism to be traced even after it has abandoned the 'style' of Nazism and Fascism (the only two fascist regimes) to adopt new 'cultural' forms (as in White Noise Nazism or New Right metapolitics), Eurofascism, or a sanitized, pseudo-democratic exterior;

(i)   it points to the structural common denominator between different dialects of Nazism embodied in Gregor Strasser, Arthur Rosenberg, Heinrich Himmler etc., and between Nazism and other forms of German fascism (i.e. the 'Conservative Revolution');

(j)   it recognizes a genuinely renovating thrust in fascism which offers fresh perspectives on the sterile debate which has grown up in Germany about Nazism's relationship to technology, modernity, and the revolution;

(k)   as an ideal type which highlights revolutionary nationalism as the core component of fascism, it is the implicit common denominator both between a large number of studies of specific aspects of the ideological, political, and aesthetic culture associated with Fascist, Nazi regimes and putative fascist movements, and between the theories of generic fascism proposed by several of the world's most eminent scholars in the field, notably George Mosse, Stanley Payne, Emilio Gentile, Roger Eatwell, and Zeev Sternhell.[7]

((13)) The proof of the pudding is in the eating. The heuristic value of ideal types can only be assessed by applying them to specific areas of empirical research. Outside the citadel of German academia scholars all over the world have successfully applied a definition of fascism as an ideology of national renewal (whether explicitly or implicitly derived from the theory put forward by Payne or by myself, or arrived at independently), to illuminating concrete topics in the study of Fascism, Nazism, and ultra-right phenomena. This certainly cannot be said of the precise definitions proposed even by such eminent scholars as Ernst Nolte, Zeev Sternhell, or A. J. Gregor, let alone of the vague descriptions offered by the likes of Walter Laqueur, Renzo de Felice, H. A. Turner, or Wolfgang Wippermann.

((14)) In short, the value of Wippermann's article lies not in the account it gives of fascism, but, like Ernst Nolte's *Three Faces of Fascism* a generation ago, in the invitation it makes to German scholars to reopen the case for treating Nazism as a permutation of fascism, not for the sake of theoretical rigour, but for the concrete gains in historical understanding it would lead to. Whatever its shortcomings as the basis of a definition of fascism, Professor Wippermann's article will have performed a major service if it succeeds in stimulating a climate of *perestroika* in his discipline which opens the minds of his colleagues to the possibility of treating Nazism as an integral part of modern history. Once approached as 'all too human', instead of 'all too German', the Third Reich would then cease to be a 'private matter' which only Germans have the dubious privilege of understanding, an assumption which has more to do with a misguided urge to 'master' the past psychologically than with understanding it historically. If 'fascism' could prove its worth at least as a conceptual *Gastarbeiter* given regular employment within Germany's Nazi studies industry, then it might help them break out of a narrowly ethnocentric, cartel-like 'problematic' unworthy of the academic tradition which produced Immanuel Kant and Max Weber. Their work of historical reconstruction may then undergo a palingenesis in conceptual vitality and methodological originality which is not only long overdue academically, but which is necessary if the German public at large is ever to distinguish what is special about 'their' history from what is an integral part of the development of Western 'civilization'.

Endnotes

[1] Ian Kershaw, *The Nazi Dictatorship*, Edward Arnold, London, 1993, p. 37: 'There need be no contradiction between acceptance of Nazism as (the most extreme manifestation of) fascism and recognition of its own unique characteristics within this category, which can only be comprehended within the framework of German national development'.

[2] *Deutsche Allgemeine Zeitung*, 9, April, 1932.

[3] Alfred Rosenberg, *Letzte Aufzeichnungen. Ideale und Idole der Nationalsozialistischen Revolution* (Göttingen, 1955), p. 316.

[4] For some documentary support of this assertion see my *Fascism* (Oxford University Press, Oxford, 1995).

[5] For a fuller exposition of the methodological rationale underlying my approach see *The Nature of Fascism* (Routledge, London, 1993).

[6] See ibid., chapter 5.

[7] See the introduction to my *International Fascism. Theories, Causes, and the New Consensus* (Arnold, London, 1998).

Selbstverständlich: Faschismus hat es gegeben!

Faschismustheorien liefern einen Beitrag zur Rekonstruktion
einer entzauberten und brutalisierten Modernität

Eike Hennig

((1)) Daß ein Begriff des „Faschismus" bzw. der „Faschismen" sinnvoll – ja notwendig – ist, um eine jener epochalen Reaktionen „faschistischer" Bewegungen und Systeme auf eine entzauberte, ökonomisch-sozial krisengeladene Welt der Modernität[1], der (technischen) Rationalität und des Kapitalismus zu rekonstruieren, ist trivial – trivial allein deshalb, weil seinerzeitige Akteure und Opfer selbst dieses „naming" verwendeten, weil der Begriff analytisch wie praktisch Verwendung in der wissenschaftlichen wie politischen Sprache gefunden hat. Die breite Thematisierung des Themas mittels der Spielarten dieser Begrifflichkeit und auch seines Gegenstücks („Antifaschismus") läßt den Begriffsrahmen und seine Konjunktur selbst zum Thema der Sach- und Begriffsgeschichte werden. Insofern ergeben sich sehr schlicht Evidenz und Relevanz dieser Zugriffsvariation.

((2)) Dabei charakterisiert es die faschismustheoretischen Blickrichtungen (so wie es diese zugleich hinsichtlich ihrer Nutzanwendungen, d.h. ihrer politischen Akzente und Theoriespezifizierungen ausdifferenziert, wenn nicht gar nach Freund oder Feind gruppiert), daß sie gegenüber anderen (pluralistisch und analytisch durchaus zu akzeptierenden) Beiträgen bzw. Aufmerksamkeitshaltungen (z.B. Totalitarismus, Hitlerismus, Modernisierung, komparative Demokratisierungsprozesse/Sonderwegthesen, Massengesellschaft/Wertkrise, Holocaust) ein besonderes Augenmerk auf die Genese „des Faschismus" aus Deutungen und Machtkonstellationen eines krisengeschüttelten Kapitalismus bzw. einer ebensolchen kapitalistischen Gesellschaft legen. In der Konjunktur der Faschismus-/Nationalsozialismusinterpretationen bzw. -(re)konstruktionen spielen diese Darstellungsform und daraus gezogene transformatorische Folgerungen (hin zu einer „freieren", „sozialistischen" bzw. „sozial-demokratischen" Gesellschaftsordnung) zeitweilig eine bedeutende Rolle. Die „faschismustheoretische" Sichtweise wird in der Bundesrepublik vielfach gleichgesetzt mit „den" Faschismusinterpretationen der 68er Kohorte[2] und/oder mit der antifaschistisch und antikapitalistisch vorgetragenen Legitimation des bolschewistischen „Arbeitszuchthauses" (Stampfer).

((3)) Die Identifizierung faschismustheoretischer Ansätze bzw. strukturell-gesellschaftstheoretischer Erklärungsbeiträge von Faschismus mit politisch-sozialen Bewegungen („68"), Parteien (SED, KPD, KPdSU) und/oder einem Regime (DDR, SU) vergröbert die Praxeologie, die praktische Komponente dieser Theorien. Ein solcher Schluß wird i.d.T. vielfach mit Faschismusdarstellungen verknüpft – meistens sind diese ein Aufruf zur (Gegen-)Gewalt[3] und zur politischen Ökonomie der Planung und Lenkung, seltener sind sie ein Aufruf für demokratische Rechts- und Sozialstaatlichkeit –, aber die Verengung von Faschismusanalysen auf „Kommunismus" (KPdSU, SED, KPD) oder auf „68" (oder gar die RAF) ist falsch, verdeckt (meistens bewußt) das Spektrum allein der 68er Praxeologien, d.h. der aus Faschismusbetrachtungen „abgeleiteten" aktuell-politischen Folgerungen und Strategien, unterschätzt bzw. mißachtet (pejorativ?) den analytischen, konstruktiven Gehalt dieser Blickrichtung.

((4)) Dies alles ist trivial, so daß ein Votum u.a. für den Ernst einer faschismustheoretischen Darstellungsperspektive der Faschismen entfällt. Wort, Begriff,

Analyse und Theorie sind in der Welt, markieren Aufstieg und Namensgebung ebensolcher Bewegungen qua Selbstetikettierung, Begreifen und Kritik, begleiten bis heute – wenngleich mit einer (zu hinterfragenden) rückläufigen Konjunktur – die Forschungs- und Darstellungsgeschichte wie Publizität und politische Kultur dieses epochalen Einschnitts in die Moderne. Deutungen des Faschismus sind bis heute Teil der öffentlichen Sprache und „public philosophy" des Gegenstands und seiner Themenfülle.

((5)) Faschismus ist in diesem Sinne selbstverständlich kein „Bündlertum" ((8)), sondern selbst schon eine Namensgebung, die in Italien alte Traditionen Roms, der Sozialrevolte und direkt kommunizierender, libertärer sozialer Bewegungen enteignet. Die „fasci di combattimento" und endlich der Faschismus oder National-Sozialismus sowie die faschistische Internationale zeigen ihre Evidenz dadurch, daß sie von Anfang an einen Streit um Worte, um das „naming", beginnen und andere Interpretationen ihrer Beziehung beerben und delegitimieren wollen. Die Bezeichnung als Wort und Begriff, als Kampfmittel bzw. Bannspruch dafür oder dagegen, dieses Schillern gehört von Anfang an als Einheit von Thema und Thematisierung zur Sache selbst, weshalb denn auch der Begriff Faschismus so selbstverständlich wie klärungsbedürftig ist.

((6)) Es sind wohl die Implikate und ex- oder impliziten Verweise auf die politische Konjunktur der Begrifflichkeit, die die Schärfe des Streits allein um die Begriffswahl ausmachen. („68" vergleichbar ist u.U. die mit dieser Positionierung und Begrifflichkeit verknüpfte Ablehnung totalitarismustheoretischer Sichtweisen gewesen.) In diesem Sinne gilt vom Beginn der Debatten immer noch Arthur Rosenbergs begriffspolitische Feststellung (wie sie den Gehalt des „naming" umschreiben mag):

„Der Streit um ... Theorien vom Faschismus ist nicht nur ein Zeitvertreib für Leute, die am Schreibtisch sitzen und über Soziologie spekulieren. Es ist in Wirklichkeit eine bitter ernste Angelegenheit von außerordentlicher praktischer, politischer Bedeutung ... Wer seinen Gegner besiegen will, muß ihn genau kennen ...".[4]

Probleme der Faschismusanalyse

((7)) „Gewisserweise" habe ich an den Aussagen Wolfgang Wippermanns – vor allem an den Begriffsbestimmungen ((8)) - ((16)) – weniger zu kritisieren als an seiner Darstellungsform und der Akzentuierung. Die postulierten Klarheiten ((18)), wie sie z.B. vom „schlicht(en)" Fehler der „dogmatisch marxistische(n) These", Kapitalismus führe zum Faschismus, ausgehen, dürften doch noch Diskussionsstoff beinhalten. Bezogen auf Wippermann selbst: Wenn dies so falsch ist, warum z.B. ist „der Faschismus selber" dann „noch keineswegs tot" ((37)), wenn seine sozialen Ursprünge so wenig berücksichtigt werden und nur eklektisch, über eine Vielzahl an Theorien eingeschlossen werden ((39)).

((8)) Sogenannte ungeeignete „Globaltheorien" können übrigens nicht kleingeredet werden, um dann, Merton mißverstehend, als Theorien mittlerer Reichweite zu reüssieren. Die für Mertons Theorieverständnis charakteristische Wende zur Empirie unterbleibt bei Wippermann. Unklar, zumindest klärungsbedürftig bleibt seine Orientierungsmarke, nämlich „das Konzept eines realtypischen Faschismusbegriffs" ((41)), welches Wippermann gegenüber „einer idealtypischen Konstruktion 'des' Faschismus" ((14)) einführt. Daß „kritisch-marxistische Autoren" gegenüber der erwähnten „dogmatisch marxistische(n) These" sodann zu wichtigen Gewährsleuten werden – es heißt, deren „Analyse und Prophezeiung waren richtig" ((20)) –, daß auch „der Sonderfall" Deutschland ((22)) - ((25)) bevorzugt mit Blick auf marxistische Beiträge aus dem Kontext der Positionen eines Primats der Politik und der politischen Kultur erklärt wird, weist nochmals darauf hin, daß marxistische bzw. (allgemeiner) strukturell-gesellschaftstheoretische Positionen und Begriffe mehr zu diskutieren wären.

((9)) Folglich bleibt auch ein sicher sehr bedeutender Hinweis unklar: Wenn man „die Beziehungen zwischen der Ideologie des Rassismus und dem politischen System des Faschismus erfaßt" und gleichzeitig keine Aufrechnung der Opfer unterschiedlicher Regime vornehme, „dann kann man durchaus von Faschismus sprechen und Faschismustheorien anwenden" ((27)).[5] Der Gehalt an rational und funktional kaum – wenn überhaupt – faßbarer, „überfließender" Gewalt im Nationalsozialismus und (?) in der „Familie" faschistischer Regime und Bewegungen bedarf weiterer politisch-struktureller Forschung. Wippermanns Anstoß, die „Verselbständigung der Exekutivgewalt" mit dem „Rassismus", dem Kern faschistischer Ideologie ((17)), ((25)), zu einem „Rassenstaat" zu verknüpfen[6], fällt knapp aus, sollte aber weiter bedacht werden, denn die Stellung von Gewalt und Rassismus, des Holocaust im faschistischen Herrschaftssystem und (vor allem) in den faschismustheoretischen Rekonstruktionen ist immer noch viel zu offen.

((10)) Ein zu vertretender Begriff des Faschismus muß einen Begriff auch der spezifischen rassistischen Vernichtungsgewalt und der rassistischen Illiberalität und Hierarchisierung der Welt enthalten. Rudolf Hilferdings Blick auf die Absage des imperialen Finanzkapitals an (s)eine liberale Frühgeschichte enthält Fingerzeige, mag den Ausgang einer Linie andeuten, aber deren Durchsetzung, deren durchaus verschiedene Realisierung über gleichen kapitalistischen Grundstrukturen ist immer noch ein Thema für eine politisch intendierte Strukturgeschichte und -darstellung. So gesehen präsentiert sich Faschismus als eine besondere politische und institutionelle Kultur, als eine politische Psychologie und als eine besondere Koalition diverser alter und neuer Eliten über ähnlicheren Kapitalstrukturen. Ausmaß und Stellenwert „des" Antisemitismus im Spektrum der Faschismen sind aber – auch nach Wippermann – noch nicht genügend erklärt. Aus der Frage nach dem Holocaust in einer Theorie des Faschismus ergibt sich die neuere Konjunktur der Debatten, die dadurch einerseits bereichert und vertieft werden, andererseits aber sozialstrukturell und institutionell auch verflachen.

((11)) Gesucht wird eine Analyse politischer und ideologischer Ausdrucksmittel über bzw. in Interaktion mit kapitalistischen Strukturen bzw. längerfristigen Rahmenbedingungen („frames") z.B. politischer Traditionen und Wertmuster. Antisemitismus ist in diesem Sinne ein Dispositiv, das sich um die Jahrhundertwende im Kontext einer illiberalen Ideologiewende allgemeiner entwickelt, dann aber durchaus divergierende Gestalten und Radikalität annimmt. (Hier liegt der Sinn z.B. von Goldhagens Frage nach „willigen Vollstreckern" und deren Stellung und Herkunft aus Traditionen der politischen Kultur und politischen Psychologie. Zu fragen wäre aber auch nach Vermittlungen aus der politischen Ökonomie.)

((12)) Faschismustheorien (über)betonen auf unterschiedlichste Art die Genese der Faschismen aus der politischen Ökonomie kapitalistischer Strukturen und im Zusammenspiel mit kapitalistischen, traditionellen und modernen Eliten. Max Horkheimers bekanntes Diktum: „Wer ... vom Kapitalismus nicht reden will, sollte auch vom Faschismus schweigen"[7] mag diesen Tenor illustrieren. Kapitalismus ist dabei jedoch – gegenüber manchen Einengungen – komplexer als Resultante von Ökonomie, Kultur, Politik, traditionellen Mustern und Psyche zu begreifen und zu analysieren. Ferner ist zwischen theoretischen Konstrukten (Darstellung) und empirischen Durchführungen (Forschung) zu unterscheiden. Verengungen des faschismustheoretischen Ansatzes auf eine monopolkapitalistische und imperialistische Perspektive – etwa in Form der „berüchtigten" Dimitroff-Definition des Faschismus an der Macht auf die offen-terroristische Diktatur der reaktionärsten Elemente des Finanzkapitals[8] – sind selbst ein Ausdruck eines verstellten, autoritären Aufbruchs gegenüber Unfreiheit, Unterdrückung und Rechtlosigkeit. (Hierauf hinzuweisen, macht den Sinn totalitarismustheoretischer Vergleiche von Faschismus und Kommunismus aus.)

((13)) Kapitalismuskritische Faschismusinterpretationen greifen zu kurz, wenn sie sich nur auf eine strikte Kritik der politischen Ökonomie beschränken; kapitalistische Vergesellschaftung ist umfassender. In Entwürfen der Frankfurter Schule tauchen entsprechende Positionen und Begriffe auf. Es finden sich aber bereits bei Marx Hinweise zur Programmatik einer Analyse politischer Formen, Normen und Institutionen, die gerade im Kontext von Faschismusinterpretationen erinnert und „beherzigt" werden sollten:
„Die spezifische ökonomische Form, in der unbezahlte Mehrarbeit aus den unmittelbaren Produzenten ausgepumpt wird, bestimmt das Herrschafts- und Knechtschaftsverhältnis, wie es unmittelbar aus der Produktion selbst hervorwächst und seinerseits bestimmend auf sie zurückwirkt. Hierauf aber gründet sich die ganze Gestaltung des ökonomischen, aus den Produktionsverhältnissen selbst hervorwachsenden Gemeinwesens und damit zugleich seine spezifische politische Gestalt .... (Dieselbe) ökonomische Basis - dieselbe den Hauptbedingungen nach - (kann) durch zahllos verschiedene empirische Umstände, Naturbedingungen, Racenverhältnisse, von außen wirkende geschichtliche Einflüsse usw., unendliche Variationen und Abstufungen in der Erscheinung zeigen ..., die nur durch Analyse dieser empirisch gegebenen Umstände zu begreifen sind."[9]

Zusammenfassung

((14)) Dieses Marx-Zitat mag die Problematik einer politikwissenschaftlichen Forschung im theoretischen Bezugskontext faschismustheoretischer Aufmerksamkeiten und Bezugspunkte illustrieren. Diesbezüglich stehen Faschismusanalysen trotz ihrer langen Tradition weiterhin offenen Fragen und Begründungszusammenhängen gegenüber. Dies ist die theorieimmanente Problemstellung dieser Forschungsrichtung.
Eine andere Problemkonstellation resultiert aus einer allgemeineren Verweisstruktur zwischen Analyse und Geschichtspolitik, Wissenschaft und Deutung

bzw. politischer Kultur, Wissenschaft, „public philosophy", Legitimation und Politik. In diesem Spannungsfeld steht seit Anfang seiner Geschichte der Faschismusbegriff sehr zentral; nicht zuletzt eine faschismustheoretische Position und deren Zentralfrage nach dem gesellschaftlichen Ort faschistischer Politik, Bewegungen und Systeme verdeutlicht aber, daß es keine „wertfreie" Faschismus-/Nationalismus-/Holocaust-Forschung gibt. Die Frage nach besonderen Krisenbedingungen, nach einem Extrem- und Umschlagpunkt „der" bürgerlich-kapitalistischen Gesellschaft ist von praktischen Implikaten nicht zu trennen. Dabei spielt die Wahl der leitenden Begrifflichkeit selbst schon eine bedeutende Rolle und setzt Zeichen. Das „naming", d.h. die Sinngebung und Akzentuierung, macht einen Großteil der „Freund-Feind-Konstellationen" in den historischen und aktuellen Debatten aus. Auch der Historikerstreit, die Goldhagen-Kontroverse, die Auseinandersetzungen um die Wehrmachtsausstellung und die Walser-Bubis-Kontroverse[10] (in die sich allerdings meines Wissens keine Wissenschaftler eingeschaltet haben) leben aus der Spannung des politisch wie wissenschaftlich wirksamen „naming".
Forschen und Bezeichnen, die gewählte Hierarchie entsprechender Kernthemen (z.B. Vernichtung der Arbeiterbewegung, Stabilisierung und Entwicklung bestimmter kapitalistischer Strukturen, Rassismus, Antisemitismus, Holocaust, Hitler, normale Deutsche/Sonderweg) sind Bestandteile einer Geschichtspolitik und politischen Kultur (wie sie die Gegenwart durch einen Blick auf die Geschichte legitimiert oder herausfordert): Ein Sowohl-als-auch charakterisiert von daher nicht nur, aber doch in besonderem Ausmaß die Faschismusforschungen.
Wer über Faschismus redet, muß sich im klaren sein, daß er Positionen und Begriffe konstruiert und folglich wissenschaftlichen Äußerungen ein überschießender – hier geschichtspolitisch und politisch-kulturell bezeichneter – Gehalt innewohnt. An den Schlüsselbegriffen und Leitfragen entzünden sich wissenschaftliche und politische Debatten, die vor allem der Wissenschaft und „scientific community" viel Toleranz und Erkenntnisinteresse abverlangen. Die Frage nach Bezügen zwischen Faschismus, Kapitalismus und der bürgerlichen Beziehung von Staat und Gesellschaft sind derartige Fragen und verwenden derartige Begriffe.

Anmerkungen

1 Dieser Schlüsselbegriff bleibt hier (leider) offen. Wichtig als Bezugsautor ist, aus einer „C. Schmitt - M. Weber-Linie" gelesen, Marshall Berman, All That Is Solid Melts Into the Air, 1982 – New York u.a. 1988. – Vgl. auch die Arbeiten von Z. Baumann.

2 Trivial: Auch „die 68er" gibt es nicht. Gerade hinsichtlich ihrer Faschismusanalysen und deren Praxeologie lassen sich Angehörige dieser Kohorte unterscheiden.

3 Ganz krude findet sich dieser Aspekt einer gewaltbejahenden Konsequenz aus Faschismusdeutungen in Aufrufen und Aktionen terroristischer Bewegungen (RAF).

4 Arthur Rosenberg, Der Faschismus als Massenbewegung, 1934 – zit. n. Wolfgang Abendroth (Hrsg.), Otto Bauer, Herbert Marcuse, Arthur Rosenberg u.a., Faschismus und Kapitalismus, Frankfurt/Wien 1967, S. 77. – Rosenbergs Anbindung der Bedeutung an das Proletariat ist hier gestrichen worden. Die Bedeutung gilt übergreifender, was die immer auch über Interpretationen des deutschen Faschismus und/oder Nationalsozialismus und/oder Hitlerismus und/oder eines nicht-westlichen Sonderweges und/oder Holocausts betriebenen Selbstdarstellungen der BRD (und DDR) „belegen" mögen.

5 Vgl. Eike Hennig, Zum Historikerstreit, Frankfurt 1988, S. 195 ff., 228 f. – Wippermann (Anm. 10) führt an, „die Legitimität eines generischen Faschismusbegriffs" spielte im sog. Historikerstreit „keine Rolle mehr". – Wenn dem so ist: Warum? (Vgl. dazu z.B. Hennig, S. 30 f., 38, 79 ff., 144 f.)

6 Dazu Michael Burleigh, Wolfgang Wippermann, The Racial State, Cambridge 1992. – Die staatstheoretischen Aussagen von Franz Neumann, Ernst Fraenkel und Max Horkheimer bzw. der „Dreiklang" autoritärer Staat, autoritäre Persönlichkeit, autoritär-monopolkapitalistische Ökonomie wären in die Debatte zu integrieren, um die „rassistische Verselbständigung" von Exekutive und Maßnahme gegenüber funktionellen Aspekten der Ökonomie und Macht-/Kriegspolitik und die Zersplitterung in verschiedenste „Sonderinteressen" darzustellen. Dazu noch immer lesenswert Tim Mason, Der Primat der Politik, in: Das Argument 41, 8(1966), S. 473-494.

7 Max Horkheimer, Die Juden und Europa, 1939 – abgedr. in: Helmut Dubiel, Alfons Söllner (Hrsg.), Horkheimer, Pollock, Neumann, Kirchheimer, Gurland, Marcuse – Wirtschaft, Recht und Staat im Nationalsozialismus, Frankfurt 1981, S. 33.

8 Vgl. z.B. Der Faschismus in Deutschland = XIII. Plenum des EKKI, Dez. 1933, Moskau/Leningrad 1934, S. 10, 277; VII. Congress of the Communist International, Moscow 1939, S. 126; VII. Kongreß der Kommunistischen Internationale, Frankfurt 1975, S. 93.

9 Karl Marx, Das Kapital III, MEW 25, S. 799 f. – zit. n. Eike Hennig, Lesehinweise für die Lektüre der „Politischen Schriften" von Marx und Engels, in: ders., u.a. (Hrsg.), Karl Marx Friedrich Engels, Staatstheorie, Frankfurt/Berlin/Wien 1974, S. LXXV f.

10 Gegenstand dieser Kontroverse – flankiert durch die Debatte um ein Nationaldenkmal und innerwissenschaftlich um Probleme der Museums-/Erinnerungspädagogik – ist die Darstellung der Geschichte als Monument (Bubis) oder die Privatisierung und Entmonumentalisierung der Erinnerungen und moralischen Empörungen (Walser). Wortwahl („Auschwitzkeule", Rechtsextremismusverdacht) und Inzivilität der Debatte gerade zwischen den genannten Akteuren lassen die Zielpunkte der Debatte zurücktreten.

Zum kulturwissenschaftlichen Defizit des Faschismusbegriffes

Klaus Holz

((1)) Ich teile mit Wolfgang Wippermann die These, daß es eine Mehrzahl von Bewegungen und Regimen gab und gibt, deren Vergleich einen generischen Faschismusbegriff begründet. Eines der zentralen Kennzeichen dieser Bewegungen und Regime ist die ihnen gemeinsame Ideologie. Das hat Wippermann in der Vielzahl seiner Schriften immer wieder deutlich gemacht. Allerdings ist Wippermanns Ideologiebegriff theoretisch und methodologisch nicht überzeugend. Ich konzentriere mich im folgenden auf dieses Problem, da es eines der Grundprobleme dieses Forschungsgebietes insgesamt ist. Die Faschismus- bzw. Nationalsozialismus-, aber auch die Rassismus-, Antisemitismus- und Nationalismusforschung hat in weiten Teilen den theoretischen und methodologischen Umbruch, der die Kultur-, Sprach- und Sozialwissenschaften in den letzten etwa drei Jahrzehnten geprägt hat, nicht systematisch berücksichtigt.[1] Dieser Umbruch kann als linguistic turn, konstruktivistische Wende oder Umstellung vom Grundbegriff der Handlung auf den der Kommunikation bezeichnet werden.

((2)) Wippermann wendet sich völlig zurecht gegen die Vernachlässigung und Unterschätzung der faschistischen Ideologie in wissenschaftlichen Analysen (z.B. 1986, 1997a: 8ff.). Die Feststellung, die faschistische Ideologie sei mehr „als bloß verschleiernde und instrumentalisierende Propaganda und Manipulation" und habe „einen durchaus programmatischen Charakter", wertet diesen Forschungsgegenstand einerseits auf. Andererseits verzichtet Wippermann darauf, seinen Ideologiebegriff theoretisch zu entwickeln und seine empirischen Analysen methodologisch zu reflektieren ((16)). Stattdessen findet man in Wippermanns Schriften regelmäßig eine ausgearbeitete Kritik der offensichtlich trivialen Ideologiebegriffe, insbesondere der marxistischen Faschismustheorien und der Totalitarismustheorien. Die ebenfalls regelmäßigen Verweise auf Kurt Lenks Ideologietheorie ((16)) und die Begriffsgeschichte in der Fassung von Reinhart Koselleck (1986: 738) werden dagegen nicht systematisch entfaltet. Insbesondere der Rückgriff auf Kosellecks Arbeiten, die wesentlich zum oben angesprochenen kulturwissenschaftlichen und konstruktivistischen Umbruch in den Geschichtswissenschaften beitragen, könnte dem Theorem »faschistische Ideologie« schärfere Konturen verleihen.[2]

((3)) Die Begriffsgeschichte bestimmt Nationalismus, Rassismus und Antisemitismus als Semantiken. Der Semantikbegriff bezeichnet in etwa dasselbe wie in der Systemtheorie Luhmanns. An diesem Begriff sind hier zwei Aspekte hervorzuheben. Semantiken sind erstens der kulturelle Vorrat einer Gesellschaft an typisierten Deutungsmustern. Eine Semantik ist ein über längere Zeiträume reproduziertes Muster der Sinnkonstruktion. Von einer Semantik kann man erst sprechen, wenn immer wieder dasselbe Muster verwendet wird. Eine Semantik muß deshalb relativ unabhängig von den Kontexten sein, in denen sie reproduziert werden kann. Sie findet sich mit anderen Worten in einer Vielzahl unterschiedlicher Kontexte. Das gilt z.B. für die faschistische Semantik, die man in der Dritten Republik in Frankreich ebenso findet wie in beträchtlichen Teilen der gegenwärtigen Jugendkultur in Deutschland. Zweitens sind für alle *Wir-Gruppen* „Begriffe erforderlich, in denen sich eine Gruppe wiedererkennen und selbst bestimmen muß, wenn sie als Handlungseinheit will auftreten können." (Koselleck 1975: 66). „Begriff" bezeichnet in der Begriffsgeschichte dasselbe wie Semantik. Erst indem sich eine Gruppe als Nation begreift, kann sie den Anspruch z.B. auf politische Souveränität oder ethnische Reinheit erheben. „Eine politische oder soziale Handlungseinheit konstituiert sich erst durch Begriffe, kraft derer sie sich selbst eingrenzt und damit andere ausgrenzt, und d.h. kraft derer sie sich selbst bestimmt." (Koselleck 1975: 65). Die Konstruktion von Fremdgruppen ist konstitutiv für die Konstruktion von Wir-Gruppen, wenn diese als partikulare Personengruppen – »die Italiener«, »die arische Rasse« usw. – vorgestellt werden. Die fundamentale *Leistung* also, die solche *Semantiken erbringen*, ist, *Wir-Gruppen zu erzeugen*.

((4)) Es genügt deshalb nicht, gegen einen instrumentellen Ideologiebegriff den „programmatischen Charakter" der faschistischen Ideologie zu betonen ((16)). Darunter versteht Wippermann die „rassistische Zielsetzung" ((17)). Dieses Ziel, die Herstellung einer »rassenreinen« Wir-Gruppe durch Verfolgung und Ermordung von Fremdgruppen bzw. von »degenerierten Exemplaren« der Wir-Gruppe, ist die Konsequenz einer spezifischen Formierung von Wir- und Fremdgruppen, die auf einem breiten, die moderne Gesellschaft kennzeichnenden Strom nationalistischer, rassistischer und antisemitischer Semantiken aufbaut. Diese kulturelle Formierung von Wir- und Fremdgruppen ist eine der wenigen, im strikten Sinne notwendigen Bedingungen des Faschismus im allgemeinen und der rassenpolitisch begründeten und motivierten Massenmorde der Nationalsozialisten im besonderen. Die Konzentration auf Hitler oder die NSDAP im intentionalistischen Erklärungsansatz oder die Fixierung auf Deutschland wie bei Goldhagen ist für die Erklärung dieser

Bedingung ebensowenig empirisch haltbar wie der funktionalistische Versuch, die „Realisierung des Utopischen" (Hans Mommsen) zu erklären, ohne die faschistische Utopie im Gesamtzusammenhang moderner Semantiken näher zu analysieren.

((5)) Wippermann geht mit dem Argument, es gebe eine faschistische Ideologie, die die Verwendung eines „allgemeinen Faschismusbegriffes" ((18)) rechtfertige, einen Schritt über diese Ansätze hinaus, anstatt die kulturelle Dimension von Gesellschaft systematisch als relativ eigenständigen Untersuchungsgegenstand zu konzipieren. Die Programmatik ist die *in* der Semantik gezogene Konsequenz aus der semantischen Tradition des modernen Nationalismus, Rassismus und Antisemitismus. Deshalb ist es unabdingbar, die faschistische Programmatik im Gesamtzusammenhang dieser Semantiken zu analysieren. Ihre Genese und Funktion kann nur kulturwissenschaftlich erklärt werden. Wippermanns Schriften, etwa sein Vergleich von Antisemitismus und Antiziganismus (1997a), gehen zwar in diese Richtung. Da aber die kulturwissenschaftliche Perspektive, für die in den letzten Jahrzehnten ein reiches Theorieangebot entwickelt wurde, theoretisch und methodologisch nicht ausgearbeitet wird, werden wichtige Erkenntnismöglichkeiten preisgegeben. Ich will dies anhand zweier Beispiele wenigstens andeuten.

((6)) Bei Wippermann bleibt erstens die Frage offen, wie in der faschistischen Ideologie neben dem Rassismus „gleichzeitig sowohl antisozialistische wie antikapitalistische, antimodernistische wie gewisse moderne Momente" ((16)) verknüpft werden. In solchen Aufzählungen werden einzelne Momente an der Oberfläche der Semantik isoliert, anstatt die Deutungsmuster, die diese Momente zu einer Weltanschauung integrieren, zu rekonstruieren. Die Frage nach der inneren Kohärenz dieser Ideologie wird leichthändig durch die m.E. falschen, vor allem aber irrelevanten Beurteilungen verdeckt, das nationalsozialistische Programm sei „irreal", „schlichtweg unsinnig" und „unsäglich primitiv" (Wippermann 1997: 11f., vgl. 1986: 751ff.). Das Beispiel, das Wippermann dafür an derselben Stelle nennt – „die Forderung nach »Brechung der Zinsknechtschaft«" – bedeutet keineswegs „das Verbot aller Bank- und Kreditgeschäfte". Hitler hat schon in seiner ersten überlieferten Rede über die »Judenfrage« grundsätzlich und, immanent betrachtet, stringent zwischen einem »produktiv-arischen« und einem »zirkulativ-jüdisch-internationalen« Kapital unterschieden (vgl. Hitler 1920, Holz 1999: 318-383). Es handelt sich dabei um eines der wichtigsten antisemitischen Deutungsmuster. Die Juden werden mit der modernen, nicht auf eine partikulare Personengruppe (Volk/

Nation/Rasse) beschränkten, sondern durch mediale Sozialbeziehungen vermittelten Gesellschaft identifiziert. Durch diese Konstruktion wird der Gegen-
begriff »Volksgemeinschaft« profiliert, der nichts anderes als die moderne Er-
findung einer vermeintlich traditionalen, organischen und harmonischen
Sozialform der Wir-Gruppe ist. Diese Konstruktion – kurz: Gemeinschaft vs.
Gesellschaft – findet man in einem weiten Spektrum nicht-antisemitischer Semantiken, z.B. in Ferdinand Tönnies gleichnamigem Klassiker der Soziologie, und überall im modernen Antisemitismus, z.B. bei Treitschke und Stoecker
oder im antisemitischen Bestseller der Dritten Republik »La France Juive« von
Drumont. Die wissenschaftlich relevante Frage ist nicht, ob solche Konstruktionen „unsinnig" sind, sondern welchen Sinn sie haben, wie er konstruiert und
warum er akzeptiert wird.

((7)) In diesem Forschungsgebiet ist es zweitens üblich, wenn überhaupt, dann
vorrangig die Fremdbilder genauer zu untersuchen. Der Sinn der Fremdbilder
aber ist es, Selbstbilder zu begründen. Selbst- und Fremdbilder sind zwei Seiten einer Medaille.[3] Die unzureichende Berücksichtigung der Selbstbilder zeigt
sich bei Wippermann in offensichtlich widersprüchlichen Bestimmungen. So
heißt es z.B., die „nationalsozialistischen Unterführer" seien „alle radikale
Nationalisten" gewesen (1997: 20). Die „nationalsozialistische Weltanschauung" habe sich u.a. aus „nationalistischen (...) Elementen zusammengesetzt"
und die Nationalsozialisten hätten sich „auf die Wirksamkeit der nationalistischen Ideologeme" verlassen (Wippermann 1986: 757). Zugleich wird die
faschistische Ideologie in den zitierten Schriften wie auch im hier publizier-
ten Artikel als im „Kern *rassistisch*" definiert ((16)). Ich will keineswegs den
Einwand erheben, daß dies falsch wäre. Ganz im Gegenteil! Tatsächlich integrieren faschistische (u.a.) Ideologien Nationalismus und Rassismus, während beides in der wissenschaftlichen Literatur häufig kategorial unterschieden wird. Eine genauere Darlegung wäre erforderlich und ein Schlüssel zur
Genese faschistischer Ideologien überhaupt.

((8)) Wippermann geht leider dieser Frage nicht nach und betont stattdessen,
daß die nationalsozialistische Ideologie „den Charakter eines festgefügten Programms hatte" (1997: 21). Dies aber wäre nur zu zeigen, indem man das Programm als stringente *Konsequenz* der nationalsozialistischen Integration des
nationalistischen und rassistischen Selbst- und Fremdbildes systematisch analysiert. Dieser Nachweis ist nur zu führen, indem man die Prämisse einer
Semantikgeschichte – die „Selbstaussage der Quellen muß methodisch ernst-
genommen werden" (Koselleck 1992: V) – in methodologisch kontrollierten

und vergleichend ausgearbeiteten Analysen einlöst. Wippermanns Bemerkung weist dagegen in eine völlig falsche Richtung: „Die propagandistische Selbstbezeichnung »Nationalsozialismus« ist schon deshalb abzulehnen, weil das faschistische Regime in Deutschland rassistisch und nicht »national« und schon gar nicht »sozialistisch« war." ((26)). Damit widerspricht sich Wippermann offensichtlich selbst. Viel wichtiger aber ist das kulturwissenschaftliche bzw. methodologische Defizit, auf das dieser Widerspruch verweist: Es geht nicht darum, das Selbstverständnis zurückzuweisen, sondern es anhand der Quellen zu rekonstruieren. Solche Rekonstruktionen können nicht bloß „Ähnlichkeiten" ((18)) zwischen den diversen faschistischen Ideologien aufzeigen. Vielmehr handelt es sich immer wieder um dieselben Muster, deren Analyse bislang weithin oberflächlich blieb. Der Grund dafür ist, daß die Geschichtswissenschaft, die dieses Forschungsgebiet dominiert, die kulturwissenschaftlichen Entwicklungen der Nachbardisziplinen nur rudimentär mitvollzogen hat. Solche Analysen relativieren nicht den Holocaust ((26)). Der nationalsozialistische „Racial State" (Burleigh/Wippermann 1991) ist die radikale, im spezifisch deutschen Kontext nach dem Ersten Weltkrieg erfolgreich gezogene Konsequenz der kulturellen Formierung von Wir- und Fremdbildern, die die europäische Geschichte geprägt haben. Für den Mord, nicht für das Mordmotiv, trägt Deutschland allein die Verantwortung.

Anmerkungen

[1] Vgl. zu den zuletzt genannten Semantiken den Überblick über den Forschungsstand in Holz 1999: 40-94.

[2] Vgl. zum folgenden Koselleck 1975 und meinen Versuch, den Semantikbegriff der Systemtheorie und der Begriffsgeschichte mit der Methodologie Ulrich Oevermanns zu verknüpfen (1999: 20ff., 99ff.).

[3] Die Selbstdarstellungen faschistischer Parteien, in Wippermanns Worten ihr „Erscheinungsbild" und ihr „politischer Stil" ((16)), sind neben Reden, Symbolen, Schriften usw. eine der Ausdrucksgestalten faschistischer Ideologie. Wippermanns Unterscheidung kann deshalb nur als vage, Akzente setzende Differenzierung innerhalb der faschistischen Semantik gelten.

Literatur

Burleigh, Michael und *Wolfgang Wippermann*, 1991: The Racial State, Cambridge: Univ. Press.

Hitler, Adolf, 1920: Warum sind wir Antisemiten? Rede auf einer NSDAP-Versammlung, in: Sämtliche Aufzeichnungen 1905-1924, hrsg. v. *Eberhard Jäckel* und *Axel Kuhn*, 1980, S. 184-204, Stuttgart: DVA.

Holz, Klaus, 1999: Nationaler Antisemitismus. Wissenssoziologie einer Weltanschauung, unveröff. Habilitationsschrift, Universität Leipzig.

Koselleck, Reinhart, 1975: Zur historisch-politischen Semantik asymmetrischer Gegenbegriffe, in: *Harald Weinrich* (Hg.), Positionen der Negativität, S. 65-104, München: Fink.

Koselleck, Reinhart, 1992: Vorwort, in: *Brunner, Otto, Werner Conze, Reinhart Koselleck* (Hg.), Geschichtliche Grundbegriffe. Historisches Lexikon zur politisch-sozialen Sprache in Deutschland, Bd. VII: V-VIII, Stuttgart: Klett-Cotta.

Wippermann, Wolfgang, 1986: »Triumph des Willens« oder »kapitalistische Manipulation«? Das Ideologieproblem im Faschismus, in: *Karl Dietrich Bracher, Manfred Funke* und *Hans-Adolf Jacobsen* (Hg.), Nationalsozialistische Diktatur 1933-1945. Eine Bilanz, S. 735-759, Schriftenreihe der Bundeszentrale für politische Bildung, Bonn.

Wippermann, Wolfgang, 1997: Ideologie, in: *Wolfgang Benz, Hermann Graml, Hermann Weiß* (Hg.), Enzyklopädie des Nationalsozialismus, S. 11-21, Stuttgart: Klett-Cotta.

Wippermann, Wolfgang, 1997a: »Wie die Zigeuner«. Antisemitismus und Antiziganismus im Vergleich, Berlin: Elefanten Press.

Das Scheitern der Faschismustheorie am Nationalsozialismus

Wolfgang Kraushaar

((1)) Bereits die Tatsache, daß die deutsche Sprache keinen Terminus kennt, um den originären Charakter der nationalsozialistischen Herrschafts- und Gesellschaftsordnung auf den Begriff zu bringen, sollte stutzig machen. Die direkte Übernahme von Selbstbezeichnungen des betreffenden deutschen oder italienischen Regimes verdeutlicht höchst unfreiwillig das Dilemma wissenschaftlicher Terminologie. Es existiert trotz der inzwischen gewonnenen historischen und gesellschaftspolitischen Distanz immer noch keine Begrifflichkeit, die in angemessener Weise die Logik der beiden untergegangenen Systeme zum Ausdruck bringen könnte. Obwohl die Verwendung der Termini Nationalsozialismus und Faschismus insofern für die wissenschaftliche Forschung gleichermaßen angreifbar ist, gibt es dennoch begründbare Präferenzen.

((2)) Wolfgang Wippermann unternimmt den Versuch, den im Laufe der neunziger Jahre immer stärker unter Legitimationsdruck geratenen Gattungsbegriff "Faschismus" zu retten. Indem er an all jenen Punkten zurückweicht, in denen die Kritik eine besondere Evidenz besitzt, schränkt er die Auseinandersetzung jedoch von vornherein auf ein reduziertes Geltungsgebiet ein. Ob diese Defensivstrategie zum Erfolg führen kann, muß bezweifelt werden.

((3)) Bereits der Titel seines Artikels ist irreführend. Er erweckt fast den Eindruck, als ginge es um eine Auseinandersetzung mit Auschwitz-Leugnern, in diesem Falle mit "Faschismus-Leugnern". Es kann jedoch nicht im Ernst um die Frage gehen, ob es den Faschismus als historisches Phänomen überhaupt gegeben hat. Worum es allein nur gehen kann, ist die Frage nach seiner Struktur, den Ursachen seiner Entstehung sowie seinem Verhältnis zu anderen Gesellschaftssystemen und in diesem Zusammenhang wiederum um die Angemessenheit des verwendeten Gattungsbegriffs.

((4)) Zweifel, Skepsis und Kritik am Faschismusbegriff sind überaus angebracht. Die marxistische These, daß der Kapitalismus den Faschismus generiert habe, so räumt W. selbst ein, sei in dieser Allgemeinheit mit Sicherheit falsch. Danach müßte ja auch in all jenen Ländern, in denen sich der Kapitalismus durchgesetzt hat, ein faschistisches System entstanden sein. Unter den Vorzeichen eines globalisierten Kapitalismus müßten wir es deshalb mit nichts anderem als einer Art Weltfaschismus zu tun haben. Dies jedoch ist glücklicherweise ein Gespenst, das nur in der Phantasie einiger irregeleiteter Theoretiker existiert. Obwohl W. von einem sozioökonomisch determinierten Verständnis des Faschismusphänomens abrückt, kann er das in diesem Zusammenhang fatale marxistische Erbe doch nicht ganz fallenlassen. Mit der Bemerkung, daß ihre Theorien "zumindest heuristischen Wert" besäßen, hält er dem Marxismus immerhin noch ein Hintertürchen offen.

((5)) Wer das NS-Regime wie W. als "faschistisch" charakterisiert, der setzt sich zwangsläufig dem Vorwurf aus, es zu verharmlosen. Er ebnet die qualitative Differenz zwischen dem italienischen Faschismus und dem Nationalsozialismus ein. In einer solchen Kennzeichnung dominiert der Bewegungscharakter und damit die Entstehungsphase des Regimes. Die Durchsetzung der SS gegenüber der SA, die Etablierung des NS-Staates und die Entfesselung einer Kriegswirtschaft werden darin hingegen nicht zum Ausdruck gebracht und damit die Voraussetzungen für das, was den Nationalsozialismus in seiner unvergleichlichen Schreckgestalt ausgemacht hat - den Holocaust.

((6)) Die Alternative zum Terminus Faschismus ist nicht, wie W. meint, eine Bezeichnung wie "Hitlerismus" oder "Führer-Staat" etwa - personalisierende Bezeichnungen, die wegen ihrer exkulpierenden Tendenz zu Recht verworfen werden müssen -, sondern, wie eingangs angedeutet, aus Mangel an Distinktionen die Bezeichnung "nationalsozialistisch". Sie ist mit dem Herrschaftssystem immerhin kongruent und schließt damit im Unterschied zu einer Subsumption unter den Faschismusbegriff die Vernichtung der europäischen Juden nicht aus.

((7)) Eine Ahnung von der Besonderheit des deutschen Falles erhält sich bei W. insofern, als er einerseits zwar an seinem Gattungsbegriff festzuhalten versucht, andererseits aber meint, dessen deutsche Variante als "Sonderfall" abstempeln zu müssen. Dies ist jedoch nichts anderes als ein unfreiwilliges Indiz dafür, daß das theoretische Instrumentarium nicht dazu ausreicht, das deutsche Phänomen analytisch hinreichend zu fassen.

((8)) Verräterisch ist insbesondere, daß W. den vermeintlichen Sonderfall gerade nicht vom Holocaust her zu denken vermag, sondern lediglich von seiner politischen Form her, einer Form, die er als "Verselbständigung der Exekutive" beschreibt. Aus dieser Machtausweitung allein jedoch auf die exterministische Logik des Nationalsozialismus schließen zu wollen, ist nicht einleuchtend. Eine Herrschaftsform, die auf die Vernichtung ganzer Bevölkerungsgruppen abzielt und diese unter Einbindung ihres gesamten Staatsapparates ins Werk setzt, läßt sich nicht mehr aus einer bloß graduellen Steigerung ihrer Machtmittel heraus erklären.

((9)) W. unterscheidet beim Faschismus zwischen drei unterschiedlichen Formen. Als Bezugspunkt seines Gattungsbegriffs hält er am italienischen Faschismus fest; ihn bezeichnet er als "Realtypus". Dieser sei in seinem Kern rassistisch, antisozialistisch, antikapitalistisch und antimodernistisch. Davon unterscheidet er den "Normalfaschismus", der in rückständigen, industriell unterentwickelten Ländern entsteht und mit dem er die ungarischen Pfeilkreuzler, die rumänische Eiserne Garde und andere faschistische Bewegungen in Ost- und Mitteleuropa meint. Und als dessen Steigerung definiert er den deutschen Fall als "Radikalfaschismus". Diese Unterscheidung ist jedoch von zweifelhaftem wissenschaftlichen Wert, weil die Beziehungen der einzelnen faschistischen Typen untereinander im unklaren bleiben.

((10)) Von besonderer Problematik ist in diesem Konzept der herausragende

Stellenwert des Rassismusbegriffs. W. glaubt, im Rassismus der Nazis die zentrale Ursache für den Holocaust zu sehen. Einmal ganz abgesehen von der Schwierigkeit, dafür eine monokausale Erklärung geltend machen zu wollen, suggeriert er, die Judenvernichtung könne ohne eine weitere Spezifizierung auf ein solches Haßgefühl zurückgeführt werden. Vom Antisemitismus ist bei ihm bezeichnenderweise überhaupt keine Rede. Von einer Zuspitzung, wie sie Daniel Goldhagen mit dem Begriff des "eliminatorischen Antisemitismus" vornimmt, ganz zu schweigen.

((11)) Trotz aller Kritik am Schlagwortcharakter - wie sich W. nicht vom Faschismus als Gattungsbegriff verabschieden kann, so muß er auch am Antifaschismus als Kampfbegriff festhalten. Dabei ist das Scheitern des Antifaschismus nirgends so drastisch vor Augen getreten wie in der DDR. Es war symptomatisch für das Unvermögen des Kommunismus, die gesell-schaftspolitische Logik der NS-Herrschaft zu erkennen. Der SED-Staat hatte den Antifaschismus bekanntlich zur Staatsdoktrin erhoben und es zu seinen vorrangigen Zielsetzungen gemacht, den "Faschismus" an seinen Wurzeln ausrotten zu wollen. Dieser Versuch jedoch, mit autoritativen Mitteln und auf repressive Weise die sozioökonomischen Voraussetzungen des NS-Regimes zu beseitigen, endete mit einem Desaster. Der Bankrott des Antifaschismus ist nach dem Untergang der DDR in der Kontinuität eines völkischen Selbst-bewußtseins, das sich nicht nur in fremdenfeindlichen, rassistischen und antisemitischen Anschlägen und Übergriffen gezeigt hat, sondern auch in der Etablierung eigener neonazistischer Subkulturen, vor aller Augen getreten.

((12)) Bei W. fehlt völlig ein Bewußtsein von der Möglichkeit, den Antifaschis-mus zu ideologisieren und ihn als tragendes Element einer Staatsideologie zu verwenden. Die SED hat in ihrer Vergangenheit demonstriert, wie aus einem Kampfbegriff des Widerstands ein Signum der Staatsräson werden kann. So wie der Volksaufstand am 17. Juni 1953 als "faschistischer Umsturzversuch" diffamiert wurde, so konnte der Bau der Berliner Mauer am 13. August 1961 als "antifaschistischer Schutzwall" deklariert werden. Faschismus und Anti-faschismus waren in dieser Herrschaftsterminologie zu Schlüsselbegriffen kommunistischer Propaganda geworden. Im einen wie im anderen Fall diente ihre Verwendung unzweifelhaft der Unterdrückung von Freiheitsinteressen. Die Einstufung des Antifaschismus als "Schlagwort" ist insofern eine Verharm-losung, als sie die systematische Legitimations- und Herrschaftsfunktion sei-ner Verwendung ignoriert oder verkennt.

((13)) Die Leichtfertigkeit, mit der W. glaubt, die Totalitarismustheorien als indiskutable analytische Alternativen verwerfen zu können, ist symptomatisch für einen Großteil der deutschen Linken. Die aus der Zeit des Kalten Krieges genährten Vorurteile reichen offenbar immer noch aus, eine sorgfältige Überprüfung dieser vor allem von deutsch-jüdischen Emigranten gestifteten Theorietradition einfach in den Wind zu schlagen. Daß es dabei längst nicht mehr um eine schablonenartige Anwendung des von Carl Joachim Friedrich definierten Merkmalkatalogs auf beliebige Fälle totalitärer Herrschaft gehen kann, versteht sich von selbst. Nachdenklich machen sollte allein die Tatsache, daß mit Benito Mussolini der Prototyp des faschistischen Herrschers ursprünglich ein selbst von Lenin hochgeschätzter Radikalsozialist war. Der Entstehungsgeschichte des "faschistischen Realtypus", wie er von W. vorgestellt wird, ist jedenfalls die Doppelgestalt von Links- und Rechtsradikalismus einbeschrieben. Dazu paßt durchaus, daß der Begriff des Totalitarismus zuerst in der Ära des italienischen Faschismus verwendet wurde, also seiner Tradition entstammt.

((14)) Zusammenfassung:
1. Es ist offenkundig schwierig, wenn nicht gar ausgeschlossen, mit dem Terminus Faschismus einen Gattungsbegriff zu begründen. Mit ihm läßt sich jedenfalls keine Globaltheorie, bestenfalls eine "Theorie mittlerer Reichweite" begründen.
2. Das Konzept eines "realtypischen Faschismusbegriffs" ist jedoch gerade in Bezug auf den Nationalsozialismus zum Scheitern verurteilt. Der Begriff läßt sich nicht auf die NS-Herrschaft applizieren, ohne die Konturen des Holocausts bis zur Unkenntlichkeit zu verwischen.
3. Der Faschismusbegriff läßt sich - dies gilt es vor allem festzuhalten - nur schwer von der Mussolini-Ära auf andere historische Beispiele übertragen. Seine Rolle behält er sicherlich bei der Analyse bestimmter, als nationalistisch, klerikal oder reaktionär einzustufender sozialer Bewegungen. Die Grenzen seiner Verwendung zeigen sich jedoch bei der Etablierung faschistischer Bewegungen als Staatsapparate. Weder im Falle des NS-Systems noch in dem des Franco-Regimes kann, wenngleich aus ganz unterschiedlichen Gründen, von faschistischer Herrschaft gesprochen werden.
4. Trotz aller historischen Erkundungen bleibt deshalb die theoretische Verortung dessen, was von einer Vielzahl von Forschern immer noch als faschistisches Phänomen gekennzeichnet wird, immer noch in einem nicht unerheblichen Maße offen.

Jenseits des "Entweder - Oder"

Der generische Faschismusbegriff und die Totalitarismusforschung – ein Antwortversuch auf Wolfgang Wippermann

Volker Kronenberg

((1)) Seit dem "Ende der Illusion", seit dem Zusammenbruch des sowjetischen Kommunismus und dem damit einhergehenden Ende der "antifaschistischen" Lebenslüge der osteuropäischen Diktaturen sieht die zeithistorische Forschung klarer. Zur Zeit des Kalten Krieges ein bevorzugter Kampfbegriff kommunistischer Regime wie linker Splittergruppen des Westens, hat der "Faschismus" heute, nicht zuletzt durch François Furet[1] oder Stéphane Courtois[2], seine ideologische Strahlkraft nahezu vollständig eingebüßt. Um so besser für die Geschichtswissenschaft, die befreit von politischer Hypothek heute nach Nutzen, Perspektiven und Grenzen eines "generischen Faschismusbegriffs" im Dienste einer historiographischen Deutung des ideologischen Zeitalters fragen kann.[3] Zwar hatte es bereits früh Ansätze einer wissenschaftlich-seriösen Faschismusforschung im Westen gegeben, doch waren sie meist als "Produkt der Marxismus-Renaissance" (Karl Dietrich Bracher) in Fachkreisen umstritten. Die liberale Historikerzunft mied den Faschismusbegriff – was dazu führte, daß Ernst Noltes 1963 vorgelegte, ebenso unorthodoxe wie originelle philosophisch-historische Konzeption des "Faschismus in seiner Epoche"[4] in der Folgezeit zu einem "erratischen Block"[5] zwischen den Strömen der neomarxistischen Faschismus- und der liberalen Totalitarismusforschung verinselte.

((2)) Vor diesem Hintergrund verortet Wolfgang Wippermann nunmehr den "generischen Faschismusbegriff zwischen Kritik und Antikritik" und unternimmt eine Ortsbestimmung der aktuellen Faschismusforschung. In Anknüpfung an Georg Decker, Rudolf Hilferding, Arkadij Gurland, Antonio Gramsci, Alexander Schifrin, Angelo Tasca, vor allem aber an die "frühen Arbeiten Ernst Noltes"[6] ((41)), weist Wippermann alle monokausalen Globaltheorien zurück, weil diese von einer idealtypischen Konstruktion "des" Faschismus ausgingen, den es in Wirklichkeit nicht gebe bzw. gegeben habe. Auszugehen sei statt dessen von der "konkreten Gestalt des italienischen Faschismus als faschistischem 'Realtypus', der von außeritalienischen Parteien und Regimen nachgeahmt wurde, die sich im Hinblick auf ihr Erscheinungsbild an dem

Vorbild Mussolinis (später dann auch Hitlers) orientiert haben"((14)). Zwischen den verschiedenen faschistischen Parteien, die sich in Erscheinungsbild, politischem Stil und Ideologie einander ähnelten ((16)), gab es Wippermann zufolge "graduelle und quantitative, aber keine qualitiven Unterschiede" ((17)), so daß einerseits eine begriffliche Unterscheidung der einzelnen Faschismen notwendig, andererseits jedoch eine Subsumierung des italienischen "Normalfaschismus" wie des deutschen Nationalsozialismus als "Radikalfaschismus" ((21)) unter einen generischen Faschismusbegriff möglich und sinnvoll sei. Soweit, so gut.

((3)) Bis zu diesem Punkt folgt Wippermann der Argumentation seines früheren akademischen Lehrers Nolte und dessen plausibler, bis heute unübertroffener Faschismus-Deutung weitgehend. Der vorliegende Aufsatz könnte demnach als anerkennenswertes Bemühen um eine Renaissance der Faschismusforschung im Sinne einer differenzierten Auseinandersetzung mit dem historischen Erbe der ersten Hälfte des 20. Jahrhunderts und seiner Auswirkungen bis heute begrüßt werden.

((4)) Problematisch wird Wippermanns Argumentation jedoch an dem neuralgischen Punkt des deutschen "Sonderfalls" ((22)) bzw. einer möglichen "Relativierung des Holocaust" ((26)). In dem Maße, in dem sich Wippermann hier von Nolte zu distanzieren sucht, versteigt er sich seinerseits in fragwürdige und unhaltbare Thesen. Warum führt – wie Wippermann behauptet – der Vergleich von Opfern des faschistischen Rassismus mit denen anderer Regime unweigerlich zu einer "Aufrechnung" ((27))? Was überhaupt bedeutet "Aufrechnung" und warum bleibt der Autor die Begründung eines derartigen Vergleichsverbots schuldig? Erinnert sei an Jürgen Kockas Mahnung nach dem Historikerstreit[7], der Vergleich stelle ein unaufgebbares methodisches Instrument für Historiker, gewissermaßen das funktionale Äquivalent zum Laborversuch des Naturwissenschaftlers dar: "Wenn man erklären will, muß man vergleichen."[8] Warum sollen die Opfer des faschistischen Rassismus davon ausgenommen werden? Die Singularität des "Holocaust" (ein Begriff im übrigen, der von Duckett Ferriman 1909 verwendet wird in seiner Darstellung der Armenier-Vernichtung durch die Türken) wird jedenfalls durch einen Vergleich mit anderen Opfern, wie denen des sowjetischen Kommunismus, nicht in Frage gestellt (selbst wenn die Opferzahlen des "Archipel GULag" weit höher liegen als die des Holocausts), denn "singulär ist in der Geschichte alles, jede Gestalt, jede Epoche, jedes Ereignis. Aber jedes Ereignis, jeder Vorgang, jede Persönlichkeit muß sich auch vergleichen lassen, das ist ein wesentliches Element der Geschichtswissenschaft. Singularität und Vergleich schließen einander nicht aus" (Andreas Hillgruber).[9]

((5)) Letztlich gipfelt Wippermanns kategorisches Vergleichsverbot der Jahrhundertverbrechen im Namen der "Rasse" bzw. der "Klasse" – auch und vor allem im Zeichen der Totalitarismustheorie ((28)) – in der Frage, ob man der Zeitgeschichtsforschung verbieten darf, das Geschehene verstehbar zu machen, also vorschreiben will, die Vorgänge stets als ganze unbegreifbar darzustellen. Eine Bejahung dieser Frage bedeutete jedoch eine radikale Absage an alle Geschichtswissenschaft, die aus dem Bedürfnis entstanden ist, das Geschehen zu verstehen, um es nicht länger nur als das Unbegreifbare hinnehmen zu müssen. Wippermanns Vergleichsverbot muß demnach ebenso entschieden zurückgewiesen werden, wie seine grundsätzliche Kritik an den Totalitarismustheorien. Diese übersehen keineswegs, "daß sich der in faschistischen wie kommunistischen Regimen unzweifelhaft vorhandene Terror gegen andere Opfergruppen richtete" ((28)). Hannah Arendt schreibt beispielsweise in ihren "Elementen und Ursprüngen totaler Herrschaft": "Die sowjetische Praxis, die sich aus der Zeit der Revolution noch eine gewisse Heuchelei bewahrt hat, die die Nazis charakteristischerweise nie für notwendig gehalten haben, ist sogar noch etwas extremer, als wir sie aus dem Dritten Reich kennen. Die Auswahl der Opfer ist nicht einmal durch Rassen- oder andere Merkmale limitiert (Klassenunterschiede sind ja in Rußland de facto längst beseitigt), so daß wirklich jedermann jederzeit ein Opfer des Polizeiterrors werden kann."[10] Wippermann hat Recht: "Der faschistische (genauer wäre radikalfaschistische, V.K.) Rassenmord unterscheidet sich eben vom bolschewistischen Klassenmord" ((28)). Doch wodurch und inwiefern, erkennt nur derjenige, der vergleichend Gemeinsamkeiten und Unterschiede herausdestilliert.

((6)) Wippermann ist zuzustimmen, "daß das bekannteste und einflußreichste Totalitarismusmodell von Carl Joachim Friedrich und Zbigniew Brzezinski einen idealtypischen und statischen Charakter hat" und dadurch dem möglichen Wandel totalitärer Regime nicht genügend Rechnung trägt ((29)). Tatsächlich sollte es der Totalitarismusforschung künftig darum gehen, die Diktaturen des 20. Jahrhunderts nicht nur auf dem Höhepunkt ihrer Machtentfaltung zu analysieren, sondern ebenfalls ihre jeweilige Entwicklung, um herauszufinden, inwiefern jedes dieser Herrschaftssysteme in seiner Geschichte "durch Imitation oder Gegnerschaft mit den Regimen beeinflußt wurde, von denen es gewisse Züge übernommen hat"[11].

((7)) Eben hierzu kann gerade Ernst Noltes Konzeption des "europäischen Bürgerkriegs" zwischen Bolschewismus, Nationalsozialismus und liberaler Demokratie als historisch-genetische Version der Totalitarismustheorie[12] einen doppelten Beitrag leisten: Einerseits vermag Noltes Konzeption das Entstehungs-, Entwicklungs- und Beziehungsverhältnis der totalitären Regime von links und rechts zu erhellen[13], zum anderen vermag Noltes auf der Grundlage des generischen Faschismusbegriffs entwickelte Totalitarismustheorie zwischen "Kontinuität und Wandel"[14] zu zeigen, wie sehr der bislang verbissen geführte Streit um den Primat der Faschismus- oder Totalitarismustheorie von einer "verkehrten Entweder- Oder Annahme"[15] ausgegangen und Faschismusforschung ebenso wie die Kommunismusforschung ein legitimer Zweig der Totalitarismusforschung ist.[16] Die Verwendung des Faschismusbegriffs muß nicht notwendigerweise in einen Gegensatz zum Gebrauch des Totalitarismusbegriffs geraten, kommt es doch auf die Perspektive der Betrachtung an. Faschismus und Totalitarismus sind nicht auf derselben Ebene angesiedelt. Der Nationalsozialismus war ebenso faschistisch (in seinem Gedankengut) wie totalitär (in seinen Methoden). Eine solche, durch künftige Forschung noch weiter zu forcierende Synthese von Faschismus- und Totalitarismusforschung unter Einbeziehung der Kommunismusforschung könnte hilfreich sein, jene von Wippermann konstatierten vielfältigen Bezüge und Kontinuitäten im "biographischen, ideologischen, strukturellen und mentalitätsgeschichtlichen Bereich" ((33)) zwischen der faschistischen Vergangenheit (bzw. der "realsozialistischen" Vergangenheit!, V.K.) und der demokratischen Gegenwart im Dienste einer freiheitlichen und postideologischen Zukunft zu überwinden. Geschichtspolitische Verdächtigungen oder Unterstellungen helfen jedenfalls nicht weiter. Soweit sollte man sich einig sein.

Anmerkungen

1 Vgl. Furet, François: Das Ende der Illusion. Der Kommunismus im 20. Jahrhundert, München 1996.

2 Vgl. Courtois, Stéphane u.a. (Hrsg.): Das Schwarzbuch des Kommunismus. Unterdrückung, Verbrechen, Terror, München 1998.

3 Einen ausgezeichneten Überblick über die verschiedenen Positionen und das Für und Wider eines generischen Faschismusbegriffs bietet Hildebrand, Klaus: Das Dritte Reich, 5. Aufl., München 1991.

4 Vgl. Nolte, Ernst: Der Faschismus in seiner Epoche. Action française – Italienischer Faschismus – Nationalsozialismus, 9. Aufl., München 1995.

5 Vgl. dazu die Ausführungen von Wippermann, Wolfgang: Vom "Erratischen Block" zum Scherbenhaufen. Rückblick auf die Faschismusforschung, in: Nipperdey, Thomas / Doering-Manteuffel, Anselm / Thamer, Hans-Ulrich (Hrsg.): Weltbürgerkrieg der Ideologien. Antworten an Ernst Nolte. Festschrift zum 70. Geburtstag, Berlin 1993, S. 207-215.

6 Neben dem "Faschismus in seiner Epoche" vgl. weiterhin Nolte, Ernst (Hrsg.): Theorien über den Faschismus, Köln 1967 sowie ders.: Die Krise des liberalen Systems und die faschistischen Bewegungen, München 1968.

7 Rückblickend auf den Historikerstreit der Jahre 1986/87 vgl. die Ausführungen über "Die Herrschaft des Verdachts und die Frage nach dem 'Warum?'" bei Kronenberg, Volker: Ernst Nolte und das totalitäre Zeitalter. Versuch einer Verständigung, Bonn 1999, S. 17-52.

8 Vgl. Kocka, Jürgen: Deutsche Identität und historischer Vergleich. Nach dem "Historikerstreit", in: Aus Politik und Zeitgeschichte B 40-41 (1988), S. 15-28.

9 Hillgruber, Andreas: Für die Forschung darf es kein Frageverbot geben, in: Rheinischer Merkur v. 31.10.86.

10 Vgl. Arendt, Hannah: Elemente und Ursprünge totaler Herrschaft, 4. Aufl., München 1995, S. 30.

11 Vgl. die Forderung bei Furet, François: Das Ende der Illusion, S. 215.

12 Vgl. Nolte, Ernst: Die historisch-genetische Version der Totalitarismustheorie: Ärgernis oder Einsicht?, in: Zeitschrift für Politikwissenschaft 43 (1996), S. 111-122; vgl. darüber hinaus ders.: Die drei Versionen der Totalitarismustheorie, in: Siegel, Achim (Hrsg.): Totalitarismustheorien nach dem Ende des Kommunismus, Köln 1998, S. 105-124.

13 Vgl. in diesem Sinne die Ausführungen von Furet, in: Ders. / Nolte, Ernst: "Feindliche Nähe". Kommunismus und Faschismus im 20. Jahrhundert. Ein Briefwechsel, München 1998, S. 33, wo Furet mit Blick auf das Arendtsche bzw. strukturanalytische Konzept der Totalitarismustheorie von Friedrich/Brzezinski seinem Briefadressaten Nolte bescheinigt: "Jenes, das die 'historisch-genetische' Entwicklung – um Ihren Ausdruck aufzunehmen – der faschistischen und kommunistischen Regime verfolgt, erscheint mir überzeugender und von einer stärkeren Kraft der Interpretation zu sein." Vgl. dazu ausführlich Kronenberg, Volker: Rückblick auf das tragische Jahrhundert. Furet, Nolte und die Deutung des totalitären Zeitalters, in: Backes, Uwe / Jesse, Eckhard (Hrsg.): Jahrbuch Extremismus & Demokratie 10 (1998), S. 49-80.

14 Vgl. dazu Jesse, Eckhard: Ernst Noltes Totalitarismusverständnis zwischen Kontinuität und Wandel, in: Nipperdey, Weltbürgerkrieg, S. 216-228.

15 Vgl. Backes, Uwe / Jesse, Eckhard: Totalitarismus und Totalitarismusforschung – Zur Renaissance einer lange tabuisierten Konzeption, in: Dies. (Hrsg.): Jahrbuch Extremismus & Demokratie 4 (1992), S. 7-27.

16 Dies bestätigt auch eine umfangreiche Abhandlung über politischen Extremismus in Deutsch-

land und Frankreich 1918-1933/39, in der Andreas Wirsching auf breiter empirischer Grundlage
Noltes "historisch-genetische Version der Totalitarismustheorie" verifiziert. Vgl. Wirsching, Andreas: Vom Weltkrieg zum Bürgerkrieg? Politischer Extremismus in Deutschland und Frankreich
1918-1933/39. Berlin und Paris im Vergleich, München 1999.

Probleme einer Faschismusdefinition

Reinhard Kühnl

((1)) Wolfgang Wippermann hat in diesem Beitrag die Resultate seiner mehr
als 25-jährigen Forschungs- und Publikationstätigkeit knapp und präzise zu-
sammengefaßt. Seine Faschismusinterpretation gehört in Hinsicht auf Weite
des Problemhorizonts und Stringenz der Argumentation zum Besten, was in der
akademischen Diskussion in der Bundesrepublik zu haben ist. Daß Wippermann in der Institution Wissenschaft ziemlich am Rande steht und daß seine
Publikationen zugleich aber von vielen politisch Interessierten außerhalb der
Institution Wissenschaft wahrgenommen und gelesen werden, ist kein Zufall.

((2)) Erfreulich ist besonders, wie Wippermann alle Interpretationen abfer-
tigt, die den Faschismusbegriff tunlichst vermeiden oder explizit zurückwei-
sen. Seine Argumente zu Begriffen wie "Nationalsozialismus" und "Drittes
Reich" und zur Reduktion des deutschen Faschismus auf Hitler sind ebenso
überzeugend wie seine Polemik gegen die Totalitarismustheorien und deren
Abkömmlinge in der "Extremismusforschung" und der Ideologie vom "antitotalitären Konsens". In der Tat verbinden sich hier wissenschaftliche Frag-
würdigkeit mit offensichtlichem Bedarf nach politischer Instrumentalisierung.

((3)) Hält man nun – mit Wippermann – an der These fest, daß es in einer
ganzen Reihe von Ländern Faschismus als Bewegung/Partei und in einigen
Ländern auch Faschismus als System gegeben hat, so ist man genötigt, die –
unzweifelhaften – nationalen Besonderheiten der verschiedenen Bewegungen und Systeme zu unterscheiden von den wesentlichen Gemeinsamkeiten,
die die Zuordnung zu einem gemeinsamen Begriff begründen. Wippermann
hat ganz recht mit seinem Hinweis, daß bei Begriffen wie Sozialismus, Kon-
servatismus oder Liberalismus die herrschende Lehre keine Probleme damit

hat, trotz offensichtlicher nationaler Besonderheiten einen gemeinsamen Begriff für die verschiedenen nationalen Varianten zu akzeptieren.

((4)) In der Tat soll ja nicht bestritten werden, daß eine Birke und ein Pflaumenbaum ziemlich unterschiedlich aussehen. Und dennoch bezeichnen wir sie beide als Baum. Sollte hier also ein Mangel an Abstraktionsvermögen vorliegen? Aber warum gerade im Falle des Faschismus? Und warum gerade – was Wippermann ebenfalls zu Recht vermerkt – in der akademischen Diskussion der Bundesrepublik?

((5)) Wippermann packt nun genau das Problem an, das angepackt werden muß, wenn man die These von der Unzulässigkeit eines gemeinsamen Begriffs Faschismus widerlegen will: Er führt diejenigen wesentlichen Merkmale auf, die den faschistischen Parteien und Systemen gemeinsam sind. Sie müssen selbstverständlich das Wesen der Sache betreffen.

((6)) Was aber ist im vorliegenden Fall das Wesen der Sache? Was ist das Wesen einer politischen Partei/Bewegung oder eines politischen Systems? Hier liegt nun der Hauptunterschied zwischen meiner Faschismusinterpretation und der von Wippermann. Wippermann nennt als die wesentlichen Charakteristika faschistischer Parteien (16) ihr "Erscheinungsbild", ihren "politischen Stil" und ihre "Ideologie". Er folgt damit im Wesentlichen der "Phänomenologie", wie sie Ernst Nolte in seiner Habilitationsschrift 1963 entwickelt hat.

((7)) Als einer, der sich materialistischem, historisch-dialektischem Denken verpflichtet weiß und der viel von den Gesellschaftsanalysen von Abendroth, Marx und Lukács gelernt hat, scheint mir das nicht ausreichend.[1] Das Wesen einer politischen Kraft wäre in einer solchen Analyse vielmehr mittels der Frage zu bestimmen, welche Position diese Kraft einnimmt in den großen politisch-sozialen Kämpfen und Konfrontationen ihrer Gesellschaft und ihrer Zeit; welches die tatsächliche Stoßrichtung ihrer Politik ist – gleichgültig wie sie dies ideologisch begründet; also: welche Gruppen, Kräfte und Interessen sie bekämpft und niederhalten will und mit welchen sie sich verbündet. Politische Parteien und Systeme werden hier nicht betrachtet als eigenständige Wesenheiten, sondern als Mittel, um bestimmte Interessen durchzusetzen und bestimmte Ziele zu erreichen.

((8)) In jeder Klassengesellschaft stellt sich also zunächst die Frage, welche Position eine politische Kraft bezieht in dem Antagonismus zwischen den besitzenden und den arbeitenden Klassen, im Kapitalismus also: zwischen Kapital und Arbeit. Seit der russischen Oktoberrevolution und den revolutionären Kämpfen in ganz Ost-, Mittel- und Südeuropa hatte nun dieser Antagonismus eine enorme Verschärfung erfahren. Die Konfrontation zwischen Kapitalismus und sozialer Revolutionsgefahr war nun ganz offensichtlich derjenige Gegensatz, der alle anderen Konfliktlinien überlagerte und strukturierte. (Daher auch die von Wippermann erwähnte Errichtung rechtsgerichteter Diktaturen in fast allen Ländern Ost- und Südosteuropas nach dem Ersten Weltkrieg!) Eric Hobsbawm hat den wesentlichen Inhalt dieses Jahrhunderts seit der Oktoberrevolution daher definiert als "Jahrhundertkampf der Mächte der alten Ordnung gegen die soziale Revolution"[2].

((9)) Hier ordnen sich nun die faschistischen Parteien und Systeme in aller Klarheit ein: Sie stehen – trotz aller Widersprüche in der faschistischen Ideologie und im Selbstverständnis ihrer Anhängerschaft – auf der Seite des Kapitalismus. Das Versprechen der "Ausrottung des Marxismus mit Stumpf und Stil" (Hitler) war also mehr als nur irgend eine der vielen ideologischen Floskeln und politischen Forderungen. Und es folgten ihm ja auch überall, wo der Faschismus an die Macht gelangte, die terroristische Zerschlagung der Arbeiterorganisationen und die rigide Verfolgung ihrer politischen Ideen. Die Konzentrationslager, die seit 1933 in Deutschland gebaut wurden, wurden für die aktiven Kräfte der Arbeiterbewegung, für den politischen Hauptfeind also, gebaut. Die Klasse der abhängig Arbeitenden stumm zu machen – das war (und ist) überall die soziale Substanz des Faschismus – von Italien 1922 bis Chile 1973.

((10)) Von dieser sozialen Funktion her wären dann Erscheinungsbild, politischer Stil und Ideologie zu untersuchen. Von hier aus wäre zu ermitteln, warum in Deutschland und Italien gerade Parteien von dieser Beschaffenheit (Führerprinzip, Bereitschaft zum Terror gegen den politischen Gegner, rassistische Ideologie usw.) sich eigneten – und als geeignet betrachtet wurden von den herrschenden Klassen –, den Krieg gegen die Linke im eigenen Land und dann den großen Eroberungskrieg zu führen. Hitler hat genau dies den Unternehmern vom Düsseldorfer Industrieclub in seiner Rede vom Januar 1932 eindringlich vor Augen geführt – und dafür viel Beifall erhalten.

((11)) Eine solche Kausalanalyse bedeutet also durchaus keine "monokausale Ableitung" der Eigentümlichkeit faschistischer Parteien und Systeme von Kapitalinteressen. Selbstverständlich haben Bewußtseinsprozesse und ideologische Traditionen ihre eigene Dynamik, und sie haben ja auch zu entsprechenden Konflikten geführt – von der SA-Krise 1934 bis zur rigiden Durchsetzung des Mordprogramms gegenüber den europäischen Juden. Selbstverständlich entwickelt auch die Staatsmacht, der Führung einer solchen Partei übergeben, ihre eigene Dynamik gegenüber den herrschenden ökonomischen Interessen. Welchen Grad deren "Verselbständigung" erreichte, darüber läßt sich sicher streiten. Sicher aber ist, daß sie nicht den Grad einer prinzipiellen Konfrontation erreicht hat. In allen wichtigen Entscheidungsorganen waren die Führung der faschistischen Partei und das Kapital gleichermaßen vertreten. Übrigens ist auch beim Judenmord von Widerstandsversuchen von Seiten des Kapitals oder der Wehrmachtsführung nichts bekannt.

((12)) Dies alles genau zu untersuchen, ist Aufgabe der empirischen Forschung. An dem grundlegenden Faktum, daß es sich beim Faschismus um einen "Klassenstaat" handelt, ändert dies jedoch nichts.

((13)) Daß der Rassismus gerade in Deutschland eine besonders starke Eigendynamik entwickelte, ist unbestreitbar. Daß er sich aber gänzlich gelöst hätte von den grundlegenden kapitalistischen Interessenstrukturen, kann man aber wirklich auch in diesem Fall nicht behaupten. Die "Neuordnung Europas" sollte zwar nach den Maßstäben rassistischer Hierarchie erfolgen, aber selbstverständlich von kapitalistischen Profit- und Expansionsinteressen beherrscht sein, und zwar total. Und wie Heim/Aly gezeigt haben, wurde auch das Programm des Judenmords im Zusammenhang gesehen mit der Rationalisierung und Effektivierung eines neugeordneten kapitalistischen Europas.[3] Da hat Goldhagen, der manche fruchtbare Diskussion angestoßen hat, andererseits viel Verwirrung gestiftet. Und daß Wippermann die wissenschaftlich nun wirklich total unbrauchbare Formel "die Deutschen", die Goldhagen einige hundert Mal als zentrale Kategorie verwendet, zu übernehmen bereit ist (26), hat mich wirklich enttäuscht. (Andererseits: hätte er konzediert, daß zunächst einmal die (linke) Hälfte der deutschen Bevölkerung terroristisch unterworfen werden mußte, bevor der Faschismus sein Programm überhaupt in Angriff nehmen konnte, hätte er den Begriff des "Klassenstaats" wohl nicht so leicht abweisen können.)

((14)) Daß gerade der deutsche Kapitalismus diesen "Radikalfaschismus" hervorbrachte, müßte aus den gesellschaftlichen, politischen und kulturellen Besonderheiten der deutschen Geschichte und Gesellschaft erklärt werden. Da genügt es m. E. nicht, daß bis zur großen Wirtschaftskrise oder bis zum verlorenen Weltkrieg und dem Versailler Vertrag zurückgegangen wird. Die

116

"deutsche Sonderentwicklung" setzte in der Tat ein mit der Französischen Revolution, der gegenüber die herrschenden Mächte in Deutschland ein Gegenmodell etablieren konnten, das bis ins 20. Jahrhundert hinein, in manchen Linien bis zur Gegenwart, Wirkung zeigte[4].

((15)) Kurzum: In zentralen Fragen, auch in der begrifflichen Bestimmung des Faschismus als einem Bündnis[5] zwischen der faschistischen Partei und den Machteliten aus Ökonomie, Militär und Bürokratie, bin ich einig mit Wolfgang Wippermann. Dort, wo wir uns nicht einig sind, können wir uns sehr fruchtbar streiten.

Anmerkungen

1 Näheres in meinem Buch: Der Faschismus. Ursachen und Herrschaftsstruktur. Eine Einführung, 4. Aufl., Heilbronn 1998, bes. s. S. 107-126; siehe auch meinen Artikel "Faschismus", in: Europäische Enzyklopädie zu Philosophie und Wissenschaften, Bd. 2, Hamburg 1990.

2 Eric Hobsbawm, Das Zeitalter der Extreme, München, Wien 1995, S. 80.

3 Siehe Wolfgang Schneider (Hg.), "Vernichtungspolitik". Eine Debatte über den Zusammenhang von Sozialpolitik und Genozid im nationalsozialistischen Deutschland, Hamburg 1991; in den hier abgedruckten Beiträgen von Susanne Heim und Götz Aly sind in den Anmerkungen alle wichtigen Arbeiten von Heim/Aly aufgeführt.

4 Dazu Reinhard Kühnl, Deutschland seit der Französischen Revolution. Untersuchungen zum deutschen Sonderweg, Heilbronn 1996.

5 Zum genaueren Charakter dieses Bündnisses und zu den Unterschieden zwischen den verschiedenen Bündnis-, Polykratie- und Pluralismustheorien siehe Reinhard Kühnl, Faschismustheorien. Ein Leitfaden, Heilbronn 1990, S. 183-263.

Generic Fascism: An Epochal Phenomenon Only

Stanley G. Payne

((1)) First let me to say that it is a genuine pleasure to comment on a new article by Wolfgang Wippermann, one of Germany's foremost students of fascism and a scholar from whose work I have learned a great deal. I find much more with which to agree than to disagree in his analysis. Even though the category of a "generic fascism" may have been invented by the Comintern, it is a concept with which in a quite different form the great majority of scholars in the North Atlantic world agree, though there is little agreement on how to define it. The scholarly concept does not contend that generic fascism was a single unified entity, but rather a pluriform political genus of revolutionary nationalism whose component movements revealed certain basic common characteristics, as in all political genera, and at the same time significant differences in individual cases. On this most fundamental point I fully agree with Wippermann, as do many other scholars from Ernst Nolte, George Mosse, Walter Laqueur and Eugen Weber to, most recently, Roger Eatwell and Roger Griffin.

((2)) At the same time, it might be pointed out that two other typologies of fascism are used by scholars and commentators, one extremely nominalist and the other very broad. The narrow typology focuses on the original and "paradigmatic" Italian Fascism and other parties and movements directly derived therefrom, while the broader typology uses fascism as a term or metaphor for the general phenomenon of non- or anti-communist national authoritarian regimes which began to emerge soon after 1917. Some historians, as Wippermann has pointed out, are incorrigible nominalists and prefer to restrict the term to the original movement alone, while the very broad and vague usage of so-called "fascist regimes" or "fascist authoritarianism" is quite common among non-specialists. All national political movements and forms are in some sense unique, but to ignore basic similarities between Italian Fascism and other movements is regarded as too narrow by most specialists, who also generally conclude that the extremely broad typology of "fascist regimes" is hopelessly unwieldy and disguises the most profound differences. Thus among the specialists there has at least to some extent emerged a sort of consensus regarding the identity of the generic fascism of the interwar European movements of revolutionary nationalism, as has been argued recently by Roger Griffin in his International Fascism: Theories, Causes and the New Consensus (London: Arnold, 1998).

((3)) Having agreed so emphatically with the main thrust of Wippermann's analysis, I should now like to turn to several points in which our agreement is less, and particularly with his final conclusion, which I find rather dubious. First of all, a specific definition of generic fascism is necessary to ground any comparative discussion. Wippermann understands this, but rejects an "idealtype" approach whether in the form of the earlier simpistic global unicausal and "key" theories (paragraphs 10-14) or in the form of the empirical ideal-types that have been defined from Ernst Nolte in 1963 to Roger Griffin in 1991 or myself in 1995. Instead he suggests that the only appropriate definition must be based on a "real type" derived from paradigmatic Italian Fascism and reproduced among other generically fascist movements (14). At this point his exposition becomes confusing, because he makes no clear effort to explain how his proposed "real type" differs from the empirical ideal types framed from 1963 to 1995.

((4)) This lack of definitional specificity raises certain problems in the comparative portion of his article, beginning with paragraph 18. The observation that fascism failed in all highly industrialized countries with the exception of Germany is correct, but is it accurate to say that "starke faschistische Bewegungen" developed in "den USA, in England und noch mehr in Frankreich"? Though there were a number of efforts to create such movements in England and the USA, not even the British Union of Fascists achieved any real significance. An accurate judgment of the French case would depend first of all on the definition of generic fascism. Using a strict definition, such distinguished French scholars as René Rémond and François Furet have denied that there was any serious "fascist temptation" in France and I tend to agree with them. Conversely, other scholars such as William Irvine, Robert Soucy and Zeev Sternhell have argued the opposite case, yet to do so they must employ a broad definition of fascism so as to include more moderate forces of the authoritarian right.

((5)) Wippermann is clearly correct in paragraphs 19 and 20 that most major fascist movements emerged in less developed countries. He further argues that this produced "Varianten einer spezifischen, eben ostmitteleuropaischen Form des Faschismus," and I find that conclusion more dubious. He is correct to point out that the two principal movements in east central Europe, the Hungarian Arrow Cross and the Romanian Legion of the Archangel Michael, were rather unique in relying on membership from the lower classes, but in their doctrinal and political emphases there were important differences between them.

((6)) He points out that such movements in east central Europe were "gewaltsam verhindert"– once more absolutely correct- but here it would be useful to recognize the taxonomical and analytical distinctions between generic fascist movements on the one hand and movements and regimes of the radical or authoritarian right on the other. Wippermann concludes correctly that such regimes in eastern Europe (and, one might add, also in Portugal and in Brazil) themselves employed "faschistischer Methoden, was in Polen und Estland zu einer Faschisierung der diktatorischen Regime fuhrte," but he does nonetheless seem to recognize implicitly the difference between the rightist regimes and the revolutionary fascist movements.

((7)) In paragraphs 21 to 24 he establishes a taxonomic distinction between "Normalfaschismus" in Italy with "seine 'klassiche' Ausprägung in Ostmitteleuropa" on the one hand, and "Radikalfaschismus" in Germany on the other. Most specialists would tend to agree, and some of us might add the regime of the Croatian Ustasi to the category of "Radikalfaschismus," as well. He then advances in paragraph 25 the conclusion that "Rassismus" constituted the "Kern der faschistischen Ideologie insgesamt," and this will probably provoke considerable debate. The Nationalist Socialist concept of race would be found only in greater central and northern Europe. It might be correct to say that all fascist movements were highly ethnocentric, and might readily tend toward racism, but one will not find a similar concept in the movements in Spain or Romania or during the first two decades of Italian Fascism. Here one must also be aware that the words "raza" in Spanish and "razza" in Italian had retained primarily enthno-cultural meaning longer than did the word "Rasse" in German. When General Franco ordered the production of a new Spanish film called "Raza" at the end of 1940 and wrote the initial script for it himself, his use of the term relied more on the older meaning – but then Franco was never a generic fascist. Certainly Wippermann is correct that during the development of the National Socialist imperium from 1938 on there was an increasing tendency to try to unify the doctrines of various fascist movements around the racial principle. Wippermann also observes that NS theory in ideological essence was racial and not national (26), but one may still ask whether or not Hitlerian policies did not broadly fit into a national, as distinct from strictly racial, framework, as John Lukacs has argued in his study The Hitler of History.

((8)) I generally agree with Wippermann's conclusion that "Totalitarismustheorien sind keine Alternative," because of the fundamental differences between fascist and Soviet-style regimes (28, 29). Nonetheless, the argument in paragraph 29 that one of the crucial differences is that the Soviet regime eventually evolved and reformed itself out of existence may be beside the point, since that required no less than seventy years, while no fascist regime survived at all that long. Since nothing has stood still in the twentieth century, fascist regimes would probably have evolved, as well.

((9)) Wippermann's last section – "Ist der Faschismus Geschichte?" – argues in the negative. Certainly all manner of imitative fascist movements may be found at the present time, and some of the ideological and structural features of fascist movements and regimes have become a continuing part of political consciousness and of political practice. Yet nowhere is there a movement bearing the doctrines and characteristics of generic fascism in a position to command significant following or power. At this point the lack of a clear definition of fascism becomes confusing, for what we find is that everywhere in the world that a genuine neofascist group emerges it immediately becomes marginalized by its extremism. Fascism is so discredited and conditions have changed so greatly any direct mimetic fascism becomes doomed to sterility.

((10)) Conversely, those rightist parties – sometimes called neofascist – which have attracted ten or fifteen percent of the vote in certain countries have in every case moderated their programs and avoid any mimetic neofascism in order to appeal to a broader electorate. In this regard I agree with the conclusions of Diethelm Prowe, "'Classic Fascism' and the New Radical Right in Western Europe: Comparisons and Contrasts," Contemporary European History, 3 (3) (1994), and Jeffrey Kaplan and Leonard Weinberg, The Emergence of a Euro-American Radical Right (New Brunswick, 1998). The argument is not that liberal democracy has permanently triumphed, but that conditions have changed so greatly that new nationalist movements have at least to some extent to differentiate themselves from historic fascism in order to attract support. The early twenty-first century will probably produce new authoritarian and violent political forces – and also regimes – not in western Europe but perhaps in eastern Europe and also in other continents. It is very doubtful that any major new movement or regime will have the same characteristics and doctrines as historic fascism, for specific epochal political forces are not usually repeated in any significant manner.

((11)) In conclusion, I would like to repeat how much I appreciate Wippermann's careful analysis, which is a valuable contribution to the ongoing debate on fascism.

Anmerkungen
zu einem Faschismusbegriff der 70er Jahre

Friedrich Pohlmann

((1)) Beim Durchlesen des Aufsatzes entstanden beim Rezensenten sehr bald merkwürdige Gefühle, und zwar nicht nur wegen seines so offenkundig schlichten Niveaus, das auch verlegen macht, sondern auch deswegen, weil der Gedanke immer unabweisbarer wurde, das alles so oder so ähnlich schon mal gelesen zu haben. Woher stammten bloß diese Formeln von der "Verselbständigung der Exekutive"(24), von den Beziehungen zwischen Kapitalismus und Faschismus (10), vom "Bündnis" zwischen Kapitalisten und Faschisten (10), vom Zwiespalt zwischen "ökonomischer Modernität und politischer sowie mentalitätsgeschichtlicher Rückständigkeit" (22) in Deutschland, diese von keiner Kenntnis getrübte Verwerfung der Totalitarismustheorie (28-31) und die Beschwörung faschistischer Gefahren für die Gegenwart (32-36)? Genauso, so erinnerte er sich dann, stand das doch bei Kühnl und anderen Vertretern neomarxistischer Faschismustheorien in den 70er Jahren, und er erinnerte sich auch, welches Stärkegefühl ihm vor 25 bis 30 Jahren diese Theorien mit ihrem Anspruch, alles erklären zu können, verschafft hatten. Der Autor bewegt sich ganz auf dem Theoriestand der 70er Jahre, und er klebt auch an den politischen Frontbildungen dieser Zeit. Implizit und teilweise auch explizit verficht er – dabei seinen Gegnern politische Motive unterstellend – die politischen Wertungen, ohne die der (neo-)marxistische Theorietypus nicht denkbar ist, und es ist auch diese mitschwingende Bewertungsebene, die seinen Aufsatz – nach dem Dahinscheiden des Marxismus im Jahre 1989 – so anachronistisch erscheinen läßt. Der Autor ist in seiner Argumentation und seinen politischen Emotionen gleichsam vor 1989 steckengeblieben, was sich auch an seiner untergründigen Identifizierung von Faschismustheorie mit (neo-)marxistischer Faschismustheorie zeigt.

((2)) Tatsächlich hat kein ernstzunehmender Theoretiker etwas gegen die Entwicklung allgemeiner Faschismusbegriffe und ihre Spezifikation im Hinblick auf die Unterscheidung verschiedener Formen des Faschismus. Der Autor zitiert ja selber Noltes sehr plausible Unterscheidung zwischen Normal- und Radikalfaschismus und verwendet sie für sich. Freilich haben viele Theoretiker mit guten Gründen sehr viel gegen den marxistischen Faschismusbegriff, der in der Tat so tot ist wie der Marxismus und Kommunismus in ihren verschiedenen Formen. Untergründig – wie schon gesagt – identifiziert der Autor Faschismustheorien mit marxistischen Faschismustheorien, worauf auch die von ihm zitierten Einwände gegen den Faschismusbegriff hindeuten, die sich faktisch vornehmlich gegen dessen marxistische Ausformung richten. Übrigens hat auch kein ernstzunehmender Mensch etwas gegen politischen Antifaschismus. Aber niemand kann daran vorbeisehen, daß der Antifaschismusbegriff von kommunistischer Seite instrumentalisiert und ideologisiert wurde und bis zuletzt Zentrum der Legitimationsideologie der SED war. Geschichtsmächtig war nur der *kommunistische* Antifaschismusbegriff, und er war Bestandteil einer Ideologie, die strukturell der nationalsozialistischen weitgehend ähnelte.

Ich will im folgenden zunächst einige Hinweise auf Dimensionen geben, die für jede Faschismus- und Totalitarismustheorie unabdingbar sind, beim Autor aber fehlen. Danach sollen dann die gröbsten Fehler seiner Argumentation angesprochen werden.

Fehlendes

((3)) Beim Autor findet sich kein Wort zu den Beziehungen zwischen dem ersten Weltkrieg (und seinen Resultaten) und der Entwicklung der kommunistischen und faschistischen Bewegungen. Statt auf den tiefen Einschnitt des ersten Weltkrieges als die Grundvoraussetzung für beide Totalitarismen zu reflektieren, hantiert er mit den abgetakelten Modernisierungstheoremen der 70er und 80er Jahre herum. Dies ist auch deswegen verwunderlich, weil alle neueren Arbeiten, die auf so etwas wie eine Theorie dieses Jahrhunderts – des "Zeitalters des Totalitarismus" (Pohlmann) – zielen (z.B. Furet, Hobsbawm, Nolte), die Beziehungen zwischen der ersten Katastrophe dieses Jahrhunderts und der Jahrhundertkatastrophe des Totalitarismus zu einem Grundpfeiler ihrer Argumentation machen.

((4)) Genauso fehlt beim Autor jeder Ansatz einer systematischen Reflexion der Beziehungen zwischen den beiden totalitären Bewegungen selbst. Daß Faschismus- und Kommunismustheorien ohne Reflexion der Wechselwirkungen beider Bewegungen aufeinander unmöglich sind – der feindliche Bezug auf den jeweils anderen war von *konstitutiver* Bedeutung für Selbstverständnis und Praxis beider Bewegungen –, ist mittlerweile in der Faschismus-, Kommunismus- und Totalitarismustheorie zum Gemeinplatz geworden.

((5)) Man findet beim Autor auch keine Reflexionen über die Bedeutung des

Jahres 1989 im Hinblick auf Wandlungen der Kommunismus- und Faschismusbilder zu größerer Angemessenheit an die Phänomene. Nicht der Ansatz eines "wissenssoziologischen" Gedankens über mögliche Beziehungen zwischen
Theoriemodellen und Zeitkonstellationen! Daß das Jahr 1989 auch tiefge-
hende Wandlungen in der Forschung über den Faschismus als großen totalitären Antipoden des Kommunismus hatte, ist am Verfasser völlig vorbeige-
gangen. Das Jahr 1989 – das Ende des Zeitalters des Totalitarismus in Europa
und das Ende des 20. Jahrhunderts – taucht bei ihm gar nicht auf.

((6)) Man vermißt beim Autor auch andere, "kleinformatigere" Theoriemuster,
die in viele neuere Modelle eingeflossen sind, so z.B. den Versuch, das faschistische Führerprinzip, den Bewegungscharakter der faschistischen Bewegungen und Beziehungen zwischen Führer und Bewegung mittels des Weberschen Charismamodells und seiner Weiterentwicklungen zu verstehen. Mit
der aus der marxistischen Bonapartismusanalyse stammenden Formel von der
"Verselbständigung der Exekutive" läßt sich die destruktive Bewegungs-
dynamik, zumal des Nationalsozialismus, nicht erfassen.

((7)) Zwar erwähnt der Autor die "pseudoreligiösen" Momente des Faschismus
(15), er spricht aber gar nicht die "pseudoreligiösen" der kommunistischen Bewegung an und daß diejenigen der Faschismen etwas damit zu tun haben könnten. In den Totalitarismustheorien ist im Anschluß an Eric Voegelin ("politische
Religion") gerade die Thematisierung der pseudoreligiösen Dimension in Ideologie und politischem Stil der Totalitarismen zum Allgemeinplatz geworden.

Fehler

((8)) Zwar ist das meiste, was der Autor präsentiert, "schief", am Phänomen
vorbeigehend, aber zusätzlich gibt es noch Thesen, die schlicht falsch sind.
Dazu gehört die Behauptung eines Alternativverhältnisses zwischen Faschis-
mus- und Totalitarismustheorien (28), denn beide Theorietypen sind – als Produkte ganz unterschiedlicher Erkenntnisinteressen – auf ganz verschiedenen
Abstraktionsebenen angesiedelt. Totalitarismustheorien zielen auf Herausar-
beitung von Strukturähnlichkeiten zwischen Kommunismus und Faschismus
und Faschismustheorien auf die Ähnlichkeiten der "Faschismen", was von
vornherein ein Konkurrenzverhältnis ausschließt, aber produktive wechselseitige Ergänzungen möglich macht. Wie wenig sich Totalitarismus- und Faschismustheorien ausschließen, habe ich in früheren Arbeiten bereits auf der

Definitionsebene angeführt bei meiner Charakterisierung des Nationalsozialismus als "totalitäre Diktatur des charismatisch bestimmten Radikalfaschismus".

((9)) Wer – wie der Autor – behauptet, die Totalitarismustheorien seien weder in der Kommunismus- noch Faschismusforschung rezipiert worden (31), muß alle neueren Entwicklungen verschlafen haben.

((10)) Falsch ist auch des Autors Behauptung über das Verhältnis zwischen faschistischem Antimarxismus und Rassismus (17). Eine angemessene Gewichtung dieses Verhältnisses setzt die vorgängige Erkenntnis voraus, daß beide Momente auf ganz verschiedenen Ebenen der Ideologie angesiedelt sind: Das eine thematisiert ein Feindschaftsverhältnis, das andere ein eigenes "positives" Ziel, was von vornherein die These einer Vorrangstellung des einen vor dem anderen ausschließt. Falsch ist übrigens auch des Autors Charakterisierung des nationalsozialistischen Regimes als "Rassenstaat" (25). Die Errichtung eines Rassenimperiums war ein Ziel des Nationalsozialismus, aber verwirklicht war dies allerhöchstens in Ansätzen.

((11)) Bewundernswert sind des Autors hellseherische Fähigkeiten: Er weiß nicht nur, was jeder weiß, daß nämlich der Nationalsozialismus nicht von innen zerbrochen ist, sondern er weiß darüber hinaus, daß er auch nach einem siegreichen Krieg nie von innen hätte zerbrechen können (29). Derartige Gedanken sind ähnlich einfältig wie des Autors Versicherung, "Faschismus sei keine psychische Krankheit" und viele Faschisten seien "ganz normale Deutsche" gewesen (12).

((12)) Unsinn schließlich ist des Autors Beschwörung faschistischer Gefahren für die Gegenwart (32-37). Weil sein Faschismusbegriff vollkommen schwammig und defizitär ist, kann er ihn als Etikett für höchst heterogene Bewegungen verwenden, die zwar alle gefährlich und bedrohlich sein mögen, aber nicht "faschistisch". Für die historischen Faschismen war das Feindschaftsverhältnis zum Kommunismus *konstitutiv* – sie sind ohne dieses gar nicht definierbar –, und deshalb kann es nach dem Tod des Kommunismus auch keinen Faschismus mehr geben. (Wohl aber natürlich höchst gefährliche antidemokratische, gewalttätige Bewegungen/Systeme.) Tatsächlich hat seine Beschwörung angeblicher faschistischer Gefahren eine im wesentlichen politische Funktion: die Rettung eines kruden politischen Antifaschismus.

Faschismus war mehr als Rassismus

Zustimmung und Kritik zu Wolfgang Wippermann

Karin Priester

((1)) Mißlich bei der Kritik dieses Textes ist erstens: Ich stimme dem Verf. in seinen Grundthesen durchaus zu, kann also nicht mit einer Fundamentalkritik aufwarten, wohl aber mit einer anderen Sicht bzw. Akzentuierung von m.E. nicht unwesentlichen Aspekten. Mißlich ist ferner, daß man sich, und auch der Autor tut dies, zur Verteidigung eines generischen Faschismusbegriffs auf die frühen Arbeiten des umstrittenen Ernst Nolte beziehen muß. Den marxistischen Faschismusbegriff in seiner 'klassischen', Dimitroffschen Variante schließe ich als <u>zu</u> generisch aus.

((2)) Zunächst zum Feld der Übereinstimmungen: Wippermann verteidigt einen generischen Faschismusbegriff, und dem ist beizupflichten. Theoriebildung beginnt mit der Abstraktion von akzidentellen Besonderheiten, indem sie die gemeinsamen, konstitutiven Merkmale verschiedener empirisch singulärer Phänomene herausstellt und den so gewonnenen Begriff dadurch erst komparativ fruchtbar macht. Wippermann verweist zu Recht (40) darauf, daß Forschung auf „übergeordnete", also theoretische Begriffe nicht verzichten kann. Erstaunlich ist nur, daß hier unter Wissenschaftlern weitgehend Konsens herrscht für viele historische, politikwissenschaftliche oder soziologische Begriffe wie Demokratie, Absolutismus oder auch Kommunismus. Nur für den Begriff des Faschismus scheint dies nicht zu gelten. Während z.B. in der Kommunismusforschung die in der Herrschaftspraxis, im Grad des Terrors, in ideologischen Besonderheiten etc. so unterschiedlichen Ausprägungen wie das Regime Titos oder das von Pol Pot oder Mao Tse Tung umstandslos unter den Oberbegriff Kommunismus subsumiert werden, soll dies für den Faschismus nicht gelten, und der Autor tut recht daran, hier auf ideologische Voreingenommenheit zu verweisen.

((3)) Zu fragen bleibt jedoch, welches denn die für alle Faschismen konstitutiven und unhintergehbaren Gemeinsamkeiten unter Abstraktion von nationalstaatlichen Besonderheiten und Ausprägungen sind. Hier nun argumentiert Wippermann m.E. widersprüchlich, wenn er die Konstruktion von Idealtypen ablehnt und statt dessen dafür plädiert, vom 'Realtypus' des italienischen

Faschismus auszugehen (14). Typenbildung kann aber nur auf der Basis mehrerer vergleichbarer Einzelfälle erfolgen. Einen singulären oder 'realen' Typus gibt es nicht; Wippermann geht also nur von einem speziellen Fall aus,
dem italienischen. Um aber von dort zu einem verallgemeinerbaren
Faschismusbegriff zu gelangen, kommt man um idealtypische Konstruktionen gar nicht herum, nach Max Weber also die Stilisierung und Pointierung
von konstitutiven Gemeinsamkeiten. Wippermann sieht diese Gemeinsamkeiten (16) in Ähnlichkeiten des Erscheinungsbildes, des politischen Stils und
der Ideologie. Den Kern der faschistischen Ideologie aber sieht er im Rassismus, und dem ist entschieden zu widersprechen. Verständigt man sich darauf,
daß Rassismus mehr ist als Antisemitismus, so waren alle westlichen imperialistischen Mächte, auch die parlamentarisch-demokratischen wie Frankreich
oder Großbritannien, rassistisch in ihrer Herrschaftspraxis gegenüber den ko-
lonisierten Völkern außerhalb Europas. Auch die italienischen Truppen im
damals noch Abessinien genannten Teil Afrikas handelten natürlich rassistisch,
aber dies war gängige imperialistische Praxis und unterschied sich qualitativ
nicht von der der Franzosen in Algerien, der Engländer in Indien etc. Rassismus als Unterscheidungskriterium ist also zu weit gefaßt, um die Besonderheit des Faschismus zu kennzeichnen. Reduziert man Rassismus jedoch auf
Antisemitismus, so hat man Schwierigkeiten, ihn für Italien als ideologisch
oder herrschaftspraktisch konstitutiv nachzuweisen. Bekanntlich wurden
Rassegesetze dort erst 1938, also sechzehn Jahre nach dem Marsch auf Rom
und auch erst unter dem wachsenden Einfluß Deutschlands, erlassen. Bis zu
diesem Zeitpunkt waren nicht wenige Juden Mitglieder der faschistischen Partei. Mussolinis jüdische Geliebte Margherita Sarfatti war eine bekannte und
äußerst einflußreiche Kunstkritikerin.

((4)) Wippermanns Zentralthese (17) lautet: „Der Rassismus und nicht der
Antimarxismus, wie Nolte und die Marxisten meinten, stand im Mittelpunkt
der faschistischen Ideologie." Dieser These kann ich aus zwei Gründen nicht
folgen:
a) Geht man mit dem Autor vom italienischen Faschismus als 'Normalfaschismus', d.h. nicht nur chronologisch als erste dieser Regimeformen, sondern auch als Modell für alle anderen Faschismen (vgl. 14) aus, kann man
nicht gleichzeitig, wie oben dargelegt, den Rassismus zum 'Mittelpunkt' der
faschistischen Ideologie machen. Wohl aber gilt dies für den deutschen 'Radikalfaschismus' mit seinen völkischen Wurzeln, damit aber nur für eine Variante des Faschismus und ist damit untauglich für einen generischen
Faschismusbegriff. Und weiter: Wenn der Rassismus den 'Kern' jeder faschi-

stischen Ideologie darstellt, wieso stellt die deutsche Variante dann einen Sonderfall dar? (vgl. 22-25).

b) Für fragwürdig halte ich auch die Konstruktion eines ideologischen 'Kerns', um den sich weitere Ideologeme ringförmig herumgruppieren, weil man dadurch, gewollt oder ungewollt, hierarchisiert und gewichtet. Die Nazis waren da weit weniger subtil. Für sie stand die 'jüdisch-bolschewistische Weltverschwörung' im Vordergrund, also gerade die unentwirrbare Kontamination von Antisemitismus und Antimarxismus auf gleichem Fuße. Hält man sich an die Opfer, so überschattet der Holocaust zwar alle bis dahin bekannten Vernichtungs- und Ausrottungspraktiken. Dies darf aber nicht dazu führen, andere, aus nicht-rassistischen Gründen Verfolgte und Ermordete gar nicht mehr wahrzunehmen: Arbeiter, Gewerkschafter, Kommunisten, Sozialisten und auch aufrechte Liberale und Kirchenvertreter. Wippermann möchte an der Aktualität des Faschismus festhalten; da aber der Antimarxismus heute nicht mehr auf der Tagesordnung steht, aktualisiert er den Begriff, indem er, historisch m. E. unzulässig, einen deutschen Sonderaspekt zum konstitutiven Kern - und damit zu einer weiterhin aktuellen Gefahr - stilisiert. Ich sehe hier einen Widerspruch zu seinem Plädoyer für einen allgemeinen Faschismusbegriff, denn allgemein kann ein Begriff nur sein, wenn er sich auf den kleinsten gemeinsamen Nenner bezieht, und das war nach Lage der Dinge nun einmal der Antimarxismus und der Kampf gegen die sozialdemokratische Arbeiterbewegung. Nicht umsonst gründeten die sog. Achsenmächte einen 'Antikominternpakt' und nicht einen 'Antizionismuspakt' oder ähnliches.

((5)) Völlig unverständlich ist mir Wippermanns These geblieben (21), der in Italien entstandene 'Normalfaschismus' habe seine 'klassische' Ausprägung in Ostmitteleuropa erfahren. Der von Nolte geprägte Begriff des (italienischen) Normalfaschismus im Unterschied zum (deutschen) Radikalfaschismus ist wissenschaftlich nur fruchtbar, wenn man darunter a) die Normalität des Faschismus versteht und b) die Norm, an der sich alle anderen Faschismen in ihren Abweichungen, Radikalisierungen oder auch Rückbildungen zu eher autokratischen Formen messen und vergleichen lassen.

((6)) Wie aber konnte gerade Ostmitteleuropa mit seinen bekannt blutrünstigen, vehement antisemitischen faschistischen Bewegungen der Ort der 'klassischen' Ausprägung dieses italienischen Faschismus sein? Das will mir nicht in den Kopf, zumal die Normalität des italienischen Faschismus in seiner Regimephase weder durch Antisemitismus noch durch Terror, Willkür und

Liquidationswellen charakterisiert war. Argumentiert man jedoch struktureller vor dem Hintergrund des Entwicklungsstandes des jeweiligen Kapitalismus und hält mit Gurland (19/20) ein „Zuwenig an Kapitalismus" für einen besonders „günstigen Nährboden" des Faschismus, gerät man in Beweisnöte, warum er denn gerade in dem damals schon hochentwickelten Deutschland in dieser Radikalität sich hat entfalten können und auch in Italien nicht im unterentwickelten Süden, sondern im vergleichsweise gut industrialisierten Norden seine Hochburgen fand. Zu fragen ist auch, weshalb Wippermann bei der Verteidigung des m.E. falschen Theorems von Gurland die iberische Halbinsel gänzlich vernachlässigt. Waren die Regime Francos und Salazars nicht faschistisch, sondern vielleicht 'nur' autoritär, oder waren die Regime autoritär, die spanische Falange aber faschistisch? Wenn nun aber gezeigt werden kann, daß bei vergleichbarer sozio-ökonomischer Unterentwicklung es auf der iberischen Halbinsel 'nur' zu autoritären Regimen, in Ostmitteleuropa dagegen zu faschistischen Bewegungen oder Satellitenregimen kam, müssen Zusatzannahmen gemacht werden, die die vom Autor favorisierte Gurland-These erschüttern würden.

((7)) Zu Recht fragt der Verf. (32-37), ob der Faschismus inzwischen Geschichte sei. Er selbst hält ihn nach wie vor für eine „potentielle und teilweise sogar schon sehr reale Gefahr" (37). Dieses Problem hat indessen nichts mit der Frage nach der generischen oder singulären Reichweite des Faschismusbegriffs zu tun, denn ich kann z.B. mit dem Begriff Absolutismus bestens arbeiten, ohne seine Wiederkehr befürchten oder voraussagen zu müssen. Wippermann verknüpft mit seinem Plädoyer für einen generischen Faschismusbegriff eine politische Warnung; beides hat aber nichts miteinander zu tun. Stellt die Wiederkehr des Faschismus aber nun tatsächlich eine 'sehr reale Gefahr' dar? Zur Untermauerung dieser düsteren Prognose genügen auch in einem kurzen Aufsatz nicht ein paar Seitenhiebe gegen Fukuyama und Nolte, sondern man muß Indikatoren benennen oder sich prognostischer Worte enthalten, zumal die Prognosefähigkeit der Sozialwissenschaften ohnehin äußerst gering ist, wie sich erst jüngst beim Zusammenbruch des Sowjetimperiums gezeigt hat.

((8)) Zunächst: der historische Faschismus war das Kind von vier ineinandergreifenden und sich bedingenden Krisen: a) das Trauma des verlorenen Krieges (dies gilt auch für Italien; offiziell stand es zwar auf der Seite der alliierten Siegermächte; die nationalistische und frühfaschistische Propaganda verwob aber diverse Frustrationen und Enttäuschungen sehr rasch zum Mythos vom 'verstümmelten Sieg'); b) die ökonomische Krise bei <u>gleichzeitiger</u> Präsenz einer starken und gut organisierten, mehrheitlich reformistischen Arbeiterbewegung; c) die Krise der politischen Institutionen des parlamentarischen Parteienstaates; d) die ideologische (philosophische, literarische etc.) Weltanschauungskrise des Bürgertums mit dem wachsenden Stellenwert von Lebensphilosophie, Vitalismus, Gewalt-, Männlichkeits- und Heldenverherrlichung bei einem entsprechend traditionellen, aber keineswegs originellen Frauenbild.

((9)) Bei aller Beunruhigung über aktuelle Arbeitslosenraten oder 'Parteienverdrossenheit' sehe ich derzeit kein auch nur annähernd vergleichbares Krisenkonglomerat. Auch wenn der Autor den Begriff nicht mag: rechtsextremistische Gruppierungen, bis vor kurzem am stärksten in Frankreich, bewegen sich am politischen Rand, auch wenn ihre Anhänger und Sympathisanten durchaus nicht marginalisiert sind, sondern aus der Mitte der Gesellschaft kommen. Hier stimme ich dem Verf. durchaus zu. Und weiter: In den Chefetagen oder an den 'Schalthebeln der Macht' setzt man auf Globalisierung, nicht auf nationale Autarkie. Ein starker innenpolitischer Gegner wie weiland die Arbeiterbewegung ist nicht in Sicht; eher umgekehrt sind heute viele Gewerkschaftsmitglieder anfälliger für rechtsextremes Gedankengut als Vergleichsgruppen in der Normalbevölkerung. Und das charismatische Showbusiness haben längst die Medien übernommen. Wo also liegt die 'sehr reale Gefahr'? Es sei denn, der Verf. prognostiziert für die Zukunft eine neue Form des Faschismus, nur müßte er dann seinen Kriterienkatalog gründlich abändern und geriete überdies in jene Gefahr, der die Marxisten nicht entgangen sind, nämlich jede Form eines autoritären Regimes, jede Militärdiktatur etc. unter den Bedingungen der Vorherrschaft des Finanzkapitals für faschistisch zu halten. Reflektierte und weiterblickende Marxisten wie Clara Zetkin oder Palmiro Togliatti haben übrigens schon früh die unzulässige Engführung des dann als verbindlich dekretierten 'orthodoxen' Faschismusbegriffs kritisiert und auf die Besonderheit des Faschismus als reaktionäres <u>Massen</u>regime hingewiesen. Nun kann man zwar argumentieren, der Faschismus suche sich seine Gegner, wo er sie findet. Waren es gestern die Arbeiterbewegung, die Juden, die Sinti und Roma, sind es heute diese und morgen jene. Aber sozialwissenschaftliche Begriffe sind nur operabel, wenn sie sich auf eine spezifische historische Situation beziehen, also auf einer mittleren Abstraktionsstufe bleiben. Hochabstrakte Begriffe, wie z.B. Diktatur, sind zwar nützlich zur Beschreibung, nicht aber zur Erklärung eines historisch-spezifischen Phänomens. Schlimmstenfalls werden sie metaphysisch, und Faschismus wäre dann die Herrschaft des Bösen schlechthin, oder sie verkommen zu dem, was auch Wippermann kritisiert, nämlich zu politisch variablen Kampfbegriffen ohne jede analytische Schärfe.

((10)) Fazit: Im Grundsatz stimme ich mit Wippermann überein, d.h. ich halte einen generischen Faschismusbegriff für wissenschaftlich ebenso unerläßlich wie andere Gattungsbegriffe. Die Singularität des Holocaust ändert nichts daran, daß der deutsche Nationalsozialismus als Selbstbezeichnung genetisch und strukturell zur Begriffsfamilie des Faschismus gehört und immer noch am besten mit Nolte als Radikalfaschismus zu benennen ist. Weitgehende Übereinstimmung zwischen mir und Wippermann herrscht auch in der Zustimmung zur Bonapartismustheorie als theoretisch tragfähigstem Ansatz zur Erklärung des Faschismus in Kombination mit anderen Theorien mittlerer Reichweite. Das Kerntheorem der Bonapartismustheorie beruht auf der Annahme eines Gleichgewichts der Kräfte, das ursächlich gegeben sein muß, um unter bestimmten Bedingungen zu einer Verselbständigung der Exekutive zu führen. Wo aber wäre denn heute ein solches Gleichgewicht sich gegnerisch gegenüberstehender Kräfte auszumachen oder auch nur ansatzweise zu erkennen? Ich sehe es nicht.

((11)) Aber könnte es sein, daß der Verf. gar nicht uns (Deutschland, Westeuropa, die EU...) im Visier hat, sondern eben jenes Ostmitteleuropa, auf dessen Faschismus-Anfälligkeit er so hartnäckig insistiert? Doch das wäre das Thema eines anderen Aufsatzes.

Faschismus: Begriff versus Realtypus

Werner Röhr

((1)) Aus wissenschaftlichen und politischen Gründen stimme ich mit Wippermanns Anliegen sehr überein. Er weist die Reduzierung des Begriffs *Faschismus* auf den Namen und auch dessen politische Denunziation als bloßen *politischen Kampfbegriff* zurück. Er insistiert auf einem wissenschaftlichen Begriff, weil der Faschismus als internationale Erscheinung eine allgemeine Natur hat. Gegenstand meiner Kritik ist die Nicht-Realisierung dieses Anliegens, sie kann hier nur thesenhaft ausgeführt werden, zwei methodische Einwände will ich ausführlicher darstellen.

((2)) *Faschismus* wurde nach 1922 aus einem Namen – zunächst sogar Eigennamen – für eine politische Bewegung in Italien und ab Oktober 1922 für die Herrschaftsform des italienischen Kapitalismus unter Mussolini zu einem Begriff, indem der Name auf andere Erscheinungen übertragen wurde. Mit der Verwendung als Begriff war unterstellt, daß wesentliche Merkmale des italienischen Faschismus auch für andere Erscheinungen konstitutiv sind.

((3)) Doch Wippermann selbst substituiert den Begriff durch die "konkrete[n] Gestalt des italienischen Faschismus als faschistischem ‚Realtypus'" ((14)) und verzichtet so auf einen theoretischen Zugriff auf den Gegenstand. Dabei ist die begriffliche Bestimmung semantisch und syntaktisch zunächst überhaupt nicht an eine spezifische historiographische Leistungsfähigkeit gebunden, denn seine Erklärungsfähigkeit hinsichtlich der einzelnen Faschismen hängt entscheidend von deren Erforschung ab. Die Besonderheiten des italienischen, deutschen, spanischen oder des sudetendeutschen Faschismus werden mit dem Begriff selbst nicht erfaßt, als Artspezifika müssen sie konkret ausgewiesen werden. Keine Begriffsbildung entbindet den Historiker von seiner Aufgabe, konkret die Entstehungs- und Wirkungszusammenhänge der einzelnen Erscheinungen zu untersuchen und zu erklären. Man soll von einer Definition weder erwarten, was nur eine Theorie zu leisten vermag, noch verlangen, was der empirischen Forschung obliegt.[1]

((4)) Der Autor kritisiert zutreffend die Ersetzung des Begriffs *Faschismus* durch die Termini *Nationalsozialismus* bzw. *Rechtsextremismus* im politischen und wissenschaftlichen Sprachgebrauch. So wie man einen Menschen nicht danach beurteilt, was er sich dünkt zu sein, sondern nach seinen Handlungen, so sollte der Gegensatz zwischen der Selbstbezeichnung *Nationalsozialismus* und der antisozialistischen und antinationalen (aber: nationalchauvinistischen) Politik des deutschen Faschismus auch sprachlich präsent bleiben. Der entscheidende Grund, warum in der bundesdeutschen Öffentlichkeit der Begriff *Faschismus* offiziell und offiziös vermieden und der Terminus *Nationalsozialismus* zwar informell aber faktisch normativ verwendet wird, liegt wohl kaum in der unterstellten Gefahr, die Verbrechen des deutschen Faschismus gegenüber denen des italienischen zu verharmlosen bzw. letzterem schlimmere zu unterstellen, als er begangen hat. Da der deutsche Faschismus an der Macht in allen seinen Phasen ein Bündnis zwischen der Nazibewegung und

den konservativen Funktionsgruppen der Militärkaste, der Ministerial-
bürokratie, des Großkapitals und der Großagrarier blieb, hat diese informelle
Normierung vor allem politische Ursachen: Sie soll den deutschen Konserva-
tismus ideologisch von der Schuld dieser Liaison entlasten und den deutschen
Faschismus als *sozialistisch* denunzieren, um auch auf diese Weise jede sozialistische Alternative zu disqualifizieren.

((5)) Wippermann unterstellt den Faschismus als internationale Erscheinung
und tritt für vergleichende Forschungen ein. Er kritisiert jene Historiker, die
Begrifflichkeit für empirische Verfahren für überflüssig, ja störend halten.
Doch aus Angst vor *monokausalen Globaltheorien* des Faschismus, die mit
einer *idealtypischen Konstruktion* zwangsläufig verbunden seien, verzichtet er
auf einen Begriff seines Gegenstandes. Ein Begriff macht noch keine Theorie,
im Gegenteil, erst innerhalb einer Theorie wird er als Bestandteil eines Urteils
wirklich als Begriff fungieren. Der wissenschaftliche Gegenstand hat die in ihm
als Repräsentanten theoretisch fixierte Eigenschaft nur im Hinblick auf die
Theorie, mittels derer er definiert ist. Also ohne Faschismustheorie auch kein
Faschismusbegriff.

((6)) Doch was soll die Vergleichsgrundlage sein? Um den italienischen Faschismus wirklich als *tertium comparationis* zu handhaben, muß er logisch
als *Original* produziert werden: Ein Original ist ein ideell angeeigneter, unter
kontrollierbare Bedingungen gezwungener Gegenstand. Dazu werden ein
Merkmal oder eine bestimmte Eigenschaftskombination des Gegenstandes aus
dessen unerschöpflicher Mannigfaltigkeit herausgenommen. Diese reduzierte Realität wird als Repräsentant eines bestimmten, determinierten und definierten Sachverhaltes vorgestellt, nicht aber als Repräsentant des Gegenstandes in dessen konkreter Mannigfaltigkeit. Die Originalbildung setzt mit sich
selbst identische Objekte, sieht also von deren Widersprüchen und Veränderungen ab. An dem und mit dem Original wird verglichen, welche Objekte in
genau der definierten Bestimmtheit mit dem Repräsentanten übereinstimmen.
Die Gefahr für den Historiker liegt darin, die im Vergleich als identisch fungierenden Objekte auch in der historischen Wirklichkeit als widerspruchs- und
veränderungsfrei zu unterstellen. Denn das Anliegen des Historikers ist die
Konkretion, einschließlich der Widersprüchlichkeit und Mannigfaltigkeit seines Gegenstandes. Für den Vergleich aber braucht er nicht die Einheit des
Ereignisses in der Totalität der Wirkungen, sondern muß er abstraktiv *eine* Wirkungsweise zum Original erheben. Es geht also beim Vergleich nicht um die
"Einheit des Phänomens", sondern um die logische Äquivalenz der Erschei-

nungen hinsichtlich *eines* determinierten Sachverhaltes.[2] Vor diesen Schwierigkeiten flüchtet sich auch Wippermann in den "Realtypus" und vollzieht die von vielen Historikern praktizierte Verwechslung von theoretischer, d.h. ideeller Original-Produktion, und konkreter, mannigfaltiger historischer Realität. Der empirisch gegebene "Realtypus" als Vergleichsgrundlage läßt keinen analytischen Vergleich, sondern höchstens Analogiebildung zu.

((7)) Wippermann weist die politische Disqualifizierung des wissenschaftlichen Faschismusbegriffs zurück, unterscheidet aber nicht klar genug semantische und pragmatische Aspekte des Begriffs. Der semantische Gehalt des Begriffs und der pragmatische Gebrauch des Wortes im politischen Kampf sind niemals identisch, schließlich gehorcht die Verwendung eines politischen Schlagworts keineswegs allein der Wahrheit als Imperativ. Doch keinerlei Anstrengung, Faschismusforschung durch politische Diskreditierung zum Schweigen zu bringen, verwandelt unwiderlegte Forschungsergebnisse in einen Scherbenhaufen.

((8)) Der Autor grenzt sich mit Nachdruck von marxistischen Faschismustheorien ab.[3] Fatal ist nur, daß – mit Ausnahme einiger früherer sozialdemokratischer Autoren – Arbeiten marxistischer Forscher gar nicht herangezogen werden.[4] Wippermann begnügt sich mit politischen Bestimmungen des EKKI von 1925 bzw. 1933, stilisiert sie zur wissenschaftlichen Definition – was sie als Zirkelschluß schon methodisch nicht sein können – und unterstellt diese "Definition" als Theorie. Peinlich wird solche Ignoranz besonders dort, wo es um die Achse von Ökonomik und Politik des Faschismus geht. Der Vf. konzediert, daß die kapitalistische Eigentumsstruktur in allen Fällen die Grundlage faschistischer Bewegungen und faschistischer Herrschaft gewesen ist und deren Reproduktion diente, weiter, daß faschistische Bewegungen immer mit bestimmten kapitalistischen Kreisen verbündet waren, niemals aber war der Faschismus ein unselbständiges Werkzeug des Kapitalismus. Nun sind weder der Kapitalismus noch der Faschismus handelnde Subjekte, beide sind Abstrakta. Wenn aber ein und dieselbe kapitalistische Eigentumsordnung sehr verschiedenartige politische Herrschaftsstrukturen trägt und von diesen bedient wird, dann muß Horkheimers und Turners Frage explizit beantwortet und nicht nur hingeworfen werden. Eine Faschismustheorie kann ihr nicht in Richtung Ideologie oder Mentalität ausweichen, ohne sich selbst zu beschädigen.

((9)) Gegen eine hitlerzentrierte, personalistische Auffassung gerichtet, benennt der Vf. die Verantwortung der "deutschen Eliten in Heer, Verwaltung, Wirtschaft und nicht zuletzt in den Universitäten" ((26)) für die faschistischen Verbrechen. Doch hinsichtlich der veränderlichen Bündnisbeziehung dieser Funktionsgruppen mit der NSDAP und deren Gliederungen bleibt er hinter Franz Neumann zurück und ignoriert zudem die seither genauer erforschte Struktur der deutschen Kriegswirtschaft.[5] Deren Regulierungssystem unter Speer funktionierte nicht einfach nach dem Muster der heutigen Beziehungen zwischen den Herren Piëch und Schröder.

((10)) Wenn die soziale Struktur der organisierten Anhänger des Faschismus und der soziale Gehalt seiner Politik im Widerstreit stehen, dann kann die Forschung diesen Widerspruch nur lösen, wenn sie die Sozialpolitik der Faschismen an der Macht untersucht. Dazu muß man allerdings die materiellen Interessen, die durch diese Politik real durchgesetzt werden, ebenso untersuchen wie jene Interessen, die dabei unterdrückt oder beschnitten werden. Der Vf. weist rein psychologische Erklärungen zurück, doch die praktizierte Sozialpolitik kommt ebensowenig zur Sprache wie die Wirtschaftspolitik.[6] Ziele, wie die Zerschlagung der organisierten Arbeiterbewegung oder die rasante Aufrüstung und Kriegsvorbereitung, werden allein dem "Sonderfall deutscher Faschismus" zugeordnet, damit explizit für andere Faschismen als nicht relevant erachtet.

((11)) Weder hinsichtlich der Gegensätzlichkeit von Massenbasis und der Politik faschistischer Regime noch hinsichtlich der apostrophierten Verselbständigung der Exekutive gibt der Autor jene differentia spezifica an, die historisch eine faschistische Lösung ausmachen. Wenn mit der Verselbständigungsthese die politische Spezifik faschistischer Herrschaftsstrukturen erfaßt werden soll, dann müßte dazu mindestens die politische Funktion des Terrorismus analysiert werden.[7] Wippermanns tendenzielle Reduktion des Faschismus auf Rassismus aber erklärt keines dieser Probleme. Der nazistische Völkermord an den Juden kann nicht allein aus dem Rassenantisemitismus begriffen werden, es bedarf schon der Erforschung seiner Zusammenhänge mit dem Weltkrieg.[8]

((12)) Wenn nach Auffassung des Autors die deutsche Gesellschaft unter der Nazidiktatur nicht aus Rassen bestand, dann berechtigt deren rassistisch begründete Politik auch nicht dazu, diesen Staat in seiner Realität als "Rassenstaat" zu bezeichnen. Als Okkupanten verhängten die deutschen Faschisten in allen 1938-1945 besetzten Ländern eine theoretisch unsinnige, doch sehr praktische "Rassenhierarchie". Diese Abstufung der unterworfenen Völker hinsichtlich der Lebensbedingungen (z.B. Lebensmittelrationen) sowie der Wahrscheinlichkeit, gemordet zu werden, regulierte in der Tat die Reihenfolge des Tötens und die Rangfolge des Lebens, doch sie betraf keine Rassen und schuf auch keine. In praxi war es eine Hierarchisierung von Völkern und "Volksgruppen".[9]

((13)) Bis zu seinem jüngsten Buch galt der Vf. als prinzipieller Kritiker aller Varianten des Totalitarismuskonzepts.[10] Er bestritt zu Recht, daß die auf der These von der Gleichartigkeit von Faschismus und Kommunismus basierenden Konstrukte eine wissenschaftliche Alternative zu Faschismustheorien sein können, weil sie die grundsätzlichen Unterschiede überspielen und so die Spezifik beider verfehlen. Aus politischen Gründen fungierte die Totalitarismusdoktrin dennoch als wissenschaftliche Alternative.
Wippermanns Kritik am Totalitarismusmodell bleibt dessen Ansatzfehler in zwei Punkten verhaftet.
Erstens: Indem er einwendet, der deutsche Faschismus sei gar nicht so *monolithisch*, sondern hochgradig *polykratisch* gewesen, übersieht er, daß *Totalität* und *Totalitarismus* zwar gleichen Wortstamms sind, sich aber auf völlig Verschiedenes beziehen. Die Begrifflosigkeit darüber, in welcher Art Einzelnes und Besonderes unter das Allgemeine als "Totalität" subsumiert werden, ist den Faschisten und ihren liberalen Kritikern gemeinsam. Die Verwechslung der herrschenden Partikularität mit *Totalität* gehört zu den Grundvoraussetzungen der Totalitarismusauffassung. Adorno hatte bereits 1961 in dem von ihm und Popper initiierten Streit zwischen *Dialektikern* und *Analytikern* über die beiden typischen Formen der Sozialwissenschaft jene vorgebliche Totalität als herrschende Partikularität bestimmt: Sie sei ein Ganzes, das nichts draußen lasse, sondern alles unterschiedslos in sich zwinge, ein Ganzes, dessen Teile bzw. Momente zwangsweise identisch gemacht seien.[11] Die Kategorie *Totalität* bleibt jedoch in ihrer Spezifik unbegriffen, wenn das Ganze nur als ein solches Allgemeines vorgestellt wird, das kein Partikulares ertragen kann. Die Anhänger und leider auch die meisten Gegner des Totalitarismuskonzepts unterstellen den untersuchten Herrschaftssystemen Totalität, wo sich in Wirklichkeit eine sich absolutsetzende Partikularität spreizt.[12]
Zweitens: Analogiebildung anhand von Ähnlichkeiten im Erscheinungsbild bildet das Grundverfahren der Verfechter dieses Konzepts. Wippermann lehnt das Konzept ab, ohne das Verfahren überwinden zu können. Sein vernichtendes Urteil über die sog. klassischen Totalitarismustheorien nach dem Muster von Friedrich und Brzezinski teilt deren genannte Begrifflosigkeit hinsicht-

lich der Totalität. Auch beziehen sich seine Einwände allein auf wissenschaftliche Fehlerhaftigkeit und Erklärungsdefizite, nicht aber auf die politischen Funktionen. Er schreibt ihnen einen legitim theoretischen Status zu und lehnt es ab, sie als pseudotheoretische, politisch determinierte ideologische Zweckkonstrukte zu begreifen. Zwar verwundert es viele seiner bisherigen Leser, wenn des Autors entschiedene Gegnerschaft in die Forderung nach einer neuen Totalitarismustheorie umschlägt, die keinen idealtypisch statischen Charakter mehr haben dürfe, weil sich gezeigt habe "daß auch die totalitären Diktaturen wandlungsfähig sind" (S. 117). Doch wie man sieht, rächt sich der theoretisch sorglose Umgang mit Begriffen recht schnell und kann zum selben Resultat führen wie Zugeständnisse an den Antikommunismus.

Anmerkungen

1 Zur Bestimmung von "Faschismus" als Gattungsbegriff können die Überlegungen von Eike Hennig: Zum Historikerstreit. Was ist und zu welchem Ende studiert man Faschismus, Frankfurt/Main 1988, S. 172 als Grundlage genommen werden.

2 Die logischen Voraussetzungen des Vergleichs durch die Produktion von Originalen sind nicht am Beispiel historischer Erkenntnis erarbeitet worden, doch kann der historische Komparatist ihrer ohne Schaden nicht entraten. Vgl. Peter Ruben: Philosophie und Mathematik, Leipzig 1979, S. 79.

3 "Kommunistisch" und "marxistisch" werden dabei hinsichtlich der Faschismusauffassung synonym verwendet, was sowohl semantisch wie syntaktisch inkorrekt ist.

4 Das betrifft sämtliche Faschismusforscher aus der DDR, aber auch westdeutsche oder englische Historiker und sogar Franz Neumann. Aber auch dem Marxismus fernstehende Historiker werden als für Faschismustheorie irrelevant ignoriert, sobald sie funktionalhistorische Analysen vorlegen.

5 Vgl. Dietrich Eichholtz: Geschichte der deutschen Kriegswirtschaft, 3 Bde, Berlin 1969-1995, Neuauflage München u.a. 1999.

6 Vgl. Karl Heinz Roth: Intelligenz und Sozialpolitik im "Dritten Reich", München u.a. 1993.

7 Vgl. Werner Röhr: Terror und Politik, in: Zeitschrift für Geschichtswissenschaft, Berlin 1995, H. 1, S. 27-54.

8 Vgl. Werner Röhr: Faschismus und Rassismus, in: Faschismus und Rassismus. Kontroversen um Ideologie und Opfer, hg. von Werner Röhr in Zusammenarbeit mit Dietrich Eichholtz, Gerhart Hass und Wolfgang Wippermann, Berlin 1992, S. 23 ff.

9 Vgl. Werner Röhr: Rassismus als Expansionsprogramm. Über die Leistungsfähigkeit der NS-Ideologie, in: "Vernichtungspolitik", hg. von Wolfgang Schneider, Hamburg 1991, S. 119-134; Ders.: Rassismus, Politik und Ökonomik beim Völkermord der deutschen Faschisten, in: Berliner Debatte INITIAL, Berlin 1993, II. 5, S. 35-46.

10 Wolfgang Wippermann: Totalitarismustheorien. Die Entwicklung der Diskussion von den Anfängen bis heute, Darmstadt 1997, S. 117.

11 Vgl. Theodor W. Adorno u.a. : Der Positivismusstreit in der deutschen Soziologie, 5. Aufl. Darmstadt und Neuwied 1976, bes. S. 19 ff.

12 Vgl. Renate Wahsner: Totalität und Totalitarismus. Verschiedene Begriffe des Allgemeinen, in: Hegel-Jahrbuch 1995, S. 236-241.

Ist der „generische Faschismusbegriff" der Totalitarismuskonzeption überlegen?

Achim Siegel

((1)) Es ist grundsätzlich zu begrüßen, daß Wolfgang Wippermann im Anschluß an seine Monographien zu Faschismus- und Totalitarismustheorien eine Debatte wieder aufnimmt und weiterzuführen versucht, die in der zeitgenössischen Diktaturforschung trotz ihrer herausragenden konzeptionellen Relevanz lange in den Hintergrund getreten war. Der Autor verteidigt „den generischen Faschismusbegriff" und daran anknüpfende Theorien. Gleichzeitig verwirft er – und auf die entsprechenden Argumente des Autors wird sich meine Kritik konzentrieren – die konkurrierenden Totalitarismustheorien.

((2)) Um Wippermanns Argumente beurteilen zu können, ist es zweckmäßig, sich Funktion und Stellung von Begriffen und Theorien in einem wissenschaftlichen System zu vergegenwärtigen. Orientiert man sich an allgemein gebräuchlichen methodologischen Standards,[1] so kann man „Theorie" und „Begriff" folgendermaßen unterscheiden: „Begriff" läßt sich als Vorstellung (gedankliche Widerspiegelung) einer Klasse von Gegenständen verstehen. Die einzelnen Attribute, die den Vorstellungsinhalt bezeichnen, bilden die Intension des Begriffs (Begriffsinhalt) und werden üblicherweise in einer Definition fixiert. Die Gesamtheit der Einzelgegenstände, welche unter diesen Begriff fallen, stellen die Extension des Begriffs (Begriffsumfang) dar. Bei der Begriffsbildung wird die konkrete Vielfalt der betrachteten Gegenstände – ihre Eigenschaften und Beziehungen zu anderen Gegenständen – reduziert, indem nur einige dieser Eigenschaften definitorisch festgehalten werden. (Nur so können Begriffe ihre sprach- und sprechökonomische Funktion erfüllen und Kommunikation ermöglichen.) Unter „Theorie" hingegen versteht man im allgemeinen ein System von Aussagen (Aussagesätzen), die Sachverhalte ausdrücken, wonach z.B. zwischen bestimmten Gegenständen (oder Klassen von Gegenständen) gewisse Zusammenhänge bestehen oder wonach diesen Gegenständen bestimmte Eigenschaften zukommen – Eigenschaften, welche nicht bereits in der Definition fixiert sind. „Theorie" und „Begriff" unterscheiden sich demnach substantiell in ihrer Funktion und Stellung innerhalb eines wissenschaftlichen Systems: Ein Begriff *erklärt* die Wirklichkeit nicht, sondern bildet bestimmte Merkmale (Strukturelemente) von Sachverhalten ab. Begriffe sind gleichwohl notwendige Bestandteile einer Theorie: sie grenzen in intersubjektiv nachvollziehbarer Weise den Gegenstandsbereich ab, auf den ein System von Aussagesätzen dann Bezug nimmt. So besteht eine Theorie über den Faschismus in einer Reihe von Aussagen über eine *Klasse* von politischen Bewegungen bzw. Regimen, denen – mittels Verallgemeinerung eines zuvor festgelegten Faschismusbegriffs – die Eigenschaft zugeschrieben wurde, faschistisch zu sein. Ein generischer Faschismusbegriff ist also erst eine notwendige Vorstufe einer Theorie über den Faschismus als einer *Klasse* politischer Bewegungen bzw. Regime. Genauso verhält es sich – mutatis mutandis – mit Totalitarismusbegriffen und darauf aufbauenden Theorien.

((3)) Ein brauchbares Kriterium zur Evaluation von Begriffen ist zunächst ihr Grad an Präzision und Eindeutigkeit, d.h. die Frage, inwieweit die Personen, die mit einem bestimmten Begriffsinhalt operieren, damit auch einen identischen Begriffsumfang verbinden können[2]; ein weiteres wichtiges Kriterium ist ihre theoretische Fruchtbarkeit, d.h. die Frage, ob und inwieweit die betreffenden Begriffe sich als Bestandteile von Aussagesystemen (Theorien) bewähren.[3] Unangemessen ist es hingegen, einen Begriff *allein* mit dem Hinweis zu kritisieren, dessen Intension müsse "eigentlich" bzw. "in Wahrheit" noch dieses oder jenes zusätzliche Attribut enthalten bzw. ein bislang enthaltenes Attribut müsse entfernt werden. Eine solche Kritik ist bereits aus methodologischen Gründen verfehlt (und damit substantiell gegenstandslos) und führt lediglich zu Auseinandersetzungen um eine vermeintlich "wahre Bedeutung" eines Wortes und damit zu – wie Popper dies nannte – "leeren Wortgefechten".[4]

((4)) Kritiken, welche die Bildung von Gattungsbegriffen allein mit dem Hinweis kritisieren, ein solcher Begriff werde den Besonderheiten dieses oder jenes historisch-konkreten Regimes nicht gerecht, beruhen – wie aus den obigen

Ausführungen unmittelbar hervorgeht – auf methodologischen Mißverständnissen und verfehlen deshalb ihren Gegenstand. Gegen derartige Kritiken ist Wippermanns Vorhaben, einen brauchbaren generischen Faschismusbegriff zu bilden, grundsätzlich in Schutz zu nehmen. Dies gilt allerdings auch für ähnliche Kritiken am Totalitarismusbegriff, wonach dieser z.B. deshalb abzulehnen sei, weil er wichtige Besonderheiten der unter den Begriff subsumierten Regime – wie z.B. die verschiedenen ideologischen Endziele von NS-Regime und sowjetischem Stalinismus – nicht berücksichtige. Eine ähnliche Kritik an Totalitarismuskonzeptionen scheint jedoch Wippermanns Argumentation zugrunde zu liegen, wenn er behauptet, Totalitarismustheorien würden „der Bedeutung des Rassismus im Faschismus nicht gerecht, weil sie die faschistische mit der marxistischen Ideologie gleichsetzen (...)." ((28)) Dieser Gleichsetzungsvorwurf ist verfehlt. Richtig ist, daß die Autoren von Totalitarismusbegriffen bei der Begriffsbildung von den inhaltlichen Zielsetzungen kommunistischer und faschistischer Regime abstrahieren, so daß die *Intensionen* dieser Begriffe (neben strukturellen Eigenschaften der betreffenden Herrschaftssysteme) lediglich einige formal-strukturelle Gemeinsamkeiten beider Ideologietypen referieren. Zuweilen weisen die Autoren ausdrücklich auf die Verschiedenheit der ideologischen Endziele kommunistischer und faschistischer Totalitarismen hin und klassifizieren totalitäre Ideologien dementsprechend in eine universalistische (wie z.B. den Marxismus-Leninismus) und eine partikularistische Unterart (wie z.B. den italienischen Faschismus und den Nationalsozialismus).[5] Von einer Gleichsetzung beider Ideologietypen durch Totalitarismusbegriffe oder -theorien kann also ebensowenig die Rede sein wie von einer Gleichsetzung des Mussolini-Regimes mit dem NS-Regime durch generische Faschismusbegriffe.

((5)) Möglicherweise könnte mit der obigen Behauptung Wippermanns aber etwas ähnliches wie die folgende These gemeint gewesen sein: Auf der Basis von Totalitarismustheorien ist es unmöglich, *spezifische* Inhalte totalitärer Ideologien oder Ideologietypen bei der Erklärung wichtiger historischer Ereignisse (wie z.B. des Holocaust oder der Entfesselung des Zweiten Weltkriegs durch das NS-Regime – vgl. ((28)) und ((29))) als erklärende Variablen zu berücksichtigen. Die Lektüre etwa von C. J. Friedrichs „Totalitäre Diktatur" – der einzigen Totalitarismuskonzeption, auf die Wippermann etwas genauer eingeht – zeigt jedoch, daß auch diese Aussage unhaltbar ist. Vor allem im Hinblick auf den Holocaust oder die Entfesselung des Krieges rechnet Friedrich *spezifischen* Inhalten der NS-Ideologie einen bedeutenden Einfluß zu.[6] Mühelos lassen sich bei Friedrich weitere Aussagen finden, die zeigen, daß den besonderen Inhalten totalitärer Ideologien ein wichtiger Einfluß als erklärender Variable zugemessen wird, und es ist zudem durchaus möglich – wie kürzlich gezeigt worden ist –, Friedrichs Aussagen über die besondere Relevanz spezifischer Inhalte totalitärer Ideologien zusammen mit seinen Aussagen zur Stabilität bzw. Instabilität verschiedenartiger totalitärer Regime als ein konsistentes System von Aussagesätzen zu rekonstruieren – d.h. als eine Theorie im strengen Sinn.[7] Die solchermaßen rekonstruierte Totalitarismustheorie weist eine Struktur abnehmender Abstraktion auf,[8] wobei auf der ersten Abstraktionsebene allgemeine Eigenschaften einer totalitären Diktatur – in Friedrichs Theorie: das Zusammenspiel der „sechs Wesenszüge" – modelliert werden, während auf den nachfolgenden, niedrigeren Abstraktionsebenen spezifischere Phänomene (darunter auch die Besonderheiten von bestimmten Unterarten der totalitären Diktatur) thematisiert und erklärt werden können.[9] Dadurch wird es möglich, ein zunächst hochgradig abstraktes Aussagesystem auf den nachfolgenden Abstraktionsebenen durch die schrittweise Einbeziehung weiterer Variablen so zu konkretisieren, daß es zur Erklärung historischer Ereignisse benutzt werden kann und letztlich die Form einer *historisch-genetischen Erklärung* (im Sinne Stegmüllers[10]) annimmt. In der Vergangenheit zurecht geäußerte Einwände gegen den "zu globalen" oder "rein idealtypischen" Charakter klassischer Totalitarismustheorien werden mit dieser Art der Rekonstruktion von Friedrichs Theorie hinfällig.

((6)) Berücksichtigt man bei einer derartigen Rekonstruktion zudem die *inhaltlichen* Modifikationen, die Friedrich in den späten 1960er Jahren an seiner ursprünglichen Konzeption vornahm, so läßt sich auch – in Widerspruch zu Wippermanns Behauptungen in Abschnitt ((29)) – der strukturelle Wandel kommunistischer Systeme im Zuge der „Entstalinisierung" theoretisch stringent erklären.[11] Ohne hier ins Detail gehen zu können, sei immerhin soviel gesagt: Friedrich entwickelt in den späten 1960er Jahren eine Konzeption verschiedener Entwicklungsstadien totalitärer Regime, wonach eine Diktatur nach ihrem „totalitären Durchbruch" (den Friedrich bekanntlich im Fall der UdSSR für 1928/29 und im Fall Italiens und Deutschlands für 1934 bzw. 1936 ansetzte[12]) erst eine etwa 15-20 Jahre dauernde, inhärente Instabilitäten bergende "Reifungsphase" zu durchlaufen hat, bevor es dann zum Abbau terroristischer Herrschaftsmethoden kommt.[13] Das NS-Regime und die Sowjetunion nach Stalins Tod sind demnach *unterschiedlichen* Entwicklungsstadien einer totalitären Diktatur zuzuordnen und sind also – in Widerspruch zu Wippermanns Vorgehen ((29)) – hinsichtlich ihrer dynamischen Eigenschaften nicht unmittelbar vergleichbar. Daß die faschistischen Regime die Reifungsphase nicht vollenden konnten, ist im Rahmen von Friedrichs Theorie unter anderem auf die ideologischen Spezifika, welche die faschistische Unterart der totalitären Diktatur auszeichnen, zurückzuführen: Unter anderem wegen dieser Spezifika wurden die faschistischen Totalitarismen zu Unternehmungen motiviert, welche unter den gegebenen internationalen Rahmenbedingungen ihre Überlebenswahrscheinlichkeit erheblich verringern mußten.[14] Wippermann scheint Friedrichs spätere Korrekturen und Ergänzungen nicht zu kennen, denn selbst in seiner umfangreicheren Monographie über Totalitarismustheorien erwähnt er sie nicht einmal am Rande; stattdessen pflegt er das tradierte (Vor-)Urteil vom „statischen Charakter" ((29)) von Friedrichs Totalitarismustheorie. Negiert wird von Wippermann im übrigen auch die Tatsache ((30)), daß Hannah Arendts Konzeption, die sich von Friedrichs Ansatz erheblich unterscheidet, in der Nationalsozialismusforschung durchaus angewendet worden ist – und zwar in sehr fruchtbarer Weise, wie eine genauere Betrachtung der Literatur erweisen würde.[15]

((7)) Wippermanns Empfehlung, man solle "auf die klassischen Totalitarismustheorien verzichten", da diese sich als nicht fähig erwiesen hätten, die "historische Wirklichkeit zu erklären" ((31)), basiert also auf schwachen Argumenten. Selbst wenn es richtig ist – wie ich andernorts argumentiert habe –, daß Friedrichs ursprüngliche Theorie durch die Entstalinisierung falsifiziert wurde und spätere historische Entwicklungen auch einige sekundäre Aussagen aus Friedrichs modifizierter Totalitarismustheorie widerlegten,[16] so hat sich immerhin gezeigt, daß falsifizierte Theoriebestandteile identifiziert und entsprechend korrigiert werden können. Die Falsifizierung einer Theorie und deren nachfolgende Korrektur ist in erkenntnistheoretischer Hinsicht jedenfalls als Indiz für ihre kognitive Funktionsfähigkeit (und nicht für ihre Hinfälligkeit) zu werten.

((8)) Kritischer sind jedenfalls solche Theorien zu beurteilen, die nicht falsifizierbar sind, z.B. weil sie auf derart unpräzisen und mehrdeutigen Begriffen beruhen, daß die entsprechenden Geltungsbereiche extrem unklar sind. In diesem Sinne erscheint mir zweifelhaft, daß sich aus Wippermanns Äußerungen ein brauchbarer generischer Begriff des faschistischen Regimes rekonstruieren läßt. Festlegungen, die als eine Definition des Terminus „faschistisches Regime" zu interpretieren sind, findet man erst im vorletzten Satz des Artikels ((41)). Die dort getroffene Festlegung des Begriffsinhalts halte ich für unbrauchbar: Zu den Attributen, die offenbar den Begriff des faschistischen

Regimes definieren sollen, gehören (unter anderen) die beiden folgenden: „im Hinblick auf die Art und Weise der 'Machtergreifung' bedeutende Ähnlichkeiten mit dem italienischen Faschismus aufweisend" und „im Hinblick auf die Regimestruktur bedeutende Ähnlichkeiten mit dem italienischen Faschismus aufweisend".[17] Diese beiden Attribute sind offenkundig derart unpräzise und mehrdeutig, daß ohne eine Spezifizierung jener „bedeutenden Ähnlichkeiten" eine intersubjektiv deckungsgleiche Bestimmung dessen, welche (historischen, gegenwärtigen oder zukünftigen) Regime als „faschistisch" zu gelten haben, nicht annähernd gewährleistet ist. Ob nämlich ein beliebiges Merkmal eines Herrschaftssystems "Ähnlichkeit" mit einem analogen Merkmal im italienischen Faschismus aufweist und ob gegebenenfalls diese Ähnlichkeit als "bedeutend" zu qualifizieren ist, wird in sehr vielen Fällen eine Frage sein, die von verschiedenen Individuen sehr verschieden beantwortet werden wird – und deshalb ist das betreffende Attribut *als Teil des Definiens* unzweckmäßig.

((9)) Daß das zweite definierende Attribut ("im Hinblick auf die Art und Weise der 'Machtergreifung' bedeutende Ähnlichkeiten mit dem italienischen Faschismus aufweisend") unbrauchbar ist, läßt sich sogar mit Berufung auf Wippermanns Aussagen über die Besonderheiten des "ostmitteleuropäischen Faschismus" ((20)) nachweisen. Wenn nämlich eine wichtige Besonderheit sämtlicher ostmitteleuropäischer Faschismen darin besteht, daß "hier keine wie auch immer geartete 'Machtergreifung' der jeweiligen faschistischen Parteien (stattfand)", sondern die betreffenden Parteien bzw. deren Repräsentanten "entweder erst mit Hilfe der deutschen und (allerdings weniger) der italienischen Faschisten oder als Juniorpartner der einheimischen Diktatoren zur Macht" kamen ((20)), so ist dies wohl nur so zu interpretieren, daß der Autor hier *keine* "bedeutenden Ähnlichkeiten mit dem italienischen Faschismus" im Hinblick auf die Art und Weise der "Machtergreifung" sieht, zumindest aber, daß eventuell vorhandene Ähnlichkeiten als *nicht bedeutend* einzustufen sind. Daraus folgt logisch das Paradoxon, daß die Regime jener "ostmitteleuropäischen Faschismen" (wie z.B. das Ustascha-Regime in Kroatien oder das Pfeilkreuzler-Regime in Ungarn) *nicht* der Klasse der faschistischen Regime zuzuordnen sind – und zwar in offenkundigem Widerspruch zu Wippermanns Absicht.

((10)) Am Ende scheint es, als sei Wippermann sich im unklaren darüber, ob die Intensionen seiner Begriffe "Faschismus" bzw. "faschistisches Regime" – wie sie sich im vorletzten Satz seines Artikels finden – überhaupt als pragmatische Mittel zur intersubjektiv nachvollziehbaren Abgrenzung einer (hypothetisch angenommenen) Klasse von Gegenständen fungieren sollen oder eher als eine Art Zusammenfassung essentieller Aussagen *über* die Klasse der faschistischen Regime. Wenn nämlich laut Wippermann "die wichtigste Streitfrage (...) nach wie vor (ist), was 'Faschismus' überhaupt ist" ((41)), und wenn der Autor seine Begriffsfestlegung offenbar als *seine* Antwort auf diese "wichtigste Streitfrage" präsentiert – vgl. ((41)) –, dann ist seine Begriffsfestlegung nicht sinnvoll als eine (Nominal-)Definition zu verstehen, denn (Nominal-)Definitionen sind prinzipiell keine Aussagen, die einen Wahrheitswert beanspruchen und über deren Wahrheitswert man also streiten könnte. Aber selbst dann, wenn man Wippermanns Faschismus"begriff" als Zusammenfassung essentieller Aussagen über die Klasse der faschistischen Bewegungen bzw. Regime interpretierte (und diesen "Begriff" insofern als eine sog. Wesens- oder Realdefinition[18] akzeptierte), bliebe der Einwand bestehen, daß dieser Wesensbegriff des faschistischen Regimes konstitutiv mehrdeutig und zudem unvereinbar mit Wippermanns Konzeption des "ostmitteleuropäischen Faschismus" ist.[19]

((11)) Der hier zur Debatte stehende "generische Faschismusbegriff" müßte also grundlegend revidiert werden, damit er elementaren methodologischen Anforderungen genügt. Erst wenn das der Fall ist, macht es Sinn, die Substanz der darauf aufbauenden Aussagesysteme zu prüfen. Bis dahin kann von einer kognitiven Überlegenheit derartiger Theorien gegenüber konkurrierenden Ansätzen nicht ernsthaft die Rede sein.

Anmerkungen

1 Siehe Karl-Dieter Opp, Methodologie der Sozialwissenschaften, Opladen 3. Aufl. 1995. An derartigen Standards orientiert, hat bereits vor längerer Zeit Uwe Dietrich Adam ("Anmerkungen zu methodologischen Fragen in den Sozialwissenschaften: Das Beispiel Faschismus und Totalitarismus", in: Politische Vierteljahresschrift 16, 1975, S. 55-88) den klassischen Totalitarismusbegriff und marxistische Faschismusbegriffe (sowie die jeweils daran anknüpfenden Aussagesysteme) methodologisch evaluiert. Da Wippermann Adams kritische Analyse mehrmals zustimmend zitiert und als "vorzüglich" (Wolfgang Wippermann, Faschismustheorien, 5. Aufl. 1989, S. 97) bzw. "ganz vorzüglich" (ders., Totalitarismustheorien, Darmstadt 1998, S. 38) beurteilt hat, wird man auch Wippermanns eigene Faschismuskonzeption an jenen Standards messen dürfen.

2 Voraussetzung für die Anwendung dieses Kriteriums ist, daß über jene Gegenstände, auf die sich der betreffende Begriff beziehen soll, bereits in hinreichendem Umfang Daten erhoben wurden. Genauer hierzu: Opp, Methodologie, S. 127-130.

3 Hierzu ausführlicher und sehr anschaulich: Opp, Methodologie, S. 130-132.

4 Karl R. Popper: Die offene Gesellschaft und ihre Feinde. Bd. 2, Tübingen 1992, S. 25.

5 So betont C.J. Friedrich bereits bei der Einführung und Erläuterung seines Totalitarismusbegriffs, daß kommunistische und faschistische Diktaturen „z.B. in ihren Absichten und Zielsetzungen nicht gleich" sind (Carl J. Friedrich, Totalitäre Diktatur, Stuttgart 1957, S. 17). Zur Unterscheidung zwischen Ideologien mit universalen und partikularen Endzielen im Rahmen von Friedrichs Ansatz vgl. ebd.: 29ff.

6 Mit "ihrer Verherrlichung von Krieg und Gewalt", so Friedrich, hatten "die faschistischen Ideologien (...) einen wesentlichen Anteil an den schweren Fehleinschätzungen (...), die die faschistische Führung zu ihren Kriegsabenteuern verleitet haben." Der vom NS-Regime entfesselte Krieg und der durch die militärische Niederlage bedingte Zusammenbruch der faschistischen Totalitarismen sind demnach nur mit Bezug auf die spezifischen Inhalte faschistischer Ideologien zu erklären. Das Ende der beiden faschistischen Diktaturen sei also "eng mit ganz besonderen Eigentümlichkeiten ihrer Ideologie verknüpft" gewesen (ebd., S. 257). Zur Rolle von Hitlers Antisemitismus in bezug auf den Holocaust (im Rahmen von Friedrichs Konzeption) siehe z.B. ebd., S. 45f.

7 Siehe Achim Siegel, Der Funktionalismus als sozialphilosophische Konstante der Totalitarismuskonzepte Carl Joachim Friedrichs. Methodologische Anmerkungen zur Entwicklung von Friedrichs Totalitarismuskonzept in den sechziger Jahren, in: Zeitschrift für Politik 43, 1996, S. 123-144; ders., Carl Joachim Friedrichs Konzeption der totalitären Diktatur – eine Neuinterpretation, in: ders. (Hg.), Totalitarismustheorien nach dem Ende des Kommunismus, Weimar/Köln/Wien 1998, S. 273-307, hier insbesondere S. 289-296.

8 Genauer zur Methodik der abnehmenden Abstraktion, die in den empirischen Wissenschaften zunehmend Anwendung findet, siehe z.B. Leszek Nowak, On the (Idealizational) Structure of Economic Theories, in: Erkenntnis 30, 1989, S. 225-246; Siegwart Lindenberg, Die Methode der abnehmenden Abstraktion, in: Hartmut Esser/Klaus G. Troitzsch (Hg.), Modellierung sozialer Prozesse, Bonn 1991, S. 29-78; Hartmut Esser, Soziologie. Allgemeine Grundlagen, Frankfurt/M./ New York 1993, S. 133ff.

9 Vgl. Siegel, Konzeption, S. 289-295.

10 Wolfgang Stegmüller, Probleme und Resultate der Wissenschaftstheorie und Analytischen Philosophie Bd. 1, Heidelberg u.a. 2. Aufl. 1983, S. 406ff; vgl. auch Werner J. Patzelt, Einführung in die Politikwissenschaft, Passau 2. Aufl. 1993, S. 106ff. Eine derartige historisch-genetische Erklärung des Zusammenbruchs der kommunistischen Regime Europas auf Basis von Friedrichs (rekonstruierter) Theorie wird in Siegel, Konzeption, S. 305ff skizziert.

11 Vgl. Siegel, Funktionalismus, S. 136-139; Siegel, Konzeption, S. 296-302. Textgrundlage sind Friedrichs Aufsätze "Totalitarianism: Recent Trends", in: Problems of Communism, 17 (1968), S. 32-43 und "The Evolving Theory and Practice of Totalitarian Regimes", in: Friedrich, C.J./Barber, B.R./Curtis, M.: Totalitarianism in Perspective: Three Views, London 1969, S. 123-164.

12 Friedrich, Totalitäre Diktatur, S. 263.

13 Für totalitäre *Satellitenregime*, deren Spezifika auf einer nachgeordneten Abstraktionsebene modelliert werden (vgl. Siegel, Konzeption, S. 285ff), ist unter bestimmten Randbedingungen ein

modifizierter Entwicklungsverlauf zu erwarten. (So ist z.B. von einer *verkürzten* totalitären Reifungs-phase der Satelliten auszugehen, wenn – wie es nach 1945 im sowjetischen Einflußbereich der Fall war – die übergeordnete Metropole einen deutlichen Entwicklungsvorsprung hat und ihre Erfahrungen auf die von ihr abhängigen Regime übertragen kann.)

14 Zur Argumentation vgl. Anm. 6.

15 Siehe z.B. Friedrich Pohlmann, Ideologie und Terror im Nationalsozialismus, Pfaffenweiler 1992; ders., Ideologie, Herrschaftsorganisation und Terror im Nationalsozialismus, Dresden 1995; Wolfgang Kirstein, Das Konzentrationslager als Institution totalen Terrors. Das Beispiel des KL Natzweiler, Pfaffenweiler 1992.

16 Siegel, Konzeption, S. 303-307.

17 Der genaue Wortlaut findet sich in Abschnitt ((41)) im vorletzten Satz. Unklar ist, ob Wippermann diese beiden Attribute als Definiens bereits für hinreichend oder lediglich für notwendig erachtet (und ob also zusätzlich noch jene Attribute hinzuzuziehen sind, die den Begriff der faschistischen Bewegung - vgl. ebd. und ((16)) – festlegen).

18 Zu den Merkmalen einer Wesensdefinition vgl. Opp 1995, S. 109f.

19 Selbst dann allerdings, wenn die Ungenauigkeiten und Mehrdeutigkeiten in einer derartigen Wesens"definition" beseitigt würden, wären die methodologischen Folgeprobleme erheblich. Insofern der Gegenstand von Wesens"definitionen" nicht durch komplementäre Nominaldefinitionen bestimmt wird, d.h. insofern Wesensdefinitionen eine echte definitorische Funktion übernehmen, sind die darin enthaltenen Aussagen *grundsätzlich nicht* durch die Empirie zu falsifizieren. Eine solche Methodik würde die (von Wippermann offenbar befürwortete) Empfehlung Robert K. Mertons, falsifizierbare "Theorien mittlerer Reichweite" anzustreben ((39)), konterkarieren.

'Faschistenstrolch' und 'Neufaschist'
Betrachtungen zu einem umstrittenen Gattungsbegriff

Lothar Steinbach

((1)) In dem im September 1933 uraufgeführten Nazi-Film aus den Ufa-Produktionsstudios in Neubabelsberg[1] spielt der Hitlerjunge Grundler, schnoddrig-oberflächlich, pflichtvergessen, unfest und leicht verwahrlost, Typus des potentiellen Renegaten in den eigenen Reihen, eine Nebenrolle. Heini Völker, der Druckerlehrling, ist der eigentliche 'hero' der im proletarischen Milieu Berlins spielenden Handlung, weil er sich wider "die Kommune" und das Elternhaus, nur dem eigenen Antrieb folgend, für die "Nazis", wie sie sich im Film selbst bezeichnen, entscheidet. Blaß und fast überhörbar taucht die Faschismusmetapher nur ein einziges Mal in einer Szene auf, wo Grundler beim Verteilen von Flugblättern vor dem Schulgebäude von einem anderen Pennäler mit der bedrohlichen Beschimpfung "Hau ab, du Faschisten-strolch!" zur Seite gedrängt wird.

((2)) Wer möchte in Abrede stellen, daß es Faschismus als realexistierendes Herrschaftssystem in seiner Geschichte zwischen 1922 und 1945 zumindest in Italien und Deutschland explizit gegeben hat und nicht bloß *den* Faschis-mus als "realtypischen" Prädikator[2] zur Umschreibung einer "Bewegung", die nach ihrer Provenienz einen italienischen Rufnamen erhielt, im deut-schen Sprachraum jedoch auch als "nationalsozialistisch" bzw., pejorativ, "nazistisch" bekannt war? Insofern ist die Frage, ob es "Faschismus über-haupt gegeben" habe, wenn nicht gar überflüssig, so doch eine rhetorische.

((3)) Umstritten war der 'fascismo' als Kategorie zur Erklärung der Totalität dessen, was da in Italien und seit 1933 in Deutschland geschah, von Anfang an. Die zeitgenössischen Kritiker, die das Aufkommen des "Faschismus", "Na-tionalsozialismus", "Hitlerismus" oder "Nazismus" aus ihrem zeitgeschicht-lichen Wahrnehmungshorizont heraus beurteilten, hatten den beobachtenden Blick zunächst auf das Phänomen an sich gerichtet, ehe es in die Form einer Kategorie mit allumfassendem Aussagecharakter gepreßt wurde. In seiner Strukturanalyse der politischen Parteien der Weimarer Republik überschrieb Sigmund Neumann das entsprechende Kapitel schlicht mit "Nationalsoziali-sten" ohne bestimmten Artikel, ebenso wie er an anderer Stelle von "Kom-munisten" sprach. Vom Nationalsozialismus als "Faschismus" ist hier noch nicht die Rede[3]. Dagegen stand für den einstigen KPD-Reichstagsabgeordneten Arthur Rosenberg die Interdependenz von "bürgerlichem Kapitalismus" und dem "Aufstieg" des Faschismus außer Frage. Längst war "Faschismus" im sozialistischen und marxistischen Sprachgebrauch der späten zwanziger und frühen dreißiger Jahre zum "politischen Kampfbegriff"[4] mit antifaschistischer Spitze geworden. In seinem Selbstverständnis als politischer Historiker spricht Rosenberg davon, daß man seinen faschistischen Gegner genau kennen müs-se, wenn man ihn besiegen wolle. Und obwohl der "Faschismus" für ihn nichts weiter als eine "moderne, volkstümlich maskierte Form der bürgerlich-kapi-talistischen Gegenrevolution" darstellt, rät er zu einem sensiblen Umgang mit der Begrifflichkeit. "Es ist eigentlich nicht ganz richtig, das gleiche Schlag-wort <Faschismus> auf so verschiedenartige Bewegungen anzuwenden, wie es die Partei Mussolinis in Italien und die Partei Hitlers in Deutschland ist. Es sei nur daran erinnert, daß zum Beispiel die Juden- und die Rassenfrage, dieses Kernstück der Nazi-Ideologie, vom italienischen Faschismus gar nicht beachtet wird. Aber die politische Alltagssprache von heute nennt alle jene kapitalistischen, gegenrevolutionären Bewegungen faschistisch, sobald sie volkstümlich auftreten und sich zugleich auf eine aktive, für den Bürgerkrieg geschulte, Parteiarmee stützen ..."[5]

((4)) "Was ist Faschismus?" – Die Frage, so immer wieder gestellt, verlängert den Gelehrtenstreit um Globaltheorien und die Legitimität von generalisierenden Makrovergleichen, sie hilft uns aber in der Erforschung von Mentalitäten und Gesinnungskontinuitäten dann kaum weiter, wenn die Biographien der "faschistischen" Subjekte ausgeblendet bleiben. Erst die Summe der individuellen Bewußtseinsgeschichten schafft Mentalität[6]. Auffällig ist die Tatsache, daß sich, erstens, die historische Zunft hierzulande in ihrem Forschungsinteresse mit erheblicher Verzögerung auf die Kärrnerarbeit der Erforschung des Erfahrungsgedächtnisses der Zeitzeugen[7] eingelassen hat und daß, zweitens, im Vergleich zu der unüberschaubar gewordenen Zahl der Publikationen zur Herrschafts- und Strukturgeschichte des "Faschismus" die biographie- und erfahrungsgeschichtlichen Beiträge immer noch dünne gesät sind. Das mag seine Gründe haben, die möglicherweise auch mit den Biographien selbst zusammenhängen und der Angst vor ihrer Entlegitimierung. Wo anders aber als in den Brüchen zwischen der Individualerfahrung und einer wie auch immer vermittelten Allgemeingeschichte ließe sich für den einzelnen und seine spezifische Bewußtseinsgeschichte, aus der letztendlich in einem andauernden kritischen Erinnerungs-und Lernvorgang autonomes Geschichtsbewußtsein erwächst, Geschichte begreifen? Nicht die Angst vor der "Theorie" des Faschismus[8], in den 50er Jahren von Karl Dietrich Bracher mit dem Totalitarismus-Paradigma konterkariert und in den 60ern als ideologische Waffe von der universitären Linken im Wortgefecht mit dem Establishment wiederbelebt, sollte zu denken geben, sondern die Abschirmung von Biographien vor ihrem kritischen Zugriff.

((5)) Deshalb müßte die Frage, was Faschismus ist, notwendig subjektiviert werden durch die Überlegung, *was* und *wer* ein Faschist ist. Dann aber kämen wir wieder in die Bredouille, unterscheiden zu müssen zwischen dem "Nazi" und dem "Faschisten" und möglicherweise auch einfach "Nationalsozialisten". Dazu wäre es heuristisch sinnvoll, die Spurenelemente der Langzeitwirkungen von NS-Sozialisation, die Bewußtseinseinkerbungen von "faschistischer" Prägung sowie die geflissentliche Anpassung einzelner an "faschistische" Haltung, Wertsetzung und Sprache aus den Biographien herauszupräparieren, zu fragen auch, wie das Gedächtnis arbeitet, wenn die Zeitzeugen aus freien Stücken ihre Faschismuserfahrungen kundtun, und wie sie sich, wenn sie danach gefragt werden, verschließen und ihre *mémoire involontaire* versehentlich oder nur auf gewundenen Umwegen zum Vorschein kommt. Faschist ist eben nicht eo ipso, wer an "Rassen" glaubt, und "die Filbingers sind keine Nationalsozialisten"[9]. Die Faschismusverdächtigkeit von enttarnten Nazis und entnazifizierten Nachkriegspolitikern ist kompatibel. Da sich gerade Historiker von jeher gut für ihre Indienstnahme durch die Politik eignen, muß man sich nicht wundern, daß man sie in ihrer Biographie als willfährige Diener der jeweiligen political correctness wiederfindet. Es mag provozieren, von "faschistischer" Historiographie zu sprechen, wenn das Volkstumsschrifttum eines Otto Brunner, Theodor Schieder oder Werner Conze unter dem Aspekt ihrer intellektuellen Schreibtischtäterschaft[10] kritisch unter die Lupe genommen, ihre in Nachkriegspublikationen flugs vollzogene und lange unentdeckt gebliebene Mutation ihres rassistischen Vokabulars in ein struktur- und sozialgeschichtliches einer Sprachanalyse unterzogen, ihre Volksgeschichtsschreibung als stillschweigende Affirmation[11] des <Generalplans Ost> gedeutet und die auffällige Milde, mit der Hans-Ulrich Wehler[12] die "Volkshistoriker" seiner ihm eigenen sophisticated analysis unterzieht und seinem akademischen Ziehvater, Theodor Schieder, aber auch dessen zeitgenössischem Kollegen Conze, nicht nur eine gereifte "Lernfähigkeit" nach 1945, sondern in legitimatorischer Nachsicht ihnen beiden "Konsenszonen" der Überlappung ihrer "volksgeschichtlichen Ziele" mit "nationalsozialistischen Intentionen" konzediert, kontrovers diskutiert wird. Nur kommt die Irritation darüber in bestimmten Zirkeln der historischen Zunft ebenso verspätet wie das Betroffenheitseingeständnis der 'elder generation' über das, was Randgruppenhistoriker an brisantem Material aufgedeckt haben. Ein Blick über die Nachbarschaftsgrenzen der Disziplinen verdeutlicht, daß in der Soziologie bereits zwei Jahre vor Beginn des "Historikerstreits" über den Umgang mit der nationalsozialistischen ('faschistischen') Vergangenheit, die nicht "vergehen" will, die systematische Ausklammerung der Phase 1933 - 1945 aus dem professionellen Selbstverständnis der Soziologie hinterfragt wurde[13]. Wie soziologische Arbeit im Faschismus praktisch stattfand, welchen ideologischen und politischen Prämissen sie folgte und in welcher Weise sie in den politischen Herrschaftsapparat eingebunden war, läßt sich am Beispiel der von Wilhelm Brepohl geleiteten Forschungsstelle für das Volkstum im Ruhrgebiet demonstrieren. Wo bei den Volkshistorikern Conze und Schieder von "Entjudung" der städtischen Siedlungsräume in Polen die Rede ist, unterscheidet sich die Sprache des Volkstumssoziologen

Brepohl in nichts von der faschistoiden Ausdruckskraft der akademisierten LTI seiner Historikerkollegen. Brepohl warnt unverblümt vor einer "biologischen Verostdeutschung" des Ruhrvolkes, denn mit der Einwanderung aus dem Osten seien "sehr viel (sic!) untüchtige Elemente ins Ruhrgebiet gekommen" und dabei "auch der biologische Flugsand"[14]. – Die Sprache bringt es an den Tag. Zu den Sprachpositionen, die ein Schieder, Conze oder Brepohl *nach* 1945 bezogen, braucht keine neue Modernisierungstheorie entwickelt zu werden. Mir scheint, in den klaffenden Brüchen einiger auffälliger Biographien der NS-Zeit liegt die Brisanz der Aufklärung über "faschistisch", "Faschisten" und "Faschismus" in seiner deutschen Sonderform. Auf einem "sprachlichen Sonderweg" befindet sich das "neue Deutschland" so lange nicht, bis geklärt ist, was es mit der Wortkreation vom "sprachlichen Sonderweg" auf sich haben soll und, selbst wenn dem so wäre, worin dann im historischen Vergleich das "neue Deutschland" von der 'sprachlichen Norm' abweicht[15]. Was den "Sonderfall des deutschen Faschismus"[16] generell angeht, so liegt die Antwort auf der Hand: Den NS-Faschismus unterschied Auschwitz vom italienischen. Aber belehrt uns Auschwitz, was Faschismus ist, oder nicht eher, was deutsch daran war?[17]

((6)) "Der Streit um diese Theorien vom Faschismus ist nicht nur ein Zeitvertreib für Leute, die am Schreibtisch sitzen und über Soziologie spekulieren"[18], schrieb Arthur Rosenberg 1934 mit spitzer Feder. Der Streit währt nun schon Jahrzehnte. Deshalb ist die spekulative Formulierung Henry Ashby Turners in seinem 1972 erschienenen Buch "Faschismus und Kapitalismus in Deutschland", auf das Wippermann[19] zu Beginn seines Beitrages rekurriert, nicht allzu aufregend. Die Aussage, für sich genommen, wirkt nur unweit dramatischer als sie selbst in der Hochphase des Kalten Krieges und der deutsch-deutschen Polarisierung zwischen "bürgerlicher" und "marxistischer" Geschichtsschreibung gemeint sein konnte. Auf jenen Passus (oder Lapsus?) bei Turner hatten sich schon längst zuvor andere gestürzt. Geradezu genüßlich zitieren Dietrich Eichholtz und Kurt Gossweiler[20] den amerikanischen Historiker, der "– wohl eher unfreiwillig als absichtlich –" die "Aufdeckung des Klassencharakters des Faschismus durch die Marxisten-Leninisten" eingestanden habe, "als ihm die Aussage entschlüpfte, der moderne Kapitalismus sei kaum zu verteidigen, wenn die These zuträfe, daß der Faschismus sein Produkt sei". Denn wer "wissenschaftliche Forschung" über den Faschismus betreibe, müsse sich dessen bewußt sein, daß sich die "Faschismusanalyse der revolutionären Arbeiterbewegung ... als einzige wissenschaftliche Erklärung des faschistischen Phänomens gegenüber allen anderen Faschismustheorien erwiesen" habe.

((7)) Dieser apodiktische Deutungsanspruch der damals tonangebenden DDR-Faschismusforschung hat Tradition. Die besondere Legitimationsaufgabe[21], die der DDR-Geschichtswissenschaft im Kampf gegen die "bürgerliche Historie" zugeschrieben war, gründete auf den Geschichtserfahrungen führender KPD-Kader im antifaschistischen Widerstand. Negativ beeindruckend waren im Urteil der KPD, wie die jüngst edierten stenographischen Protokolle der "Brüsseler Konferenz" überzeugend belegen[22], sowohl die Massenbasis wie die pädagogischen Erfolgsrezepte der Nationalsozialisten in sämtlichen Organisationsbereichen des politischen und gesellschaftlichen Lebens, vor allem aber in der Jugendsozialisation. Deshalb kam es, im Sinne von Geschichtspragmatikern wie Anton Ackermann, Alexander Abusch oder Ernst Niekisch, "nach Hitler" darauf an, die "konkreten" Lehren aus der Geschichte des Faschismus zu ziehen, "das deutsche Volk" umzuerziehen und die "bürgerliche Festung Wissenschaft zu stürmen". Diese Kampfansage bestimmte 40 Jahre lang das gespannte Verhältnis zwischen den deutsch-deutschen Geschichtswissenschaften. Mit der Wende hatte sich das Kommunikationsklima verändert. Jenseits der in den 80er Jahren eingeübten Normalisierungsgesten auf internationalen Kolloquien, wie beispielsweise bei einer von DDR- wie "BRD"-Seite hochkarätig besetzten Tagung (28.2. - 1.3.1984) in Sellin auf der Insel Rügen zum Thema "Der Kampf gegen den Faschismus, Aspekte-Probleme-Lehren"[23], waren *nach* der Wende mit einem Mal Begegnungen zwischen den einstigen Machthabern der in zwei Lager gespaltenen deutschen Offizialhistorie und ihren weniger ruhmreichen Vertretern zustande gekommen, die niemand, selbst in den kühnsten Träumen, für möglich gehalten hatte. Im Zuge einer wenn auch nur zögerlich einsetzenden Erinnerungsarbeit und eines Nachdenkens über sich selbst und die jeweilige Rolle als Historiker im System der Wissenschaften entdeckte man bislang verborgen gebliebene Forschungswege, die in Zeiten der Konfrontation zwischen vermeintlich bürgerlich-*neufaschistischer* und marxistisch-leninistischer Geschichtsschreibung dennoch nicht so diametral voneinander entfernt und kontraproduktiv gewesen waren, wie es aus der Perspektive des im Kalten Krieg gepflegten kämpferischen Vokabulars den Anschein haben mußte. Sobald sich die Forschungsanstrengungen nicht nur auf die mainstreams der Geschichte oder die mid-life-crisis Adolf Hitlers richteten, sich also eher dem sogenannten "alltäglichen Faschismus" und den "kleinen Nazis" zuwandten, schienen sich die Historiker aus beiden Systemen in ihren Deutungen des Phänomens und der Kennzeichnung von generellen Forschungsdesideraten einander angenähert zu haben, auch wenn sie sich unter 'weltanschaulichen' Gesichtspunkten fremd blieben.[24]

Anmerkungen

1 Vgl. hierzu u.a.: Siegfried Kracauer, Von Caligari bis Hitler. Ein Beitrag zur Geschichte des deutschen Films, Hamburg 1958; Jay W. Baird, From Berlin to Neubabelsberg: Nazi Film Propaganda and Hitler Youth Quex, in: Journal of Contemporary History, 18, 1983, H. 3, S. 495-515; Francis Courtade/Pierre Cadars, Histoire du Cinéma Nazi, Paris 1972 (gekürzte dt. Übersetzung: Geschichte des Films im Dritten Reich, München 1975, hier: S. 43-47).

2 Vgl. Wolfgang Wippermann, Hat es Faschismus überhaupt gegeben? Der generische Faschismusbegriff zwischen Kritik und Antikritik, in: EuS, Hauptartikel, ((41)). – In dem "Intervista sul fascismo" Renzo De Felices wird unterschieden zwischem dem "Faschismus als Regime" (Politik Mussolinis) und dem "Faschismus als Bewegung" (den Zielvorstellungen und "Erneuerungsbestrebungen" der faschistischen Bewegung in Italien); vgl. hierzu: Renzo De Felice, Der Faschismus. Ein Interview, Stuttgart 1977, S. 34-35.

3 Vgl. Sigmund Neumann, Die politischen Parteien in Deutschland, Berlin 1932 (hier: die Ausgabe mit einer Einführung von Karl Dietrich Bracher: "Die Parteien der Weimarer Republik", Stuttgart 1973, S. 73-87).

4 Vgl. Wippermann (Hauptartikel, ((8)), besonders Anm. 14).

5 Arthur Rosenberg, Der Faschismus als Massenbewegung, Karlsbad 1934, zit. nach: Wolfgang Abendroth, Faschismus und Kapitalismus. Theorien über die sozialen Ursprünge und die Funktion des Faschismus, Frankfurt a.M. 1974, S. 75-141, hier: S. 78.

6 Zum Problem einer pauschalisierenden Verwendung des Begriffes "Mentalität" in den Sozialwissenschaften vgl. u,a. meine beiden Abhandlungen: "Sozialgeschichte, Arbeitergeschichte, erinnerte Geschichte. Anmerkungen zu Erträgen neuerer Oral-History-Forschungen in der deutschsprachigen Historiographie", in: AfS, 28, 1988, S. 541-600, hier: S. 551 sowie "Bewußtseinsgeschichte und Geschichtsbewußtsein. Reflexionen über das Verhältnis von autobiographischer Geschichtserfahrung und Oral History", in: BIOS, 8. Jg., 1995, H. 1, S. 89-107, hier: S. 104, wobei anzufügen ist, daß ich mich auf eine Definition von 'Mentalität' berufe, die auf die soziographischen Untersuchungen von Theodor Geiger zurückgreift und seine geradezu psychologisierende und kognitivistische Umschreibung von Mentalität als "geistig-seelischer Disposition", als "unmittelbare Prägung des Menschen durch seine soziale Lebenswelt und die von ihr ausstrahlenden, an ihr gemachten Lebenserfahrungen". Vgl. Theodor Geiger, Die soziale Schichtung des deutschen Volkes. Soziographischer Versuch auf statistischer Grundlage, Stuttgart 1932 (hier: Reprint, Darmstadt 1972, S. 77).

7 Vgl. Lutz Niethammer, "Die postmoderne Herausforderung. Geschichte als Gedächtnis im Zeitalter der Wissenschaft", in: Wolfgang Küttler, Jörn Rüsen, Ernst Schulin (Hrsg.), Geschichtsdiskurs, Bd. 1: Grundlagen und Methoden der Historiographiegeschichte, Frankfurt a. M. 1993, S. 31-49, hier: S. 46. – Vgl. als hervorragenden Beitrag einer erfahrungs- und biographiegeschichtlichen Studie das Buch von: Ulrich Herbert, Best, Biographische Studien über Radikalismus, Weltanschauung und Vernunft, 1903-1989, Bonn 1996.

8 Vgl. Charles S. Maier, "Angst vor dem Faschismus?", in: ders., Die Gegenwart der Vergangenheit. Geschichte und die nationale Identität der Deutschen, Frankfurt/New York 1992, S. 101-109.

9 Das Zitat des zweiten Teils des Satzes stammt aus: Martin Walser, Unsere historische Schuldig-
keit, (Erstveröffentlichung: Konkret, November 1978), Wiederabdruck, in: ders., Deutsche Sorgen,
Frankfurt a. M. 1997, S. 210-212, hier: S. 212. (Vgl. ebd. den vollen Wortlaut: "Der Faschismus,
mit dem wir uns wirklich auseinandersetzen müssen, hat im Augenblick noch keine Uniform. Entnazifizierung ist, was wir am wenigsten brauchen. Die Filbingers sind keine Nationalsozialisten.
Und die Entnazifizierung durch Absorption und Integration ist einer Verfolgung vorzuziehen. Wir
müssen die Bedingungen, die in jedem von uns den Faschisten produzieren wollen und können,
studieren und dann in der gesellschaftlichen Organisation überwinden...")

10 Vgl. hierzu die zugleich anregende wie provozierende Studie von Götz Aly und Susanne Heim,
Vordenker der Vernichtung. Auschwitz und die deutschen Pläne für eine neue europäische Ordnung, Hamburg 1991 sowie die von Götz Aly mit Recht aufgeworfene Frage, warum sich der deutsche Historikerverband noch immer nicht zur Mitschuld von Historikern der Nazi-Zeit und ihrer
intellektuellen Mittäterschaft in aller Form bekannt und sich gegenüber den Opfern und ihren Nach-
kommen entschuldigt habe. - Vgl. ferner: ders., "Endlösung". Völkerverschiebung und der Mord an
den europäischen Juden, Frankfurt a. M. 1995, S. 17 und, an anderer Stelle, vor allem das Kapitel
"Rückwärtsgewandte Propheten", in: ders., Macht – Geist – Wahn. Kontinuitäten deutschen Den-
kens, Berlin 1997, S. 153-183.

11 Vgl. hierzu Peter Schöttler (Hrsg.), Geschichtsschreibung als Legitimationswissenschaft 1918 -
1945, Frankfurt a. M. 1997, darin auch den sprachanalytisch brillanten Beitrag von Gadi Algazi,
"Otto Brunner – <Konkrete Ordnung> und Sprache der Zeit", ebd., S. 166-204.

12 Die Zitate aus Beiträgen von Hans-Ulrich Wehler beziehen sich auf Mitschriften bzw. Ton-
mitschnitte von Vorträgen und Referaten, die Wehler u.a. im Dezember 1998 im Wissenschafts-
kolleg zu Berlin unter der Thematik "Der Nationalsozialismus und die deutschen Historiker" (vgl.
SFB/Radio Kultur vom 16. Dez. 1998) bzw. anläßlich eines Kolloquiums "Historiker und Nationalsozialismus" am 5. März 1999 in der Aula der Humboldt-Universität zu Berlin zur Diskussion
stellte. Zu dem letztgenannten Kolloquium waren auch Götz Aly und Peter Schöttler eingeladen,
sie hatten jedoch ihre Teilnahme kurzfristig abgesagt. Das Auditorium wäre auf den zu erwartenden
Schlagabtausch zwischen Aly, Schöttler und Wehler gespannt gewesen. – In seinem Buch 'Macht,
Geist, Wahn' (vgl. ders., a.a.O., S. 183) kommentierte Aly Wehlers Nachruf auf Theodor Schieder
(siehe hierzu: Hans-Ulrich Wehler, Nachruf auf Theodor Schieder. 11. April 1908 – 8. Oktober
1984, in: GG, 11, 1985, S. 143-153) wie folgt: "Hans-Ulrich Wehler würdigte die NS-Schriften
seines Lehrers Schieder im intellektuellen Blindflug als Exempel für <erprobte Rechtsstaatlichkeit
und die kulturelle Tradition einer zivilisierten europäischen Nation> und wollte darin einen
himmelweiten Unterschied zum <Lebensraum-Expansionismus der braunen Machthaber> erkennen".

13 Vgl. den Beitrag von Johannes Weyer, Die Forschungsstelle für das Volkstum im Ruhrgebiet
(1935 - 1941) – Ein Beispiel für Soziologie im Faschismus, in: Soziale Welt, 35, 1984, S. 124-145,
– ein Beitrag, der eigentlich unter Historikern hätte Aufsehen erregen müssen!

14 Zitiert nach Weyer, ebd., S. 133.

15 Vgl. Wippermann, Hauptartikel, ((3)) – Was heißt "das neue Deutschland" und wer ist "das
neue Deutschland"? Zu weiteren kritischen Anmerkungen regen an die vorwiegend an globalen
Systemtheorien orientierten Aussagen vor allem in Abschnitt ((33)), (Hauptartikel), wenn gesagt
wird, zwischen "der faschistischen Vergangenheit und der demokratischen Gegenwart" gebe es
"vielfältige Bezüge und **Kontinuitäten** im biographischen, ideologischen, strukturellen und

mentalitätsgeschichtlichen Bereich", als ob sich die Belegstellen in "Ernst Nolte" und dem "Historikerstreit" erschöpften! Und weiter unten ist zu fragen, wie sich "unsere" Mentalität definiert? Wenn an anderer Stelle gesagt wird (vgl. ((37))), **"der Faschismus selber ist noch keineswegs tot"**, heißt das etwa, daß wir noch unter Bedingungen leben, die Faschismus produzieren können? Und "wir", das sind nicht nur die Deutschen? Sobald ich im Ausland bin, bin ich ein Deutscher. Aber wer bin ich hier? Deshalb heißt auch das vermeintlich "schöne" Theaterstück, das Wippermann im Titel falsch zitiert (vgl. ((26))), korrekt, wie auf den Plakaten der 'Freien Theateranstalten', Berlin, angekündigt und in der grammatischen Verbindung von Präsens und Präteritum, folgendermaßen: "Ich bin´s nicht, Adolf Hitler ist es gewesen", was einen wohl über deutsche Vergangenheiten sinnierenden Zeitgenossen veranlaßt haben mag, auf dem Plakat Adolf Hitler mit Erich Honecker zu überpinseln.

16 Vgl. Wippermann, Hauptartikel ((22-27)).

17 Vgl. Lothar Steinbach, Der Holocaust und die Erinnerung, in: Jörg Thierfelder/Willi Wölfing (Hrsg.), Für ein neues Miteinander von Juden und Christen, Weinheim 1996, S. 221-249.

18 Arthur Rosenberg, a.a.O., S. 77.

19 Vgl. dazu: Wippermann, Hauptartikel, ((1)) sowie: Henry Ashby Turner, Faschismus und Kapitalismus in Deutschland, Göttingen 1972, S. 7.

20 Vgl. Dietrich Eichholtz/Kurt Gossweiler (Hrsg.), Faschismusforschung. Positionen, Probleme, Polemik, Berlin (Ost) 1980, S. 14, Anm. 4.

21 Vgl. hierzu: Lothar Steinbach, DDR-Historie zwischen Wissenschaftlichkeit und Politik. Anmerkungen zu unterschiedlichen Forschungsansätzen und kontroversen Bewertungen, in: APZ, B 45/98 (30. Okt. 1998), S. 31-44.

22 Vgl. Erwin Lewin/Elke Reuter/Stefan Weber (Hrsg.), Protokoll der "Brüsseler Konferenz" der KPD 1935. Reden, Diskussionen und Beschlüsse, Moskau vom 3. bis 15. Oktober 1935, 2 Bde., München 1997.

23 Vgl. Kurt Pätzold/Wolfgang Meinicke, Der Kampf gegen den Faschismus, in: ZfG, 32. Jg., 1984, H. 8, S. 718-722.

24 Vgl. etwa Kurt Pätzold/Irene Runge, Pogromnacht 1938, Berlin (Ost) 1988 mit Lothar Steinbach, Ein Volk, ein Reich, ein Glaube? Ehemalige Nationalsozialisten und Zeitzeugen berichten über ihr Leben im "Dritten Reich", Bonn 1983 (Neuauflage 1995) und die Rezension meines Buches durch Kurt Pätzold in: ZfG, 32. Jg., 1984, H. 8, S. 749-750.

Etikettenschwindel

Ernst Topitsch

((1)) Die Selbstbezeichnung als National*sozialismus* bildet schon lange Zeit
für viele eine Fatalität, zumal da die Hitlerbewegung den Anspruch erhob, im
Gegensatz zu den Marxisten und verwandten Gruppierungen den "wahren"
Sozialismus zu repräsentieren. Nun ist der Streit um den "wahren" Sozialismus schon alt, und wir dürfen nicht vergessen, daß bereits Marx selbst seine
giftigsten Polemiken nicht so sehr gegen die Bourgeoisie wie gegen seine
sozialistischen bzw. kommunistischen Konkurrenten gerichtet hat. So habe
natürlich auch ich diese Streitfrage nicht zu entscheiden. Doch der Ausdruck
"National*sozialismus*" wirft eine Reihe von Problemen auf, vor allem im Hinblick auf das Verhältnis zu anderen politischen Kräften, die gleichfalls den
"wahren" Sozialismus für sich beanspruchen, besonders zum Sowjetkommunismus. Nun sind die substantiellen Übereinstimmungen zwischen den beiden Unterdrückungssystemen längst bekannt, und jüngstens wieder hat Walter Laqueur bestätigt, daß beide "entscheidende Merkmale – die Einparteien-
diktatur etwa oder den umfassenden Einsatz von Propaganda und Terror –
miteinander teilten".[1] Überdies ist der russische Kommunismus dem Nationalsozialismus zeitlich vorangegangen und hat diesem mancherlei Anre-
gungen gegeben, die bis zum Kopieren reichen konnten. Nun konnte man
solchen Peinlichkeiten am besten ausweichen, indem man das deutsche Unter-
drückungssystem einfach als "faschistisch" bezeichnete, obwohl es mit dem
sowjetischen weit größere Ähnlichkeit besaß als mit dem Original-Faschismus Mussolinis.

((2)) So orientiert sich Wippermann zunächst an "der konkreten Gestalt des
italienischen Faschismus als ‚faschistischem Realtypus‘, der von den außeritalienischen Parteien und Regimen nachgeahmt wurde" ((14)), was freilich
für den Nationalsozialismus nur sehr bedingt zutrifft. Wenn aber anschließend dieser Realtypus umrissen wird ((15)), so fällt sofort auf, daß die
betreffenden Charakteristika – etwa mit Ausnahme der betonten Männlichkeit – gleichermaßen für erhebliche Teile des Sozialismus und besonders
den Kommunismus gelten. Jedenfalls haben die Faschisten – wie auch die
Nationalsozialisten – wesentliche Strukturen und Methoden sozialistischer
Massenbewegungen nachgeahmt und sogar Mussolini selbst kam aus diesem Lager

((3)) Wenn anschließend behauptet wird, die faschistische Ideologie sei "in ihrem Kern rassistisch" ((16)) gewesen, so trifft dies für das italienische Original zunächst überhaupt nicht zu. Mussolini träumte von der imperialen Größe des alten Rom, aber nicht von dem angemaßten Anspruch nordischer Barbaren auf rassische Überlegenheit. Juden konnten Parteimitglieder werden und deutsche Emigranten fanden hier zeitweise Asyl. Erst als der Duce mehr und mehr in das Fahrwasser Hitlers geriet, wurden die Rassengesetze erlassen, aber oft nur halbherzig durchgeführt. Doch um den Nationalsozialismus mit seinen furchtbaren antisemitischen Exzessen unter den "Faschismus" subsumieren zu können, muß eben auch dem italienischen Original-Faschismus ein "Rassismus" unterstellt werden.

((4)) Überhaupt muß zwischen Rassismus und Antisemitismus bzw. Antijudaismus unterschieden werden. Letzterer war in großem Umfange nicht rassistisch, sondern religiös-konfessionell und/oder wirtschaftlich bedingt. Den Juden wurden Ritualmorde unterstellt, sie wurden als Schacherer und Wucherer in Verruf gebracht und mußten schließlich als Sündenböcke für alles mögliche Ungemach herhalten. Ja, das "faschistische" Spanien hat sogar den auf dem Balkan lebenden "spaniolischen" Juden spanische Pässe ausgestellt und sie so ihren Verfolgern entzogen, während in der sozialistischen Sowjetunion die endemische Judenfeindschaft unter Stalin wieder langsam an Boden gewann und schließlich zu regelrechten Verfolgungen führte. Auch hat es eine ganze Anzahl von Rassenlehren gegeben, die mit dem Antisemitismus wenig oder nichts zu tun hatten und sich in Amerika vor allem gegen die Neger, in den europäischen Kolonialmächten gegen die Kolonialvölker richteten. Gewiß konnten auch Faschisten diese älteren Gedankenbestände übernehmen, wozu dann noch der um die letzte Jahrhundertwende verbreitete Sozialdarwinismus kam.

((5)) Eine "faschistische Theorie", die an intellektueller Ausarbeitung mit dem Marxismus und an Dogmatisierung mit dessen zur Staatsreligion verkrusteter sowjetischer Spielart vergleichbar gewesen wäre, hat es nie gegeben. Was hier geboten wurde, war eher ein gemischter Salat aus recht verschiedenen Ingredienzen, zu denen in Deutschland auch mehr oder minder geeignete Dekokte aus Hegel, Nietzsche und Wagner gehören konnten. Dazu kam der emotional-aktivistische, theoriefeindliche und antiintellektuelle Charakter dieser Bewegungen. Nicht das Buch, bei dessen Lektüre man einhalten und nachdenken konnte, war die wirksamste Waffe, sondern die theatralisch inszenierte Massenveranstaltung, deren Teilnehmer durch eine geschickte Regie und aufwühlende Reden in einen rauschhaften Zustand versetzt wurden. Mussolini und Hitler waren Redner mit treffsicherem Instinkt für Massenwirkung, doch las man dann die Texte in nüchterner Stimmung, so wirkten sie meist banal und phrasenhaft. So heißt es etwa in einer frühen Rede Mussolinis: "Unser Programm ist sehr einfach: wir wollen Italien regieren. Man fragt uns immer nach Programmen. Wir haben deren schon zu viele. Zur Erlösung Italiens sind keine Programme nötig, sondern Männer und Willenskraft."[2] Entsprechend lautete auch eine oft gebrauchte Parole: "Credere, obbedire, combattere." Auch Hitler, der sich über Rosenbergs "Mythus" abfällig äußerte, hatte mit Theorien wenig im Sinn, ja sogar die Ursprünge und Motive seines Antisemitismus sind nach Brigitte Hamanns gründlicher Untersuchung seiner Wiener Jahre noch unklarer als zuvor.[3] Das charismatische Sendungsbewußtsein dieses Abenteurers und Hasardeurs wurde durch seine anfänglichen großen Erfolge, den Byzantinismus seiner Umgebung und die messianischen Erwartungen eines bedeutenden Teiles des Volkes zumindest enorm gesteigert – bis zur Überzeugung von der Einzigartigkeit seiner Person in der deutschen Geschichte: "Führer befiehl, wir folgen dir."

((6)) Noch größer wird die Unklarheit, wenn man verwandte Bewegungen außerhalb Deutschlands und Italiens mit in Betracht zieht, die jeweils ihrem eigenen Nationalismus huldigen. So wird man Walter Laqueur zustimmen dürfen, wenn er von einem "faschistischen Minimum"[4] spricht, "das alle Formen gemeinsam hatten, wie etwa den Glauben an Nationalismus, hierarchische Strukturen und das ‚Führerprinzip'. Alle Faschismen waren antiliberal und antimarxistisch, doch auch antikonservativ, da sie sich dem alten Establishment nicht unterordnen, sondern es durch eine neue Elite ersetzen wollten."[4] Im Rahmen eines solchen Minimums hat gewiß auch der Nationalsozialismus Platz. Doch verglichen mit der Brutalität des Terrors und der Zahl seiner Opfer in Nazideutschland und der leninistisch-stalinistischen Sowjetunion war die politische Polizei im faschistischen Italien "immer noch ein Vorbild an Mäßigung und Humanität."[5]

((7)) So besteht an diesen wichtigen Punkten, aber auch an anderen, eine weit größere Übereinstimmung zwischen den beiden "sozialistisch" firmierenden Systemen als zwischen ihnen und dem Original-Faschismus Mussolinis. Diese Gemeinsamkeiten aus dem öffentlichen Bewußtsein zu verdrängen, war eine der Hauptaufgaben des Antifaschismus. Jeder Vergleich zwischen jenen beiden Systemen sollte ebenso tabuisiert werden wie die Frage, inwieweit die Nationalsozialisten von sowjetischen Vorbildern angeregt wurden oder sie kopiert haben. Das wurde besonders wichtig, als 1945 die Rote Armee mitten in Europa stand und nur durch die amerikanische Gleichgewichtsmacht in Schach gehalten wurde. Nun diente der Antifaschismus als wichtige Waffe einer psychologischen Kriegführung, wobei auch der Ausdruck "Totalitarismus" als Symbol der Abwehrbereitschaft einer freiheitlichen Demokratie gegen Bedrohungen von "rechts" und "links" eliminiert werden sollte, was übrigens zu erheblichem Teil gelang. Man suchte von der höchst realen militärischen Bedrohung abzulenken, indem man den Popanz einer "faschistischen Bedrohung" aufbaute, obwohl es in Deutschland nach dem Krieg eine einigermaßen ernstzunehmende Bedrohung von dieser Seite nie gegeben hat. Nichtsdestoweniger konnte diese Propaganda, die sich auch doppelbödiger Friedensparolen bediente, im Zeichen einer "antifaschistischen Solidarität aller Demokraten" bis in bürgerliche Kreise hineinwirken.

((8)) Das Grottenbahngespenst eines hinter jedem Busch sprungbereit lauernden Faschismus hat auch in der 68er-Bewegung, die übrigens ihrerseits von Habermas einmal als "Linksfaschismus"[6] bezeichnet wurde, eine Rolle gespielt. In sich differenziert, ja zerstritten, standen diese jungen Antifaschisten dem Sowjetmarxismus zum Teil kritisch gegenüber und wurden von diesem als Anarchisten mißtrauisch betrachtet, aber insofern geschätzt, als sie in der damaligen Bundesrepublik Unruhe stifteten. Teile von ihnen formierten sich in einem "langen Marsch durch die Institutionen" zu einem intellektuellen Establishment, dessen Konformitätsdruck an jenen der Restaurationsatmosphäre der Ära Adenauer erinnert. War damals der geistig selbständige Mensch fast vom Schwefelgestank des Bolschewismus umwittert, so läuft er heute Gefahr, als Faschist denunziert zu werden. Dennoch oder gerade deshalb darf man es nicht hinnehmen, daß die durch die Selbstbezeichnung "National*sozialismus*" angerissenen Fragen mit Hilfe einer Art von Etikettenschwindel aus dem Bewußtsein ausgeblendet werden.

Anmerkungen

1 W. Laqueur: Faschismus, Berlin 1997, S. 130.

2 Zit. n. K. Mannheim: Ideologie und Utopie, 2. Aufl., Bonn 1930, S. 97, Anm. 1.

3 B. Hamann: Hitlers Wien. Lehrjahre eines Diktators, 3. Aufl., München-Zürich 1996.

4 W. Laqueur, a. a. O., S. 140.

5 W. Laqueur, a. a. O., S. 87.

6 In diesem Sinne auf dem – zum Tode von Benno Ohnesorg durchgeführten – Kongress "Bedingungen und Organisation des Widerstands" am 9.6.1967 in Hannover.

Ein Gattungsbegriff mit Sonderfall

Friedrich Zunkel

((1)) In den letzten Jahrzehnten ist die lange Zeit nur nationalgeschichtlich betriebene Totalitarismus- und Faschismusforschung hinsichtlich ihrer Fragestellungen und Gegenstandsbereiche immer mehr vergleichend geführt worden. Die empirischen und theoretischen Ergebnisse dieser Forschungen lassen es heute gegenüber allen Vorbehalten und Einwänden als durchaus legitim erscheinen, die Notwendigkeit der Bildung eines generischen Faschismusbegriffs zu vertreten. Herr Wippermann geht dabei von einer realtypischen Begriffssetzung aus, die durch die "reale Existenz des namengebenden und stilbildenden italienischen Faschismus bestimmt wird" (41). Zweifellos war das Italien Mussolinis das erste Diktaturregime, das dem Hitlers vorausging und wie dieses als in vollem Umfang faschistisch angesehen werden kann, auch wenn die Wesensverwandtschaft der beiden Regime in der Herrschaftsphase im Hinblick auf die Erlangung der totalen Macht durch den Diktator graduell differierte (24)[1]. Dazu wiesen weitere faschistische Bewegungen, die dem italienischen und später deutschen Vorbild folgten bzw. von beiden Diktaturregimen initiiert wurden, eine Vielzahl ihrer Wesenszüge auf (14, 20). Diesem vom italienischen Vorbild geprägten Faschismusbegriff ist meines Erachtens der Vorrang vor einer idealtypischen Definition eines faschistischen Minimums zu geben (41). Ebenso ist dem Verf. zuzustimmen, wenn er Totalitarismustheorien als Alternative ablehnt (28-31) und kommunistische, schichten- oder klassengebundene, sozialpsychologische und auf den Modernisierungsprozeß abhebende Theorien als monokausale Erklärungen des Faschismus für unzureichend hält (10-13), ihnen jedoch als Theorien mittlerer Reichweite heuristischen Wert zuerkennt (39).

((2)) Irreführend erscheint mir aber, daß der Verf. neben der Darstellung des

Erscheinungsbildes der faschistischen Bewegungen, ihres politischen Stils und ihrer Ideologie (15-17), die additiv im Sinne des Gattungsbegriffs aufgewiesen werden, anscheinend über die eingeräumten graduellen und quantitativen Unterschiede (17) hinausgehend, den deutschen Faschismus als Sonderfall hervorhebt (22-25), danach aber den diese Ansicht besonders begründenden deutschen Rassismus und Antisemitismus auch als Kernelement der faschistischen Ideologie insgesamt verstanden wissen will (25-27). Kaum als Sonderfall sind meines Erachtens aber die deutschen ökonomischen, politischen und mentalitätsgeschichtlichen Voraussetzungen für die nationalsozialistische Machtergreifung (22) und die Politik der NSDAP in der Bewegungsphase bis zu dieser gegenüber den italienischen Verhältnissen und Entwicklungen anzusprechen, wie gerade jüngere vergleichende Untersuchungen bewiesen haben.[2] Sie zeigen außerdem, daß nach der Machtergreifung auch in Italien ein totalitäres faschistisches Regime errichtet wurde. Es war allerdings weniger effizient als das deutsche und vermochte nicht, die konservativen Bündnispartner des Diktators zu entmachten (24)[3].

((3)) Bedauerlicherweise fehlt in diesem Zusammenhang jede Auseinandersetzung des Verf. mit Autoren, die in jüngster Zeit eine qualitative Strukturierung der wesentlichen Elemente des Faschismus diskutiert haben.[4] So hat Hans Mommsen 1996 noch akzentuierter als früher bei der Charakterisierung der nationalsozialistischen Bewegung und ihres Regimes die Ansicht vertreten, daß sie programmatische Festlegungen bewußt vermieden und ihre ideologischen Aussagen je nach politischer Opportunität gewechselt haben. Entscheidend sei die schon in der Bewegungsphase ausgebildete besondere Form der Politik des Regimes gewesen, die in der "Partifizierung" der Machtträger in Partei und Staat sowie in der ständigen "Dynamisierung der Bewegung" bei gleichzeitiger "Formalisierung der propagandistischen Inhalte" bestanden habe. In der Dynamisierung habe ein extrem voluntaristisches Element gelegen, das sich in Hitlers "Kult des Willens" ausgedrückt habe. Diese Politikform erkläre den Prozeß "kumulativer Radikalisierung", deren am meisten beachtetes Resultat die Eskalation der Judenverfolgung bis zur "Endlösung" gewesen sei, und ebenso die politische Handlungsunfähigkeit, die sich im Krieg gezeigt habe.[5] Diesen Thesen von der besonderen Politikform der faschistischen Bewegungen und Regime, der Austauschbarkeit ihrer ideologischen Aussagen und dem Fehlen einer Weltanschauung im eigentlichen Sinne hat Wolfgang Schieder, einer der besten deutschen Kenner des italienischen Faschismus, zugestimmt.[6] Allein in der Frage des Rassismus und Antisemitismus im faschistischen Italien bezieht er eine ähnliche Position wie

der Verf.,[7] während der israelische Historiker Moshe Zimmermann eine eindeutige, positive Korrelation zwischen faschistischer Ideologie und Antisemitismus leugnet und diesen als mehr oder weniger stark ausgeprägte Be-
gleiterscheinung bei Gesellschaften im sozialen Umbruch interpretiert. Auch
für ihn wird Faschismus eher durch die Struktur des Herrschaftssystems als
durch Ideologie bestimmt.[8]

((4)) Mit diesen Definitionen wird die Hauptstreitfrage, was Faschismus überhaupt ist, neu gestellt. Sie machen die Erstellung eines akzeptablen Gattungsbegriffs schwieriger. Doch ergibt sich aus den angeführten Beiträgen, daß alle
drei Autoren den namengebenden und stilbildenden italienischen Faschismus
als Grundlage der Faschismusdiskussion ansehen, für die die Formulierung
eines plausiblen Gattungsbegriffs einen Gewinn darstellt.

((5)) Was die Frage betrifft, ob der Faschismus Geschichte sei, so ist dem
Verf. zuzustimmen, daß Faschismus auch heute und in Zukunft zumindest
denkbar ist (32-37). Seine Kritik an der Bezeichnung von Parteien und Gruppen, die Ähnlichkeiten zum historischen Faschismus aufweisen, als rechtsextremistisch, läßt sich allerdings auch auf ihre Benennung als faschistisch
anwenden. Wenn sie ebenso wie der Begriff Rechtsextremismus sehr verall-
gemeinernd gebraucht wird, ist dies ebenso willkürlich und vom Verständnis
des Beurteilers, was Faschismus sei, abhängig. Vor allem der Wissenschaftler
sollte daher - und hier stimmt Herr Wippermann mit mir sicher überein - in
allen nicht ganz eindeutigen Fällen schlagwortartige Bezeichnungen vermeiden oder ihren Gebrauch zumindest näher erläutern und beweisen.

Anmerkungen

1) Wolfgang Schieder, Das Deutschland Hitlers und das Italien Mussolinis. Zum Problem faschistischer Regimebildung, in: Gerhard Schulz (Hrsg.), Die Große Krise der dreißiger Jahre. Vom Nie-
dergang der Weltwirtschaft zum Zweiten Weltkrieg, Göttingen 1985, S.54 f.

2) Ebenda, S.46 ff.; ders., Einleitung; Der Strukturwandel der faschistischen Partei Italiens in der
Phase der Herrschaftsstabilisierung, in: ders. (Hrsg.), Faschismus und soziale Bewegung. Deutsch-
land und Italien im Vergleich, Hamburg 1976, S.14 ff., 69 ff.; Hans Mommsen, Zur Verschränkung
traditioneller und faschistischer Führungsgruppen in Deutschland beim Übergang von der
Bewegungs- zur Systemphase, in: ebenda, S.157 ff.; Giuseppe Gelasso, Die Umgestaltung der In-
stitutionen. Das faschistische Regime in der Machtergreifungsphase, in: Jens Petersen/Wolfgang
Schieder (Hrsg.), Faschismus und Gesellschaft in Italien. Staat - Wirtschaft - Kultur. Italien in der
Moderne, Bd.2, Köln 1998, S.19 ff.

3) Wolfgang Schieder, Das Deutschland Hitlers, S.53 ff.; Jens Petersen/Wolfgang Schieder, Das faschistische Italien als Gegenstand der Forschung, in: dies. (Hrsg.), Faschismus und Gesellschaft in Italien, S.9 ff.

4) Neben anderen gilt dies besonders für Hans Mommsen und Wolfgang Schieder, deren Arbeiten zum Faschismus auch im Anmerkungsapparat nicht erwähnt werden.

5) Hans Mommsen, Die NSDAP: Typus und Profil einer faschistischen Partei, in: Christof Dipper/ Rainer Hudemann/Jens Petersen (Hrsg.), Faschismus und Faschismen im Vergleich. Wolfgang Schieder zum 60. Geburtstag. Italien in der Moderne, Bd.3, Köln 1997, S.23 ff.; Faschismus und Faschismen im Vergleich. Bad Homburg, 28.-30. September 1996, in: Historical Social Research, vol.22, 1997, Nr.l, S.174 f.

6) Ebenda, S.178 f.

7) Schieder unterscheidet zwischen "Apartheids-Rassismus" und "Ausrottungs-Rassismus".

8) Moshe Zimmermann, Die "Judenfrage" als "die soziale Frage". Zu Kontinuität und Stellenwert des Antisemitismus vor und nach dem Nationalsozialismus, in: Dipper/Hudemann/Petersen, S.149 ff.

Über einige theoretische und methodologische Grundfragen der Faschismusdiskussion

Wolfgang Wippermann

„Kollektive Blindheit"?

((1)) Nein, eine so „feste Burg" („citadel"), wie Roger Griffin ironisch meint (Griffin 13), ist die deutsche Geschichtswissenschaft nun doch nicht.[1] Sie zeichnet sich nicht durch eine „kollektive Blindheit" („collectiv myopia") aus, weil sie sich keineswegs so „hermetisch" von der ausländischen wissenschaftlichen Welt abgeschottet hat (Griffin 3). Was den „Nazismus" angeht, so behandeln wir ihn nicht als eine „innere Angelegenheit" („domestic affair") und weigern uns keineswegs völlig, unsere „dreckige Wäsche in der Öffentlichkeit zu waschen" oder zumindest die „services of an outside laundry" in Anspruch zu nehmen (Griffin 3).[2] Wir analysieren auch die gesamteuropäischen Ursprünge und Ähnlichkeiten, die der „Nazismus" mit anderen außerdeutschen rechten Bewegungen und Regimen hat, weshalb es nicht nur im Ausland, sondern auch in Deutschland eine „Faschismusdiskussion" gibt. Und Beweis und Beispiel dafür ist das vorliegende Heft von „Ethik und Sozialwissenschaften". Vereint es doch nahezu alle Argumente, die für und die gegen die Verwendung eines generischen (allgemeinen) Faschismusbegriffes sprechen. Fangen wir mit den kritischen Einwänden an.

„Etikettenschwindel"?

((2)) Der schärfste stammt von Ernst Topitsch, der die Einordnung des „Nationalsozialismus" in die Gruppe der Faschismen mit dem ideologiekritisch gemeinten Verdacht zurückweist, der Begriff „Faschismus" sei von vornehmlich linken „Antifaschisten" mit dem Ziel in die Debatte eingebracht worden, um von den „Übereinstimmungen zwischen den beiden 'sozialistisch' firmierenden Systemen", nämlich dem Kommunismus (oder: „Sozialismus") und dem „Nationalsozialismus" abzulenken (Topitsch 7). Dies ist aus mehreren Gründen nicht richtig. Einmal, weil es sich hier keineswegs um einen „Etikettenschwindel" handelt, denn die Übertragung der Selbstbezeichnung der Partei und des Regimes Mussolinis auf andere nichtitalienische politische Bewegungen und Systeme ist weder von Kommunisten und anderen „linken Antifaschisten" erfunden noch nur bei ihnen zu finden. Zweitens gab und gibt es, worauf neben Roger Griffin vor allem Stanley Payne verweist, auch verschiedene liberale und selbst konservative Politiker, Publizisten und Wissenschaftler,[3] die einen generischen Faschismusbegriff verwandt haben und immer noch verwenden. Sie taten und tun dies drittens keineswegs, um von den „Übereinstimmungen" zwischen Sozialismus und Nationalsozialismus abzulenken. Denn ohne hier das Problem zu erörtern, was denn so „sozialistisch" am Nationalsozialismus gewesen sein soll, kann doch kein Zweifel daran bestehen, daß der „Nationalsozialismus" keine Variante, sondern der Todfeind des Sozialismus, und zwar aller seiner Schattierungen war.

Faschismus oder Totalitarismus?

((3)) Etwas anders gelagert ist die Frage, ob es wirklich relevante „Gemeinsamkeiten" zwischen Kommunismus (bzw. Bolschewismus, Stalinismus, Maoismus etc.) auf der einen und Faschismus (bzw. „fascismo", „falangismo", „Nationalsozialismus" etc.) auf der anderen Seite gibt und ob sie ausreichen, um beide Ismen unter dem Oberbegriff des „Totalitarismus" zu subsumieren. Ist also die „Totalitarismuskonzeption" dem „generischen Faschismusbegriff" überlegen und sind Theorien des Totalitarismus besser geeignet, die Empirie zu erklären, als Faschismustheorien?[4]

((4)) Diese Fragen werden vor allem von Wolfgang Kraushaar, Volker Kronenberg, Friedrich Pohlmann und Achim Siegel aufgeworfen.[5] Sie tun dies jedoch mit unterschiedlichen Akzentuierungen. Kraushaar spricht zwar von der „Doppelgestalt von Links- und Rechtsradikalismus" (und polemisiert gegen die Ideologisierung und Instrumentalisierung des Antifaschismusbegriffs), zweifelt aber keineswegs grundsätzlich an der Legitimität eines „Gattungsbegriffs" Faschismus. Er möchte ihn allerdings „allenfalls" auf „soziale

Bewegungen" anwenden und sieht unüberwindliche „Grenzen" bei der „Etablierung faschistischer Bewegungen als Staatsapparate" (Kraushaar 14). Daher scheint er (seine Argumentation ist mir hier nicht ganz klar geworden,
weil „Faschismus" immer nicht nur die Bezeichnung einer Partei, sondern
auch, ja vor allem eines Regimes war) letztlich für den Totalitarismusbegriff
zu plädieren.

((5)) Letzteres tut auch Friedrich Pohlmann in seinem sehr polemischen[6] Beitrag. Doch auch er wendet sich keineswegs völlig und kompromißlos gegen
den Faschismusbegriff, sondern behauptet, daß es zwischen beiden, d.h. zwischen Faschismus und Totalitarismus kein „Konkurrenzverhältnis" geben muß,
sondern daß „produktive wechselseitige Ergänzungen möglich" seien (Pohlmann 8). Doch welche das sein könnten, sagt er leider nicht. Dies macht jedoch Volker Kronenberg, der sich ebenfalls gegen das harte „Entweder-Oder",
entweder „Faschismus-" oder „Kommunismusforschung" wendet und statt
dessen meint, daß die „Verwendung des Faschismusbegriffs (...) nicht notwendigerweise in einen Gegensatz zum Gebrauch des Totalitarismusbegriffs geraten" müsse (Kronenberg 7).

((6)) Dieser Argumentation kann ich nicht zustimmen. Faschismustheorien
gehen von einer anderen Perspektive aus und behandeln auch andere Objekte
als solche über den Totalitarismus. Sie fragen nach den Voraussetzungen und
Strukturen, Funktionen und ideologischen Zielen von „faschistischen" Bewegungen und Regimen,[7] die sicherlich nicht völlig gleich sind und sein können, die aber alle kaum Gemeinsamkeiten mit kommunistischen Parteien und
Systemen aufweisen. Dies trifft auch auf den „Nationalsozialismus" zu, der
strikt antikommunistisch war und wohl kaum als eine Art Mischung aus Faschismus und Kommunismus zu bezeichnen ist, weil er „faschistisch in seinem Gedankengut" und „totalitär in seinen Methoden" gewesen sein soll
(Kronenberg 7). Was Kronenberg damit meint, ist mir nicht ganz oder zu ersichtlich, weil er in diesem Zusammenhang die späteren Arbeiten Ernst Noltes
über das angebliche wechselseitige und in einem „europäischen Bürgerkrieg"
mündende Reaktionsverhältnis von, in dieser Reihenfolge, Bolschewismus
und Faschismus/Nationalsozialismus als Vorbild anpreist.[8] Um es klar und
deutlich zu sagen: ich stimme mit der sog. „genetischen Totalitarismustheorie"
Noltes im allgemeinen und seiner Deutung des Holocaust als einer Art 'reak-
tiven Mechanik' im besonderen nicht überein, weil eine derart radikalisierte
Totalitarismustheorie die Singularität des Holocaust in Frage stellt und auch
in Frage stellen soll.

Faschismus und Rassismus

((7)) Doch diesen Vorwurf kann man auch einigen (nicht: allen) Faschismustheorien machen, worauf vor allem Kraushaar in seiner Kritik verwiesen hat. Und hier liegt m.E. auch das zentrale Problem der gegenwärtigen Faschismusdiskussion: Kann man mit einem allgemeinen Faschismusbegriff der besonderen Bedeutung des Holocaust gerecht werden? Ich meine ja, wobei ich zur Begründung drei Überlegungen vorgetragen habe, die mir wichtig erscheinen. Das eine ist die Betonung des Rassismus als „Kern" der faschistischen (Ausdrucks-) Ideologie, die jedoch nicht von allen Faschismen mit gleicher Intensität und Brutalität verwirklicht wurde, was - dies ist der zweite Gedanke - an dem unterschiedlichen Ausmaß der „Verselbständigung" der „faschistischen Exekutive" lag, weshalb man drittens zwischen dem (italienischen und osteuropäischen) „Normal"- und dem deutschen „Radikalfaschismus" unterscheiden muß.

((8)) Alle drei Gedanken sind mit allerdings unterschiedlicher Begründung und Gewichtung von Roger Griffin, Eike Hennig, Reinhard Kühnl, Stanley Payne, Karin Priester, Werner Röhr und Friedrich Zunkel kritisiert worden. Ich möchte darauf sowie auf die zum Teil zustimmenden, zum Teil sogar noch akzentuierenden Argumente von Klaus Holz und Peter Fritzsche besonders eingehen, wobei ich die methodologischen Bemerkungen von Lothar Fritze und Achim Siegel nur streifen kann.[9]

((9)) Der erste Streitpunkt betrifft die Einschätzung und Charakterisierung der faschistischen Ideologie. Während Kühnl die prokapitalistische Funktion des Faschismus für viel wichtiger hält (Kühnl 9 u. 10), wirft mir Zunkel eine Überschätzung des Faktors Ideologie vor, weil „Faschismus eher durch die Struktur des Herrschaftssystems als durch Ideologie bestimmt" gewesen sei (Zunkel 3). Da ist was dran. Selbstverständlich darf man die politischen und ökonomischen Bedingungen und Strukturen des Faschismus nicht außer Acht lassen. Und diese waren und blieben kapitalistisch. Dennoch hat Eike Hennig Recht, wenn er kritisiert, daß die bisherigen „Faschismustheorien (...) die Genese der Faschismen aus der politischen Ökonomie kapitalistischer Strukturen" zu stark betonen (Hennig 12). Daher stimme ich auch Hennigs Postulat zu, wonach man sich um eine „Analyse politischer und ideologischer Ausdrucksmittel über bzw. in Interaktion mit kapitalistischen Strukturen bzw. längerfristigen Rahmenbedingungen" bemühen müsse (Hennig 11). Ohne diese „Rahmenbedingungen" zu vernachlässigen, muß jedoch „Faschismus" vornehmlich mit dem Hinweis auf seine Ideologie definiert werden, zumal diese Ideologie mehr war als bloße Propaganda, sondern den Charakter eines Programms hatte, bzw. in der Terminologie von Kurt Lenk als „Ausdrucksideologie" zu bezeichnen ist. Doch was machte den Kern dieses Programms aus?

((10)) Ich meine den Rassismus in seiner sowohl anthropologischen wie biologistischen Gestalt. Dieser 'doppelte Rassismus' bildete die Grundlage eines „Programms", das im innenpolitischen Bereich auf die, wie die Nationalsozialisten sagten, „Reinigung des Volkskörpers" von allen „rassefremden", „kranken" und „asozialen Elementen" abzielte und in außenpolitischer Hinsicht die Errichtung einer hierarchischen „Rassenordnung" anstrebte.

((11)) Karin Priester geht dies zu weit. Sie hält den Antimarxismus für zentraler und wichtiger als den Rassismus, der zudem im italienischen Faschismus einen geringen Stellenwert besessen habe (Priester 3). Letzterer Einwand, der auch von Stanley Payne erhoben wird (Payne 7), scheint mir nicht berechtigt zu sein. Wie Meir Michaelis, Enzo Collotti und einige andere Historiker bin ich der Meinung, daß der italienische Faschismus (wie die übrigen Faschismen auch) eine rassistische Ideologie vertreten und sowohl im innen- wie außenpolitischen Bereich (z.B. in Libyen und Abessinien) eine rassistische Politik betrieben hat.[10] Ohne die Bedeutung des Antimarxismus in der Ideologie und Politik aller Faschismen leugnen zu wollen, bleibe ich auch deshalb bei meiner These, daß der Rassismus im Kern der faschistischen Ideologie gestanden hat, weil die antimarxistischen Programmpunkte des Faschismus meist rassistisch konnotiert oder untrennbar mit dem Rassismus verbunden waren. Dies gilt sowohl für die Attacken der Nationalsozialisten gegen den „jüdischen" oder „verjudeten Bolschewismus" wie für die Propagandaformel der italienischen Faschisten vom „slavo-communista".

((12)) Obwohl Roger Griffin dies schon in seiner Überschrift seines Beitrages in Frage stellt, bin ich auch von seinem „Palingenese"-Konzept nicht so weit entfernt. Die Alternative „Racism or rebirth" ist keine, auf jeden Fall keine sich gegenseitig ausschließende. Die von Griffin beigebrachten Beispiele einer „Wiedergeburt" in der faschistischen Propaganda haben einen rassistischen Charakter (Griffin 12). Allerdings gilt dies mehr für die anthropologischen als biologischen Bestandteile des Rassismusbegriffs. Und im Faschismus waren beide wichtig. Neben den nationalistischen sind vor allem die biologistischen Elemente zu betonen.

((13)) Darauf weist auch Peter Fritzsche mit aller Deutlichkeit hin, wenn er sagt, daß „biology offered the principal means to radically remake the community" (Fritzsche 7). Dies treffe sowohl auf den Nationalsozialismus wie den italienischen Faschismus zu: „Biology, in other words, appeared to provide Germany and Italy, losers in the war, with highly usefuel technologies of mobility" (Fritzsche 7). Dem stimme ich vollständig zu. Allerdings finde ich nicht, daß man diese rassistischen bzw. biologistischen Zielsetzungen als „modern" bezeichnen sollte. Richtiger und besser ist Fritzsches Bemerkung: „Biology was so central to the fascist worldview precisely because it represented the world dynamically, in terms of degeneration and regeneration" (Fritzsche 8). Diese Einschätzung der Rolle des Rassismus im allgemeinen und des biologistischen Rassismus im besonderen erlaubt es zugleich, der Bedeutung und Singularität des Holocaust gerecht zu werden, denn: „The Holocaust was singular in its murderousness, but part and parcel of a broader biological program" (Fritzsche 7).

((14) Dieser Einschätzung stimme ich ebenso zu wie dem folgenden gut und pointiert formulierten Satz von Klaus Holz: „Der nationalsozialistische 'Racial State'[11] ist die radikale, im spezifisch deutschen Kontext nach dem Ersten Weltkrieg erfolgreich gezogene Konsequenz der kulturellen Formierung von Wir- und Fremdbildern, die die europäische Geschichte geprägt hat. Für den Mord, nicht für das Mordmotiv trägt Deutschland allein die Verantwortung" (Holz 9).

((15)) Dieses rassistische „Mordmotiv" ist ernst zu nehmen. Es war primär und bestimmend und forderte bereits vor dem Ausbruch des Zweiten Weltkrieges die ersten Opfer. In anderen Worten: Die nationalsozialistische Rassenpolitik ging schon vor 1939 in Rassenmord über. Der Krieg führte zwar zu seiner weiteren Radikalisierung, war aber weder sein Beginn noch seine notwendige Voraussetzung. Sicherlich sind, wie Werner Röhr anmerkt, die „Zusammenhänge mit dem Weltkrieg" zu beachten, für den „nazistischen Völkermord an den Juden" (sowie an den Sinti, Roma und Slawen) waren sie aber nicht ursächlich (Röhr 11).
Um sein Programm der Rassenzüchtung und -vernichtung zu verwirklichen, mußte sich der Faschismus an der Macht von seinen ursprünglichen Bündnispartnern lösen und verselbständigen können. Diese „Verselbständigung" der Exekutive hatte in den einzelnen faschistischen Regimen ein unterschiedliches Ausmaß, was zugleich die unterschiedliche Radikalität und Brutalität der faschistischen Rassenpolitik in den einzelnen Ländern erklärt. Hier sehe

ich die Relevanz des bonapartismustheoretischen Ansatzes, der weder mit dem „Theoriestand der 70iger Jahre" identisch noch mit ihm vergangen ist,[12] wie Pohlmann sehr polemisch meint (Pohlmann 1). In anderen und kurzen Worten: Die „neomarxistischen Faschismustheorien", aber nicht nur sie, haben ihre Bedeutung keineswegs völlig eingebüßt, wenn man in ihnen keine Global-, sondern „Theorien mittlerer Reichweite" sehen will und sie in diesem Sinne etwa zur Erklärung der faschistischen „Machtergreifungen" und der jeweiligen Rassenpolitik anwendet.

„Normal-", „Radikal"- und „Neofaschismus"

((16)) Sie war, wie schon mehrfach gesagt, bei den verschiedenen Faschismen unterschiedlich. Schon deshalb sollte man 'den' Faschismus differenzieren. Hier erscheint mir die Noltesche Unterscheidung zwischen (italienischem) „Normal-" und (deutschem) „Radikalfaschismus" nach wie vor sinnvoll zu sein. Im Unterschied zu Nolte und in Anlehnung an die vielfach zu Unrecht übersehene und kaum rezipierte Faschismustheorie von Arkadij Gurland[13] zähle ich auch verschiedene Parteien und Regime in Osteuropa (sowie in Spanien und Portugal) zum „Normalfaschismus". Dies ist von verschiedenen Autoren ebenso kritisiert worden wie meine These, daß es „faschistische", bzw. „neofaschistische" Bewegungen und Regime auch nach dem Untergang des 'klassischen' Faschismus, d.h. nach 1945 gab, in der Gegenwart gibt und aller Wahrscheinlichkeit nach auch in der Zukunft noch geben wird. Darüber kann man in der Tat streiten. Doch dies gilt keineswegs nur für die politische Bewertung der politischen Bedeutung und Gefährlichkeit von Bewegungen vom Schlage der DVU oder Front National oder der Regime Lukaschenkos in Weißrußland und des inzwischen gestorbenen Tudjmans in Kroatien, dies hängt wiederum auch von der Beantwortung definitorischer und methodologischer Fragen ab, nämlich ob das konkurrierende Totalitarismus- bzw. „Extremismus"- Konzept besser geeignet ist und wie und nach welchen Kriterien Faschismus zu definieren ist.

„Ideal-" und/oder „Realtypus"

((17)) Und damit bin ich bei meiner Anwendung der Max Weberschen Begriffe „Ideal-" und „Realtypus" auf die Faschismusproblematik. Dies ist von mehreren Autoren, allerdings mit unterschiedlichen Argumenten, kritisiert worden. Diese Kritik entzündete sich einmal an meiner Interpretation der Weberschen Begrifflichkeit. Ob sie richtig oder falsch war, möchte ich hier nicht weiter erörtern, weil dies einen größeren methodologischen Exkurs erforderlich machen würde, der hier schon aus Platzgründen nicht möglich ist und in der Sache selbst auch nicht weiter führen würde.[14] Zur Sache selbst ist folgendes anzumerken: Sofern „Faschismus" nicht primär mit dem Hinweis auf seine prokapitalistische soziale Funktion, bzw. seine „kleinbürgerliche" soziale Basis definiert wurde, wie ersteres in der kommunistischen und letzteres in großen Teilen der sozialdemokratischen Faschismusdiskussion der Fall war,[15] hat man einer idealtypischen Konstruktion eines „faschistischen Minimums" den Vorzug gegeben. Neben seinem Erscheinungsbild wurde dabei vor allem auf die Ideologie des Faschismus rekurriert. Dies heißt, daß einmal solche Bewegungen als „faschistisch" bezeichnet wurden (und werden), die über uniformierte Abteilungen verfügten, einen spezifischen, auf Propaganda und Gewalt basierenden, politischen Stil verwandten und eine Ideologie vertraten, die antidemokratische, antifeministische, nationalistische, rassistische und einige sowohl antikommunistische wie antikapitalistische Elemente enthielt. Über die Auswahl und noch mehr über die Gewichtung dieser Ideologeme, die das „faschistische Minimum" bilden sollen, besteht jedoch keine Einigkeit.

((18)) Diese Probleme werden bei der Bestimmung dessen, was faschistische Regime sind und welche rechte Diktaturen dazu gehören, noch potenziert. Schon deshalb habe ich vorgeschlagen, der Maxime Angelo Tascas (die übrigens in ähnlicher Form auch von Artur Rosenberg erhoben worden ist) zu folgen, nämlich Faschismus zu „definieren", in dem man zunächst „seine Geschichte schreibt". Und diese Geschichte muß mit dem italienischen Faschismus beginnen, weshalb, um noch einmal Georg Decker zu zitieren, nur solche Bewegungen und Regime als „faschistisch" zu klassifizieren sind, die sich „in allen wesentlichen Punkten" mit dem namengebenden und stilbildenden italienischen Faschismus decken,[16] d.h. deutliche Ähnlichkeiten mit ihm aufweisen. „Ähnlichkeit" heißt und kann natürlich nicht Identität heißen. Mit dem italienischen Faschismus völlig deckungsgleiche Bewegungen und Regime gibt es nicht und kann es auch nicht geben. Daher ist letztlich eine typisierende Auswahl einiger als entscheidend anzusehener Merkmale des italienischen Faschismus notwendig. Und hier kann es in der Tat zu einer Verwischung der Unterschiede zwischen dem faschistischen „Real"- und „Idealtypus" kommen. Dennoch glaube ich im Unterschied zu Griffin (Griffin 6) schon, daß es möglich ist, ein generisches Faschismuskonzept aus einem einzelnen paradigmatischen Phänomen zu entwickeln.

„The proof of the pudding"

((18)) Ob es nützlich oder abwegig ist, kann nur durch die empirische Forschung entschieden werden, die von einer vergleichenden Perspektive auszugehen hat.[17] Denn, und hier möchte ich noch einmal aus dem so schönen und bilderreichen Aufsatz von Roger Griffing zitieren: „The proof of the pudding is in the eating (Griffin 13)." Diesen „Pudding" kann ich hier nicht servieren. Zur empirischen Begründung eines generischen Faschismusbegriffs sind umfangreiche Forschungen notwendig, was hier weder von mir noch von meinen Kritikern geleistet werden konnte. Was geleistet werden konnte und m.E. auch geleistet wurde, ist die Klärung einiger theoretischer und methodologischer Grundfragen der Faschismusdiskussion, ohne die auch die empirische Forschung nicht auskommt.[18] Daß es dabei auch um politische Fragen geht, ist ebenso klar und auch unvermeidlich. Hat doch Eike Hennig Recht, wenn er schreibt: „Wer über Faschismus redet, muß sich im klaren sein, daß er Positionen und Begriffe konstruiert und folglich wissenschaftlichen Äußerungen ein überschießender - hier geschichtspolitisch und politisch-kulturell bezeichneter - Gehalt innewohnt". (Hennig 14) Auch wir haben über Faschismus mit „geschichtspolitischer" Absicht geredet. Doch dies geschah nicht in „überschießender" und verletzender Weise. Dies ist anzuerkennen und dafür danke ich allen Diskutanten.

Anmerkungen

[1] Griffins ironische Bemerkungen über die „hermetic, partisan, and highly politicized world of German humanities", für die er als Faschismusforscher ein absoluter „outsider" und „conceptual Gastarbeiter" ist und sein muß, haben auch etwas mit der Tatsache zu tun, daß keins seiner Faschismusbücher ins Deutsche übersetzt ist und alle in Deutschland auch kaum diskutiert und noch weniger rezipiert sind. Ich bedaure dies und entschuldige mich gleichzeitig dafür, daß ich Griffins „palingenetische" Faschismustheorie, die ich kenne und schätze, nur ganz knapp und in einer einzigen Anmerkung erwähnt habe. Vgl. Roger Griffin, The Nature of Fascism, London 1991; ders. (Hrsg.): Fascism, Oxford 1995. Mehr dazu siehe unten Absatz ((12)).

[2] Griffin meint hier die nicht enden wollende Debatte über den „deutschen Sonderweg", die in der Tat auf einen gewissen „Sonderweg" der deutschen Historiographie hindeutet, was ausländische Historiker wie David Blackbourn, Geoffrey Eley, Ian Kershaw und eben auch Roger Griffin etwas irritiert. Vgl. dazu vor allem: Ian Kershaw, Der NS-Staat. Geschichtsinterpretationen und Kontroversen im Überblick, Reinbek 1988, S. 20 ff.

[3] Mit Nachdruck sei hier auf die ausländischen Faschismusforscher verwiesen, die wie Roger Eatwell, Walter Laqueur, George Mosse, Eugen Weber sowie, die in diesem Diskussionsforum vertretenen Roger Griffin und Stanley G. Payne in Deutschland in der Tat wenig rezipiert worden sind.

[4] Ausführlich dazu: Wolfgang Wippermann, Totalitarismustheorien. Die Entwicklung der Diskussion von den Anfängen bis heute, Darmstadt 1997.

[5] Dagegen lehnt Werner Röhr das Totalitarismuskonzept in Bausch und Bogen ab, weil es ein „pseudotheoretische(s), politisch determinierte(s) ideologische(s) Zweckkonstrukt" sei. Daher „wundert" er sich auch darüber, daß ich die Beschäftigung mit Totalitarismustheorien (als Theorien und nicht nur als Ideologien) für grundsätzlich sinnvoll und auch notwendig halte.

[6] Pohlmanns Polemik hat offensichtlich auch etwas mit der Tatsache zu tun, daß ich seine einschlägigen Arbeiten in meinem Aufsatz nicht zitiert habe. Ich hole dies hier mit dem Ausdruck des Bedauerns nach, um mich jedoch gleichzeitig gegen den Vorwurf zu verwahren, ich hätte „alle neueren Entwicklungen verschlafen". Vgl.: Friedrich Pohlmann, Ideologie und Terror im Nationalsozialismus, Pfaffenweiler 1992; ders., Ideologie, Herrschaftsorganisation und Terror im Nationalsozialismus, Dresden 1994.

[7] Eine strikte Unterscheidung zwischen faschistischen Parteien und Regimen vorzunehmen, wobei bei letzteren die Totalitarismustheorien Anwendung finden soll, wie sie von einigen anderen Autoren vorgeschlagen wird, halte ich ebenfalls nicht für angebracht.

[8] Über Nolte und sein Werk hat Kronenberg auch ein, wie ich finde, sehr apologetisches Buch geschrieben. Vgl.: Volker Kronenberg, Ernst Nolte und das totalitäre Zeitalter. Versuch einer Verständigung, Bonn 1999.

[9] Nicht weiter eingehen möchte ich auf den Vorschlag von Lothar Steinbach (Steinbach. 5), nicht zu definieren, was Faschismus ist, sondern wer und aus welchen sozialpsychologischen Gründen als „Faschist" einzuschätzen ist. Kritisch zu diesen sozialpsychologischen Theorieansätzen, (die ich in meinem Hauptartikel nicht erwähnt habe): Wippermann, Faschismustheorien, S. 76 ff.

[10] Vgl. dazu auch: Wolfgang Wippermann, War der italienische Faschismus rassistisch? Anmerkungen zur Kritik an der Verwendung eines allgemeinen Faschismusbegriffs, in: Werner Röhr (Hrsg.), Faschismus und Rassismus. Kontroversen um Ideologie und Opfer, Berlin 1992, S. 108-122.

[11] Michael Burleigh/Wolfgang Wippermann, The Racial State. Germany 1933-1945, Cambridge 4. Aufl. 1997.

[12] Zur Aktualität und empirischen Brauchbarkeit bonapartismustheoretischer Ansätze: Wolfgang Wippermann, Umstrittene Vergangenheit. Fakten und Kontroversen zum Nationalsozialismus, Berlin 1998, S. 61 ff; ders., Bonapartismus und Faschismus. Theoretische Beziehungen und historische Kontinuitäten, in: Vilém Precan (Hrsg.), Grenzüberschreitungen oder der Vermittler Bedrich Loewenstein. Festschrift zum 70. Geburtstag eines europäischen Historikers, Prag 1999, S. 242-251.

[13] Arkadij Gurland, Das Heute der proletarischen Aktion. Hemmnisse und Wandlungen im Klassenkampf, Berlin 1931.

[14] Wichtig und interessant ist, daß es auch in der neueren Absolutismusforschung zu ähnlichen Problemen gekommen ist, weil hier ebenfalls die Frage diskutiert wird, ob es sich beim Idealtypus Absolutismus mehr um einen Mythos als eine historische Realität handelt. Ausgelöst wurde diese Debatte vor allem von dem britischen Historiker Henshall. Vgl.: Nicolas Henshall, The Myth of Absolutism. Change and Continuity in Early Modern European Monarchy, London 1992. Zur deutschen Debatte: Heinz Duchard, Absolutismus. Abschied von einem Epochenbegriff?, in: HZ 258,

1994, S. 113-122; und: Ronald G. Asch/Heinz Duchhardt (Hrsg.), Der Absolutismus - ein Mythos! Strukturwandel monarchistischer Herrschaft in West- und Mitteleuropa (ca. 1550-1700), Köln 1996.

[15] Vgl. dazu: Wolfgang Wippermann, Zur Analyse des Faschismus. Die sozialistischen und kommunistischen Faschismustheorien, Frankfurt/M. 1981.

[16] Georg Decker, Der erste Schritt, in: Die Gesellschaft 7 II, 1930, S. 97-103, S. 98.

[17] Zur vergleichenden Faschismusforschung mein Buch, das jedoch inzwischen in einigen Passagen veraltet ist und zur Zeit überarbeitet wird: Wolfgang Wippermann, Europäischer Faschismus im Vergleich 1922-1982, Frankfurt/M. 1983.

[18] Das gerade erschienene Buch des polnischen Historikers Jerzy Borejsza zeichnet sich leider durch eine Vernachlässigung dieser methodologischen und theoretischen Grundfragen aus. Es unterstreicht daher, daß eine bloß narrative Beschreibung nicht ausreicht. Jerzy W. Borejsza, Schulen des Hasses. Faschistische Systeme in Europa, Frankfurt/M. 1999.

Statt einer abschließenden Stellungnahme

Lothar Fritze

Es ist zu bedauern, daß Wolfgang Wippermann offenbar keine Möglichkeit gesehen hat, auf meine methodologischen Überlegungen zur Berechtigung eines generischen Faschismusbegriffs einzugehen. Dies macht es einem Kritiker schwer, nochmals Stellung zu nehmen. Deshalb sei lediglich angemerkt, daß die Wippermannschen Ausführungen in seiner *Replik* sowie der nunmehr vorliegenden *Einleitung* nicht geeignet waren, meine Bedenken zu zerstreuen.

Talk About Fascism

Peter Fritzsche

((1)) I have always found it difficult in my teaching and writing to explain in a single coherent narrative both the origins and insurgent appeal of fascism, on the one hand, and the extraordinary, radical ambition of fascist regimes, particularly Nazi Germany, on the other. I am most satisfied with Roger Griffin's concept of palingenesis, with the emphasis it lays on national renewal, not least through racial management and racial cleansing, and its utility in focusing on the popular appeal of fascism Other attempts which, for example, link economic crisis in society with the anti-Marxist intentions of the fascist states rely, in my view, to heavily on the moment of economic emergency after 1929, too little on the cultural or ideological appeal of fascist

movements (such as the Stahlhelm) before 1929, and thus end up normatizing
the liberal subject in conditions of "normality." To explain as does Daniel
Goldhagen both the votes for the Nazis and the murders of the Nazis with
reference to an eliminationist anti-Semitism, a proposition which amounts to
saying that people did what they wanted to and this is why they voted for the
Nazis, not only completely elides over strongly-felt Weimar-era politics but
contains the Holocaust in a "Germans-only" pathology. I cannot try to solve
the puzzle here, much as I would like to, but, with this confession, I want to
recall the reasons why scholars, myself included, have returned again and
again to the question of fascism in the period between the wars. Fascism, like
the French Revolution, reveals compelling problems about how we explain
collective social and political behavior. Unfortunately, in this particular debate, prompted by Wippermann's propositions, I find little recognition of the
stakes involved in explaining fascism or National Socialism, and I wonder
what students and other readers will make of the somewhat disembodied, abstract arguments. I am therefore quite sympathetic to Eike Hennig's insistence that methodological debates are completely imbricated in historiogra-
phical and political-cultural values and propositions about which we need to
be more explicit (Hennig 14).

((2)) Any debate on fascism and how to situate it needs (and I here I will
confine myself to examples from Germany) to consider whether 1942 is vis-
ible from the perspective of 1922 and what are the implications of saying yes
or no. To what extent is it valid to argue "no Hitler, no Holocaust," and what
kind of knowledge about fascism does agreement with that argument illumi-
nate and obscure? What is the traffic between the racism of fascism and the
racism of modern Western societies in general, which Karin Priester invites
us to consider? Surely there is a difference, but there is also a relationship,
and is it large or small and with what implications? I personally think that the
people we study in the past did have strongly held ideological conceptions,
and certainly agree with Klaus Holz's urge to consider Reinhard Koselleck's
arguments about taking seriously what subjects say and how they say it. And
yet, ideology is based on a kind of distance, both between the scholar and her
historical subject and between the ideologue in his object of desire. In plain
words, to what extent did ideology guide the killers of the killed in specific
places in Poland, Yugoslavia, and the Soviet Union in 1941, 1942, and 1943?
These are important issues and we want to return to the ground of Nazi
Germany if we are to understand them. If all sorts of contingencies and
circumstances get in the way of ideology, Alf Lüdtke's Eigensinn, for exam-

ple, and keep it from functioning without friction, does that mean we obscure the differences between bystanders and perpetrators? This sounds bad, but don't we want to make distinctions, as David Schoenbaum did a long time ago, between the familiar universe of social links to family, region, and social milieu, on the one hand, and the Nazi world, on the other, and how much forth and back do we think there was between those two places? This bifurcation raises the question of how consistently we think people act and how harshly we are to judge them. In the end, I would like to know more about the pull of ideology in the twentieth century. I have often used words like "Volk," "Nation," "Gemeinsinn," and "Volksgemeinschaft" in my historical explanations, and I do believe they have some resonance, firsthand for the subjects I study and secondhand to the scholars I write for. But they are very vague. Does that mean we shouldn't use them or does it mean that we have to insert vagueness into our explanations? Is ideology even a useful category of analysis? Perhaps one worthwhile effort would be to historicize "ideology" and imagine both its birth and decline. "Ideology," too, is only an artifact. Insofar as colleagues follow me in emphasizing broad ideological complicity does that mean that the cultural concepts such as the "Freund/Feind" vocabulary very usefully introduced in this discussion by Klaus Holz act as the premise for political action, and if so, isn't that a pretty radical constructivist position? Are we comfortable with the notion that the real is premised on the imagined?

((3)) Wolfgang Wippermann raises the specter of lots of fascist across time and space, but he does not historicize the sense of radical possibility that the war and the perception of technological marvel and scientific mastery in the 1920s and 1930s generated. Along with Friedrich Pohlmann, I agree that the world war needs to be discussed: this war in the years 1914-1918 dramatized the possibility of vast social and political reconstruction. However, this particular inheritance of that long-ago war no longer exists today and it is difficult to imagine something else charging neo-fascist batteries as the war did for fascists eighty years ago. But if we are to restrict fascism to the 1920s and 1930s, we run the risk of making Eric Hobsbawm's short twentieth century a theme park with little pertinence to contemporary politics. This may be a valid way of looking at things; nonetheless, the argument about fascism and anachronism has to be joined. The question of anachronism is one of the key stakes in any discussion of fascism in the twenty-first century. I am not at all convinced that fascism exists in any significant form today; I don't share Wippermann's concerns, or at least not in the same way. But what exactly is at stake in the argument about the presence or vigor of neo-fascism. Does saying that fascism is not a problem in the present day (as I would) mean that the potential and allure of illiberal subjectivities is not a problem, or that the cultural production of transparency, differentiation, and purity are not with us anymore? Probably not. Finally, another place to find fascism is in the lurid study of it, which deserves more explicit attention. I am not thinking of the scholars in this forum, but we need to talk more openly about the fascination that fascism exerts on students, on the media, and on ourselves. Susan Sontag opened up the question more than twenty years ago without finding an echo in an otherwise scrupulously self-scrutinizing postmodern scholarship.

((4)) In the end, there is not going to be answer about how to fit Nazi Germany in with fascist Italy. But the point is to raise the question and also to indicate what is at stake in answering the question one way or the other. Does too sharp a distinction between Germany and Italy draw our attention to Nazi racism or does it obscure the biopolitics and imperialism of Italian fascism? What is more important, as Holz points out, the "murder" or the "motive for murder"? If we only look at regimes, do we lose insights about joiners and voters at the local level who may had different, perhaps more radical intentions? The same goes with the Holocaust: what do we gain and what do we lose when we compare it? To proceed with this sort of self-reflective accounting should clarify how we put together necessarily generic and abstract explanations; indicate the reasons for our own interest in fascism; and suggest why we think our students should be interested in the topic. My own suspicion is that there is no reason to think that collective subjectivities are any less binding than individual ones; that the illiberal subject is formally as plausible as the liberal one; and that political actions are more understandable in terms of ideology, culturally bound notions of difference and similarity, and historical self-consciousness than in terms of economic crisis. Fascism is one place to explore and challenge these suspicions.

References

Goldhagen, Daniel Jonah: Hitlers willige Vollstrecker: ganz gewöhnliche Deutsche und der Holocaust. - 3. Aufl., Berlin: Siedler, 1996

Hobsbawm, Eric J.: Das Zeitalter der Extreme: Weltgeschichte des 20. Jahrhunderts. München [u.a.]: Hanser, 1995

Lüdtke, Alf: Eigen-Sinn: Fabrikalltag, Arbeitererfahrungen und Politik vom Kaiserreich bis in den Faschismus. Hamburg: Ergebnisse, 1993

Schoenbaum, David: Die braune Revolution: eine Sozialgeschichte des Dritten Reiches. Köln: Kiepenheuer & Witsch, 1980

Sontag, Susan: Fascinating Fascism. In: Under the sign of Saturn. New York: Farrar, Straus, Giroux, 1980

Nazism's 'Cleansing Hurricane' and the Metamorphosis of Fascist Studies

Roger Griffin

((1)) At an international conference on the Third Reich held in 1988 the British historian Tim Mason expressed his concern that 'the extreme peculiarities of German Nazism have come to dominate our moral, political, and professional concerns'.[1] He was convinced that 'if we can do without much of the original contents of the concept of fascism, we cannot do without comparison', since 'fascism was a continental phenomenon and Nazism was part of something much larger'.[2] Wippermann's attempt to stimulate discussion about what, if anything, constitutes 'generic fascism' is to be seen in the wider context of a quest to give the concept 'new contents' which would allow the Third Reich to be located more precisely within European and even global processes and events shaping modern history. After all, several major experts on Nazism have found the term unhelpful (e.g. Karl D. Bracher, Hans Mommsen, Ian Kershaw), while some leading specialists in comparative fascist studies have flatly denied that Nazism can be accommodated within it (e.g. A. J. Gregor, A. Cassels, Renzo De Felice, Zeev Sternhell).

Even those prepared to treat Nazism as a manifestation of fascism often imply that Nazism is somehow to be treated as a 'special case' which sets it apart, as when Juan Linz described it as 'a distinctive branch grafted on the fascist tree'.[3] Wippermann too sees it as 'radical' as opposed to 'normal' fascism ((R 7, 16, cf. 22-25)), a distinction anticipated in Eugen Weber's *Varieties of Fascism* some forty years ago and echoed in Reinhard Kühnl's treatment of Nazism as a form of 'radical fascism', though he gives the term Marxist connotations ((Kühnl 14)). In terms of Max Weber's theory of 'ideal types' this is a fundamental misconception since *all* concrete manifestations of a generic concept are unique. As a result all are 'special cases' and there is no 'normal' form of it, something particularly true of national political movements, as Payne points out ((Payne 2)). By postulating a 'radical' and 'normal' version of any phenomenon the investigator has simply created two ideal types instead of one.

((2)) The 'problematic' of Nazism's uniqueness and relationship to generic fascism is given a particular configuration in Germany by a) the tendency to equate the use of the term fascism with Marxist approaches ((1-3)) ((Topitsch 5)); (b) the persistence of the *Sonderweg* theory of German history which leads to a mistrust of comparative studies; and c) a prevailing mood of suspicion of, disdain for, or even sheer ignorance of theories of fascism that emanate from non-German political scientists (though clearly not from empirical historians, otherwise the many works by Ian Kershaw would not have had the success in Germany which they so richly deserve). Curiously, Wippermann repudiates my insinuation that a form of academic xenophobia is at work in Germany ((R 1)), yet his own endnotes (1-3) to the Replik bear out my claim, at least with respect to fascist studies! The highly politicized nature of any debate held in Germany or Austria about the place of Nazism in European history, and in particular in German history, may also contribute to a certain reluctance to apply contemporary theories current in the Anglophone world, especially since emphasizing the revolutionary, ideological, modernizing, or utopian content of Nazism in line with the latest schools of thought could lay one open to the charge of 'revisionism', a point to which I will return.

((3)) Yet, while Wippermann's essay may be timely and well-intentioned, his stout defence of what he proposes should be treated as its definitional minimum mounted in the 'Replik' has done nothing to shake my conviction that it is methodologically flawed and heuristically unhelpful. I still maintain that his 'Realtyp' is at bottom a misconceived 'Idealtyp' (cf. the critiques of Payne and Röhr). It needs a sophisticated account of the relationship between the original 'real type' and all its variants to dispel the impression that they somehow derive from or are modelled on it, which certainly does not apply to the relationship of most (generic) fascisms to (Italian) Fascism. Instead Fascism is to be conceived as one concrete manifestation of an ideal-typically constructed concept of generic fascism, each of which will assume a singular form as the product of a unique configuration of historical forces.
Moreover, I feel that Wippermann has subliminally distorted the nature of Italian Fascism to make it serve as the basis of his 'fascist minimum'. This he

does by postulating the centrality to it of 'racism' rather than ultra-national-ism ((16, 25)). Certainly 'racism' embraces a wide spectrum of positions rang-ing from a heightened patriotism to a genocidally oriented obsession with ethnic purity. I also accept that all types of organic or integral nationalism ('ultra-nationalism'), including Fascist nationalism, are a form of racism by definition, since the fervent belief in the rebirth of one's own nation or ethnic group is intrinsically ethnocentric and tends to turn other nations or ethnic groups into the enemies of this process. However, when used in the context of a phenomenon that also embraces Nazism, the term 'racism' needs careful definition (which Wippermann does not offer) if it is to lose the connotations of social Darwinism, biological determinism, and eugenics which simply do not apply to Mussolini's Italy (even after 1938) nor to most other fascist move-ments (e.g. the Falange).

((4)) Not only is the identification of 'racism' as the core concept in Wipper-mann's 'real type' misleading, it is so wide spread as a component of political and social ideologies that it fails to serve a discriminating function as a definitional component of the term 'fascism'. For example, the imperialist Great Powers of nineteenth century Europe were racist, so why were they not fascist? Clearly some qualifying term such as 'anti-liberal', 'organic' or 'revo-lutionary' is needed to give 'racism' discriminating value in this debate. Wip-permann seems to allude to what this element might be when he associates it with anti-socialism and anti-capitalism and anti-modernity while retaining 'gewisse moderne Momente' ((16)). But the qualifying components which distinguish fascist from other forms of racism need considerable expansion if they are to become part of a coherent and heuristically useful 'generic con-cept' that can help political scientists distinguish fascist from non-fascist phe-nomena and help historians probe further into the nature of any of its unique permutations. In particular fascism's 'anti-modern modernism' and 'anti-capi-talism' are both highly contestable concepts, especially for those with Marx-ist leanings.

((5)) The empirical consequences of a fuzzy ideal type of fascism when writ-ing history are demonstrated by the panoramic survey of its concrete manifes-tations which Wippermann provides to this volume. First, he does not explain what criteria he has used to select the various movements and regimes he includes: as in so many volumes on the comparative history of fascism they just appear as 'given'. In reality the phenomena included in any such survey have been identified by the application of an ideal type which has not been made explicit or even consciously elaborated, a highly dubious procedure in methodological terms that produces the illusion of a purely empirical and 'theoryless' objectivity, which is an impossibility. In fact Wippermann has to resort to this procedure, so common in the human sciences, because his own theory of fascism as a 'real type' is so discursive and its definitional minimum so vague that it does not allow specific criteria to be established beyond a certain affinity with (Italian) 'Fascist racism' (though it is significant that most of the movements he considers contain a radical socio-political element which distinguishes them from conservatism).

((6)) Second, he claims that the term 'fascio' just means an association, and hence assumes 'fascism' is an empty concept ((E 2)). On the contrary, the 'Fasci di combattimento' from their foundation in March 1919 had the connotations a) of the *revolutionary* nationalism which originally made the various interventionist factions campaign so vociferously for Italy to enter the First World War in 1915, and b) of the mission of the 'combattenti' or veterans to be the nucleus of a new elite which was destined to create a 'new Italy'. Though Mussolini may have had no 'fest gefügtes Programm' ((E 8)) in the sense of a body of doctrine and policies when he founded Fascism, it can be documented that since 1907 he had believed in his mission to be one of the 'homines novi' needed to regenerate Italy, and that at least since 1917 he had argued that the war was creating a 'trenchocracy' which would provide the social and political vehicle for the transformation. It is no coincidence that in an editorial in *Il Popolo d'Italia* of 1917 he was already postulating that Italy would be regenerated by a form of 'national socialism' produced from the melting down of all traditional ideologies in the crucible of war.[4]

((7)) Third, Wippermann's failure to grasp lucidly the revolutionary thrust of fascist ultra-nationalism which he himself senses leads him to present both Franco's Spain and Salazar's Portugal as fascist states ((E 77-93)), despite the fact that neither were 'racist' in any radical sense of the term (though both were highly nationalist), and both proved to be the enemies of movements which Wippermann himself accepts were fascist. Franco emasculated the Falange by absorbing it into the ultra-conservative Requetés ((E 79)), and Preto's Blueshirts were crushed by Salazar in 1934 ((E 89)).[5]

((8)) Fourth, the OAS, an arm of the post-war French state's military and secret services used to combat the Algerian liberation movement, is presented as an 'eindeutig faschistische' terror organization ((E 109)). Yet surely we find ourselves here in a completely different universe of political phenomena from the 'Realtyp' of Mussolini's movement, namely the universe of corrupt liberalism and its readiness to defend the state through the use of violence beyond the sphere of public accountability ('cryptogovernment'). It is as if Marxist ideas of fascism as the expression of counter-revolutionary state terror have crept into Wippermann's conceptualization of fascism through the back door, making his approach even more confusing for heuristic purposes. I am surprised that apartheid South Africa and Pinochet's Chile do not also put in an appearance.

((9)) Finally, by taking a major inter-war movement and regime as the 'Realtyp' of generic fascism, Wippermann fails to consider a number of ways in which the utopian vision of a new post-liberal, and anti-communist national order which inspired Fascism has been translated into new political forms in the post-war era. In particular, revisionism and Holocaust denial, the universalization of Nazism, Eurofascism, the New Right, Third Positionism can all be seen as contemporary permutations of fascism,[6] often taking a groupuscular form,[7] or even the solely electronic one of a Website, far removed from the paramilitary mass party which was the role model for inter-war fascists.

((10)) Such taxonomic confusions and omissions point to a fundamental misconception about methodology which extends to the core question that prompted Wippermann's essay in the first place. The basic issue is not whether there has 'ever been' such a thing as 'generic fascism', but whether fascism, despite its problematic history as a concept, can still be provided with an ideal-typical definition which gives it heuristic value to political scientists and historians. The original idea of 'Fascism' was not 'inhaltsleer' ((E 1)), but every generic concept is empty until it is filled with meaning through an act of idealizing abstraction on the part of the investigator based on empirical study of the phenomenon in question. The heuristic value of the concept which results depends entirely on what content it has been given.

((11)) A parallel confusion informs Wippermann's observations on the term 'totalitarianism' as an alternative to 'fascism' ((28-31)). There is no reason in principle why 'totalitarianism', 'political religion', 'charismatic dictatorship', 'revolution' or a number of other concepts may not have considerable heuristic value when applied to Nazism, but this value is again a direct function of how these terms are defined. It should be stressed, for the more theory-phobic historians reading this, that there is certainly value also in treating the Third

Reich as a unique historical phenomenon and not as the manifestation of any generic term. The question is to establish whether the insights and understanding arrived by an extreme 'idiographic' approach to Nazism can be complemented by applying other terms in the open spirit of comparative studies implicit in Tim Mason's call for it to be seen as part of 'something much larger'. (Tim Mason seems to have assumed that 'generic fascism' might provide the most appropriate conceptual framework for investigating this 'something', but this is not necessarily so. Certainly the way Wippermann suggests we conceptualize the term does little to convince me that it offers a way of enriching and complementing existing knowledge about the Third Reich.)

((12)) In short, there is a certain irony in the fact that Wippermann is such an indefatigable and enthusiastic champion of the concept fascism, but offers a definition of it that has little concrete heuristic value to his colleagues in the human sciences. The irony deepens when it is realized that he (along with many German contributors to the current debate) writes as if oblivious of the profound change that has come about in fascist studies over the last decade: there is no reference at all to it, for example, in his terse 'Theoriegeschichte' ((E 112-116)). Yet as Stanley Payne points out, 'there has at least to some extent emerged a sort of consensus regarding the identity of the generic fascism of the interwar European movements of revolutionary nationalism' ((Payne 2)).

((13)) Indeed, Germanophone studies of fascism and Nazism seem to exist in a parallel universe to Anglophone ones, where the last ten years have become a sort of golden age in fascist studies in which harmony, convergence and clarity have at long last tended to replace enmity, polarization and confusion. Though Marxists[8] and some liberal historians[9] continue to swim stubbornly and heroically against a swelling current of consensus, it can be demonstrated that an increasing number of experts in comparative fascist studies and specialists in the politico-cultural aspects of particular movements and regimes share basic assumptions about the nature of fascism. These can be summed up in the definition of fascism as a modern political ideology which sets out to revolutionize and modernize the political, social and artistic life of a nation perceived to be decadent by instituting a process of cultural regeneration in an ultra-nationalist, and hence anti-liberal, and anti-socialist spirit.[10]

((14)) To take just one example of how the new consensus is spreading in the Anglophone world, Peter Fritzsche's contribution does not offer a succinct definition of fascism, and in my opinion places too much emphasis on the biological thrust of fascism ((Fritzsche 7, 10)). Nevertheless, his voice merges with the growing (though conductorless and still at times cacaphonic) chorus of those who now accept that the core of fascism was the vision of the nation reborn in a post-liberal new order when he stresses the themes of fascism's modernity, its youthfulness, its utopian ideals, its revolutionary bid to create a new community, a new political home, and the wholesale renovation of the social body ((Fritzsche 2-10)).

((15)) Tantalizingly Wippermann himself at various points in his essay implies some affinity with and sympathy for this position. First he accepts that fascism must be defined 'primarily with reference to its ideology' ((R 9)), rather than by concentrating on its structure as a system of rule ((Kühnl)) or on its nebulous 'anti-dimension' (e.g. anti-modernity, anti-socialism, anti-culture) or organizational style (e.g. leader-cult, terror apparatus, paramilitary mass party), beloved of an earlier generation of theorists. Second, he himself on occasion alludes to the presence of a dynamic, palingenetic thrust to fascist ideology which makes it more than a simple 'racism' (which often expresses itself as a deeply conservative, reactionary force devoid of a political programme of renewal). Thus he recognizes in his reply that he means racism in the anthropological and biological sense which formed the basis of the Nazi programme for 'die Reinigung des Volkskörpers' and the creation of a hierarchical 'Rassenordnung', a project which has obvious palingenetic implications ((R 10)). Hence his enthusiastic endorsement of Fritzsche's pronouncement that biology was 'central to the fascist worldview precisely because it represented the world dynamically, in terms of degeneration and regeneration' ((R 13)). Finally he admits to a certain sympathy with my own position when he stresses that he is 'not so far away from [my] "palingenesis concept"' since my examples of rebirth have a racist character' ((R 12)).

((16)) What would make a more wholehearted embrace of ('conversion' to?!) the new consensus on fascism of particular potential relevance to German academia as a whole is that it might help open up German scholarship to important advances which have been made recently in the scholarly understanding of two concepts which are part of the same word-field in the political sciences: 'totalitarianism' and 'political religion'. This is largely attributable to the pioneering work of an academic whose absence from the pages of this book I regret, namely Emilio Gentile, Professor of History at La Sapienza University, Rome. Apart from producing major works on the ideology and genesis of Fascism and its place in Italian history, the Fascist party, and the relationship of Fascism to modernity, he has published a seminal work on the 'sacralization of the State' under Mussolini,[11] and has recently explored the concept of political religion in a book which deserves to be translated into all the major academic languages.[12] But in the present context his most important contribution is an article which demonstrates the close nexus which exists between the totalitarianism of a modern state and its attempt to realize the palingenetic (his term!) vision of a new man and a new society, which causes it to assume the form of a political religion.[13]

((17)) Gentile may have come to a profound understanding of conceiving totalitarianism's intimate relationship to what Marxists call the 'aestheticization of politics' through his study of Fascism, but it has an obvious bearing on Nazism as well. Not only does it give a new dimension to such older works illuminating the cultic aspects of the Third Reich such as Vondung's *Magie und Manipulation*,[14] and G. L. Mosse's *The Nationalization of the Masses*,[15] but it suggests that the totalitarianism and political religion of the regime were two faces of the same coin. This point is central to Michael Burleigh's *The Third Reich: A New History* and is reinforced by his article 'National Socialism as a Political Religion'[16], which both throw into relief the Nazi attempt to bring about the rebirth of Germany and create a new man through a religion of race and the state.

((18)) Gentile does not explore the relevance of his redefinition of totalitarianism to generic fascism. Michael Burleigh seems oblivious of the fact that his analysis is completely in harmony with the centrality of 'palingenesis' to the definition which the new consensus gives to generic fascism. Ian Kershaw studiously avoids the term 'fascism' in his biography of Hitler, yet a central theme of the first volume is the crucial role played in his emergence as the charismatic leader of a mass movement after 1929 by his ability to articulate and embody the myth of Germany's imminent rebirth from the decadence of Weimar. Taken together their studies reveal the totalitarianism and destructiveness of the Third Reich to be the direct consequence of its attempt to realize the utopia of national palingenesis, and at the same time inextricably bound up with both the charismatic energies unleashed by Hitler and with the regime's bid to institute a political religion based on the sacralization of secular state power. Simultaneously, they show Nazism to be a permutation of fascism. At this point the specialist studies produced by generations of scholarship on Nazism suddenly enter an extraordinarily productive relationship of convergence and complementarity with each other, and the outlines of an impressive conceptual framework for the location of Nazism within 'something much larger' start to come into view in a way which would surely have excited Tim Mason.

((19)) The heuristic implications for historians of the Third Reich of a potential syncretism between a whole range of previously unassociated generic concepts with which to examine Nazism within a new paradigm are considerable. The formative dynamic of the regime would cease to sought in Hitler's personality, Germany's tradition of anti-Semitism, the terroristic reaction of finance capitalism or the bourgeoisie to the threat of communist revolution, a radical resistance to modernity or transcendence, a pre-emptive strike against the Soviet Union, the power-lust of the Nazi elite, personal or collective psychosis, the *Sonderweg* of German development into a nation-state. Instead it would be located within its composite ideology of rebirth which became a mobilizing myth only when particular configuration of forces erupted in the Weimar Republic in 1929 to make millions of ordinary Germans psychologically and ideologically homeless, and driven to take refuge for concrete socio-historical and cultural anthropological reasons in the prospect of a New Reich.

((20)) In this context Hermann Broch's diagnosis of the spiritual plight of those disenchanted with Weimar which he explored in his 1932 novel *Die Schlafwandler* takes on a particular prescience. He talks of how the man 'who becomes aware of his isolation' experiences 'a doubly strong yearning for a Leader to take him tenderly and lightly by the hand, to set things in order and show him the way; [...] the Leader who will build the house anew that the dead may come to life again; ... the Healer who by his actions will give meaning to the incomprehensible events of the Age, so that Time can begin again'.[17]

((21)) What is being expressed here is not a longing for *Gleichschaltung* in fascist studies but for *Ergänzung*, for a synergy between various areas of specialist study carried out in a genuinely collaborative and heuristic (and certainly not revisionist)[18] spirit where a healthy spirit of contestation and criticism is balanced by a search for how different approaches, paradigms and ideal types can enrich and refine each other.[19] Just to take one example, in his reflections on the nature of political change Immanuel Kant contrasted the gradualistic, healthy transformation of society through 'metamorphosis' with the unsustainabilty and disastrous consequences of attempts to realize a utopia through 'palingenesis'. This distinction has a profound bearing on the reason why the Third Reich, like any fascist or totalitarian attempt to create a 'new order', was doomed to catastrophic failure as a socio-political experiment. Its mounting reign of conquest, terror and extermination could never produce the social catharsis and the new men and women who would populate the regenerated *Volksgemeinschaft*.[20]

((22)) In his 'Theses on the Philosophy of History' Walter Benjamin introduced the memorable image of the Angelus Novus who experiences the historical fruits of the Enlightenment utopia of progress as 'one single catastrophe which keeps piling wreckage upon wreckage and hurls it in front of his feet' and which he cannot make whole again because of the 'storm blowing from Paradise'.[21] In *The Turner Diaries*, which helped inspire Tim McVeigh's bombing of a federal state building in Oklahoma, the American neo-Nazi William Pierce prophecies a dramatic end to the age of liberal decadence, miscegenation and racial decline when a 'cleansing hurricane' sweeps over the United States, 'clearing away in a few months the refuse of a millennium or more of alien ideology and a century or more of profound moral and material decadence'.[22]

((23)) The emergent consensus in fascist studies could help promote a sustainable *metamorphosis* in the empirically and theoretically underpinned academic understanding of the political evolution of modern history, especially the formative impact that has been exerted on it by 'totalitarian movements' and 'political religions'. The need for such a development has been given added urgency in the light of 'September 11' and its aftermath. The new academic community I envisage, more harmonious and collaborative but not 'reborn', could help it to become 'common sense' one day for students and journalists, and even the general public in Germany and the wider Europeanized world, to see Nazism as a particularly radical form of political religion driven by an extraordinarily destructive variant of revolutionary nationalism.

((24)) It would then be increasingly widely recognized that the unimaginable human suffering and atrocities, the untold episodes of peculiarly modern barbarity inflicted by the Third Reich stem directly from the powerful palingenetic dynamic of Third Reich which it generated for the twelve years in which Nazism's 'cleansing hurricane' was allowed to rage. They were the fruits of a eugenic vision of national awakening and palingenesis that was predestined to produce hell on earth. It was a vision which has deep structural parallels with other political religions which have surfaced since secularization became a globalizing force. I encourage Wolfgang Wippermann and all those who read this book to think of themselves as part of the metamorphosis of fascist studies. And hence called upon to contribute to a new ecumenical (or even ecological) humanist project healed of the rationalist and ethnocentric blind spots of the Enlightenment tradition, and hence more empowered to prevent such perversions of human utopianism wreaking havoc once more.

Endnotes

1   Whatever happened to 'fascism'?' in Jane Caplan (ed.), *Nazism, Fascism and the Working Class. Essays by Tim Mason*, (Cambridge, 1995), p. 324.

2   Ibid., p. 331.

3   Juan Linz: 'Some Notes towards a Comparative Study of Fascism in Sociological Historical Perspectives' in Laqueur (ed.), *Fascism: A Reader's Guide*, op.cit., p. 24.

4   Roger Griffin, *Fascism* (Oxford, 1995), text 5, pp. 28-9.

5   See Stanley Payne, *Fascism in Spain 1923-1977* (Wisconsin, 1999); Antonio Costa Pinto, *The Blue Shirts. Portuguese Fascists and the New State* (New York, 2000).

6   See Roger Griffin, *Fascism* (Oxford, 1995) section 5, pp. 311-387; Roger Griffin 'Interregnum or endgame? Radical Right Thought in the 'Post-fascist' Era' *The Journal of Political Ideologies*, Vol. 5, No. 2, July 2000, pp. 163-178; reprinted in Michael Freeden (ed.), *Reassessing Political Ideologies* (London, 2001).

7   Roger Griffin 'From slime mould to rhizome: an introduction to the groupuscular right', *Patterns of Prejudice*, vol. 37, No. 1 (2003).

8   E.g. David Renton, *Fascism. Theory and Practice* (London, 1999).

9   E.g. MacGregor Knox has recently dismissed it as a 'failed concept' in his *Common Destiny: Dictatorship, Foreign Policy, and War in Fascist Italy and Nazi Germany* (Cambridge, 2000), though even doubting Thomasses such as Martin Blinkhorn, A. J. Gregor, and Robert Paxton actually use ideal types of fascism in their work that are entirely compatible with the new consensus.

10 See Roger Griffin 'The Primacy of Culture. The Current Growth (or Manufacture) of Consensus within Fascist Studies', *The Journal of Contemporary History* Vol. 37, No. 1(2002).

11 *Il culto del littorio* (8th edition Rome-Bari, 2001), translated as *The Sacralization of the State in Fascist Italy* (Harvard, 1996).

12 *Le religioni della politica. Fra democrazie e totalitarismi* (Rome, Bari, 2001).

13 Emilio Gentile, 'The Sacralisation of Politics: Definitions, Interpretations and Reflections on

the Question of Secular Religion and Totalitarianism', *Totalitarian Movements and Political Religions*, Vol. 1, No. 1, Summer 2000, pp. 18-55.

14   See, for example, K. Vondung, *Magie und Manipulation: ideologischer Kult und politische Religion des Nationalsozialismus*, (Göttingen, 1971).

15   G. L. Mosse, *The Nationalization of the Masses* (New York, 1974).

16   Michael Burleigh 'National Socialism as a Political Religion', *Totalitarian Movements and Political Religions* vol. 1, no. 2, 2002. The approach to Nazism which informs this article also informs Michael Burleigh, *The Third Reich*, (London, 2000, 1st edition 1932).

17   Hermann Broch *The Sleepwalkers*, (New York, 1964), p. 647.

18   My insistence on the importance of taking fascist ideology seriously in order to understand the historical realities generated by fascist movements and the two fascist regimes has exposed me to the accusation of dangerous apologetic or revisionist intentions both in England and in Germany. May I therefore take this opportunity to stress how erroneous and absurd this accusation it is. Anyone who had *actually read* my publications with any care would know full well that I am appalled by Nazism's systematic atrocities committed against millions of innocent human beings. On page 104 of *The Nature of Fascism* (London, 1991), for example, I dwell on the 'horrific human consequences' of the Nazi bid to realize its vision of a new Germany. However I take the way fascists presented themselves to themselves and to the world, both verbally and non-verbally, as the key (for heuristic purposes) to reconstructing ideal-typically the utopia which they pursued, just as any account of State Communism has to consider the role played in it by Marxist ideology. It is my belief that the destructiveness and immense human suffering caused by Nazism is a direct product of the attempt to realize this utopia, an approach which has nothing to do with justifying Nazi atrocities but has a lot to do with explaining them. *Tout comprendre n'est pas tout justifier*. It is an approach fully in harmony with the principle of methodological empathy which Mosse asserts in the introduction to *The Fascist Revolution* (New York, 1998) and with Kershaw's concentration on the crucial role which the appeal of the myth of Germany's rebirth played in Hitler's charisma after 1929 (see Ian Kershaw, Hitler, vol. I: Hubris (London, 1998)). It would be perverse indeed to accuse either Mosse or Kershaw of sympathy for Nazism, let alone a revisionist intent to rehabilitate it.
My own modest attempt to contribute to such a development include the article 'Notes towards the definition of fascist culture: the prospects for synergy between Marxist and liberal heuristics', *Renaissance and Modern Studies* Vol. 42, (Autumn 2001) and the chapter 'Hooked Crosses and Forking Paths: The Fascist Dynamics of the Third Reich' in Joan Mellón (ed.) *Orden, Jerarquía y Comunidad. Fascismos, Autoritarismos y Neofascismos en la Europa Contemporánea* (Tecnos, Madrid, forthcoming). (It is available from the author in English on request to rdgriffin@brookes.ac.uk).

20   See Howard Williams, 'Metamorphosis or Palingenesis? Political Change in Kant,' *The Review of Politics*, Vol. 63, No. 4, Fall 2001.

21   Walter Benjamin, *Illuminations* (London, 1992), p. 249.

22   See Roger Griffin, *Fascism* (Oxford, 1995), text 204, pp. 372-4.

Faschismus:
Zur Kritik in der Wissenschaft und an der Gesellschaft

Eike Hennig

((1)) Wenn an einem (kritisch besetzten) Gattungsbegriff „Faschismus" fest-gehalten bzw. ein generischer Faschismusbegriff gesucht wird, so spielen da-für *sozial*wissenschaftliche, d.h. nicht-historiographisch positivistische Gründe ebenso wie politische und soziale, „emanzipatorische" Überlegungen nicht nur innerhalb der Wissenschaften eine Rolle. Dies ist bezüglich der Analyse des politischen, sozialen und ökonomischen Syndroms „Faschismus" verdeut-licht worden. Nicht zuletzt wird mit dieser Begriffs- und Perspektivwahl, die keineswegs parteiisch eingeengt und verhaftet ist, einem „Vermächtnis" poli-tisch und wissenschaftlich gefolgt. Die Perspektive, wie sie sich aus der Be-obachtung von Kapitalismus, bürgerlicher Gesellschaft und einer ambivalen-ten Moderne ergibt, in Verbindung mit einem gesellschaftskritisch besetzten Begriff „Faschismus", widersetzt sich einem (Ver)Schweigen, spricht von Tätern und Opfern sowie von Rahmenstrukturen (wie sie z.B. im Milgram-Experiment nachgestellt werden), die humanes Handeln, Akzeptanz, Mitlei-den und Empathie selbst in einem nur formal rechtlich gefaßten Sinn ver-, mindestens aber entscheidend behindert haben.

Mit der Begriffswahl „Faschismus" verbindet sich somit eine zweifache In-tention: (1.) Politisch und sozial dreht es sich um „die" Kritik an extremen, gleichermaßen technisch-instrumentellen und atavistischen Inhumanitäten einer gespaltenen Moderne, (2.) wissenschaftlich geht es darum, „vertiefte", „bessere" Demokratieforschungen zu betreiben, z.B. um Krisen und deren inhumane Ausbeutbarkeit diagnostizieren, gar vermeiden oder mindestens „sozialtechnisch" bewältigen zu können. „Faschismus" verweist in diesem Sinne auch auf neue wissenschaftliche, methodische und analytische Akzente und stellt einen entscheidenden Schub bei der Professionalisierung von Sozi-alwissenschaften dar. Dieser zweite, bedeutsame Akzent soll zumindest an-gesprochen werden, denn auch er geht entscheidend davon aus, „Faschismus" zu verallgemeinern und als „Gattungsbegriff" aufzufassen.

((2)) Dieser kritische Impetus als ein Versuch, an Personen, Individuen, menschliche Wesen, an Leid, aber auch an einen technokratischen bzw. sadistischen Ausrottungswillen mit flankierenden legalen Maßnahmestrukturen zu erinnern, geht nicht in einem historiographischen, phänomenologischen oder sonstwie positivistischen Begriff des deutschen Nationalsozialismus bzw. des italienischen Faschismus der Zwischenkriegszeit und des Zweiten Weltkrieges auf. Es gibt überschießende Gehalte, die in diese Kritik neben der engeren Suche nach einer Um- wie Beschreibung des Syndroms „Faschismus" einfließen. Gerade diese Implikate entziehen sich einer parteiischen Generallinie; zugespitzt, gerade sie stellen sich einer „kommunistischen" oder anderen Verkürzung z.B. auf ökonomistische Interessen und Kapitalgruppen, auf Hauptwidersprüche im Besitz einer parteipolitischen Definition und Schließung etc. entgegen. Die gemeinte Kritik dieser nach-faschistischen Ausgangshaltung ist weiter, philosophischer gefaßt: „Die namenlosen Märtyrer der Konzentrationslager sind die Symbole einer Menschheit, die danach strebt, geboren zu werden. Aufgabe der Philosophie ist es, was sie getan haben, in eine Sprache zu übersetzen, die gelöst wird, wenn auch ihre vergänglichen Stimmen durch die Tyrannei zum Schweigen gebracht wurden." Diese wissenschaftlich-philosophische und kritische Konsequenz zieht Max Horkheimer[1] 1947 aus dem Faschismus und dessen Verwendung einer vom humanen Fortschritt, der Aufklärung, abgespaltenen technischen, organisatorischen und rationalen, d.h. instrumentellen Vernunft. In diesem Sinne manifestiert sich im Faschismus die Niederlage des politischen Projekts, die „Entzauberung" der Welt und die Bürokratisierungen wie Rationalisierungen im Sinne von Freiheit und Individualität eben politisch zu kontrollieren; am Ende des Ersten Weltkrieges bzw. in den Gründungstagen der Weimarer Demokratie hat Max Weber ein solches Projekt beschworen. Es unterliegt in einer institutionellen Demokratie ohne alltägliche Akzeptanz, so daß, evolutionär eigentlich unvorstellbar, eine etablierte Demokratie politisch zurückmutiert in eine modern-vormoderne Mischung. Diese Erfahrungen der Zwischenkriegszeit von Deutschland und Italien wirken eben auch auf eine Neu-Begründung in den Sozialwissenschaften ab 1945.

((3)) Horkheimer geht nach 1945 weiter als Max Weber, wenn er seine kritische, philosophisch-wissenschaftliche Analyse an Ideen von Gerechtigkeit und deren philosophisch überlieferte Geschichte(n) anschließt. Ob man nun so weit gehen will, hierin „ein Korrektiv der Geschichte"[2] oder eine Anwaltschaft „der Menschheit"[3] zu sehen (was mir zu apodiktisch, zu pauschal und viel zu weitgreifend erscheint), so ergibt sich doch für Horkheimer *nach* dem Faschismus eine wirtschaftlich-philosophische, nicht nur pragmatische Notwendigkeit, an alte Bemühungen, Freiheit, Befreiung, Selbstbestimmung,

Aufklärung und Aufstieg aus Unmündigkeit zu denken, anzuschließen. Die Verpflichtung gegenüber den Konzentrationslagern z.B. und die Kritik gegenüber diesbezüglichen sozialen Möglichkeitsstrukturen wird ausgeweitet: „In dieser Funktion wäre Philosophie das Eingedenken und Gewissen der Menschheit und hülfe dadurch, den Weg der Menschheit davor zu bewahren, der sinnlosen Runde des Anstaltsinsassen während seiner Erholungsstunde ähnlich zu werden."[4] Dieser Impetus soll – wie z.B. die Studien zur „Autoritären Persönlichkeit" zeigen – Eingang auch in empirische Sozialforschung finden.

((4)) Kritische Darstellungen des Faschismus *und* „der" bürgerlichen Gesellschaft halten diesen Zielkomplex fest, wie er sich (nach) 1945 ergeben hat und im Ansatz bereits vor 1922 bzw. 1933 als Kritik z.B. am „totalen Staat" oder an der negativen Aufhebung des (sozialen) Rechtsstaats (Heller) durch ein Maßnahmeregime (Fraenkel) vorgetragen worden ist. Ein Blick auf austromarxistische Traditionen (Bauer) kann zeigen, daß auch außerhalb des kommunistischen Terrors und entsprechender Gewaltakzeptanz solche analytischen Kritiken mit praktischen Maßnahmen zur Verteidigung einer parlamentarischen, rechtsstaatlichen Republik verbunden worden sind. Kommunismus ist keineswegs der einzige Anti-Faschismus, was implizit auch die Familie der Totalitarismustheorien unterstellt, die einzigen kritischen Analysen sind die parteiischen kommunistischen Analysen von „Finanzkapital" und „Sozialfaschismus" sowieso nicht ((E 60-76)). Und, demokratisch offen, ambiguitätstolerant und somit geeignet für Webers politisches Projekt – bzw. für später zahlreich beschworene „Dritte Wege" und Wiederentdeckungen von Politik – sind diese sich im Wechselspiel mit dem Faschismus aufschaukelnden rigiden Lenkungsphantasien ebenfalls nicht. Gerade aus Sicht einer kritischen (an „Demokratie" und „Selbstbestimmung" interessierten) Faschismusanalyse ergibt sich somit theoretisch und wissenschaftlich eine Kritik auch der Kommunismen. „Anti-Faschismus" ist eben mit „Demokratie" nicht gleichzusetzen.

((5)) Indem derartige philosophisch-kritische und wissenschaftliche Akzente betont werden, rücken neben der erzwungenen rechtsstaatlichen Neubegründung einer deutschen (und italienischen) Demokratie nach 1945 bzw. 1949 vor allem wissenschaftsimmanente Nachwirkungen des Faschismus in den Blickwinkel. Faschismus hat große sozial*wissenschaftliche* Folgen und eröffnet so manchen Paradigmenwechsel innerhalb der Sozialwissenschaften, wobei vor allem eine ökonomistische Verengung kritischer Perspektiven, wie sie

den „Sowjetmarxismus" und dogmatische Engführungen marxistischer Wissenschaftlichkeit bestimmt hat, aufgehoben wird. Aus den Erfahrungen des Faschismus ergibt sich ebenfalls eine Distanz von Kritik zu parteipolitischen Verwertungen und Bestimmungsbemühungen. Horkheimer z.B. verbindet eine befreiende, von Angst emanzipierende (nach-faschistische) Wissenschaft damit, dasjenige, was gegenwärtig Vernunft heißt, zu denunzieren, dies sei „der größte Dienst, den die Vernunft leisten kann."[5]
Gerade wenn von einem Gattungsbegriff bzw. Idealtypus oder einem generischen Begriff des Faschismus (jenseits der Faschismen) ausgegangen wird – bei allen offenen Fragen um die Akzente –, dann zeigt sich nach 1945 die innerwissenschaftliche Bedeutung eines kritischen Bezugs: Marktwirtschaft und Zivilkultur (als eine besondere, mehrheitlich nicht obrigkeitsstaatliche und parochiale politische, demokratische Kultur der Lebenswelten vor den demokratisch-staatlichen Normen wie Institutionen des politischen Systems[6]), Pluralismus und die Bedeutung einer demokratischen Mitte bzw. einer „skeptischen Gesellschaft" (Schelsky) sind einige Akzente, die eine kritische Verarbeitung des Faschismus voraussetzen. Vor allem gilt dies für die z.B. an Nietzsche und Max Weber anschließenden Debatten über eine ambivalente Moderne bzw. über eine Trennung instrumenteller, technischer und humaner Komponenten von Fortschritt und Modernität (Z. Bauman).

((6)) Und es gilt – gegenüber jenen letztlich „totalitären", jedenfalls aber rigiden, intoleranten, für Unbestimmtheiten nicht offenen ökonomistischen Kritikverengungen – für ein nach-faschistisches „Programm" einer Sozialwissenschaft, die neben politischen Institutionen und Normen sowie sozioökonomischen Interessen die Bedeutung alltagsweltlicher Orientierungen (der politischen Kultur) und seelischer Verfaßtheit (der politischen Psychologie) neu bzw. (nach Freud) wieder entdeckt und zu einem umfassenden („totalen") gesellschaftsanalytischen Design verknüpfen möchte. Mit Blick auf Bemühungen „der" Frankfurter Schule bzw. der Kritischen Theorie, nämlich Analysen des autoritären Staates, der autoritären Persönlichkeit und eines autoritär-etatistischen Monopolkapitalismus miteinander zu verbinden[7], läßt sich Erich Fromms Bestimmung des „Nazismus" als „psychologisches" *und* „ökonomisch-politisches Problem" anführen.[8] Fromm verallgemeinert besagten Paradigmenwechsel, wenn er psychologische Faktoren als sozioökonomisch geformt und politische Pressionen von den psychologischen Grundlagen her verstehen möchte. Diese Verbindung politischer Institutionen mit politischer Ökonomie und politischer Psychologie bzw. qua politischer Kulturforschung die „Entdeckung" der Bedeutung vor-institutioneller, alltäglicher Lebenswelten und entsprechender Themen (z.B. Angst und Politik) bleibt ohne die Erfahrung des Faschismus, d.h. ohne die Verarbeitung der faschistischen, von nichtemanzipierten Massen getragenen Zerschlagung einer bereits erreichten demokratischen Verfassung, unverständlich. Dabei spielt es keine Rolle, daß diese Verknüpfung von Institutionen, Ökonomie und Psyche bzw. Kultur – selbst in der konzeptionellen Begründung der Zivilkultur durch Almond und Verba – weitgehend ein kritisches Design zur Verknüpfung von Makro- und Mikrostrukturen geblieben ist. Diese grundlegende Sichtweise kritischer Sozialwissenschaften ist vor allem als Reaktion auf den Faschismus zu verstehen; sie ist der wissenschaftliche Teil, „vergänglichen Stimmen" nachzuspüren, um über deren Leid aufzuklären und deren Hoffnungen „eines besseren Lebens" analytisch aufzugreifen.

Anmerkungen

1   Max Horkheimer, Zur Kritik der instrumentellen Vernunft, dt. (übers. v. Alfred Schmidt) Frankfurt 1967, S. 152.

2   Ebenda, S. 173.

3   Otfried Höffe, Demokratie im Zeitalter der Globalisierung, München 1999, S. 34 – 36. Höffe betitelt diesen Abschnitt: „Philosophie: Anwalt der Menschheit" (vgl. auch S. 36), ohne an Horkheimer zu erinnern.

4   Horkheimer a.a.O., S. 173.

5   Ebenda, S. 174.

6   Vgl. Gabriel A. Almond, Sidney Verba, The Civic Culture. Political Attitudes and Democracy in Five Nations, Newbury Park/London/New Delhi 1989 (1963[1]). Zu den ausgewählten Nationen gehören Deutschland und Italien, die beide das Versagen einer alltäglich nicht gelebten Demokratie vor dem Faschismus und den Neubeginn partizipatorisch-demokratischer Politik beleuchten.

7   Am Beispiel des deutschen Faschismus kommt dies vor allem in Franz Neumanns „Behemoth" zum Ausdruck.

8   Erich Fromm, Die Furcht vor der Freiheit, Frankfurt 1968 (1947[1]), S. 204.

Rassig interpretierte Nation –
Zum Begriff der faschistischen Ideologie

Klaus Holz und Jan Weyand

((1)) Fast alle Kritiken an Wolfgang Wippermanns Faschismusbegriff gehen auf dessen Ideologiebegriff ein. Das ist nicht verwunderlich, da Wippermann der Ideologie eine zentrale Stellung in seiner Definition des Faschismusbegriffs einräumt. Nahezu einhellig wird bestritten, daß der Rassismus das zentrale Bestimmungsmoment der faschistischen Ideologie sei. Vielmehr seien andere Merkmale für faschistische Ideologien charakteristisch. Genannt werden insbesondere Antimarxismus ((Priester 3)), Nationalismus ((Griffin 10)) und für den Nationalsozialismus der Antisemitismus ((Kraushaar 10)). Die Diskutanten gehen offenbar davon aus, dass eine faschistische Ideologie durch die Angabe von einem oder mehreren Merkmalen angemessen zu charakterisieren sei. Entsprechend dreht sich der Streit um die Frage, welche Merkmale das seien. Gegen jedes der vorgeschlagenen Merkmale lässt sich einwenden, was gegen Wippermanns Charakterisierung der faschistischen Ideologie als rassistisch vorgebracht wurde: der Rassismus sei im 19. und 20. Jahrhundert eine weitverbreitete Ideologie und gängige Praxis aller Kolonialmächte und könne nicht als Besonderheit des Faschismus gelten ((Priester 3)). Außerdem sei das faschistische Italien zunächst nicht rassistisch gewesen ((Topitsch 3)). Nationalismus, Antisemitismus oder Antimarxismus sind ebenfalls Bestandteile von Ideologien, die vor, während und nach dem Faschismus kurrent waren bzw. sind. Damit stellt sich die Frage nach dem Spezifischen einer faschistischen Ideologie neu. Empirisch gehaltvoll ist sie nur durch die Entzifferung einer gemeinsamen semantischen Struktur faschistischer Ideologien zu beantworten. Da eine solche Studie bisher aussteht, ist die Frage nach *der* faschistischen Ideologie empirisch offen.

(2)) Die Beiträge zur faschistischen Ideologie analysieren deren Elemente, ohne ihre semantische Struktur zu untersuchen. Dieses kulturwissenschaftliche Defizit der Faschismusanalyse ((Holz 1)) führt dazu, dass sich die Beiträge in einer falschen Alternative verfangen: Entweder wird ein Element (z. B. der Mythos nationaler Wiedergeburt oder der Antimarxismus) verabsolutiert. Bei Roger Griffin mündet das in die Behauptung, Rassismus und Nationalismus schlössen sich aus. Oder es wird ein Bündel von Elementen angegeben. So formuliert Wippermann an zentraler Stelle, die faschistische Ideologie "war in ihrem Kern rassistisch, wies aber gleichzeitig sowohl antisozialistische wie antikapitalistische, antimodernistische wie gewisse moderne Elemente auf" ((16)). Das ließe sich ohne weiteres ergänzen: faschistische Ideologien sind z. B. militaristisch, favorisieren einen bestimmten Typ von Männlichkeit und entwerfen Geschichtslegenden. Man kann diese Bestimmungsmomente nicht aus einem Element ableiten. Umgekehrt aber macht eine additive Zusammenstellung von Elementen noch keinen Begriff aus. Ein Begriff unterscheidet sich von einem Sammelsurium dadurch, dass die Kohärenz seiner Elemente dargelegt wird. Um die Kohärenz der Elemente darzulegen, müsste ihr Zusammenhang systematisch entwickelt werden. Da dies bisher aussteht, ist die Frage nach dem Spezifischen *der* faschistischen Ideologie auch theoretisch offen.

((3)) Diese Kritik trifft Wippermanns Begründung des generischen Faschismusbegriffs, da der Begriff der faschistischen Ideologie Teil seines Faschismusbegriffs ist. Ein Begriff von Faschismus, der nicht nur auf der Ebene der Gesellschaftsstruktur, sondern auch auf der der Semantik angesiedelt ist, scheint uns sinnvoll. Er ist aber erst noch zu begründen. Die Vermutung indes, dass dies möglich ist, wollen wir stützen: Wir werden im folgenden für die nationalsozialistische Ideologie belegen, dass die von den Diskutanten vorrangig genannten Bestimmungsmomente faschistischer Ideologie – Nationalismus, Rassismus, Antisemitismus, Antimarxismus – sich weder ausschließen noch gegensätzlich zueinander stehen. Das gerade Gegenteil ist der Fall: Diese Merkmale werden in der nationalsozialistischen Ideologie durch die ethnische Konstruktion von Wir- und Fremdgruppen kohärent integriert. Erst diese Verbindung verdichtet die Bestandteile zu einer umfassenden Weltanschauung. Die folgenden Hinweise auf Verknüpfungen der einzelnen Elemente ersetzen selbstverständlich nicht eine vergleichende Analyse der semantischen Struktur faschistischer Ideologien und damit eine theoretische und empirische Klärung des Begriffs faschistische Ideologie.

Nationalismus und Rassismus

((4)) Der Verdacht, Rassismus und Nationalismus seien Phänomene, die nur randständig aufeinander bezogen sind oder sich wechselseitig ausschließen (Wippermann ((26)); Griffin ((12))), kann durch einen kurzen Blick in eine Vielzahl antisemitischer Klassiker entkräftet werden. Hitler etwa zeichnet neben einem antisemitischen Judenbild, um das es ihm hauptsächlich geht,

Bilder von dunkelhäutigen Rassen, Mischrassen usw. Zugleich finden sich in
"Mein Kampf" zentrale Kapitel, die "Nationalisierung der Massen" oder "Volk
und Rasse" heißen. Abgesehen davon, warum haben die Nationalsozialisten
sich selbst diesen Eigennamen gegeben? Ein Etikettenschwindel, wie Wippermann vermutet ((26))? Hitler behauptet das Gegenteil: Seine Partei habe
sich auf "drei Grundsätze" verpflichtet: "Sozialismus", das heiße "Gemeinnutz
vor Eigennutz", "Nationalismus", das bezeichne "Liebe zum Volk ganz aus-
nahmslos", und "Antisemitismus", das bedeute "Entfernung der Juden [...].
Die drei Begriffe sind unzertrennbar verbunden, sie sind die Grundlagen unseres Programms. Und deshalb heißen wir uns: Nationale Sozialisten, Nationalsozialisten."[1]

((5)) Lehnt man diese Selbstetikettierung nicht wie Wippermann ab, weil sie
nicht dem eigenen Begriff von Nation und Sozialismus entspricht ((26)), sondern fragt nach ihrem Sinn, dann ist mit den ersten beiden Punkten das Selbstbild einer völkischen Gemeinschaft bezeichnet, die Nation genannt wird. Das
Selbstbild muss ein Kriterium angeben, wer zur Wir-Gruppe gehört. Das Kriterium ist zugleich ein Exklusionskriterium, d. h. es bestimmt, wer nicht dazu
gehört. Dieses Kriterium ist mehr oder weniger variabel; nach einer heute
gängigen Unterscheidung wird zwischen einem voluntaristischen und einem
essentialistischen Nationenbegriff differenziert. Die gängigsten essentialistischen Kriterien sind Sprache, Kultur und Abstammung. Bekanntlich besteht
zwischen diesen drei Kriterien eine wesentliche Differenz: Sprachen kann
man lernen, eine Kultur kann man erwerben, genealogische Grenzen aber sind
unüberwindbar. Diese letzte Variante der Konstruktion von Gruppenzugehö-
rigkeit durch Ethnisierung ist eine Möglichkeit, Nationalismus und Rassismus kohärent zu verknüpfen.

((6)) Rassistische Ideologien konstruieren Gruppen als Abstammungsgemeinschaften. Die Ausgestaltung der Differenz zwischen Wir-Gruppe und Fremd-
gruppe(n) erfolgt entlang zweier Dimensionen, einer biologischen und einer
historischen. Beide Bestimmungsmomente erhalten in der Folge der Aufklärung eine überragende Bedeutung. Sie werden zu Letztinstanzen in Weltan-
schauungen, die sich säkular, modern und wissenschaftlich geben. Natur und
Geschichte spielen die Rolle von ins Diesseits gewendeten Göttern. Hinter
sie kann man nicht zurück. Alles geht von ihnen aus. Die biologische Dimension legt u. a. die Unüberbrückbarkeit der Gruppengrenze fest. Gerade in den
massenwirksamen Schriften wird diese Dimension selten genau ausgearbeitet. Häufig bleibt es bei der Beschreibung von Körperbildern, bei Phrasen wie

»gemeinsames Blut« oder bei der Festschreibung der Hautfarbe als vermeintlich klarem Kennzeichen unterschiedlicher »Rassen«. Empirisch ist es jedoch keinesfalls richtig, den Rassismus auf den Biologismus zu reduzieren ((Fritzsche 7)). Die Konstruktion von Abstammungsgemeinschaften schließt notwendig die Vorstellung einer Abfolge von Generationen, also Zeitlichkeit, Entwicklung und Geschichte ein. Der Rassismus im 19. und 20. Jahrhundert nutzt beide Dimensionen auf eine spezifische Weise: »Rassen« werden als biologisch distinkte Anfangspunkte einer Geschichtserzählung entworfen. Innerhalb dieser Großgruppen können ethnische Untergruppen, »Völker«, als Resultate historischer Entwicklung konstruiert werden. Dadurch entsteht einerseits die Vorstellung verwandter Völker – was nationale Konkurrenz zwischen diesen Untergruppen nicht ausschließt. Andererseits wird der ethnische Graben zwischen »Völkern unterschiedlicher Rasse« vertieft. Das ermöglicht die Konstruktion mehrerer, ineinander verschachtelter Wir-Gruppen (die Arier, die Germanen, die Deutschen, die Preußen), auf die je nach ideologischem Bedürfnis fokussiert werden kann.

((7)) Da die Nationalstaaten im 19. und 20. Jahrhundert wesentlich die Lebenschancen ihrer Angehörigen bestimmen, liegt es ideologisch auch in einem rassistischen Rahmen nahe, für die jüngere Geschichte auf »Völker« als Wir-Gruppen abzuheben. Bei Drumont und Hitler ist das gut zu sehen. Weder Drumont noch Hitler geht es allein um eine "arische oder indo-europäische Rasse".[2] Bezugspunkt bei Drumont ist die Wir-Gruppe der Franzosen, bei Hitler die der Deutschen, die beide einer »arischen Rasse« als historischer und biologischer Letztinstanz zugeordnet werden. Der Zusammenhang zwischen »Rassen« und »Völkern« wird dabei durch eine bis an den Anfang der menschlichen Geschichte zurückreichende Erzählung der Ausdifferenzierung der »Rassen« hergestellt. Entsprechend fundamental sind die »Rassengegensätze«, die sich durch die Weltgeschichte hindurch erhalten und entfalten. Die Wir-Gruppe wird dann als Resultat eines historischen Prozesses begriffen, in dem sie ihr biologisches Potential in herausragender Weise in der Kunst wie in der Politik, in der Ökonomie wie im Geist entfaltet. Diese ethnisierende Konstruktion der Wir-Gruppe ermöglicht ein weites Feld an Zuschreibungen. Was für ein »Volk« wesentlich ist, kann auch für die »Rasse des Volkes« postuliert werden: eine besondere Auffassung der Arbeit, tiefe Innerlichkeit, eine der Art gemäße Kunst, ein Eroberungswille usw. Gemeinsam ist diesen Formen die ethnische Konstruktion der Wir- bzw. der Fremdgruppen und die Behauptung ihrer historisch ausdifferenzierten biologischen Identität. Anders gesagt: Die nationalsozialistische Ideologie ist nationalistisch und

rassistisch, weil das nationale Selbstbild der Wir-Gruppe auf der Konstruktion einer ethnischen Zusammengehörigkeit beruht, der ein Rassekonzept un-
terlegt ist.

((8)) Angesichts der Vielzahl der Quellen, in denen Nationalismus und Rassismus miteinander verknüpft werden, stellt sich die Frage, warum selbst so
herausragende Kenner des Nationalsozialismus wie Franz Neumann oder
Hannah Arendt zu der Auffassung gelangten, dass "die deutschen Nationalsozialisten [...] ostentativ den Gebrauch des gängigen Begriffs der Nation vermieden" hätten und "der Rassismus den Nationalismus" verdrängt habe.[3] Der
Hauptgrund für diese mit dem empirischen Material nicht zu vereinbarende
These liegt im Nationalismusbegriff von Neumann und Arendt: sie beschränken ihn auf die bürgerlich revolutionäre und demokratische Legitimation des
modernen Staates. Darin sind ihnen viele Nationalsozialismus-, Antisemitis-
mus- und Rassismusforscher gefolgt. Der politische Gewinn dieser These ist
enorm – leider auch der damit einher gehende wissenschaftliche Verlust: ein
prinzipiell guter (demokratischer, nicht fremdenfeindlicher usw.) Nationenbegriff schien nach dem Nationalsozialismus nicht nur möglich, sondern außer Frage zu stehen. Zwar hatten Deutsche als Juden bezeichnete Menschen
vernichtet, aber nicht im Namen der Nation, sondern der Rasse. Diese Konstruktion, und das ist der wissenschaftliche Preis, ist nur zu halten, wenn weite Bereiche des Quellenmaterials willkürlich zerschnitten und einseitig interpretiert werden. Dass es sich bei der Nationenvorstellung der Nazis um eine
"rassig interpretierte »Nation«" handelte, wie Ernst Bloch 1935 bemerkte,
verwirrt solch klare Unterscheidungen zwischen Nationalismus und Rassismus und stellt ihre politischen Implikationen in Frage.

Palingenese

((9)) Roger Griffin hat betont, dass der Mythos der Wiedergeburt eines Volkes charakteristisch für faschistische Ideologien sei. Dieser Mythos ist aber
nicht, wie von Griffin unterstellt, ein alternativer Vorschlag zu Wippermanns
Charakterisierung der faschistischen Ideologie als rassistisch, sondern eine
Ergänzung. Nach einer einprägsamen Formulierung von Eric Hobsbawm lautet die trinitarische Formel des Nationalismus: "Volk = Staat = Nation"[4]. Werden Selbst- und Fremdbild ethnisch konstruiert, ergibt sich die politische Forderung nach ethnischer Homogenität der Staatsangehörigen. Die politische
Herstellung der Einheit von »Volkszugehörigkeit« und Staatszugehörigkeit

erscheint nicht nur in der nationalsozialistischen Ideologie als Wiedergeburt des »Volkes«, sondern ist typisch für den ethnisierenden Nationalismus – schon Heinrich von Treitschke spricht nach der »Reichsgründung« 1871 von einem "neuen deutschen Leben". Ein zentrales Motiv für den Mythos der Wiedergeburt findet sich in der Konzeption des Selbstbilds der Wir-Gruppe: Nach den Prämissen des ethnisierenden Nationalismus ist »Volk« eine immer schon existierende, mit sich identische Entität. Die Formel dafür lautet: »wir sind, was wir waren und wir werden sein, was wir sind«. *Wieder*geboren wird das »Volk« in dieser Konstruktion, wenn es im Staat politische Gewalt gewinnt, weil es sich dadurch zu einem höheren und machtvolleren Dasein aufschwingt. In anderen Worten ausgedrückt: Der Mythos der Wiedergeburt reflektiert das Zusammenfallen von Sozialintegration (»völkische Gemeinschaft«) und politischer Integration (Staat). Für die nationalsozialistische Vorstellung der Wiedergeburt kommt noch hinzu, dass nach Auffassung der Nationalsozialisten die Einheit von »Volk« und »Staat« in der Weimarer Republik nicht realisiert worden sei, weshalb alle möglichen »Undeutschen« innerhalb des Staatsgebiets das »deutsche Volk« zersetzten oder sonstwie in Bedrängnis brächten und zudem infolge des Ersten Weltkriegs Staatsgebiet und »Siedlungsraum« des »Volkes« auseinander gefallen seien. Folglich schließen sich der Mythos von der Wiedergeburt und der Rassismus nicht aus, sondern sind in der nationalsozialistischen Ideologie kohärent aufeinander bezogen.

Antimarxismus

((10)) Selbstbilder lassen sich nur durch Fremdbilder formulieren. Der Sinn von Fremdbildern besteht in der Erzeugung von Selbstbildern ((Holz 3)). Beim Antimarxismus handelt es sich um ein Fremdbild. Das »rassepolitische Programm« der NSDAP von 1927 bestimmt dieses Fremdbild eindeutig: "Das Deutsche Reich sei die Heimat der Deutschen. Nicht von Juden, Russen (Kommunisten), Sozialdemokraten, die kein Vaterland kennen, das Deutschland heißt, nicht von allen möglichen sonstigen Ausländern, die für länger oder kürzer auf deutschem Boden sich aufhalten."[5] Danach wird im Fremdbild unterschieden zwischen "sonstigen Ausländern" und "Juden, Russen (Kommunisten), Sozialdemokraten". Kriterium des Unterschieds ist das Verhältnis zum "Vaterland": die einen "kennen" es, die anderen nicht. An diesem Punkt liegt eine Schnittstelle zwischen einem rassistischen Nationalismus und dem Antimarxismus. Der Marxismus formuliert zumindest in seiner politisch relevant gewordenen Variante eine vergleichbar umfassende Weltanschauung wie der

Nationalsozialismus. Besteht bei letzterem die Weltgeschichte in einer Ausdifferenzierung der »Rassen« zu »Völkern«, so interpretiert der Marxismus
Vergangenheit, Gegenwart und Zukunft als Geschichte von Klassenkämpfen.
Nach dieser Vorstellung sind Völker gerade keine homogenen Gruppen, sondern in sich in Klassen gespalten. Dieser andere Modus von Sozialintegration
(»Klassen« versus »völkische Gemeinschaft«) wird in der nationalsozialistischen Ideologie völkisch thematisiert: Marxisten erscheinen nicht als »Klas-
senkämpfer«, sondern als »vaterlandslose Gesellen«, die das Grundprinzip
der nationalistischen Weltdeutung – ein Volk, eine Nation, ein Staat – bestreiten. Da die nationalsozialistische Ideologie mit universalistischem Anspruch auftritt – die ganze soziale und politische Welt wird auf der Folie ethnisch konstruierter Völker erklärt –, kann sie den Marxismus als konkurrierende Weltanschauung nur völkisch abwehren (»Vaterlandslosigkeit«). Der
Antimarxismus ist also keineswegs ein alternativer Vorschlag zur Charakterisierung der rassistischen nationalsozialistischen Ideologie, sondern deren in-
tegraler Bestandteil.

Antisemitismus

((11)) Dies gilt auch für den Antisemitismus. Priester ((4)) hat zu Recht darauf verwiesen, dass in der nationalsozialistischen Ideologie Antimarxismus
und Antisemitismus im Bild der »jüdisch-bolschewistischen Wall-Street-Ver-
schwörung« verbunden seien. Auch hierbei handelt es sich ersichtlich um ein
Fremdbild. Ein Verknüpfungspunkt von Antimarxismus, ethnischem Nationalismus und Antisemitismus ist die »Vaterlandslosigkeit«. In der nationalsozialistischen Ideologie verneinen die Kommunisten das »Vaterland«, die Juden haben keins. Hier liegt zugleich eine Differenz zwischen Antimarxismus
und Antisemitismus. Kommunisten oder Sozialdemokraten "verraten" die eigene Wir-Gruppe. Juden können das nicht, da sie von vornehrein nicht dazu
gehören. Die Juden werden in der nationalsozialistischen Ideologie im Besonderen und im nationalen Antisemitismus im Allgemeinen[6] als ein parado-
xes Gegenprinzip zum Selbstbild der in sich einheitlichen und mit sich identischen Volksgemeinschaft konstruiert: ein Volk, das keines ist, das in sich
uneinheitlich und nicht mit sich identisch ist, das deshalb keinen Staat bilden
kann usw. Die Juden leben, wie Hitler sagt, als "Dritter in anderen Staaten", d.
h. sie sind nicht Ausländer, auch nicht Inländer, sondern das Gegenprinzip
zur völkischen Weltanschauung. Dieses paradoxe Bild wird nur von Juden
gezeichnet.

((12)) Der Antisemitismus ist tatsächlich ein besonderer Fall innerhalb der ethnisierenden Nationalismen. Die Grundunterscheidung im ethnisierenden Nationalismus im Allgemeinen und in der nationalsozialistischen Ideologie im Besonderen ist die zwischen einer Wir-Gruppe und anderen Gruppen, wobei alle Gruppen als in sich einheitliche Abstammungs*gemeinschaften* konstruiert werden. In einigen Fällen wird darüber hinaus noch zwischen allen »Volksgemeinschaften« und »Juden« unterschieden. Da sich diese Unterscheidung nicht zwingend aus der Grundunterscheidung ergibt, kann der Antisemitismus Bestandteil einer faschistischen Ideologie sein, muss es aber nicht.

((13)) Auch wenn der fragmentarische Charakter unserer Hinweise auf Verknüpfungspunkte zwischen Nationalismus, Rassismus, Antimarxismus und Antisemitismus in der nationalsozialistischen Ideologie nicht zu übersehen ist, scheint uns hier ein Weg eröffnet, den Begriff der faschistischen Ideologie anders als über Merkmale und plausibler zu begründen. Um so dringlicher scheint die vergleichende Analyse der semantischen Struktur faschistischer Ideologie.

Anmerkungen

1   Adolf Hitler, Warum sind wir Antisemiten?, in: Sämtliche Aufzeichnungen 1905-1924, hrsg. V. Eberhard Jäckel und Axel Kuhn, 1980, S. 200 f. Stuttgart: DVA.

2   Édouard Drumont, La France Juive, 188613, S. 6, Paris: Marpon & Flammarion.

3   Franz Neumann, Behemoth. Struktur und Praxis des Nationalsozialismus 1933 – 1944, hrsg. von Gert Schäfer, 1984, S. 131 f. Frankfurt a. M.: Fischer. Vgl. Hannah Arendt, Elemente und Ursprünge totaler Herrschaft, 1955, S. 30, S. 44 ff., München: Piper.

4   Eric J. Hobsbawm, Nationen und Nationalismus, 1992, S. 34, Frankfurt a. M. und New York: Campus.

5   Zit. n. Peter Alter (Hg.), Nationalismus. Dokumente zur Geschichte und Gegenwart eines Phänomens, S. 177, München: Piper.

6   Vgl. Klaus Holz, Nationaler Antisemitismus. Wissenssoziologie einer Weltanschauung, 2001, Hamburg: Hamburger Edition. Ders., Die Figur des Dritten in der nationalen Ordnung der Welt, in: Soziale Systeme, 6. Jg., 2000, S. 269-290.

Abschließende Stellungnahme

Wolfgang Kraushaar

((1)) Wie immer man das Echo auf Wippermanns Abhandlung auch bewerten mag, eines ist nach einer Durchsicht der einzelnen Kritiken unübersehbar: Seine Begründungen für "Faschismus" als einen objektivierbaren Gattungsbegriff bewegen sich auf unsicherem Boden. Dies wird insbesondere an seiner wiederholt in Frage gestellten Unterscheidung zwischen "Realtypus" und "Idealtypus" deutlich. Dabei ist der Versuch, Max Webers Begriffsopposition[1] auch in der Faschismusforschung zur Geltung zu bringen, keineswegs von vornherein problematisch. Im vorliegenden Falle ist sie jedoch methodologisch und erkenntnistheoretisch nicht ohne eine gewisse Naivität. Dies verrät sich spätestens dort, wo sich Wippermann an Angelo Tascas Bekenntnis zu klammern versucht, Faschismus zu definieren, heiße zunächst nichts anderes als dessen Geschichte zu schreiben.[2] Dieses Credo jedoch ist wenig hilfreich. Wer sich ohne eine methodisch geklärte Begriffsarmatur in historische Sachverhalte begibt, der wird eine solche Klärung auch nicht bei der Durchforschung seiner Gegenstandsbereiche erwarten dürfen. Auch wer sich der Schärfe der von Lothar Fritze entfalteten Methodenkritik nicht anschließen mag, dessen Urteil darin gipfelt, daß man es bei Wippermanns Text mit einem essentialistischen Ansatz zu tun habe (Fritze 3), kann sich der Stichhaltigkeit mancher in diese Richtung gehenden Einwände kaum entziehen. Wippermann stellt sich dem allerdings in seiner Replik nicht, sondern versucht einer weitergehenderen Auseinandersetzung mit dem vordergründigen Argument auszuweichen, daß dies aus Platzgründen nicht möglich sei und in der Sache nichts bringen würde (R 17). Damit aber setzt er seinen theoretischen Ansatz dem Verdacht aus, daß er stringent argumentierenden Einwänden gegenüber nicht gewachsen sein könnte.

((2)) Letztlich sind Wippermanns Bestrebungen von einer grundlegenden Paradoxie gekennzeichnet. Überall dort, wo er in seinem konzeptionellen Unterfangen Gefahren oder Unklarheiten wittert, versucht er sich auf gesicherten Boden zu begeben. Dieses Bestreben verwickelt ihn aber in immer tiefgreifendere Probleme, aus denen er letztlich kaum noch einen Ausgang zu finden weiß. Ein Musterbeispiel für diese kontraproduktive Grundhaltung ist die Herausstreichung des Rassismus als dem vermeintlichen "Kern der faschistischen Ideologie". Diese Behauptung ist in der Tat essentialistisch. Mit ihr soll offenbar eine ideologische Eigenschaft festgehalten werden, der die Bedeutung von etwas Wesentlichem zugesprochen werden soll. Wenn es einen Punkt gibt, an dem die von Fritze gemachten Vorwürfe begründet sind, dann ist das hier der Fall. Mit seiner Aussage provoziert Wippermann zwei naheliegende Einwände: Zum einen die sinngemäß bereits von Karin Priester (Priester 4) aufgeworfene Frage, warum mit dem Rassismus gerade etwas als "Kern" deklariert werden soll, was in der Primärgestalt des italienischen Faschismus insgesamt nur schwach ausgebildet gewesen oder aber überhaupt nicht vorgekommen ist. Aus einer Einstellung, der höchstens ein sekundärer Status beizumessen ist, kann keine Qualität gewonnen werden, der der Rang einer Essenz zuzuschreiben ist. Zum anderen die Frage, wie mit einem für den Faschismus angeblich essentiellen Rassismus der Antisemitismus der Nazis, die Vernichtung der europäischen Juden, der Holocaust insgesamt erklärt werden soll. Die mit wissenschaftlicher Unterstützung geplante und in industrieller Form umgesetzte Massenvernichtung eines ganzen Volkes läßt sich nicht allein auf eine Quelle, die eines subjektiven Haßgefühls, zurückführen. Beide Widersprüche können von Wippermann nicht argumentativ aufgelöst werden. Auch die immer wieder strapazierte Unterscheidung zwischen einem vermeintlichen "Normal-" und einem nicht weniger vermeintlichen "Radikalfaschismus" hilft hier nicht weiter. Was in dem einen Fall nicht hinreichend generiert worden ist, kann in dem anderen auch nicht radikalisiert werden. Angesichts der von Wippermann selbst für die gegenwärtige Faschismusdiskussion als zentral herausgestrichenen Frage, ob man "mit einem allgemeinen Faschismusbegriff der besonderen Bedeutung des Holocaust gerecht werden" könne (R 7), verrät sich in den beiden aufgezeigten Sackgassen: das Scheitern seines theoretischen Ansatzes in zwei seiner zentralsten Anliegen.

((3)) Eine andere zentrale Frage, die es aufzuwerfen gilt, lautet: Welcher Logik folgt eigentlich die Primärbezeichnung "Faschismus"? Wollte man sich die Maxime Werner Röhrs zu eigen machen (Röhr 4), dann dürfte weder der Begriff "Nationalsozialismus" – was ihm durchaus recht wäre – noch der Begriff "Faschismus" – was ihm im Gegensatz dazu überaus unrecht wäre – zu verwenden sein. Schließlich handelt es sich bei beiden um Selbstbezeichnungen der jeweiligen Aktivisten. Aus dem gleichen Grunde würde es sich im übrigen auch verbieten vom Totalitarismus bzw. einer Totalitarismustheorie zu sprechen. Auch deren Begründer verwenden eine Formel, die nicht das Resultat einer wissenschaftlichen Abstraktion ist, sondern die Adaption eines emotional aufgeputschten Slogans. Die Ausdrucksweise stammt von Benito Mussolini, der 1925 auf einem Kongreß des Partito Nazionale Fascista erst-

mals von "la nostra feroce volonta totalitaria" (unserem unerbittlichen totali-
tären Willen) sprach.[3] Die Entschiedenheit, mit der Wippermann Topitschs
Behauptung zurückweist, die Unterordnung des Begriffs "Nationalsozialis-
mus" unter den des "Faschismus" sei nichts anderes als "Etikettenschwindel"
(Topitsch 8), und mit der er darauf insistiert, daß die Weltanschauung der
Nazis in keiner Weise etwas mit einer sozialistischen zu tun habe (R 2), schließlich handle es sich nicht um eine Variante, sondern um den "Todfeind des
Sozialismus", verrät etwas von der affektiven Qualität der von ihm gewählten
Distinktionen. Hier kommt fast so etwas wie eine Phobie gegenüber jegli-
chem Ansatz zu einer Totalitarismustheorie zum Vorschein. Die Furcht scheint
darin zu bestehen, es könne begrifflich etwas vermischt werden, was im historischen Feld konträr aufeinander bezogen war. Die Verortung der beiden
gegnerischen Strömungen unter einem gemeinsamen Kategoriendach erscheint
jedenfalls als eine eindeutige Provokation.

((4)) Ebenfalls im Zentrum der angestellten Überlegungen steht die Frage nach
der Subsumtionslogik: Die Beziehung zwischen dem Faschismus als Gattungsbegriff und dem jeweiligen historischen Einzelfall bleibt auch nach der
Wippermann eingeräumten Möglichkeit, auf die vorgebrachten Kritiken zu re-
plizieren, defizitär, bestenfalls widersprüchlich. Zwar ist dem italienischen Faschismus von seiner Genese her ganz unzweifelhaft der Vorrang gegenüber
dem Nationalsozialismus einzuräumen, von den jeweiligen historischen Auswirkungen her hat sich dieses Verhältnis jedoch nicht weniger unzweifelhaft
umgekehrt. Zugespitzt gefragt, welches der beiden Regime dem 20. Jahrhundert einen stärkeren Stempel aufgedrückt habe, kann eine Antwort nur in der
gebotenen Eindeutigkeit ausfallen. Allein was die Anhäufung politischer und
militärischer Macht anbetraf, die sich während des Krieges in einer bis dahin
unvorstellbaren Destruktionskraft niederschlug, ist die Hegemonialrolle von
Hitlers Regime gegenüber dem Mussolinis in einem solchen Maße evident,
daß eine solche Frage von vornherein als rhetorisch erscheinen muß. Mit der
Judenvernichtung kommt jedoch eine solch außerordentlich exterministische
Dimension hinzu, die historisch völlig singulär war und die Möglichkeit, den
Nationalsozialismus unter den Faschismus zu subordinieren, bereits im Ansatz
zerrüttet. Es ist naheliegend, daß es mit der Singularität dieses Makroverbre-
chens zusammenhängt, warum Historiker umgekehrt vom Nationalsozialismus
ausgehend keinen auch auf andere Länder übertragbaren NS-Herrschaftstypus
als eigenen Gattungsbegriff herausbilden konnten. Wer diesen Zusammenhang
zu ignorieren versucht, dem bleibt es nicht erspart, sich in immer neue Widersprüche verwickelt zu sehen. Die mehrfach strapazierten Unterscheidungen

zwischen "Ideal-" und "Realtypus", zwischen "Normal-" und "Radikalfaschismus" verschaffen Wippermann zwar einen gewissen argumentativen Spielraum, letztlich reicht dieser jedoch bei weitem nicht aus, um den im Gattungsbegriff "Faschismus" angelegten Konstruktionsfehler zu beheben.

((5)) Der Einwand gegenüber der Kritischen Theorie ((12)) ((E 74)), sie würde reduktionistisch verfahren, indem sie die Wirkung faschistischer Parteien und Regime auf bloß psychische Mechanismen wie Angst und Aggression zurückführe, verfehlt seinen Gegenstand: Es ist ihren Autoren ja gerade nicht um Sozialpsychologie im konventionellen Sinne einer mehr oder weniger abgeschlossenen Sphäre gegangen. Was sie frühzeitig als entscheidende Problemstellung erkannten, war der Sachverhalt, daß die deformierte Subjektivität als eine der entscheidenden Voraussetzungen für die Wirkmächtigkeit faschistischer Führungsfiguren, deren Organisationen und ihrer ganz eigenen Ästhetik angesehen werden muß. Durch ihre empirischen Studien[4] wurde bereits zu Beginn der dreißiger Jahre die Frage aufgeworfen: Warum handeln so viele objektiv proletarisierten Individuen gegen ihre eigenen Interessen? Wer diesen Widerspruch nicht klären könne, lautete eine ihrer Überzeugungen, der werde auch politisch scheitern müssen. In ihrem Verständnis von Sozialpsychologie wurden Staat, Wirtschaft und Politik ja nicht separiert, sondern mit den jeweiligen psychischen Dispositionen verknüpft. Eine der gelungensten, auch heute noch als exemplarisch anzusehenden Analysen des NS-Staates stammt von Franz Neumann, einem der wichtigsten Mitarbeiter des Frankfurter Instituts für Sozialforschung im amerikanischen Exil. In seiner 1942 erstmals erschienenen Studie "Behemoth", mit dessen, an Hobbes "Leviathan" anspielenden Namen er die für das NS-Regime charakteristische Herrschaft der Gesetzlosigkeit zum Ausdruck bringen wollte, hat er die totalitäre Grundstruktur des Nationalsozialismus in Politik, Ökonomie und Gesellschaft herausgearbeitet.[5] Wie wenig Wippermann offenbar verstanden hat, was in diesem Zusammenhang Autoritarismus meint, läßt sich allein daran erkennen, daß er einen Gegensatz zwischen autoritären Charakteren auf der einen und den berüchtigten, nach Christopher Brownings berühmter Studie über das Reserve-Polizeibataillon 101 bezeichneten "ganz normalen Männern"[6] auf der anderen Seite glaubt konstruieren zu können ((12)). Diese deutschen Männer waren gerade Musterbeispiele für jenen Typus, den Theodor W. Adorno u.a. als autoritäre Charaktere bezeichnet haben.[7]

((6)) Wippermann geht in der Entwicklung seiner Doppelskizze von Real- und Theoriegeschichte chronologisch vor. Dabei abstrahiert er jedoch in sei-

ner Darstellung, worauf Pohlmann zu Recht hinweist ((Pohlmann 3-5)), so
sehr vom historischen Kontext, daß ganz entscheidende Kristallisationspunk-
te ausgeblendet werden. Dies ist insbesondere beim Ersten Weltkrieg als der
"Urkatastrophe" des 20. Jahrhunderts der Fall, ohne dessen darin sichtbar
gewordenen Zusammenbruch der bürgerlichen Welt die Entstehung totalitärer Bewegungen in verschiedenen Teilen Süd-, Ost- und Mitteleuropas sowie
deren Eroberung von Staatsmacht nicht denkbar wären.[8] Dadurch unterläßt
Wippermann eine Analyse der jeweiligen historischen Dynamik, die für die
Konstitution von Bolschewismus, Faschismus und Nationalsozialismus so entscheidend war. Bezeichnend ist auch, daß die historische Zäsur von 1989/90
für seine Begriffsbildung ebenso unerheblich ist wie für seine theoretische
Konzeption insgesamt.

((7)) Die Problematik von Wippermanns theoretischem Ansatz spiegelt sich
zudem in einem ungeklärten Verhältnis zu seinem akademischen Lehrer Ernst
Nolte. Einerseits bekennt er sich dazu, daß er richtungweisende Anstöße für
seine eigene Arbeit dem phänomenologischen Ansatz des frühen Nolte ver-
dankt,[9] andererseits aber gibt er keine Auskunft darüber, wie weit er Nolte
folgt oder aus welchen Gründen seine Gefolgschaft an einem bestimmten,
bislang ungeklärten Punkt abbricht. Anders gefragt: Worin liegt für Wippermann eigentlich die Differenz zwischen Nolte als Faschismustheoretiker und
Nolte als Totalitarismustheoretiker? Nolte selbst begreift sich ja heute als
Exponent einer historisch-genetischen Totalitarismustheorie.[10] Dabei wird der
Heidegger-Schüler nicht müde zu betonen, daß er an der phänomenologischen
Methode unbeirrt festhalte.

((8)) Die Frage, ob es "Faschismus überhaupt gegeben" haben könnte, ist
schlichtweg überflüssig. Der Titel des Haupttextes signalisiert auf unfreiwil-
lige Weise das Verquere an der gesamten Operation. Er erweckt fast den Eindruck, als ob hier ein theoretischer Tugendwächter das Wort erheben würde,
dem es darum ginge, sich erneut einer Welle des historischen Revisionismus
erwehren zu müssen. Dies ist jedoch so aberwitzig, daß einige der Kritiker von
sich aus zu betonen glaubten, daß es sich bei der Titelfrage lediglich
um Rhetorik handeln könne. Denn wohl niemand unter den an der Debatte Beteiligten würde den Faschismus als ein historisches Phänomen, dessen anti-
zivilisatorisches Potential für das vergangene Jahrhundert kaum zu überschätzen ist, leugnen wollen. Und die Mehrzahl scheint sich noch darin einig zu
sein, daß seine bis in die Gegenwart hinein fortwährenden Gefahren nicht einfach abzustreiten sind. Lediglich eine Ausnahme gilt es zu verzeichnen. Wenn

Friedrich Pohlmann in ultimativer Weise postuliert, daß es "nach dem Tod des Kommunismus auch keinen Faschismus mehr geben" könne (Pohlmann 12), weil die Feindschaft zwischen beiden für jeden einzelnen konstitutiv gewesen sei, dann spricht daraus vermutlich nichts anderes als Wunschglauben.

((9)) Es ist in der Tat zutreffend, was Wippermann nahelegt, daß mit Begriffsetzungen auch Politik betrieben wird. Die Unterscheidung zwischen Rechts- und Linksextremismus spiegelt beispielsweise eine Verfassungsideologie wieder, die es als eine ihrer zentralen Aufgaben ansieht, aus dem Scheitern der Weimarer Republik die nötigen Lehren zu ziehen. Es ist naheliegend, warum in der Symmetrie der mit einem Objektivitätsanspruch versehenen Begriffsopposition weder vom Nationalsozialismus bzw. Faschismus noch vom Kommunismus bzw. Sozialismus die Rede ist. Die statt dessen verwendeten Termini sind so weit entkonkretisiert, daß es nicht mehr so umstandslos möglich ist, die entsprechenden historischen Kontinuitätsbezüge herzustellen. Und es ist auch deutlich, warum der in den Anfängen der Bundesrepublik verwendete Begriff des Radikalismus durch den des Extremismus ersetzt worden ist. Offenbar glaubte man darin die Gefahr zu erkennen, daß mit der Bezeichnung Links- und Rechtsradikalismus auch Ansprüche verknüpft werden könnten, die nicht von vornherein diskreditiert sein müßten. Doch auch die Verwendung des Extremismusbegriffs hat ihre Grenzen. Symptomatisch sind die affektgeladenen Reaktionen auf das von dem amerikanischen Soziologen Seymour Martin Lipset entwickelte, insbesondere für Vertreter bundesdeutscher Behörden paradox anmutende Theorem vom "Extremismus der Mitte".[11] Bereits seine bloße Erwähnung löst massive Gegenreaktionen aus.[12] Offensichtlich wird mit dieser These ein neuralgischer Punkt getroffen. Schon der abstrakte Gedanke, daß auch die Mittelschichten in der Bundesrepublik ein antidemokratisches Potential in sich bergen könnten, wird als Zumutung, als Provokation, ja als insgeheime Aufkündigung der Prinzipien einer parlamentarischen Demokratie empfunden. Wippermanns implizit nahegelegte Vermutung, faschistische Strömungen in der Gegenwart würden als "rechtsextremistisch" bezeichnet, um das Bewußtsein möglicher Zusammenhänge mit dem Faschismus (wobei er offensichtlich in erster Linie den Nationalsozialismus meint) zu tilgen, wird nicht belegt und enthält vielleicht sogar Momente einer Verschwörungstheorie. Bekennerhaft zu versichern, daß der Faschismus "noch keineswegs tot" sei ((37)), verrät jedenfalls eine übertriebene Besorgnis. Zu einer ernsthaften Bedrohung der Demokratie zählt, worauf Karin Priester zu recht hingewiesen hat (Priester 8/9), die Kombination mehrerer Krisenfaktoren und nicht einfach nur die Entschlossenheit einer demokratie-

feindlichen Strömung samt ihrer mehr oder weniger charismatischen Führungsfiguren.

((10)) Die Frage nach der Aktualität des Phänomens, um dessen kategoriale
Fassung, historische Zuordnung und sozialwissenschaftliche Analyse es geht,
wird am Ende von Wippermann dennoch zu recht aufgeworfen. Die sich in
Europa ausbreitenden rechtspopulistischen Strömungen und Organisationen
signalisieren, in welchem Maße sich auch nach der historischen Zäsur von
1989/90 antidemokratische Potentiale so weit aufzubauen in der Lage sind,
daß sie nicht nur in zahlreiche Parlamente vordringen, sondern in Ländern
wie Italien und Österreich durch Regierungsbeteiligungen auch unmittelbar
politische Macht erringen konnten. Es wäre sicher zu kurz gegriffen, in ihnen
lediglich eine vorübergehende Reaktion auf die Einführung des Euros und
die Verwirklichung der europäischen Währungsunion sehen zu wollen. Am
Beispiel der französischen "Front Nationale" und ihres Spitzenmannes Jean-
Marie Le Pen, dessen politische Karriere bereits vor einem halben Jahrhundert als Poujadist begann,[13] läßt sich nur zu genau demonstrieren, wie tief
eine derartige, mit Chauvinismus, Rassismus und Antisemitismus verknüpfte
Strömung in die Geschichte unseres wichtigsten Nachbarlandes zurückreicht.
Ob diese und vergleichbare andere, an Vitalität nicht zu unterschätzenden
Kräfte jedoch als "faschistisch" charakterisiert und angemessen beurteilt wer-
den können, darf bezweifelt werden. Die vermeintliche Eindeutigkeit der politischen Zuordnung könnte die soziale Dynamik, die sich im Rechtspopulismus
Ausdruck verschafft, zugleich vernebeln.

Anmerkungen

1. Max Weber, Die "Objektivität" sozialwissenschaftlicher und sozialpolitischer Erkenntnis, in:
ders., Methodologische Schriften, Frankfurt/Main 1968, S. 42ff.

2. Angelo Tasca, Glauben, gehorchen, kämpfen. Aufstieg des Faschismus, Wien / Frankfurt / Zürich 1969.

3. Benito Mussolini, Opera Omnia, Bd. XXI, Florenz 1956, S. 362. Vgl. dazu: Jens Petersen, Die
Entstehung des Totalitarismusbegriffs in Italien, in: Eckhard Jesse (Hg.), Totalitarismus im 20.
Jahrhundert. Eine Bilanz der internationalen Forschung, Baden-Baden 1996, S. 95-117.

4. Vor allem: Erich Fromm, Arbeiter und Angestellte am Vorabend des Dritten Reiches. Eine sozialpsychologische Untersuchung, in: ders., Empirische Untersuchungen zum Gesellschafts-Charak-
ter, Gesamtausgabe Bd. III, hrsg. von Rainer Funk, Stuttgart 1981, S. 1-230.

5. Franz Neumann, Behemoth – Struktur und Praxis des Nationalsozialismus 1933-1944, Frankfurt / Main 1977.

6. Christopher Browning, Ganz normale Männer. Das Reserve-Polizeibataillon 101 im Dritten Reich und die "Endlösung" in Polen, Hamburg 1993.

7. Theodor W. Adorno, Else Frenkel-Brunswik, Daniel J. Levinson, R. Nevitt Sanford, The Authoritarian Personality, New York 1950.

8. Vgl. dazu das literarische Dokument: Stefan Zweig, Die Welt von gestern. Erinnerungen eines Europäers, Wien 1948.

9. Ernst Nolte, Der Faschismus in seiner Epoche, München 1963; vgl. außerdem: Ernst Nolte, Zur Phänomenologie des Faschismus, in: Vierteljahreshefte für Zeitgeschichte, 10. Jg., 1962, S. 373-407.

10. Ernst Nolte, Die historisch-genetische Version der Totalitarismustheorie: Ärgernis oder Einsicht?, in: Zeitschrift für Politik, 43. Jg., 1996, S. 111-122; eine erweiterte Fassung ist unter dem Titel "Die drei Versionen der Totalitarismustheorie" erschienen in: Achim Siegel (Hg.), Totalitarismustheorie nach dem Ende des Kommunismus, Köln / Weimar 1998, S.106-124.

11. Seymour Martin Lipset, Der „Faschismus", die Linke, die Rechte und die Mitte, in: Ernst Nolte (Hrsg.), Theorien über den Faschismus, Köln 1967, S. 449-491.

12. Uwe Backes / Eckhard Jesse, Extremismus der Mitte? Kritik an einem modischen Schlagwort, in: dieselben (Hg.), Jahrbuch Extremismus & Demokratie, 7. Jahrgang, Baden-Baden 1995, S. 15. Eckhard Jesse, Extremismus der Mitte?, in: Deutschland-Archiv, 28. Jg., Heft 8, August 1995, S. 877.

13. Nach den Parlamentswahlen 1956, bei denen es dem Rechtspopulisten Pierre Poujade zur großen Überraschung der Öffentlichkeit mit einer Steuerstreikbewegung gelang, 52 Sitze zu erringen, zog der ehemalige Jura-Student und Fallschirmjäger Jean-Marie Le Pen als jüngster Abgeordneter in die französische Nationalversammlung ein.

Gegensätze, die keine sind

Volker Kronenberg

((1)) Schade, dass Wolfgang Wippermann in seiner Replik einer überzeugenden Begründung ausweicht. Warum soll – nach Wippermann – ein unvereinbarer Gegensatz zwischen Faschismus- und Totalitarismustheorien bestehen? Warum ein apodiktisches „Entweder – Oder" von „Faschismus" und „Totalitarismus"? Wippermann gibt hierauf keine überzeugende Antwort – wohl wissend, dass dies auf eine offene Flanke seiner Argumentation verweist.

((2)) Die Frage lautet nicht: „Ist die ‚Totalitarismuskonzeption' dem ‚generischen Faschismusbegriff' überlegen und sind die Theorien des Totalitarismus besser geeignet, die Empirie zu erklären, als Faschismustheorien?" ((R 3)). Die Frage lautet: Warum stellen Faschismus- und Totalitarismusforschung unvereinbare Gegensätze dar? Warum soll keine Meta-Theorie der ideologischen Bürgerkriegsepoche des 20. Jahrhunderts unter Rückgriff auf Faschismus-, Kommunismus- und Totalitarismusforschung möglich sein? Warum können sich Faschismus- und Totalitarismusforschung nicht wechselseitig ergänzen, warum sollen sie sich unweigerlich ausschließen?

((3)) Dass Faschismustheorien von einer anderen Perspektive ausgehen und andere Objekte behandeln als solche über den Totalitarismus, dass Faschismustheorien nach den Voraussetzungen und Strukturen, Funktionen und ideologischen Zielen von „faschistischen" Bewegungen und Regimen fragen, wie Wippermann betont ((6)), ist offensichtlich. Nur spricht dieser Umstand keineswegs gegen eine fruchtbare Synthese von Faschismus-, Kommunismus- und Totalitarismusforschung. Faschismus- bzw. Kommunismusforschung und Totalitarismusforschung sind nicht auf der gleichen methodischen Ebene angesiedelt. Faschismus- und Kommunismusforschung können sich den jeweiligen Ideologien, Zielen und den jeweiligen Voraussetzungen widmen, während die Totalitarismusforschung strukturell-funktionale Gemeinsamkeiten und Unterschiede der faschistisch/nationalsozialistischen bzw. kommunistischen Diktaturen analysieren kann. Auf diesem Wege wird ersichtlich, inwiefern der Nationalsozialismus, als radikalfaschistische Diktatur strikt antikommunistisch, durchaus eine „feindliche Nähe"[1] zu der kommunistischen Diktatur Stalins aufweisen konnte. Achim Siegel, dessen fundierte methodologische Kritik Wippermann bedauerlicherweise „nur streifen" ((R 8)) konnte/wollte, verdeutlicht anhand von C. J. Friedrichs Werk über die „totalitäre Diktatur", dass die Totalitarismusforschung durchaus spezifische Inhalte der nationalsozialistischen bzw. kommunistischen Ideologie berücksichtigen und gleichwohl formal-strukturelle Gemeinsamkeiten der jeweiligen Diktatur erkennen kann. „Vergleichen", im Sinne der Totalitarismusforschung, heißt nicht, wie von Wippermann behauptet ((27)), „aufrechnen". „Vergleichen" heißt, Gemeinsamkeiten und Unterschiede – im Falle des Holocausts gravierende Unterschiede – erkennen zu können.

((4)) Wenn ich in meinem Beitrag darauf verweise, dass der Nationalsozialismus in seinem Gedankengut ebenso faschistisch wie in seinen Methoden totalitär gewesen sei ((Kronenberg 7)) und wenn ich in diesem Zusammenhang auf die historisch-genetische Totalitarismustheorie Ernst Noltes rekurriere[2], so kann als Zurückweisung dieser Überlegungen der Vorwurf, damit werde die Singularität des Holocausts in Frage gestellt, wohl nicht genügen. Ebensowenig wie Friedrich Pohlmann, der in seinem Diskussionsbeitrag den Nationalsozialismus zutreffend als „totalitäre Diktatur des charismatisch bestimmten Radikalfaschismus" charakterisiert ((Pohlmann 8)), geht es mir darum, die Singularität des Holocausts in Frage zu stellen. Im Gegenteil geht es darum, die Singularität des Holocausts *trotz* auffallender struktureller Gemeinsamkeiten der Diktaturen Lenins/Stalins und Hitlers zu erkennen. Worin liegt der Unterschied zwischen „Holocaust" und „Archipel GULag"? Kann man den wesentlichen Unterschied zwischen nationalsozialistischem Genozid und kommunistischem Demozid dadurch herausarbeiten, daß beide Massenmorde parallel untersucht werden?[3] Wohl kaum. Das methodische Instrument des Vergleichs dient ja gerade dazu, Gemeinsamkeiten *und Unterschiede* kenntlich zu machen. Darauf zu verweisen, heißt gemeinhin, Eulen nach Athen zu tragen. Dennoch: Es geht um den Vergleich, nicht um das Gleichsetzen. Es geht darüber hinaus um das Relationieren historischer Phänomene einer Epoche, nicht um das Relativieren – gar im moralischen Sinne – von Großverbrechen.

((5)) Wenn der Nationalsozialismus, wie Wippermann konzediert, wesensmäßig antikommunistisch war und wenn der Kommunismus „antifaschistisch" und damit gegen den Nationalsozialismus gerichtet war, so besteht eine Bezüglichkeit beider Diktaturen, die allein auf dem Weg der vergleichenden Forschung herausgearbeitet werden kann. Der Hinweis, dass hierzu der historisch-genetische Ansatz der Faschismus/Totalitarismusforschung Ernst Noltes wegweisend und inspirierend sein kann, sei mir, aufgrund des Versuchs einer Verständigung mit und über Nolte der „Apologie" ohnehin verdächtig ((R 6/ FN 8)), in diesem Zusammenhang erlaubt.

((6)) Wo Wippermann an die Adresse der Totalitarismusforschung den gravierenden Vorwurf erhebt, den Holocaust „relativieren" zu wollen ((26)), obwohl eine „Relationierung", d.h. ein In-Bezug-Setzen, intendiert ist, dort fällt der Vorwurf der Relativierung des Holocausts auf Wippermann selbst zurück. Der Nationalsozialismus war nicht „faschistisch" ((26)). Er war, auch unter Zugrundelegung des durchaus sinnvollen generischen Faschismusbegriffs, „*radikal*faschistisch". Der Rassismus Hitlers und anderer führender Nationalsozialisten unterschied sich signifikant von dem Antisemitismus, wie er in anderen faschistischen Bewegungen virulent war. Ernst Topitsch weist zurecht auf diesen Unterschied hin ((Topitsch 3)).

((7)) Weil es der historischen Wissenschaft in der Tat darum geht, die historische Wirklichkeit in ihrer Komplexität *multiperspektivisch* zu erkennen ((31)), ist eine kritische Auseinandersetzung wie in der vorliegenden Diskussionseinheit um den Sinn und die Grenzen eines „generischen Faschismusbegriffs" sehr zu begrüßen. Die Diskussion sollte sich auf der Höhe der Zeit bewegen, sollte zurückliegende Forschungskontroversen in ihrem Erkenntnisgewinn voraussetzen und nicht den Fehler begehen, hinter alte Konfliktlinien zurückzufallen. Sonst werden nur Gegensätze konstruiert, die in Wirklichkeit schon längst keine mehr sind. Mit Blick auf die Argumentation Wippermanns bedeutet dies erstens: Das „Dritte Reich" war ebensowenig rein monokratisch, wie polykratisch strukturiert ((29)), sondern eine Mischform von beidem – am ehesten begrifflich als „Monokratie mit polykratischen Herrschaftselementen" zu fassen.[4] Zweitens: Die Verbrechen zur Zeit des Nationalsozialismus können schwerlich, wie Goldhagen meinte, als Verbrechen „der Deutschen" angemessen verstanden werden ((26)). Drittens: Die Behauptung, Totalitarismustheorien, wie sie von Hannah Arendt, Jacob Talmon, Eric Voegelin oder anderen entwickelt wurden, seien in der Kommunismus-, Faschismusbzw. Nationalsozialismusforschung nicht rezipiert worden ((31)), ist schlichtweg unzutreffend.[5] Folglich besteht auch keinerlei Notwendigkeit, auf diese Theorien heute zu verzichten. Im Gegenteil. Die Herausforderung besteht gerade darin, den konstruierten und letztlich politisch postulierten Gegensatz zwischen Faschismus-, Kommunismus- und Totalitarismusforschung zu überwinden. Um der Erkenntnis der historischen Wirklichkeit willen. Faschismus- und Totalitarismusforschung sind keine Gegensätze, so schwer diese Einsicht auch fallen mag.

Anmerkungen

1   Vgl. dazu François Furet/Ernst Nolte, „Feindliche Nähe". Kommunismus und Faschismus im 20. Jahrhundert. Ein Briefwechsel, München 1998.

2   Vgl. Ernst Nolte, Die historisch-genetische Version der Totalitarismustheorie: Ärgernis oder Einsicht?, in: Zeitschrift für Politik 43 (1996), S. 111-122.

3   Vgl. in diesem Zusammenhang die These einer „parallelen Singularität" von nationalsozialistischen und sowjet-kommunistischen Verbrechen bei Gerd Koenen, Utopie der Säuberung. Was war der Kommunismus?, Berlin 1998, S. 271ff.

4   Vgl. in diesem Sinne Manfred Funke, Starker oder schwacher Diktator? Hitlers Herrschaft und die Deutschen. Ein Essay, Düsseldorf 1989.

5   Vgl. exemplarisch die Beiträge des Bandes von Achim Siegel (Hrsg.), Totalitarismustheorien
nach dem Ende des Kommunismus, Köln 1998; vgl. auch Hans Maier (Hrsg.), „Totalitarismus" und
„Politische Religionen". Konzepte des Diktaturvergleichs, Band I, Paderborn 1996; Band II, Paderborn 1997; vgl. nicht zuletzt auch meine an Eric Voegelin angelehnten Ausführungen „Zwischen
Geschichte und Gott – Ernst Nolte und die ‚historische Existenz' am Ausgang des 20. Jahrhunderts", in: Volker Kronenberg, Ernst Nolte und das totalitäre Zeitalter. Versuch einer Verständigung, Bonn 1999, S. 277ff.

Der Faschismusbegriff Wolfgang Wippermanns – Anmerkungen zu einem geheimnisvollen Phänomen

Friedrich Pohlmann

((1)) Der Verfasser gibt in "bewußt knapper Form" (4) einen Überblick über
die Geschichte verschiedener Bewegungen und Regime, die manchmal als
"faschistisch" bezeichnet wurden, wobei er allerdings auf den Nationalsozialismus verzichtet, dessen Geschichte "als weitgehend bekannt vorausgesetzt
wird" (E 4). Auch ein "knapper" Überblick über die Geschichte einiger Faschismustheorien wird geliefert. Dabei konzentriert er sich auf bis 1945 ver-
faßte "Theorien", die er – übrigens in Übernahme von Ernst Noltes Eintei-
lung – nach ihrer politisch-ideologischen Basis (kommunistisch, sozialdemokratisch, konservativ, liberal) voneinander unterscheidet. Auf den ange-
kündigten "Blick auf die Faschismusdiskussion nach 1945 " (E 3) hat er
leider verzichtet. Immerhin finden wir aber in einer Fußnote einen Hinweis
auf einen Repräsentanten der "modernen Forschung" (E 72), nämlich auf ihn
selbst. Da der Verfasser sich der Mühe der Anfertigung seiner knappen Überblicke unterzogen hat, um einen generischen Faschismusbegriff zu profilie-
ren (E 4), referiere ich zunächst einige aus ihnen besonders hervorstechende
Gedanken.

((2)) Er skizziert zunächst die Entstehung des "ersten" Faschismus, des italienischen. Offensichtlich war dafür der erste Weltkrieg und die unmittelbare
Nachkriegssituation wichtig, denn Mussolini, der Führer der italienischen Sozialistischen Partei, hatte sich durch seine Haltung zum Krieg mit seiner Partei (E 5) überworfen, und die von ihm gegründeten faschistischen Kampfbünde bestanden aus "frustrierten Nationalisten und Veteranen des Krieges, die

sich nicht an den Frieden gewöhnen wollten" (E 5). Zu ihnen gesellten sich etwas später noch "ausschließlich männliche und vornehmlich junge Italiener" (E 7), die dort ihr "Ersatz-Kriegserlebnis suchten und fanden" (E 7), und – zusammen mit den ersteren – "schändliche Taten" (E 7) begingen, die sie "mit bestimmten männlichen und gewaltverherrlichenden Riten und Ritualen feierten" (E 7). Der "bürgerliche Staat" (E 6) tolerierte diese "schändlichen Taten", die zudem noch "völlig ungesetzlich (waren) in einer Mischung aus Hilflosigkeit und klammheimlicher Zustimmung" (E 6). Sie bestanden vornehmlich aus dem Kampf gegen die "Linken", die "immer mächtiger wurden und 1920 sogar die Revolution probten" (E 5). Die Kampfbünde, die "trotz, ja gerade wegen ihrer Gewalttaten" von "den Großagrariern und Industriellen", denen sie "ihre Dienste angeboten hatten" (E 5), "als Bündnispartner gegen den angeblich drohenden Bolschewismus geschätzt und unterstützt (wurden) (E 8), wurden 1921 in eine Partei "umgewandelt, deren unumstrittener, aber noch keineswegs allmächtiger Führer Mussolini war" (E 8). Dieser "verfügte zu diesem Zeitpunkt noch keineswegs über ein fest gefügtes Programm", "bemäntelte dies aber mit der Behauptung, daß die "Lehre" des "fascismo eben nicht in der Ideologie, sondern in der 'Tat' liege" (E 8). Obwohl "die Linken" 1920 bereits "die Revolution geprobt hatten", waren es merkwürdigerweise allein "die Gewaltexpeditionen der Faschisten", die "zu bürgerkriegsähnlichen Unruhen (führten), die Polizei und Militär nicht mehr eindämmen konnten und wollten" (E 8). So mußte "der italienische Staat" "schließlich vor der ausgeübten und angedrohten Gewalt der Faschisten (kapitulieren)" (E 8), und Mussolini wurde zum Staatspräsident ernannt. In einem längeren Prozeß baute er dann seine Macht aus, wobei - nach der Ermordung Matteottis - wichtig war, daß "er die Repräsentanten der Armee und der Industrie davon überzeugen (konnte), daß nur die faschistische Regierung in der Lage sei, einen Wiederaufschwung der sozialistischen Bewegung zu verhindern" (E 10). Die faschistische Diktatur war kein "totaler Staat", denn "ebenso wie die Industrie wurde auch die Armee nicht 'gleichgeschaltet', ...(und) "an die einflußreiche katholische Kirche wagte sich Mussolini überhaupt nicht heran" (E 11). Seinen "kurzen Überblick" über die italienische Entwicklung schließt der Verfasser mit einer Grundcharakterisierung des faschistischen Regimes ab: Es basierte "einmal auf dem Bündnis zwischen Faschisten und Konservativen und zum anderen auf der Fähigkeit Mussolinis, sowohl die innerparteilichen Konkurrenten wie die staatlichen und gesellschaftlichen Gruppen und Personen gegen einander nach der traditionellen Herrschaftsmaxime von divide und impera auszuspielen" (E 13). Dabei kam ihm "seine bei großen Teilen der Bevölkerung unzweifelhaft vorhandene Popularität zugute" (E 13). Der Verfasser resümiert: Das System hatte insgesamt "ein sehr spezifisches, nämlich italienisches Gepräge" (E 13).

((3)) Da der italienische Faschismus trotz Mussolinis Diktum, er sei "kein Exportartikel", doch sehr bald, wie dann ausgeführt wird, erhebliche Vorbild-funktionen für andere neuartige Bewegungen "von rechts" in Europa hatte, die der Verfasser alle unter den Faschismusbegriff subsumiert – darauf gehe ich gleich ein –, hätte man sich nach der einleitenden historischen Skizze einen ersten Definitionsumriß gewünscht, der dann im Zuge der folgenden historischen Skizzen hätte konkretisiert und modifiziert werden können. Der-artige definitorische Präzisierungen würden übrigens – und das macht die Sache noch einmal komplizierter – keineswegs nur durch Hinstarren aufs iso-lierte Phänomen ("Faschismus") gewonnen werden können, sondern müßten sich im Ausgang von *Konstellationenanalysen* entfalten, von Charakterisie-rungen der jeweiligen politisch-sozialen Grundfigurationen. "Faschismus" ist, wie jede andere politische Bewegung, nur als Relationsphänomen bestimm-bar, nur aus dem Kontext seiner feindlichen und freundlichen Beziehungen zu den anderen in einer historischen Situation relevanten Kräften. Daß dabei übrigens die feindliche Interaktion mit dem Kommunismus, der neuartigen Bewegung von "1917", eine herausgehobene Rolle spielen müßte (frei nach Horkheimer: Wer vom Kommunismus schweigen will, sollte nicht vom Fa-schismus reden), hat sich mittlerweile mehr und mehr herumgesprochen. Wir finden aber leider beim Autor weder Ansätze zu Konstellationenanalysen – "Faschismus" fällt vom Himmel oder entwickelt sich durch sich selbst zu sich selbst – noch zu definitorischen Festlegungen, und deshalb bleibt der Begriff – und zwar im ganzen Aufsatz – nichts weiter als ein Etikett auf einer Pak-kung ohne Inhalt. Sind "schändliche Taten" "faschistisch"? Oder nur schänd-liche Taten im Zusammenhang mit "bestimmten männlichen und gewaltver-herrlichenden Taten und Ritualen"? Vielleicht, so wird sich der Leser fragen, sind schändliche Taten aber auch nur deswegen schändliche Taten und somit faschistisch, wenn sie Gegen-Taten zur "Erprobung" von Revolutionen sind? Verweist vielleicht der bemerkenswerte biographische Hintergrund mancher bedeutender Faschisten – Mussolini war Führer des italienischen Sozialis-mus, Jaques Doriot führendes Mitglied der KPF und Vidkun Quisling ursprüng-lich Sympathisant des Bolschewismus – auf etwas, das für die Bestimmung des Phänomens wichtig sein könnte? Wieso ist die Konzeption einer an Strukturelementen des Bolschewismus ausgerichteten antibolschewistischen Diktatur eine "genuin faschistische Idee"? (E 31) Oder ist Faschismus schlicht mit Antialkoholismus gleichzusetzen, denn schließlich wurde 1944 Frits Clausen "wegen seiner notorischen Alkoholsucht von seinen eigenen Anhängern entmachtet "(E 36). Vielleicht aber ist Faschismus auch nur ein Synonym für Verbrechen oder eine Unterform davon, mag sich ein beunruhigter Leser fragen, nachdem er erfahren hat, daß Degrelle, bis ins Alter die "Auschwitzlüge" verbreitend (E 27), niemals für "sein faschistisches Engagement und seine sonstigen Verbrechen gerichtlich zur Verantwortung gezogen (worden ist)" (E 27), und daß der Vatikan 1953 ein Konkordat "mit Spanien (abgeschlossen hat), womit das Franco-Regime trotz seines verbrecherischen und faschistischen Charakters moralisch aufgewertet wurde" (E 83). Welche Attribute machen Gewalt zur "faschistischen Gewalt" und welche zur "antifaschistischen" (E 68), welche differentia specifica gibt es also zwischen dem faschistischen oder kommunistischen oder demokratischen Faustschlag? Und wenn Kritik an Wirtschaftskonzeptionen zu einer Selbstmetamorphose vom Sozialisten zum Faschisten führen kann wie bei Sir Oswald Mosley, der über die Ablehnung seines Wirtschaftsprogramms durch die Regierung "so erbost (war), daß er die Labour Party verließ und die genannte BUF gründete" (E 40), dann muß der Leser erschrecken ob der abgründigen Möglichkeiten, die in ihm selbst stecken.

Derart verwirrt und beunruhigt wird er, da ihm gar nichts anderes übrig bleibt, mit einem Anflug von Hoffnung der Lektüre der "Theoriegeschichte des Faschismus" entgegensehen. In dieser Theoriegeschichte nimmt die kommunistische und sozialdemokratische "Theorie" – unter letztere wird auch Thalheimer, Wilhelm Reich und die "Frankfurter Schule" (E 72 und E 74) subsumiert – den größten Raum ein. Nun macht der Autor freilich in seiner Herangehensweise an diese "Theorien" von vornherein einen in gewissen Ideologiezirkeln keineswegs unüblichen Fehler, der leider das Ausmaß an Irritation bei unserem unkundigen, aber lernwilligen Leser noch erhöhen muß. Er behandelt nämlich diese "Theorien" als Theorien, also als wissenschaftliche Erkenntnismodelle, also als Fabrikate mit einem in sie eingebauten Angebot, durch rationales pro und contra kritisiert und ersetzt zu werden. Nun würde man freilich bereits Marx' Kapital völlig mißverstehen, wenn man es primär als Vorform einer "rein wissenschaftlichen" Systemtheorie verstünde und Marx Willen zum totalen Neu-Machen der Welt, sein sozialreligiöses Revolutionsziel, ausklammerte; und man würde noch stärker Lenins Schriften, z.B. seine Imperialismustheorie, mißverstehen, wenn man sie primär betrachtete als Frühform einer ökonomischen Globalisierungstheorie und nicht als totalitäres weltrevolutionäres Ideologieprogramm mit dem Willen zur politischen und/oder physischen Vernichtung diverser Feindgruppen (der "Weltbourgeoisie" zum Beispiel oder der "Arbeiteraristokratie" in den "Metropolen", diverser "Renegaten" etc.); und man mißversteht völlig den Charakter der Komintern-Faschismusbegriffe, wenn man sie als Wissenschaft behandelt und nicht als totalitäre Ideologien und das meint auch: als Mittel in einem als "Weltbürgerkrieg" projektierten inner- und zwischenstaatlichen Kampf gegen "alle anderen", unter anderem die "Faschisten". (Bereits Mitte der zwanziger Jahre hatte übrigens dieser Kampf in der Sowjetunion durch Terror und politisch produzierte Hungersnöte schon Millionenopfer gefordert). Der Verfasser interpretiert diese "Theorien" wie jemand, der für die Entwicklung einer Theorie über den Sowjetkommunismus die nationalsozialistische "Theorie" des "jüdischen Bolschewismus", die in ihrer intellektuellen Konstruktion, ihrem Realitätsgehalt und ihren moralischen Implikationen den Komintern-Ideologien sehr ähnelt, als wissenschaftliches Erkenntnismittel nutzt. Man darf die Komintern-Ideologien nicht als Wissenschaft betrachten, aber natürlich muß man sie wissenschaftlich betrachten, und zwar aus einer Meta-Perspektive, als eine totalitäre Ideologie und das meint zugleich: eine politische Religion, die einen zentralen Strukturpfeiler im Konstellationenkontext bildete, in dem sich die politische Religion der Faschismen herausbildete und interaktiv profilierte. Das Gesagte gilt mit Abstrichen und Modifikationen ebenfalls für die vom Verfasser gelobten anderen marxistischen Faschismusbegriffe (E 67) und die "Theorien" der Frankfurter Schule (E 74), die er aus unerfindlichen Gründen im Zusammenhang mit einer sogenannten "sozialdemokratischen Faschismusdiskussion" abhandelt. Was der Verfasser für eine bedeutende Erkenntnis gewisser marxistischer Theorien hält, die Anwendung der Marxschen Bonapartismustheorie (Thalheimer) (E 72) – die berühmte "Verselbständigung der Exekutive" –, war eine Mode der siebziger Jahre, die zwar auch sozialdemokratische Historiker (z.B. Heinrich August Winkler) beeinflußt hat, aber eine Mode ohne Erkenntniswert. Interessant ist einzig die Frage nach den gesellschaftlichen und ideologischen Konstellationen, die diese Moden produziert haben, also die Frage nach den Kontexten für die Renaissance der marxistischen Faschismusbilder nach 1968. Das betrifft genauso die "Frankfurter Schule", die sogenannte "Kritische Theorie". Diese ist relevant für eine Ideologiegeschichte der "alten" Bundesrepublik und für eine Geschichte der Weltanschauung deutsch-jüdischer Intellektueller im 20. Jahrhundert, aber nicht für eine Faschismustheorie. Horkheimers Ansichten über den "autoritären Staat" zum Beispiel sind für eine Theorie über "faschistische" Herrschaft genauso belanglos wie sein Essay über "Die Juden und Europa" für eine Theorie des "faschistischen" Antisemitismus; und die "Dialektik der Aufklärung" ist zwar ein interessantes Beispiel für Kulturpessimismus, aber genausowenig Theorie über den Faschismus wie die sozialpsychologische Konstruktion des "autoritären Charakters". Am sympathischsten ist dem Rezensenten von den sozialpsychologischen Konstruktionen dieser Art aus dem Umfeld der "Kritischen Theorie" noch Wilhelm Reichs "Massenpsychologie", freilich nicht wegen ihres Erkenntniswerts für den "faschistischen Charakter", sondern ihrer positiven Bewertung genitaler Sexualität.

((4)) Nach seinen theoretischen Reflexionen der gerade erwähnten "Theorien" über den Faschismus geht der Verfasser auf Faschismus nach 1945 ein. Der unkundige Leser, mit fremd und unheimlich klingenden Theoriebrocken gefüttert, die das Phänomen in einen Zustand der Nichtfixierbarkeit und zugleich einer überall drohend lauernden Potentialität befördern, wird der Lektüre nicht ohne Beklommenheit entgegensehen, denn die zu erwartende Zeitdiagnose kann nur düster sein. Wir müssen zuerst erfahren, daß sowohl das Franco- als auch das Salazar-Regime "faschistisch" waren, daß man aber den Begriff nur mit Einschränkungen auf die griechische Militärdiktatur anwenden solle. Gerade Griechenland scheint ihm ein Beispiel dafür zu sein, daß kein Land vor dem Abgleiten in den faschistischen Sumpf gefeit ist, denn schließlich ist in Griechenland "Begriff und Sache der 'Demokratie' erfunden (worden, was allerdings) schon lange her ist" (E 92). Übrigens war das manchmal als faschistisch bezeichnete Peron-Regime bestimmt nicht faschistisch, sondern "eher links" und "antiimperialistisch", denn daß "Peron ...vor allem von amerikanischen Autoren zumindest temporär als 'Faschist' bezeichnet, bzw. beschimpft wurde, ist ein Beweis dafür, daß er dies nicht war" (E 95). Es ist natürlich nicht einfach, derartige schlagende Beweise zu entkräften, und es wird sicherlich als Zeichen von Hilflosigkeit angesehen werden, wenn der Rezensent den Beweisen nur die Behauptung entgegensetzt, daß keines der genannten Regime – trotz der unzweifelhaft in allen auffindbaren "faschistischen" Einzelelemente – die Schwelle desjenigen Merkmalsminimums erreicht, das die Anwendbarkeit des Faschismusbegriffs gestattet.

((5)) Zuletzt noch ein Wort zu des Autors Analyse der Gegenwartssituation in Deutschland (105ff.).
Er mag sich zwar nicht festlegen, ob die Übel, die er beschreibt, als "neofaschistisch" und/oder "rechtsextremistisch" zu bezeichnen sind, aber es kann überhaupt nicht zweifelhaft sein, daß es massive Gefahren "von rechts" gibt. Man höre: "Um die Jahrtausendwende herum gab es in einigen ostdeutschen Städten ... tatsächlich so etwas wie 'national befreite Zonen', die von 'Ausländern'... nur unter Gefahr für Leib und Leben betreten werden konnten ..."(E 105). Und: "Nach glaubwürdigen Schätzungen sind etwa 20% der

Deutschen um die Jahrtausendwende antisemitisch, weitere 40% 'ausländer-feindlich' und nicht weniger als zwei Drittel ... antiziganistisch eingestellt" (E 106). Das hört sich nicht gut an. Was tun? Sollten wir wirklich eine antifaschistische Einheitsfront bilden? Dem versprengten Häufchen "anständiger" Deutscher eine politische Heimat schaffen, in der mahnwachend und lichterkettenbewehrt der faschistischen Gefahr ein trutziges "Nie wieder!" entgegengeschleudert werden kann? Vielleicht. Vielleicht sollten wir aber dem Autor auch nur raten, weniger "taz", "Stern" und "Zeit" zu lesen, aber dafür die Statistik des Verfassungsschutzes über Straftaten mit rechts- und linksradikalem Hintergrund; und zur Morgenlektüre würde ich statt der anheimelnden Gesinnungslyrik aus dem Poesiealbum des progressiven Studienrats für Gemeinschaftskunde einen Schnellkurs über Methoden der empirischen Sozialforschung empfehlen und als ernste Nachmittagsbeschäftigung statt der Repetition marxistischer Faschismustexte aus den dreißiger und siebziger Jahren eine Faschismustheorie, die ihren Namen verdient, zum Beispiel diejenige Ernst Noltes.

Abschließende Stellungnahme zur Debatte und zu Wippermanns Replik

Karin Priester

((1)) Erstaunlich, diese Debatte! Für jemanden wie mich, die ich mich seit Jahren nicht an faschismustheoretischen Debatten beteiligt habe, kommt sie mir vor wie das Aufwachen aus einem Dornröschenschlaf: Die gleichen politischen Insinuierungen und Lagermentalitäten, die gleichen getönten Brillen, die gleiche methodologische Begriffsverwirrung. Es dürfte Roger Griffin freuen, hier seine ironische Bemerkung über die kollektive Kurzsichtigkeit deutscher Mandarine ein weiteres Mal so schön bestätigt zu sehen.
Es wäre endlich an der Zeit, daß Totalitarismus- und Faschismustheorien nicht länger als Elemente zur Konstruktion einer bestimmten Gruppenidentität herhalten müssen. Bisher hatte das orthodoxe Festhalten an den jeweiligen Paradigmen vor allem die Funktion, bestimmte politische Gruppen zu integrieren, andere dagegen auszuschließen. Der bürgerliche Mainstream vergewisserte

sich seiner Überlegenheit, schottete sich gegen jede Kritik von links ab und wollte vor allem den intrinsischen Zusammenhang zwischen Kapitalismus und Faschismus nicht zur Kenntnis nehmen. Umgekehrt geriet die Faschismustheorie zu einem zunehmend paranoiden Ritual, das nur noch die Funktion hatte, vor einer ubiquitären Wiederkehr des Faschismus zu warnen, damit aber genau das beförderte, was Linke von ihren eigenen Denkvoraussetzungen her doch eigentlich bekämpfen sollten: Die Enthistorisierung theoretischer Begriffe und ihre undifferenzierte Ausweitung auf politische passe-partouts. Zunächst wäre also daran zu erinnern und erneut dafür zu plädieren, historisch-politologische Begriffe möglichst eng zu fassen.

((2)) Zunächst zu der von Wippermann aufgeworfenen Gretchenfrage, ob die Totalitarismuskonzeption einem generischen Faschismusbegriff überlegen und besser geeignet sei, die Empirie zu erklären (R 3). Die Frage ist, welche Empirie, denn jede theoretische Vorentscheidung zieht eine unterschiedliche Auswahl empirischer Daten und Untersuchungsfelder nach sich. Die zweite Frage lautet: Welche Totalitarismuskonzeption? Von Hannah Arendt über Friedrich/Brzezinski und Marcuse bis zu Zygmunt Baumans postmoderner Variante ist das Spektrum hinreichend weit, um die Benutzung des Terminus im Singular in Frage zu stellen. Und weiter: Was heißt 'generisch'? Ist damit, wofür ich plädiere, die Zusammenfassung von genetisch, strukturell und programmatisch hinreichend ähnlichen Regimen und/oder Bewegungen der Zwischenkriegszeit gemeint oder ein höherer Allgemeinheitsgrad intendiert?

((3)) Bleiben wir einen Moment bei Kühnls botanischem Zugriff, der begriffslogisch den Kern des Problems berührt. Eine gelbe Birne und ein roter Apfel gehören, unabhängig von Farbe, Größe und Form, beide zur Klasse Obst. Nun kann man ein solches Klassifikationsverfahren ablehnen, weil einem nicht Fruchtkonsistenz oder Vitamingehalt relevant erscheinen, sondern eher Farbe und Form. Ein roter Apfel hat, so betrachtet, natürlich mehr Gemeinsamkeiten mit einem roten Buch als mit einer gelben Birne. Das vorgängige Problem hätte also zunächst einmal lauten müssen: Wonach wird überhaupt gefragt? Es ist offensichtlich, daß Faschismustheoretiker andere Relevanzkriterien haben und daher anders fragen als Totalitarismustheoretiker. Es dürfte aber auch jedem theoretisch nicht Vorbelasteten klar sein, daß ein roter Apfel und eine gelbe Birne genetisch und funktional mehr miteinander gemeinsam haben als ein roter Apfel und ein rotes Buch. Dagegen ist die Gemeinsamkeit der Farbe von Apfel und Buch äußerlich und formal, obwohl sie als solche gar nicht bestritten wird.

((4)) Lassen wir einen Moment die ideologischen Grabengefechte des Kalten Krieges beiseite, so hat die Kritik an 'der' Totalitarismustheorie nie etwas anderes behauptet als eben dies: Daß sie zu formal sei, um gehaltvolle Antworten auf die Frage nach der Genese und Funktion der verglichenen oder zu vergleichenden Regime zu liefern. Unter rein begriffslogischen Gesichtspunkten sei hier auf eine Unterscheidung in der Biologie hingewiesen. Dort wird zwischen 'analogen' und 'homologen' Merkmalen, die verschiedenen Arten gemeinsam sind, unterschieden. Analog nennt man die Ausbildung bestimmter äußerer Merkmale oder Extremitäten bei Tieren, die phylogenetisch keinen gemeinsamen Ursprung haben, aber bei ähnlichem Lebensraum sich der Umgebung durch entsprechend ähnliche Merkmale angepaßt haben. Homolog dagegen nennt man Merkmale, die äußerlich und funktional wenig Ähnlichkeiten miteinander haben, evolutionsgeschichtlich aber auf die gleichen Wurzeln zurückgehen. Flossen von Säugetieren, die in den Lebensraum Wasser zurückgekehrt sind, haben evolutionsgeschichtlich die gleichen Wurzeln wie menschliche Hände, sind also homolog, ähneln aber äußerlich den Flossen von Fischen, zu denen sie analog sind.

((5)) Wenn Faschismustheoretiker den Zusammenhang von Kapitalismus und Faschismus betonen, gleichzeitig äußerliche Ähnlichkeiten zwischen Faschismus und Kommunismus als irrelevant übergehen, heben sie auf eine 'Homologie' von Kapitalismus und Faschismus ab. Beide haben die gleichen Wurzeln und sind, trotz unterschiedlicher Ausprägungen 'phylogenetisch' gleichen Ursprungs bzw. homolog. Umgekehrt sehen Totalitarismustheoretiker die 'Analogie' der Herrschaftstechniken als entscheidend an, der gegenüber unterschiedliche historische Entstehungszusammenhänge, unterschiedliche philosophische Hintergründe und ideologische Ausformungen als nebensächlich erscheinen. Sind aber die Herrschaftstechniken tatsächlich analog?[1] Allein schon ein Blick auf den Terror, nach Hannah Arendt das entscheidende Kriterium für Totalitarismus, zeigt qualitativ deutliche Unterschiede. Wohlgemerkt, qualitativ, nicht quantitativ, denn der Versuch, die Zahl der Opfer aufzulisten und gegeneinander aufzurechnen, sagt noch nichts darüber, wer denn primär Opfer war. In den großen Säuberungs- und Liquidierungswellen der Stalinzeit richtete sich der Terror mehrheitlich gegen das eigene Volk, im Nationalsozialismus dagegen primär gegen das 'Fremde' oder als fremd Definierte wie Juden oder Sinti/Roma und das Andere wie Homosexuelle. Die Herrschaftstechnik im Kommunismus diente vorwiegend der forcierten Industrialisierung, dem 'großen Sprung nach vorn' und entsprach, in der Begrifflichkeit von Karl Marx, der Phase der ursprünglichen Akkumulation des Ka-

pitals, die Westeuropa schon zwischen dem 18. und 19. Jahrhundert durchlaufen hatte.

Die Herrschaftstechnik des Faschismus dagegen diente ganz anderen, viel
komplizierteren Zielen, nämlich der Abwehr der Moderne als Liberalismus,
Demokratie, Parlamentarismus, Sozialismus, Emanzipation, politische Parti-
zipation etc. bei gleichzeitiger Beibehaltung und Förderung ihrer technologischen Errungenschaften, ein Phänomen, das wir heute bei den sogenannten
Fundamentalismen wiederfinden. Die modernistischen Aspekte, die sich nicht
nur in italienischen, sondern – unbeschadet der Blut-und-Boden-Ideologie –
auch im deutschen Faschismus zeigen, beziehen sich immer nur auf eine hal-
bierte Moderne. Es mußten folglich Mythen, Symbole und Bilder erfunden
werden, die diesen Spagat glaubhaft darstellen konnten. Vor dem Hintergrund
ihrer Geschichte waren hier die Juden schon seit der Ausdehnung der Geld-
wirtschaft im ausgehenden Mittelalter die geeigneten Sündenböcke, auf die
man den einen Teil der Moderne gewissermaßen 'abladen' und dann elimi-
nieren konnte. In Italien, wo der Faschismus viel mehr Kompromisse mit der
katholischen Kirche und traditionell konservativen Kräften eingehen mußte,
fand man seit den dreißiger Jahren im Rückgriff auf die imperiale römische
Antike, den Augustus-Kult und die Berufung auf die 'romanità' ein funktio-
nales Äquivalent. Dagegen nahm sich der Stalinismus geradezu simpel und
gradlinig aus, denn er brauchte einfach nur eine ungeheure Menge von Lohn-
sklaven und nahm sie aus dem eigenen Volk. Überdies bestand in Rußland
vor dem Hintergrund der zaristischen Autokratie nicht das Problem, die poli-
tisch-emanzipatorischen Errungenschaften der Moderne rückgängig machen
zu müssen. Selbst das Kriterium der charismatischen Herrschaft, für die
Herrschaftstechnik des Faschismus konstitutiv, fehlt im Kommunismus. Auch
wenn es nicht an Versuchen gefehlt hat, Stalin mit einer charismatischen Aura
zu umgeben, so ist doch unbestritten, daß er keinerlei persönliches Charisma
besaß, sondern eher nach Art eines orientalischen Despoten agierte.

((6)) Ist aber mit dem Rückgriff auf den Terminus Totalitarismus größere begriffliche Klarheit und größere Erklärungskraft der Empirie gewonnen? Keineswegs! Denn hier stellen sich die gleichen methodologischen Fragen wie
beim Rückgriff auf den Faschismusbegriff. So definierte z.B. Mussolini den
italienischen Faschismus als 'totalitario' und verstand darunter einen integra-
len Etatismus (alles für den Staat, alles im Staat, nichts außerhalb des Staates). Andere, so etwa V. Kronenberg in dieser Debatte, verstehen darunter die
Methoden der Herrschaftsausübung, womit man indessen der Lösung des Problems nicht näher rückt, denn auch sie waren keineswegs eindeutig. Wie man

schon bei Ernst Fränkel (Der Doppelstaat) nachlesen kann, stand in Deutschland der Normenstaat dem Maßnahmenstaat mit je unterschiedlichen Methoden gegenüber in einem System, das Franz Neumann (Behemoth) schon in den vierziger Jahren als 'anarchisch' bezeichnete. Hannah Arendt dagegen setzt totalitär mit der Ausübung von Terror gleich, muß aber, und tut dies redlicherweise auch, den in seiner Selbstdefinition doch totalitären italienischen Faschismus aus der Klasse der totalitären Regime ausklammern.

((7)) Wie, warum und wann aber beginnt und endet eine totalitäre Phase innerhalb eines Regimes wie dem sowjetischen, das nach Stalins Tod 1953 noch sechsunddreißig Jahre weiterexistierte, oder war etwa die gesamte Sowjetherrschaft totalitär? Und wie ist der Fall der DDR zu beurteilen, die sich weder selbst als totalitär verstand noch durch Terror im Arendtschen Sinne von sich reden machte? Mit anderen Worten: Wo verläuft die Trennlinie zwischen totalitär und autoritär? Wenn man denn, wie Wippermann neuerdings, auch dem Totalitarismusbegriff wissenschaftlich etwas abgewinnen will, so gälte es zunächst, ihn zu operationalisieren, ein Versuch, den Friedrich/ Brzezinski zwar unternommen haben, der aber nicht nur ungenügend ist – dem könnte man durch Aufstockung ihrer sechs Kriterien abhelfen, ein Versuch, der längst unternommen wurde –, sondern kategorial unstimmig. Allein schon das Kriterium des staatlichen Gewaltmonopols gilt selbstredend für alle modernen Staaten und ist kein Spezifikum eines 'totalitären'. Ferner, so postulieren die Autoren, etabliere der totalitäre Staat eine „Überwachung und Lenkung der gesamten Wirtschaft durch die bürokratische Koordinierung vorher unabhängiger Rechtskörperschaften, charakteristischerweise unter Einfluß der meisten anderen Gesellschaften und Konzerne." [2] Doch die Wirtschaftslenkung im Kommunismus ist nur sehr bedingt mit der nationalsozialistischen Wirtschaftspolitik vergleichbar, ganz abgesehen von den Eigentumsverhältnissen. Dirigistische Wirtschaftslenkung gab es schließlich auch in demokratischen Staaten. Frankreich und vor allem Japan wären hier zu nennen, das bis in die achtziger Jahre des letzten Jahrhunderts häufig geradezu als nachahmenswertes kapitalistisches Musterland galt.

((8)) Welche Relevanzkriterien führen nun Faschismustheoretiker in komparativer Absicht ins Feld? Was die hier geführte Debatte betrifft, sind es, soweit ich sehe, drei: a) Die Selbstzuordnung der Regime resp. Bewegungen, ihre Eigenaffinität, das Bewußtsein ihrer Familienähnlichkeit in Zielsetzung und Herrschaftsausübung. b) Die Frage nach dem gemeinsamen Gegner, oder, in der bekannten Gegenüberstellung von Carl Schmitt: Wer ist Freund, wer

Feind? c) Die Gemeinsamkeit der Ideologie, auf die Wippermann so großen
Wert legt, obwohl sie am Faschismus das Unwichtigste ist. Man ginge zwar
zu weit, wollte man ihn auf einen reinen Pragmatismus der Machtausübung
und -erhaltung reduzieren (so etwa Topitsch), muß aber zur Kenntnis nehmen, daß es eine an innerer Kohärenz mit liberalen oder sozialistischen Ge-
sellschaftstheorien vergleichbare faschistische Doktrin oder Programmatik
nicht gab. Das einzige NSDAP-Programm stammt vom Februar 1920, ein
Ideologe wie Rosenberg war eher unerheblich. Was Mussolini angeht, so war
er von einem äußerst elastischen Pragmatismus in der Austarierung unterschiedlicher Richtungen, Strömungen und Bündnispartner.

((9)) Eine gewisse Verwirrung herrscht auch bei der Frage nach der Reich-
weite von Faschismustheorien, aber dies gilt ebenso für Totalitarismustheori-
en. Die größte Verwirrung scheint mir hier bei Kraushaar vorzuliegen, der
gegen Wippermanns wenig klaren Begriff 'generisch' einwendet, mit dem
Faschismus als 'Gattungsbegriff' lasse sich allenfalls eine Theorie mittlerer
Reichweite, aber keine 'Globaltheorie' begründen, wobei unterstellt wird, die
Totalitarismustheorie sei eine solche. (Kraushaar 14) Was aber ist unter einer
Globaltheorie zu verstehen?: a) theoretische, in Raum und Zeit gültige All-
Aussagen nach Art naturwissenschaftlicher Gesetze? b) auf historische Phasen von langer Dauer anwendbare und aus ihnen hervorgegangene Groß-
ideologien wie Liberalismus oder Marxismus? c) Geschichtsphilosophische
Extrapolationen, anthropologische Grundannahmen? oder schließlich d) Groß-
paradigmen wie Evolutionismus, Funktionalismus oder Systemtheorie, die,
aus der Molekularbiologie übernommen, auf Gesellschaftsanalysen angewandt
werden?

Was also versteht Kraushaar unter einer Globaltheorie? Mir jedenfalls ist nicht
klar geworden, was das eigentlich sein soll. In den historisch verfahrenden
Sozialwissenschaften kann es gar nichts anderes geben als Theorien mittlerer
Reichweite, und das gilt auch für Totalitarismuskonzepte, Theorien also, die
das historisch Spezifische und insofern Begrenzte eines Phänomens (Herrschaftsformen, Epochen etc.) in den Blick nehmen, ohne es auf einen singulären Einzelfall zu reduzieren. Theoretiker, die sich etwa mit dem Feudalismus
befassen, mögen dann über den terminus ante und post quem streiten, über
Zuordnungsfragen, Modelle oder Idealtypen, werden aber vermutlich nicht
auf die Idee kommen, ihn in die Antike zu verlegen oder bei den Aborigines
nachweisen zu wollen. Gleiches gilt sowohl für den Faschismus als Gattungsbegriff als auch für den Totalitarismusbegriff. Unabhängig von der Reichweite einer Theorie ist dagegen die vorgängige wissenschaftstheoretische

Option. Man kann Theorien mittlerer Reichweite auf marxistischer, funktionalistischer, methodologisch individualistischer (M. Weber), phänomenologischer (Nolte) etc. Basis vortragen, also das, was gemeinhin 'Ansatz' oder 'approach' genannt wird.

((10)) Wippermann arbeitet nun mit dem Begriff des Typus, und seine Unterscheidung zwischen Real- und Idealtypus ist von so vielen Diskussionsteilnehmern als 'dubious', 'spurious', 'confusing' und in hohem Maße fragwürdig kritisiert worden, daß ich hier nicht weiter darauf eingehen will. Generell gilt: Wer typisiert, abstrahiert vom Einzelfall. Genau dies aber tut Wippermann nicht, sondern geht vom italienischen Einzelfall als Modell aus, unterschiebt dann aber unterschwellig (subliminally, wie Griffin zu Recht vermutet) doch den Nationalsozialismus als Muster (Griffin 7) eines allgemeinen Faschismusbegriffs. Warum er, was doch mit Händen zu greifen ist, den Antimarxismus als unerheblichen Nebenkriegsschauplatz ausläßt, kann nur auf seine 'geschichtspolitische Absicht' (R 18) zurückgeführt werden. Was politisch löblich daherkommt – der antifaschistische Impetus und die Warnung vor künftiger Wiederholung – wird allerdings durch ein wissenschaftlich fragwürdiges Manöver erkauft. Denn was als Entstehungshintergrund historisch inzwischen tot ist, wird auch begrifflich eskamotiert, um dem solchermaßen historisch bereinigten Begriff weiterhin seine gegenwärtige und künftige politische Relevanz zu attestieren.

((11)) Wenn aber, von Stil, Massenmobilisierung oder charismatischem Führerkult abgesehen, die Faschismen inhaltlich etwas gemeinsam hatten, dann war es der Kampf gegen die Arbeiterbewegung und ihre theoretischen Hervorbringungen. Das Feindschaftsverhältnis zu Kommunismus, Bolschewismus, Sozialismus und Sozialdemokratie war in der Tat für die historischen Faschismen konstitutiv, wie Pohlmann als einer der wenigen Diskussionsteilnehmer in Erinnerung ruft. (Pohlmann 12) Dies deutlich zu machen, heißt nun keineswegs, auf den Spuren des späten Ernst Nolte nach dem zeitlichen 'prius' zu fragen mit der Absicht, die Politik der Nazis als Defensivstrategie zu relativieren oder womöglich zu exkulpieren als Werk verängstigter Sekundärschurken eines schrecklicheren Lehrmeisters.
Der Angelpunkt von Wippermanns Argumentation, seine Kern- und Hauptthese lautet, die faschistische Ideologie sei im Kern rassistisch gewesen. Dies, die Gemeinsamkeit des Rassismus, ist für Wippermann das *tertium comparationis*. Diese These ist, soweit ich sehe, von allen Diskussionsteilnehmern zurückgewiesen worden. Zunächst zur Focussierung des Problems: Den Blick

primär auf die Ideologie zu richten, unterstellt ihr eine handlungsleitende Intention, eine vor jeder Praxis feststehende innere Geschlossenheit und Stringenz, den man im Faschismus nur schwer dürfte nachweisen können aus zwei Gründen: Erstens wegen der generellen Theorie-, Geist- und Intellektuellenfeindschaft jedes Faschismus, der für sich reklamierte, eine 'Philosophie der Tat' zu sein, und zweitens wegen der unterschiedlichen Bündnisverhältnisse in den jeweiligen Regimen. Nur in einem Fall, dem des Nationalsozialismus, kann man davon sprechen, daß ein Sammelsurium ideologisch-rassistischer Versatzstücke, die wir hier einmal vereinfachend Ideologie nennen wollen, handlungsrelevant wurde, also Eingang in staatliche Gesetzgebung und in die Praxis der Konzentrationslager fand.

((12)) Ich behaupte nun nach wie vor und erst recht nach der aufmerksamen Lektüre von Wippermanns Replik, daß der Rassismus in allgemeiner und der Antisemitismus in besonderer Form für den italienischen Faschismus weder als Bewegung noch als politisches Regime ideologisch zentral oder praktisch handlungsleitend war. Es sei denn, und hier muß ich mich leider wiederholen, man subsumiert darunter die allgemein übliche imperialistische Praxis in den außereuropäischen Kolonien, hat dann aber kein Unterscheidungskriterium mehr zur Abgrenzung von der Kolonialpraxis der Spanier, Briten, Franzosen, Belgier oder Holländer. Die Praxis der Belgier im Kongo war wahrlich blutrünstig rassistisch, aber daraus kann doch nicht geschlossen werden, die Monarchie unter Leopold II. sei ihrem Selbstverständnis nach rassistisch und ergo faschistisch gewesen. Wippermann differenziert nicht hinreichend zwischen Imperialismus und Faschismus.
Sein Einwand (R 11), der italienische Faschismus habe außenpolitisch eine rassistische Politik betrieben, stößt also bei mir nur ohnehin schon weit offen stehende Türen ein. Natürlich und selbstverständlich hat er das, aber das geht an dem eigentlichen Problem so meilenweit vorbei, daß man hier nichts anderes als einen wackeligen Pappkameraden vor sich hat. Denn was alle imperialistischen Mächte taten, kann nicht zum Spezifikum des Faschismus als Gattungsbegriff erhoben werden. Die viel wichtigere Frage müßte, um Wippermanns These zu erhärten, doch lauten, ob der italienische Faschismus a) eine substantiell rassistische Ideologie propagiert und b) diese auch innenpolitisch, also im eigenen Land, in die Praxis umgesetzt hat. Hier steht nun das Datum 1938 im Raum, sechzehn Jahre Regimephase gegen fünf Jahre – Mussolini wurde bekanntlich schon 1943 abgesetzt – unter wachsendem deutschem Druck und Einfluß. Was also zählt mehr? Es geht hier nicht darum, daß es unter italienischen Faschisten auch vehemente Antisemiten gab wie Arpinati, daß

der jahrhundertealte kirchliche Antijudaismus seine Spuren hinterlassen hatte oder daß in der Alltagsmentalität auch vieler Italiener ein Schwarzer eben 'nur' ein Schwarzer war. Sondern es geht einzig und allein um die regimekonstitutive Funktion von Rassismus, sei es in der eugenischen oder der antisemitischen Variante. Und hier behaupte ich: Fehlanzeige. Selbst einer der NS-affinsten italienischen faschistischen Theoretiker, Julius Evola, hat den kruden Biologismus der Nazis strikt abgelehnt und – eher im Sinne Ernst Jüngers – von 'geistiger Rasse', einer Form von neuem Adel, gesprochen. NS-affin heißt in diesem Falle SS-affin. Denn in der SS sahen manche italienischen Bewunderer des Nationalsozialismus den institutionellen Kern dieses neuen 'Adels', einer neuen, antibürgerlichen Elite. Aber der italienische Faschismus hat zweite Machtsäulen, die zu einem 'Doppelstaat' hätten führen können, rigoros unterbunden und entsprechende Ansätze, etwa in der Miliz, marginalisiert.

((13)) Mussolini selbst kam er von Sorel her, einem schillernden Apologeten der Gewalt und eines neuen, kämpferischen Menschentyps, des 'Produzenten', eine jener 'Kraftnaturen' und Recken, wie sie auch im linken Lager von Karl Kautsky bis Max Adler geschätzt wurden. Aber die Bewunderung für vitale Kraft-, Macht- und Renaissancemenschen wird man wohl kaum rassistisch nennen können. Hier spielt die romantische Heldenverehrung, auch der Krieger- und Soldatenkult aus der Zeit der Ersten Weltkriegs, die Sombartsche Gegenüberstellung von Händlern und Helden, philosophisch auch der Vitalismus, eine weitaus größere Rolle. Der neben Mussolini wichtigste faschistische Theoretiker schließlich, der Philosoph und Erziehungsminister Giovanni Gentile, kam aus der an Hegel geschulten idealistischen Denktradition und sah im Faschismus einen 'ethischen Staat' gänzlich ohne Blut-und-Boden-Geraune, ohne Schädelmessungen, Hethiternasen und ähnlich biologistische Zurechnungen. Und von Eugenik und Euthanasie, der 'Ausmerzung lebensunwerten Lebens', kann in Italien erst recht nicht die Rede sein. Dazu war nicht nur der Einfluß der Kirche zu groß. Auch das ganze geistige Umfeld des italienischen Faschismus und der konservativen Kräfte, die schon nach 1923 in den PNF einströmten, war anders.

((14)) Freilich hat der Terminus Rassismus, den Wippermann hier als semantisch eindeutig unterstellt, mehr als nur einen Fallstrick. Selbst wenn man Foucaults neo-anarchistische Ausdehnung des Begriffs auf die Biomacht und Biopolitik des modernen Staates schlechthin als zu weit ablehnt, war es auch für die Nazis keineswegs ausgemacht, was überhaupt eine Rasse sei und wer dazugehöre. Man lese hierzu den Kommentar zur NS-Rassegesetzgebung von Stuckart und Globke, ein aufschlußreiches Dokument nicht nur für die terminologische, sondern insgesamt geistige Verwirrung auch unter führenden Juristen der damaligen Zeit. Es war, mit anderen Worten, auch und selbst für die Nazis keineswegs eindeutig, was mit dem Begriff Rassismus überhaupt bezeichnet werden sollte – eine biologische Andersartigkeit oder eine geistig-kulturelle. Was schließlich Wippermanns Unterscheidung zwischen anthropologischem und biologistischem Rassismus angeht (vgl. R 10), muß ich gestehen, daß mir dies äußerst nebulös geblieben ist.

((15)) Was bleibt? Ein dankenswerter Vorstoß Wippermanns zur Aktualisierung einer Debatte, auch wenn ich und, wie mir scheint, die meisten anderen Diskutanten ihm weder in seiner Faschismusdefinition noch in seinen Prognosen für die Zukunft folgen können. Wippermann kann sich, wie umgekehrt auch Vertreter der Totalitarismuskonzeption, nicht freimachen von einer politischen Instrumentalisierung des Faschismusbegriffs. Denn er möchte sich sowohl von marxistischen Autoren wie auch von Nolte gleichermaßen absetzen, zugleich aber den Faschismusbegriff aktuell halten als Warnung vor künftigen Wiederholungen. Dabei muß er sich unweigerlich in Widersprüche verstricken, wenn er einerseits den Faschismus als Gattungsbegriff retten will, gleichzeitig aber als minimale Gemeinsamkeit aller Faschismen gerade das am wenigsten geeignete Kriterium heranzieht, den Rassismus. Zudem muß er, entgegen seinem 'realtypischen' Verfahren, unterschwellig dann doch wieder den Nationalsozialismus als Modell heranziehen, was Griffin zu Recht moniert.
Ich dagegen sehe diese Phase als historisch abgeschlossen an und plädiere für eine Engführung des Begriffs, begrenzt auf die 'homologen' Regime der Zwischenkriegszeit. Denn fehlt der Entstehungshintergrund, die Erfahrung des Ersten Weltkriegs und der organisierte Kampf gegen die Arbeiterbewegung auf allen, auch außenpolitischen Ebenen einschließlich des Kampfes gegen die Sowjetunion, so wird der Begriff des Faschismus sozialwissenschaftlich über Gebühr strapaziert und geht auf in einem allgemeinen Rassismusbegriff. Hier liegt der eigentliche Dissens zwischen uns, in der begrifflichen Unschärfe von Begriffen, was mutatis mutandis auch für den Totalitarismus gilt. Die Bauernaufstände des 16. Jahrhunderts waren etwas anderes als die Arbeiterkämpfe des 19. Jahrhunderts, auch wenn man sie abstrakt unter 'sozialer Protest' oder Formen von Klassenkampf subsumieren kann. Aber was ist damit gewonnen? Derartige Begriffsausdehnungen führen, gewollt oder ungewollt, zur Geschichtsphilosophie zurück. Konsens aber sollte sein, daß Sozial-

wissenschaftler keine Propheten sind. Wer Predigt will, gehe ins Konventikel, sagte Wippermanns Kronzeuge Max Weber. Eines aber hat die Debatte mit Nachdruck gezeigt: Es besteht ein akuter Nachholbedarf zur Klärung methodologischer Fragen vor allem im Bereich der Komparatistik, der Begriffsbildung und der Reichweite sozialwissenschaftlicher Theorien. Sollte die Debatte nicht nur zu weiteren vergleichenden Untersuchungen anregen, sondern, über unfruchtbare politische Invektiven hinaus, auch zu größerer methodologischer Reflexionsbereitschaft, so wäre ihr Zweck mehr als erfüllt.

Anmerkungen

1 Darunter verstehe ich, um Mißverständnisse zu vermeiden, nicht die rein technologischen Aspekte, die auf einer bestimmten gesellschaftlichen Entwicklungsstufe immer analog sind, etwa, daß man Schußwaffen benutzt und nicht mehr Lanzen oder Speere. Ich verstehe unter Herrschaftstechnik vielmehr das zielgerichtete strategische und taktische Handeln zur Erlangung und Sicherung von Herrschaft.

2 Friedrich, Carl J./Brzezinski, Zbigniew: Die allgemeinen Merkmale der totalitären Diktatur, in: Jesse, Eckhard (Hg.): Totalitarismus im 20. Jahrhundert: Eine Bilanz der internationalen Forschung, Bonn 1996, S. 231.

Pragmatik statt Semantik: Bemerkungen zur Replik und zur Einleitung von Wolfgang Wippermann

Werner Röhr

((1)) Im folgenden sollen wie bereits in der vorangegangenen Kritik der Thesen von Wolfgang Wippermann vorrangig methodologische Fragen erörtert werden. Daher bleiben Ansatz und Argumente jenes Textes auch hier Grundlage. Die in der Kritik aus Platzmangel äußerst verknappt ausgeführten Argumentationen sollen hier nicht ausführlicher wiederholt werden. Zwar wäre das reizvoll, weil manche Argumente zum historischen Vergleich oder zum theoretischen Ansatzfehler der Totalitarismusdoktrin von einigen Kritikern Wippermanns so unfreiwillig wie exemplarisch bestätigt wurden. Wie bereits in der Kritik soll auch hier das Augenmerk der Frage gelten, warum Wippermanns Ansatz verhindert, daß er sein erklärtes und von mir geteiltes Anliegen

tatsächlich realisiert. Es geht also nicht darum, was der Autor in seinem zwangsläufig im Umfang beschränkten Text alles nicht gesagt bzw. nicht berücksichtigt hat. Als Textgrundlage beziehe ich mich auf Wippermanns Replik und
auf seine Einleitung und nur in Verlängerung dieses Bezuges auf Passagen
einzelner Kritiker.

Politische Formel und wissenschaftlicher Begriff

((2)) Am Schluß seiner Einleitung formuliert Wippermann als entscheidende
Frage der Kontroverse, ob man aufgrund wissenschaftlicher Argumente an
einem „generischen Faschismusbegriff ... festhalten könne" (E 116). Er weist
nach, daß sowohl ein inflationärer Gebrauch als auch eine Infragestellung
oder Tabuisierung von Begriffen politische Gründe hat und zu benennbaren
politischen Zwecken erfolgt. Doch dies ist kein Resümee eigenen Argumen-
tierens. Wippermann hält sich nicht an die eigene Feststellung und unterstellt
laufend eigene politische Argumente als wissenschaftliche. Keine Wissenschaft, erst recht nicht die Geschichtswissenschaft oder die Politikwissenschaft, kann verhindern, daß von ihr geprägte oder benutzte Begriffe im politischen Alltag mit anderer Bedeutung gebraucht werden, daß sie manipulativ
oder instrumental für außerwissenschaftliche Zwecke benutzt werden. Diese
Praxis selbst muß zum Gegenstand wissenschaftlicher Analyse gemacht und
deren politische Ursachen und Zwecke bestimmt werden.

((3)) Es heißt jedoch, die wissenschaftliche Konstitution eines Begriffes durch
seine politische Verwendungsweise zu substituieren, wenn man als Wissenschaftler letztere als Argument für seine wissenschaftliche Zulässigkeit oder
Tragfähigkeit legitimiert. So wie in der Psychologie die Art und Weise des
Zustandekommens einer Einsicht nichts über deren Wahrheitsgehalt aussagt,
so sagt die Zuschreibung eines politischen Zwecks bzw. einer Motivation von
Politikern noch nichts über den semantischen Gehalt eines Begriffs aus.
Pragmatische, syntaktische und semantische Aspekte eines Begriffs fallen nicht
zusammen und können einander widersprechen. Wippermann benutzt häufig
pragmatische Aspekte als Einwände gegen die semantische Konstitution des
in Rede stehenden Begriffs. Er verwechselt dessen Pragmatik mit seiner Semantik – und dies nicht nur am Beispiel „kommunistischer Faschismusdiskussion".

((4)) Ohne jeden Zweifel ist jede Faschismustheorie mit politischen Anliegen
verbunden, die mit Hilfe auch wissenschaftlicher Begriffsbildung durchge-

setzt werden sollen. Doch Anliegen und wissenschaftlicher Gegenstand sind nicht identisch und haben ihre eigene Funktionalität. So wichtig die politische Parteinahme und Motivation für die wissenschaftliche Untersuchung des Faschismus und die Theoriebildung über ihn auch sind, so kann die begriffliche Konstituierung darauf jedoch nicht reduziert werden. Noch weniger sollten Wissenschaftler politische Bestimmungen für wissenschaftliche Erklärungen oder Theorien halten. Beide Gattungen werden von unterschiedlichen Zwecken regiert. Den Zusammenhängen zwischen wissenschaftlichen und politischen Anliegen entkommt man nicht, indem man sie leugnet, sie sind vielmehr explizit zu thematisieren, insbesondere, wenn es um Konjunktur oder Tabuisierung von Begriffen geht. Die politischen Gründe für Konjunkturen dürfen weder mit dem semantischen Inhalt des Begriffs noch mit seinen syntaktischen Funktionen verwechselt werden. Die Zulässigkeit des Gebrauchs eines Begriffes an politisch beschränkende oder konstitutive Bedingungen zu binden, heißt nichts anderes, als die Wahrheit vom jeweiligen politischen Kräfteverhältnis abhängig zu machen.

((5)) Die wohl bekannteste Verwechslung einer politischen Formel mit einer wissenschaftlichen Begriffsbestimmung betrifft die sog. Dimitroff-Formel. Auf dem VII. Weltkongreß der Kommunistischen Internationale im Sommer 1935 in Moskau wiederholte Georgi Dimitroff die Bestimmung des Faschismus an der Macht als „offene terroristische Diktatur der reaktionärsten, am meisten chauvinistischen, am meisten imperialistischen Elemente des Finanzkapitals"[1], die das 13. Plenum des EKKI bereits im Dezember 1933 gegeben hatte. Da Dimitroff zu diesem Zeitpunkt im Nazigefängnis saß, ist es historisch nicht richtig, ihm die Urheberschaft dieser „Formel" zuzuschreiben. Ihre politische Bestimmung orientierte auf den sozialen Träger des Faschismus an der Macht und auf die politische Herrschaftsform, die offene terroristische Diktatur. Sie grenzte zugleich die faschistische Staatsmacht von der Massenbasis ab.

((6)) Wippermann erklärt ausdrücklich diese politische Bestimmung zu einer wissenschaftlichen Definition. Das war und ist wissenschaftlich falsch. Methodisch wäre sie in diesem Fall ein Zirkelschluß. Es war keinesfalls Dimitroffs Absicht, künftiger Forschung die Probleme zu nehmen. Es ging ihm darum, ausgehend von der Stellung des Faschismus im Kampf der Klassen dem antifaschistischen Kampf Ziele zu setzen. Daher hatte diese „Formel" auch nicht die Aufgabe, die historisch sehr viel umfassenderen und differenzierteren Auffassungen der Kommunisten über den Faschismus seit 1921 umfassend aufzunehmen.[2] Als hinreichende theoretische Bestimmung genommen, reichte

sie nicht einmal aus, um die von Dimitroff angesprochenen Probleme begrifflich auf einen für die Forschung produktiven Nenner zu bringen. Wenn pro-
fessionelle Historiker später diese politisch griffige „Formel" für eine Definition oder sogar für eine wissenschaftliche Theorie erklärten, so konnte aus
einer richtigen politischen Orientierung eine wissenschaftliche sterile Selbst-
beschränkung werden, für die Dimitroff aber nicht verantwortlich zeichnet.[3]

((7)) Um die Gültigkeit eines „generischen Faschismusbegriffs" zu stützen,
verweist Wippermann in seiner Replik darauf, daß nicht nur Kommunisten
und linke Antifaschisten, sondern auch liberale und konservative Wissenschaftler, Politiker und Publizisten die Selbstbezeichnung der italienischen Faschisten übernommen und als allgemeinen Begriff verwandt haben. Dies ist historisch unbestreitbar. Nur als Argument ist es defensiv, denn es verschiebt die
Frage des Begriffsinhalts von der semantischen auf die pragmatische Ebene
und macht damit die Frage nach dem Begriffsinhalt bzw. die Frage nach der
Wahrheit einer Theorie, in welcher der Begriff seinen Stellenwert hat, zu einer Sache des politischen Kräfteverhältnisses. Eine „mißbräuchliche Verwendung" bzw. eine Tabuisierung eines Begriffs (E 114) zu beklagen, heißt hier,
diese Verschiebung von vornherein zu akzeptieren. Denn für die Konstitution
einer Erkenntnis, für deren Wahrheitsgehalt und Erklärungsfähigkeit ist es
letztlich gleichgültig, welches Parteibuch die erkennenden Subjekte in der
Tasche trugen. Sowenig eine politische Formel und ein wissenschaftlicher
Begriff identisch sind, selbst wenn sie dasselbe Wort benutzen, sowenig kann
eines in der Sache das andere ausschließen. Der wissenschaftliche Begriff
wird durch politische Praxis weder konstituiert noch diskriminiert, wenn
Wissenschaftler sich politischer Tabuisierung beugen, so lassen sie sich nicht
nur politisch regulieren, sondern auch wissenschaftlich reduzieren, gleichgültig, mit welchem Moralpathos das erfolgt.

Begriff, Modell, Theorie

((8)) In der Einleitung legt Wippermann eine Phänomenologie der Faschismen vor, eine Sammlung von Reminiszenzen über Faschismen in Europa, die
belegen, welche politischen Bewegungen und Regime im Europa des XX.
Jahrhunderts als „faschistisch" klassifiziert wurden bzw. werden. Dabei geht
es zunächst nicht darum, ob zu Recht oder nicht. Als unbestreitbare Tatsache
belegt der Autor jedenfalls, daß „Faschismus" als Gattungsbegriff „für zahlreiche und noch dazu sehr unterschiedliche Phänomene angewandt wurde"

(E 2). Was besagt aber eine Aufzählung für ihr Begreifen als „faschistisch" bzw. für die Konstitution des Begriffs? Will man nicht den methodischen Illusionen eines Empirismus, der seine theoretischen Voraussetzungen nicht reflektiert, erliegen, so ist diese Aufzählung gerade nicht „the proof of the pudding is the eating" der Theorie. In Wippermanns Einleitung steht sie daher auch theoretisch unvermittelt neben seinem anschließenden Abriß „Theoriegeschichte des Faschismus". Obwohl die aufgelisteten Phänomene historisch als Basis dieser Theoriegeschichte dienten, hat sich diese Funktion hier in Luft aufgelöst, mit Ausnahme des italienischen Beispiels, auf das ich gleich kommen werde. Aber selbst in bezug auf den italienischen Faschismus wird überhaupt nicht thematisiert, daß und wie diese so inhaltsarme wie selektive „Theoriegeschichte des Faschismus" jene Erscheinungen und die Erfahrungen mit ihnen verarbeitet hat.

((9)) Die Substitution theoretischen Begreifens durch phänomenologische Aufweisung ist bei Wippermann nicht dem Platzmangel geschuldet, sie ist Prinzip. Er macht aus der theoretischen Not eine phänomenologische Tugend und schlägt ausdrücklich vor, „der Maxime Angelo Tascas ... zu folgen, nämlich Faschismus zu ‚definieren', indem man zunächst ‚seine Geschichte schreibt'. Und diese Geschichte muß mit dem italienischen Faschismus beginnen, weshalb ... nur solche Bewegungen als ‚faschistisch' zu klassifizieren sind, die sich ‚in allen wesentlichen Punkten' mit dem namengebenden und stilbildenden italienischen Faschismus decken, d.h. deutliche Ähnlichkeiten mit ihm aufweisen. ‚Ähnlichkeit' heißt und kann natürlich nicht Identität heißen." (R 18)

((10)) Entgegen seiner Berufung auf Tasca „definiert" Wippermann also nicht den Faschismus durch Aufzählung der Faschismen, sondern er erhebt den italienischen Faschismus zum Modell. Das ist ein legitimes Verfahren. Die Begründungen dafür lauten, erstens sei der italienische Faschismus historisch der erste gewesen, und zweitens sei er für die Gattung namengebend geworden. Beides trifft zweifelsohne zu, doch beides allein macht ihn nicht zum Modell. Dies tut – methodisch bewußt oder auch nicht – vielmehr der Historiker, der für geistige Operationen wie Begriffsbildung oder Vergleiche ein Modell benötigt. Wippermann spürt natürlich, wie unzureichend seine beiden Gründe sind, deshalb ergänzt er sie durch „eine typisierende Auswahl einiger als entscheidend anzusehender Merkmale des italienischen Faschismus" – ohne diese im Text zu nennen. Damit aber ist die Frage nur verschoben, denn was gilt dabei als „entscheidend" und worin soll die „Typisierung" bestehen?

((11)) Wippermanns Crux ist, daß er theoretisch bestreitet, was er – wenn auch nur elementar – praktisch tut und daher nicht begreift, was methodisch bei einer Modellbildung getan wird. Daher rühren seine Schwierigkeiten, eigene Bestimmungen wie „Idealtypus" oder „Realtypus", „Normalfaschismus" und „Radikalfaschismus" für eine Begriffsbestimmung fruchtbar zu machen. Daher verwirft er die „Identität", unter der doch nur eine mit jedem Modell gesetzte funktionale Äquivalenz zu verstehen wäre, und begnügt sich mit einer „deutlichen Ähnlichkeit". Mit einem Modell wird ein theoretischer Zugriff auf einen Gegenstand realisiert.[4] Niemals ist ein Gegenstand oder eine historische Erscheinung wie der italienische Faschismus von sich aus Modell, er wird es nur im Rahmen einer Theorie – und sei sie noch so rudimentär.

((12)) Der italienische Faschismus fungiert von sich aus weder als Idealtypus noch als Realtypus als Modell, sondern er wird zum Repräsentanten eines bestimmten, determinierten und definierten Sachverhaltes gemacht. Dies aber ist eine Bestimmungsleistung. Der Repräsentant fungiert als wissenschaftliches Arbeitsmittel. Nicht die konkrete Realität macht den italienischen Faschismus zum Modell, sondern seine Bestimmung als Original oder tertium comparationis. Der Möglichkeit nach kann jeder Sachverhalt als Original fungieren: Ein Merkmal oder eine bestimmte Eigenschaftskombination eines Gegenstandes werden aus dessen unerschöpflicher Mannigfaltigkeit herausgenommen. Diese reduzierte Realität wird als Repräsentant des zu bestimmenden Sachverhalts vorgestellt.

((13)) Ein Original ist also ein ideell angeeigneter, unter kontrollierbare Bedingungen gezwungener Gegenstand. Die in ihm als Repräsentanten theoretisch fixierte Eigenschaft hat er als Original nur im Hinblick auf die Theorie, mittels derer er definiert ist. Das Original ist die durch solche Theorie modellierte Repräsentation des fixierten Merkmals. Da Wippermann den italienischen Faschismus zwar als Modell benutzt, ihn aber methodisch nicht als Original bestimmt, d.h. als Repräsentanten einer definierten Bestimmtheit behandelt, muß er notgedrungen bei der Analogiebildung stehenbleiben, also einer sehr elementaren Form des Vergleichs.

Die Crux des Historikers beim analytischen Vergleich

((14)) Das Anliegen einer komparativen Faschismusforschung wird von mir geteilt. Schärfer noch als bei der Begriffsbildung wird beim Vergleichen aber deutlich, daß auch der empirische Historiker die logischen Voraussetzungen des Vergleichens nicht straflos ignorieren kann. Dies offenbart sich nirgends deutlicher als bei der Behauptung der Singularität eines Ereignisses oder Vorgangs, die doch nur Resultat eines Vergleichsurteils sein kann, aber als Barriere gegen einen Vergleich errichtet wird.[5]

((15)) Die Originalproduktion bringt für den empirisch arbeitenden Historiker besondere Schwierigkeiten mit sich: Für den Vergleich werden Originale als mit sich identische Objekte gesetzt, die deren Widersprüche auf die Identität reduzieren und Veränderungen ausschließen. Für den Historiker besteht die erste Gefahr darin, die im analytischen Vergleich als Originale fungierenden Objekte nunmehr auch in der historischen Wirklichkeit als widerspruchs- und veränderungsfrei zu nehmen, was sie zweifelsfrei nicht sind. Häufiger jedoch erliegt der Historiker der umgekehrten Einseitigkeit, nämlich wegen der widersprüchlichen und sich verändernden Konkretheit seiner Gegenstände auf die Produktion von Originalen gänzlich zu verzichten und damit innerhalb der Komparatistik immer wieder bei der Analogiebildung stehen zu bleiben, aber deren Resultate über ihre Tragfähigkeit hinaus zu interpretieren. Wippermann erliegt der zweiten Schwierigkeit.

((16)) Es kommt darauf an, die Crux des empirisch forschenden Historikers im analytischen Vergleich zu begreifen, sie resultiert aus der analytischen Aufhebung des Widerspruchs bei der Bestimmung von Repräsentanten. Das Anliegen des Historikers ist die Konkretion. Für einen analytischen Vergleich aber kann er nicht die Einheit des Ereignisses in der Totalität der Wirkungen nehmen, sondern muß abstraktiv eine bestimmte Wirkungsweise des Ereignisses herausheben und zum Original erheben. Er schließt also für den Vergleich jene Widersprüchlichkeit und Mannigfaltigkeit aus, die er für die historische Konkretion gerade nicht ausschließen darf. Daher sollte er sich der logischen Voraussetzungen und Implikationen seiner Operationen möglichst bewußt sein. Aber selbst damit ist natürlich nicht ausgeschlossen, daß der historische Vergleich unbeschadet der Absichten der Historiker zu Fehlurteilen führen kann oder gar Erkenntnis hemmt, blockiert oder verhindert. Auch von der komparativen Faschismusforschung kann nicht mehr erwartet werden als der Vergleich als Erkenntnisverfahren zuläßt.

((17)) Obwohl Wippermann hinsichtlich der Entwicklung eines Faschismuskonzepts aus einem einzelnen paradigmatischen Phänomen in seiner Replik schreibt, „ob es nützlich oder abwegig ist, kann nur durch die empirische

Forschung entschieden werden" (R 18), bleibt diese Feststellung für ihn letztlich methodisch folgenlos. Mit der inadäquat formulierten Frage, ob man „mit einem allgemeinen Faschismusbegriff der besonderen Bedeutung des Holocaust gerecht" werde (R 7), erwartet er wiederum vom Faschismusbegriff allein, was weder ein einzelner Begriff noch eine Theorie für sich, sondern nur eine theoriegeleitete empirische Forschung leisten kann.

Ideologie, Programm

((18)) Was ist für die Begriffsbildung entscheidend, die Realität des Faschismus oder seine Ideologie? Wippermann hält den Hinweis auf die prokapitalistische Funktion ebensowenig für ausreichend wie jenen auf seine kleinbürgerliche soziale Basis. Damit hat er zweifellos recht, denn dieselbe Funktion und dieselbe Basis haben auch andere politische Herrschaftsformen. Die Spezifik ist damit nicht benannt. Er optiert dafür, für eine idealtypische „Konstruktion eines faschistischen Minimums" der Ideologie den Vorzug zu geben. (Vgl. 41 und Anm. 25) Was dann allerdings unter dieser Ideologie benannt wird, antidemokratische, antifeministische, nationalistische, rassistische Ideologeme, (R 17) so teilt der Faschismus diese ebenfalls mit anderen Richtungen und seine ideologische Spezifik ist noch gar nicht bestimmt. Wenn Wippermann neben der Ideologie auf einen politischen Stil verweist, der Propaganda und Gewalt basiert, auf die Tatsache, daß faschistische Bewegungen über uniformierte Abteilungen verfügten, so treffen auch diese Sachverhalte noch nicht die politische Spezifik.

((19)) Weiterhin schreibt Wippermann der faschistischen Ideologie „einige sowohl antikommunistische wie antikapitalistische Elemente" ((R 17)) zu. Dies ist mißverständlich. Waren nur jene Elemente „antikommunistisch", die auch gleichzeitig „antikapitalistisch" waren? Dann ist die Kombination falsch. Wippermann verkennt, wie bereits Karin Priester kritisierte, sowohl den Charakter als auch den Stellenwert des Antikommunismus. An anderer Stelle spricht er von den „unverkennbar revolutionären Zügen und Zielen des Faschismus", obwohl er selbst dessen „unbezweifelbar prokapitalistische Funktion" (E 71) unterstreicht. Er geht hier hinter die in Anspruch genommene Tradition sozialdemokratischer Faschismustheorie zurück.

((20)) Wippermann räumt zwar ein, daß Zunkels Vorwurf einer Überschätzung der Ideologie nicht ganz unberechtigt sei: „Selbstverständlich darf man die politischen und ökonomischen Bedingungen und Strukturen nicht außer Acht lassen. Und diese waren und blieben kapitalistisch." (R 9) Dennoch müsse der Faschismus, so Wippermann, „ohne diese ‚Rahmenbedingungen' zu vernachlässigen", „vornehmlich mit dem Hinweis auf seine Ideologie definiert werden, zumal diese Ideologie mehr war als bloße Propaganda, sondern den Charakter eines Programms hatte". (R 9) Nun ist bereits die Setzung der Rahmenbedingungen in Anführungsstriche eine Vernachlässigung ihres Stellenwertes.

((21)) Die Verwechslung von Ideologie und Programm ist für einen Historiker kein Lapsus. Hinsichtlich der Politik der Hitlerregierung aber ist sie fatal, denn sie unterstellt, daß für dessen Programm bereits die eigene Ideologie – so widersprüchlich und verschwommen sie auch war – eine hinreichende Voraussetzungen gewesen sei. Und sie unterstellt zweitens, daß sich weder die Ideologie noch die Programme historisch verändert hätten. Beides ist falsch.

((22)) Wäre Ideologie mit politischer Programmatik identisch, brauchte man die unterschiedlichen Funktionsprinzipien, nach denen beide regieren, gar nicht erst zu untersuchen. Ideologien und Politiken sind jeweils ein eigenes Stück Wirklichkeit. Ideologie kanalisiert Massenerfahrungen und ist gleichzeitig Produkt von Massenerfahrungen. Politische Ziele und Entscheidungen müssen jedoch auch dann aus ihren konkreten politischen Ursachen bestimmt werden, wenn Zielsetzung und Zielbewußtsein durch die Ideologie vermittelt werden. Denn das Wesen jeder politischen Entscheidung besteht nicht nur darin, situativ mögliche Umsetzung von Ideologie zu sein. Darauf aber reduziert Wippermann die Politik tendenziell, und zwar am gravierendsten Beispiel überhaupt, dem des Völkermords an den Juden. „Wer bei der Erforschung des Holocaust nicht auf halbem Wege stehen bleiben will muß vom Krieg des faschistisch geprägten deutschen Imperialismus und dessen Kriegszielen reden, wer seine Vorgeschichte zu enthüllen versucht, hat von den Vorbereitungen auf diesen Krieg zu handeln ... Wer den Platz des Pogroms vom November 1938 verstehen will, kommt nicht weit, wenn er versucht, in den haßgeladenen Hirnen derer zu kramen, die Synagogen anzündeten, Geschäfte demolierten und jüdische Menschen umbrachten, er muß versuchen, sich den geschichtlichen Punkt klarzumachen, bis zu dem die zivilen und militärischen Führer des Faschismus auf ihrem Weg in den Krieg gelangt waren, und sich ein Bild davon machen, auf was für einen Krieg sie ausgingen".[6] Indem Wippermann das Mordmotiv für primär erklärt, eskamotiert er jene erforschten Zusammenhänge über die historische Genese des Mordgeschehens, die dessen Zusammenhänge mit Vorbereitung und Durchführung eines imperialistischen Eroberungskrieges nachweisen. Mit der Formel, der Krieg sei nicht als ursächliche Voraussetzung des Völkermordes zu begreifen, schiebt Wippermann beiseite, daß dieser Krieg nicht nur die Voraussetzungen, sondern auch die Zielsetzung erst produzierte.

Rassistische Ideologie

((23)) Gegen den Einwand von Karin Priester, der Antimarxismus sei für die faschistische Ideologie zentraler und wichtiger als der Rassismus, argumentiert Wippermann, „daß der Rassismus im Kern der faschistischen Ideologie gestanden habe, weil die antimarxistischen Programmpunkte des Faschismus meist rassistisch konnotiert oder untrennbar mit dem Rassismus verbunden waren." (R 11) Wippermanns Replik ist inkorrekt. Er lehnt Priesters Einwand ab, um ebendiesen Einwand umzukehren und als Argument der eigenen These zu beanspruchen. Unbekümmert um eigene Widersprüchlichkeit hat er den Rassismus und nicht den Antimarxismus für den Kern der Ideologie erklärt. So bleibt zu fragen, weshalb denn der Rassismus dieser Konnotation überhaupt bedürfe, um im Kern zu stehen? Da Wippermann die Arbeiter- und Sozialpolitik des Faschismus weder untersucht noch auch nur konzeptionell einbezieht, ist seine Entgegnung auf Priester eine für ihn selbst unverbindliche Floskel. Vor allem aber ist zu fragen, worin denn die Spezifik dieser Konnotation besteht.

((24)) Auf die begrifflose Vermengung einer rassistisch begründeten Politik mit einer als „Rassenstaat" unterstellten Realität wurde bereits verwiesen (R 12). Der Ansatzfehler hinsichtlich der Ideologieauffassung besteht einfach darin, daß er Ideologie vom Interesse trennt und nicht als Interessenausdruck begreift. Damit wird ein – z.B. rassistisches – Konglomerat von Aussagen als Ideologie etikettiert, nicht aber dessen praktische Funktionsweise. Als Ideologie können die unterschiedlichen Ideen fungieren, zu erklären bleibt, warum sie ideologische Funktionen erfüllen können, warum z.B. ein Rassismus Massenerfahrungen sowohl artikulieren als auch handlungsleitend organisieren kann. Die Eignung des Nazirassismus, als ideologische Grundlage für Planung und Praxis einer „Gesundung der Sozialstruktur" wie für die wirtschaftliche Rationalisierung bei der faschistischen „Neuordnung Europas" zu dienen, wird von niemandem bestritten. Doch diese Eignung muß erklärt und nicht mystifiziert werden.

((25)) Die Naziideologie war widersprüchlich und unbestimmt, sie schillerte nach vielen Seiten. Auf ihrer Grundlage und in ihrem Rahmen konnten recht unterschiedliche Interessen artikuliert werden.[7] Sie gehörte einschließlich ihres Rassismus zu den Fundamenten eines Konzepts, das die Probleme von Lasten und Kosten der angestrebten „Neuordnung Europas" in erster Linie mittels der Veränderung von Zahl und Zusammensetzung der Bevölkerung lösen wollte, angefangen von der Ausgrenzung über die Vertreibung bis zur Vernichtung. Die Bevölkerung galt als der variabelste Faktor, der ohne große Kosten, durch Machtmittel und am leichtesten und schnellsten zu verändern ist.[8] Eine funktionalhistorische Erklärung des Nazirassismus braucht funktionale Zusammenhänge nicht instrumental zu denken.[9] Dies aber unterstellt Wippermann allen Kritikern seiner Rassismusauffassung. Genausowenig zwingt der offene Irrationalismus der Naziideologie einen Forscher, nun seinerseits den Irrationalismus als Maxime zu übernehmen oder als Gegenstand der Analyse auszuklammern, wie es genau dann passiert, wenn eine „rassenideologische" Begründung der Vernichtungspolitik der Nazis als der Analyse nicht mehr bedürftiger, sich selbst genügender letzter Erklärungsgrund postuliert wird.

„Kommunistische Faschismusdiskussion"

((26)) Der „die kommunistische Faschismusdiskussion" überschriebene Teil in Wippermanns Einleitung leidet daran, daß er die im Titel verheißene Diskussion gerade nicht enthält. Gleiches gilt auch für den Abschnitt „Die sozialdemokratische Faschismusdiskussion". Debatten werden nicht thematisiert. Dies liegt aber kaum am Mangel an Material, denn seit 1921 gab es nicht nur unterschiedliche Ansätze, sondern auch Diskussionen. Wippermann aber verzichtet auf deren semantische Aspekte, auf Erkenntnisse, Erfahrungen und theoretische Ansätze. Der von ihm als originell eingestufte Bonapartismus-Ansatz von August Thalheimer, der sich nicht nur selbst als Marxist verstand, sondern als theoretischer Kopf der KPD-Opposition unbestreitbar Parteikommunist war[10], wird hier bei der sozialdemokratischen Faschismusdiskussion eingruppiert, weil auch sozialdemokratisch organisierte Theoretiker diese Auffassung vertraten. Dieses Beispiel zeigt, daß die Erörterung der theoretischen Leistungsfähigkeit eines Begriffs nach Kriterien parteipolitischer Zugehörigkeit wohl inadäquat ist. So kommen zwar pragmatische Aspekte ins Bild, aber die semantischen und syntaktischen werden weitestgehend ausgespart.

((27)) Wippermann listet auch dann Streitgegenstände „kommunistischer Faschismusdiskussion" nicht auf, wenn er deren Protagonisten wie Clara Zetkin, Karl Radek oder Hermann Remmele beim Namen nennt. Er spricht ihnen keine Erkenntnisse zu, sondern nur „fatale Fehleinschätzungen" wie die Sozialfaschismusthese. Wenn Einsichten doch vorkommen wie bei Thalheimer, dann nicht unter dieser Rubrik. Die Prognose Sinowjews von 1922, daß der Faschismus keine lokale Erscheinung sei und man mit einer „Periode mehr oder weniger fascistischer Umwälzungen in ganz Zentral- und Mitteleuropa" (E 60) rechnen müsse, wird nicht als sachlich zutreffend gewürdigt, sondern als „Panikmache" abgewertet, „mit der die Kommunisten davon ablenken wollten, daß die im unterentwickelten Rußland ausgebrochene Revolution nicht auf die hoch entwickelten kapitalistischen Staaten Westeuropas übergegriffen hatte". (E 61)

((28)) Es wurde bereits in der Kritik vermerkt, daß der Autor die wissenschaftlichen Leistungen einer marxistisch orientierten Faschismusforschung mehr oder weniger ignoriert. Ihre Analyse stellt er sich auch nicht als Aufgabe, geht es ihm doch politisch-pragmatisch darum, die Beweggründe und Zwecke der „kommunistischen Faschismusdiskussion" aufzuweisen. So bekommt der Text einen anklägerischen, ja denunziatorischen Ton. Die generell den Text durchziehende Substitution von Semantik durch Pragmatik wird an diesem Beispiel geradezu fatal und behindert die Erkenntnis.

Totalität und Totalitarismus

((29)) Der theoretische Ansatzfehler der Totalitarismusdoktrin wurde bereits in der Kritik benannt. Wenn nun einer gegebenen politischen Auffassung ein so grundlegender theoretischer Fehler nachgewiesen werden kann, so heißt das gerade nicht, sie ohne Prüfung in Bausch und Bogen zu verdammen. Ihre Beurteilung als politisch determiniertes Zweckprodukt ist nicht der Ausgangspunkt, sondern der Endpunkt der Analyse. Niemand wird bestreiten, daß die wissenschaftliche Beschäftigung auch mit solchen Konzeptionen notwendig und sinnvoll ist, aber das heißt gerade nicht, deren eigenen Anspruch auf Wissenschaftlichkeit, Sinnhaftigkeit, auf theoretische Konsistenz zu respektieren. Denn dieser erweist sich als genauso politisch-pragmatisch begründet wie der politisch geforderte Geltungsanspruch.

((30)) Abschließend ist noch einmal zu wiederholen: Wippermanns Insistieren auf einem allgemeinen und wissenschaftlichen Faschismusbegriff wird von mir unterstützt, auch und vor allem in seinem politischen Anliegen. Doch ein Begriff ist ein wissenschaftlicher Begriff nur innerhalb einer Theorie. Der Hauptmangel der erörterten Texte besteht gerade darin, daß der Verfasser sein Anliegen nicht realisiert. Und zu den methodologischen Ursachen dieses Ungenügens gehören die Begrifflosigkeit hinsichtlich konstitutiver Momente einer solchen Theorie und die laufende Substitution semantischer durch pragmatische Aspekte von Begriff und Theorie.

Anmerkungen

1   Georgi Dimitroff: Die Offensive des Faschismus und die Aufgaben der Kommunisten im Kampf für die Einheit der Arbeiterklasse gegen den Faschismus. Referat auf dem VII. Weltkongreß der Kommunistischen Internationale, in: ders.: Gegen Faschismus und Krieg. Ausgewählte Reden und Aufsätze, hg. von Rolf Richter, Leipzig 1982, S. 50.

2   Vgl. Elfriede Lewerenz: Zur Bestimmung des imperialistischen Wesens des Faschismus durch die Kommunistische Internationale (1922-1935), in: Faschismusforschung. Positionen-Probleme-Polemik, hg. von Dietrich Eichholtz und Kurt Gossweiler, Berlin 1980, S. 21-47.

3   Vgl. dazu Werner Röhr: Faschismusforschung in der DDR. Eine Problemskizze, in: Bulletin für Faschismus- und Weltkriegsforschung, Nr. 16, Berlin 2001, S. 3-74.

4   Vgl. Peter Ruben/Heinz Wolter: Modell, Methode und Wirklichkeit, in: Deutsche Zeitschrift für Philosophie, Berlin 1969, H. 10, S. 1225-1239; Peter Ruben: Philosophie und Mathematik. Leipzig 1979, S. 79.

5   Zu den methodischen Voraussetzungen und Implikationen der These von der „Singularität" des Völkermords an den Juden siehe Werner Röhr: Singularität – Vergleichbarkeit – Wiederholbarkeit?. Zur Bewertung des faschistischen Völkermords an den Juden, in: Dzieje Najnowsze, Warszawa, XXVIII (1966), H. 1 (Festschrift zum 75. Geburtstag von Czesław Madajczyk), S. 128-136.

6   Vgl. Kurt Pätzold: Judenverfolgung auf dem Kriegspfad. Vom Pogrom zum Kriegsbeginn, in: Der Krieg vor dem Krieg. Politik und Ökonomik der „friedlichen" Aggressionen Deutschlands 1938/39, hg. von Werner Röhr, Brigitte Berlekamp und Karl Heinz Roth, Hamburg 2001, S. 192.

7   Vgl. Wolfgang Heise: Aufbruch in die Illusion. Zur Kritik der bürgerlichen Philosophie in Deutschland, Berlin 1964, S. 281-333.

8   Vgl. Götz Aly/Susanne Heim: Vordenker der Vernichtung. Auschwitz und die deutschen Pläne für eine neue europäische Ordnung, Hamburg 1991; sowie Karl Heinz Roth: Europäische Neuordnung durch Völkermord. Bemerkungen zu Götz Alys und Susanne Heims Studie über die „Vordenker der Vernichtung", in: „Vernichtungspolitik". Eine Debatte über den Zusammenhang von Sozialpolitik und Genozid im nationalsozialistischen Deutschland, hg. von Wolfgang Schneider, Hamburg 1991, S.179-195.

9 Vgl. Werner Röhr: Faschismus und Rassismus. Zur Stellung des Rassenantisemitismus in der nationalsozialistischen Ideologie und Politik", in: Faschismus und Rassismus. Kontroversen um Ideologie und Opfer, hg. von Werner Röhr in Zusammenarbeit mit Dietrich Eichholtz, Gerhart Hass und Wolfgang Wippermann, Berlin 1992, S.47-65.

10 Vgl. August Thalheimer: Über den Faschismus, in: Faschismus und Kapitalismus. Theorien über die sozialen Ursprünge und die Funktion des Faschismus. Hg. von Wolfgang Abendroth. Eingeleitet von Rüdiger Gripenburg, Jörg Kammler und Kurt Kliem, Frankfurt/Main 1972, S. 19-39; Der Faschismus in Deutschland, Bd. 1. Analysen und Berichte der KPD-Opposition 1928-1933, herausgegeben und eingeleitet von der Gruppe Arbeiterpolitik, Frankfurt/Main 1973, 2., erw. Auflage Hamburg 1983.

Methodische Mängel in Wippermanns Beiträgen erschweren eine inhaltliche Diskussion

Achim Siegel

((1)) Wolfgang Wippermann hat es in seiner Replik vermieden, auf die Kritik an den methodologischen Grundlagen seiner Argumentation, die in grundsätzlicher Art nicht nur von mir, sondern z.B. auch von Lothar Fritze vorgetragen worden ist, einzugehen. Deshalb kann das Urteil, daß sich Wippermanns Beiträge in methodologischer Hinsicht durch eklatante Mängel auszeichnen, die eine ernsthafte inhaltliche Diskussion erschweren (wenn nicht gar unmöglich machen), hier nicht relativiert werden. Diese Mängel kommen am markantesten in folgendem Sachverhalt – den ich ausführlicher bereits in meiner Kritik ((Siegel 9)) beschrieben habe – zum Ausdruck: Auf der einen Seite bezeichnet Wippermann einige ostmitteleuropäische Regime wie das kroatische Ustascha-Regime oder das der ungarischen Pfeilkreuzler als faschistische Regime; der „ostmitteleuropäische Faschismus" gilt Wippermann sogar als „'klassische' Ausprägung" des „in Italien entstandene(n) 'Normalfaschismus'" ((21)). Auf der anderen Seite zeigt eine Analyse von Wippermanns Text, daß diese ostmitteleuropäischen Regime – insbesondere das kroatische Ustascha-Regime und das der ungarischen Pfeilkreuzler – gar nicht unter Wippermanns Begriff des faschistischen Regimes fallen, da dieser Begriff als Definiens unter anderem das Merkmal „in der Art der Machtergreifung mit dem italienischen Faschismus bedeutende Ähnlichkeiten aufweisend" ((41)) enthält und sowohl das Ustascha- als auch das Pfeilkreuzler-Regime nach Wippermanns eigenem Bekunden hinsichtlich der Art ihrer Macht-erlangung sich kategorisch vom italienischen Faschismus unterschieden ((20)). Wenn derartige methodische Mängel sich mit einem offenbar unreflektierten Begriffsessentialismus, der Wippermanns Argumentation nach wie vor kenn-zeichnet[1], paaren, dann sind unfruchtbare Auseinandersetzungen – in Pop-pers Worten: „leere Wortgefechte"[2] – gleichsam vorprogrammiert. Eine ernst-hafte Diskussion inhaltlich-theoretischer Aspekte von Wippermanns „generi-schem Faschismusbegriff" erscheint mir deshalb wenig sinnvoll. Angesichts dessen ist Wippermanns Behauptung, die „gegenwärtige Diskussion" habe zur „Klärung einiger theoretischer und methodologischer Grundfragen der Faschismusdiskussion" geführt ((R 18)), wohl eher satirisch aufzufassen.

Anmerkungen

1 Zum Vorwurf eines unreflektierten Essentialismus siehe ausführlich die Kritik von Lothar Fritze ((Fritze 2)) – ((Fritze 11)); vgl. auch ((Siegel 10)). Daß Wippermann weiterhin einen unre-flektierten Essentialismus pflegt, macht seine Replik deutlich, wenn er apodiktisch darauf beharrt, „Faschismus" *müsse* „vornehmlich mit dem Hinweis auf seine Ideologie definiert werden" und könne nicht mit Bezug auf andere (formal-herrschaftsstrukturelle und/oder ökonomische) Varia-blen definiert werden ((R 9)).

2 Karl R. Popper: Die offene Gesellschaft und ihre Feinde. Bd. 2, Tübingen 1992, S. 25.

„FÜR FRIEDEN FREIHEIT UND DEMOKRATIE NIE WIEDER FASCHISMUS MILLIONEN TOTE MAHNEN"

Lothar Steinbach

((1)) Vor einem Haus in Braunau a. Inn liegt ein Porphyrquader, auf dem die obige Geschichtsmahnung in weißen Lettern eingemeißelt steht. Dennoch will das „Nie wieder Faschismus" bei manchem Betrachter dieses Gedenksteins nicht so recht unter die Haut gehen. Die Abstraktion 'Faschismus' verdeckt die Person, derentwegen ich die ältere Frau vor Ort nach dem Weg zum 'Hitler-haus' gefragt hatte. Als ich dann die stereotype Inschrift las, die als Stein auf dem Trottoir liegt, kam mir ein etwas anderer Satz in den Sinn, der zum Nach-

denken über Geschichte anregen könnte, z.B.: „Hier wurde 'Arturo Ui' geboren, der zum Verbrecher von nie gekanntem Ausmaß aufstieg, und Millionen
Deusis und Ösis glaubten ihm..." oder so ähnlich. Wieder einmal drängte sich
mir der Eindruck auf, dass 'Faschismus' als Formel ohne Geschichte auskommt.

((2)) Da nun die historisch-politische Salonfrage, was Faschismus und wie
gefährlich er immer noch für die Gegenwart sei, insofern akademisch entschieden zu sein scheint, als in vorliegendem Beispiel des „kontrovers" dis-
kutierten Faschismusbegriffes (und nach Meinung des Hauptartiklers, der einiges, was seiner Ansicht entgegensteht, auch zu negieren weiß) feststeht,
dass der Faschismus als „Ausdrucksideologie" auf jeden Fall etwas mit „Rassismus in seiner sowohl anthropologischen wie biologistischen Gestalt" zu
tun haben müsse, habe ich die innere Gewißheit gewonnen, nie ein Faschist in
der wahren Bedeutung des Wortes gewesen zu sein, obwohl ich nach Einschätzung der DDR-Historie, als es sie noch gab, einer hätte sein sollen allein
schon deshalb, weil ich mich qua BRD-Historiker einst zu retrospektiven In-
terviews mit achtundneunzig- bis hundertzwanzigprozentigen, ehemaligen
„Nazis" verstiegen hatte und auf meinem einsamen Weg zu einem Konter-
interview (1981) bei einem gestandenen, aber inzwischen von „der" Partei
abgehalfterten „Antifaschisten" (namens Paul Wandel), damals wohnhaft im
Prominentenghetto in Pankow, von der Staatssicherheit verfolgt und bis hin
zum Pinkeln auf öffentlicher ostberliner Toilette observiert wurde. Soweit
nur mein kurzer Auszug aus der „Akte" und einer ganz privaten Bewußtseinsgeschichte im deutsch-deutschen ideologischen Grabenkrieg ums richtige
Faschismusverständnis. Wie gehen da die Geschichtsdeuter in unseren Tagen
– der Vergleich sei mir gestattet – mit der definitorischen Einordnung subku-
taner ('faschistischer' oder 'faschistoider'?) Bewußtseinsenthüllungen um,
wie sie etwa jüngst dem bürgerlichen Kopf eines etwas eigensinnigen politischen Fallschirmspringers entkrochen?

Bemerkungen zu Grundfragen der Faschismusdiskussion

Friedrich Zunkel

((1)) Meine Stellungnahme zu der Diskussion über einen generischen Faschismusbegriff, zu der ich nur mit wenigen Bemerkungen zum Hauptartikel beigetragen habe, orientiert sich mit Zustimmung und Kritik primär an den Ausführungen von Herrn Wippermann in seiner Replik.

((2)) Entgegen der Auffassung vieler Diskutanten stimme ich wie in meinem ersten Beitrag der Kritik von Wippermann an den Totalitarismustheorien als „Alternative" zu (Payne 8, R 3-6). Auch ich bin der Auffassung, daß sich mit Hilfe des Faschismusbegriffs das Wesen faschistischer Bewegungen und Regime, ihr Entstehen, ihre Strukturen, Funktionen und Zielsetzungen am besten erklären und mit anderen Faschismen vergleichen läßt. Nur im Hinblick auf die Erkenntnis der Herrschaftsformen im nationalsozialistischen Deutschland ist dem Totalitarismusbegriff ein gewisser Wert zuzusprechen.[1] In jedem Fall ist aber die sogenannte „genetische Totalitarismustheorie" Noltes und seine Deutung des Holocaust abzulehnen (Kronenberg 4-5, 7, R 6).

((3)) Wie viele der Diskutanten halte ich einen generischen Faschismusbegriff für wissenschaftlich ebenso notwendig wie andere vergleichbare Gattungsbegriffe historischer Phänomene. Die wissenschaftliche Forschung bedarf übergeordneter Begriffe, die bei Abstraktion von akzidentellen Besonderheiten generalisierende Aussagen über die gemeinsamen bestimmenden Merkmale des Phänomens ermöglichen, auch wenn sie weiterhin dem kritischen wissenschaftlichen Diskurs unterworfen sind. Im konkreten Fall des Gattungsbegriffs Faschismus mit mittlerem Abstraktionsgrad sind quantitative und graduelle Varianten der Merkmale faschistischer Bewegungen und Regime aufgrund nationalstaatlicher Besonderheiten mit diesem vereinbar, nicht aber die Konstruktion eines Sonderfalls aufgrund der besonderen Hervorhebung von Merkmalen. Das mit dem Rückgriff auf das Sonderfall-Argument verbundene Problem Wippermanns, den Nationalsozialismus, als dessen Hauptmerkmal er den vom Streben nach völkischer Rassenreinheit und hierarchischer Rassenordnung bestimmten Rassismus und Antisemitismus ansieht (25, R 13-14), trotz seiner Singularität in dieser Hinsicht einem allgemeinen Faschismusbegriff zu subsumieren, löst er mit der Hervorhebung des Rassismus und Antisemitismus als Kern der faschistischen Ideologie mit

allerdings unterschiedlicher Intensität. Dieser Argumentation ist insoweit zuzustimmen, als der Rassismus in allen Faschismen mit einer gewissen Ein-
schränkung bei dem Regime Francos in Spanien[2] ein sehr erhebliches Gewicht hatte. Auch bestimmte das Ausmaß der „Verselbständigung" der faschistischen Exekutiven die jeweilige Intensität von rassistischer und antisemitischer Verfolgung. Entsprechend ist die von Nolte übernommene Unterscheidung zwischen einem vom italienischen Vorbild geprägten Normal- und
einem deutschen Radikalfaschismus durchaus sinnvoll (22-25, Holz 7, Priester 4, R 7).

((4)) Allerdings sind dieser Begründung der besonderen Bedeutung des Holocaust einige Bedenken entgegenzustellen:
Diese gelten erstens der besonderen Herausstellung von Rassismus und Antisemitismus als Mittelpunkt des Faschismus. Ohne die Singularität des Holocaust in Frage stellen zu wollen, muß ich doch Frau Priester und Herrn Payne
beipflichten, die den Antimarxismus und die mit ihm verbundenen Verbrechen neben den Rassismus stellen (Payne 7, Priester 3, R 11). Priester sieht
beide in unentwirrbarer Kontamination miteinander verknüpft.[3] Hinsichtlich
ihrer Ansicht, daß der italienische Rassismus sich von dem anderer Kolonialmächte nicht unterschieden und der Antisemitismus erst mit der Gesetzgebung von 1938 eingesetzt habe, ist die Gegenargumentation Wippermanns
insgesamt sicher richtig. Neben dem Rassismus der Kolonialmacht hat es diesen auch gegenüber den Minderheiten im erweiterten Staatsgebiet sowie in
der faschistischen Partei schon vor 1938 bei einem antisemitischen
Minderheitenflügel unter Giovanni Preciosi gegeben.[4] Insofern läßt sich wie
für Deutschland auch für Italien die Kontamination von Rassismus und Antimarxismus, die sich in der Propagandaformel der „slavo-communista" aus-
drückt, feststellen (Fritzsche 7, R 11-13).

((5)) Bei einzelnen ostmitteleuropäischen Parteien und Regimen muß mit der
Verselbständigung der faschistischen Exekutive, unter der doch bei diesen
die durch Deutschland und Italien herbeigeführte Machtergreifung durch faschistische Diktatoren und Parteien zu verstehen ist, eher von einem zwischen Normal- und Radikalfaschismus stehenden Typus gesprochen werden.
Es handelt sich um das Pfeilkreuzler-Regime in Ungarn, die nur auf die Partei
beschränkte Herrschaft der Eisernen-Garde in Rumänien und den kroatischen
Ustascha-Staat, der nach Wippermanns eigenem Urteil einen mit dem deutschen vergleichbaren Terror ausübte (Payne 6, E 54-57). Seine Auffassung,
daß die ostmitteleuropäischen Faschismen die klassische Ausprägung des ita-

lienischen Vorbildes gewesen seien, findet daher Widerspruch (Priester 6) . Dieser ist auch insofern berechtigt, als Wippermann wie schon im Hauptartikel in dieser Frage gegensätzlich argumentiert. Einerseits folgt er der These Gurlands für den ostmitteleuropäischen und – dessen Vorbild – den italienischen Faschismus, daß deren Entstehung nicht einem Zuviel, sondern einem Zuwenig an Kapitalismus zu verdanken sei (19, E 43). Andererseits betont er, daß die sozioökonomische Struktur der ostmitteleuropäischen Länder sich wesentlich von der Italiens unterschieden habe (20, E 46)[5] Dabei bezieht sich Gurlands Analyse, die ja schon 1931 erfolgte, allein auf die ökonomischen und sozialen Wurzeln des Faschismus. Unberücksichtigt bleiben bei ihm die starken Traditionsbindungen an die überkommenen autoritären und absolutistischen Herrschaftsformen sowie vor allem der aggressive Nationalismus, der sich seit dem Weltkrieg in den durch Landgewinn vergrößerten und neu gebildeten Staaten mit zumeist ethnisch gemischter Bevölkerung entwickelte. Unter seinem Einfluß wurden die überkommenen politischen und sozialen Führungsschichten, die teilweise fremdnationalen Ursprungs waren, zu einem erheblichen Teil abgelöst sowie ethnische Minderheiten und insbesondere die Juden diskriminiert und im Krieg verfolgt.[6]

((6)) Zwar hat Wippermann mir eingeräumt, daß „da was dran" sei, doch möchte ich trotzdem noch einmal betonen, daß der Ideologiefaktor bezogen auf den italienischen und deutschen Faschismus meines Erachtens überschätzt wird. Die besondere Politikform der faschistischen Bewegungen, der Wechsel der ideologischen Aussagen nach politischer Opportunität und die Struktur der Herrschaftssysteme mit ihren besonderen Beziehungen zwischen charismatischem Führer und Massenbewegung, sind dagegen stärker in Rechnung zu stellen (Pohlmann 6). Im nationalsozialistischen Deutschland hat z.B. neben dem im Programm der Partei formulierten und in ihrer Agitation propagierten Antisemitismus die aus unterschiedlichen Motiven intendierte wechselseitige Dynamik zwischen Diktatur, Führungseliten in Partei, Verwaltung, Militär und Wirtschaft sowie den Massenorganisationen zur fortschreitenden Diskriminierung und Verfolgung der Juden bis hin zur Endlösung beigetragen.[7] Das Beispiel macht deutlich, welches Gewicht das Streben nach Einfluß, Macht und wirtschaftlichem Gewinn neben der Ideologie haben kann. Mit ihm und dem rassistischen Terror gegen fremde Völker treten auch zwei Wesensmerkmale hervor, die neben anderen für den Faschismus besonders konstitutiv waren. Es handelt sich um seine feste Einbindung in kapitalistische Strukturen und den chauvinistischen Nationalismus mit imperialistischen Tendenzen und der Verherrlichung von Krieg und Militarismus.

((7)) Zweifellos sind diese Merkmale auch bei dem italienischen und den in Einzelheiten mehr oder weniger abweichenden Faschismen in den europäischen Ländern zu finden. Wippermann geht daher auch in der Replik davon aus, daß ein generisches Faschismuskonzept aus dem Paradigma des empirischen Nachweises der Ähnlichkeit der faschistischen Bewegungen und Regime mit dem italienischen Vorbild entwickelt werden könne (14, R 18). Fragezeichen sind allerdings z.B. hinsichtlich der Ähnlichkeit der Machtergreifung in Italien mit der in Kroatien, Ungarn und Rumänien oder der Differenz in der Stellung zu kapitalistischen Strukturen zwischen dem Vorbild und französischen faschistischen Parteien zu machen (Siegel 9, E 16, 18, 20, 55-57). Leider fehlen in der Darstellung der faschistischen Parteien und Regime in der Einleitung vielfach eingehendere Nachweise von deren Ähnlichkeit mit dem italienischen Vorbild. Wippermann muß auch einräumen, daß es mit dem italienischen Faschismus völlig deckungsgleiche Regime nicht geben kann und bei der notwendigen typisierenden Auswahl einiger als entscheidend anzusehender Merkmale der weiter verteidigte Realtypus sich mit der von vielen Kritikern betonten notwendigen Konstruktion von Idealtypen „verwischt". Gerade der Vergleich vieler der in der Einleitung dargestellten faschistischen Parteien und Regime mit dem italienischen Vorbild zeigt, daß idealtypische Konstruktionen nicht zu umgehen sind (41, Röhr 3, 6, R 18).

((8)) Abgesehen von den faschistischen Regimen in Spanien und Portugal, die den Zusammenbruch der beiden faschistischen Führungsmächte überlebten, gilt dies erst recht für die nach 1945 entstandenen rechtsextremistischen Parteien, obwohl Wippermann auch für sie Ähnlichkeiten mit dem „angeblich toten Faschismus" sieht. Sie orientierten sich an dessen Ideologie, politischem Stil und Erscheinungsbild. Auch habe es noch persönliche Verbindungen gegeben. Er hält sie daher für eine potentielle oder teilweise sogar reale Gefahr (34, R 16, E 97). Zweifellos waren und sind in diesen Parteien faschistische Wesensmerkmale wie Nationalismus, Rassismus gegenüber Ausländern fremder Rassen und Juden, Volksgemeinschaftsgedanke, Ablehnung demokratischer Institutionen, autoritäre Denkhaltungen und halbmilitärische Organisationsformen in mehr oder weniger starker Ausprägung zu finden. Doch ist dagegen auf das völlige Fehlen vergleichbarer Krisenerscheinungen, die nach den Ersten Weltkrieg Voraussetzungen für die Entstehung des Faschismus waren, und auf die seit Kriegsende bis zur Gegenwart erheblich veränderten Strukturen und Zielsetzungen in Politik, Wirtschaft und modernen Medien hingewiesen worden (Priester 7-9). Sie hatten und haben daher

sehr erhebliche Schwierigkeiten, in den demokratischen Gesellschaften größeren Zuspruch zu finden und politische Macht zu gewinnen (Griffin 9,
Payne 9). Vielfach untereinander in einem Konkurrenzverhältnis und je nach
der allgemeinen politischen und sozioökonomischen Entwicklung Schwan-
kungen zwischen politischem Erfolg und relativer Bedeutungslosigkeit unterworfen, sind sie insgesamt in den demokratischen Staaten Randerschei-
nungen geblieben.[8] Es ist daher bisher nicht zu erkennen, daß von diesen
Parteien Gefahren ausgehen könnten, die mit denen des historischen Faschismus vergleichbar wären.

((9)) Umstritten ist für die nach 1945 entstandenen rechtsextremistischen
Bewegungen und Parteien der Gebrauch des Faschismusbegriffs, den Wippermann bevorzugt. Von den kommunistischen Parteien und Staaten seit 1945
gegen alle innen- und außenpolitischen Gegner und von der außerparlamen-
tarischen Opposition ausgehend seit den 1960er Jahren gegen vermeintlich
faschistische Entwicklungen in der Bundesrepublik, in einigen europäischen
Ländern und in den USA verwandt, hat sein Gebrauch zu einer Inflationierung geführt, von der auch die ernsthafte Forschung nicht unberührt blieb (E
112-115). Die Verwendung des Begriffs Rechtsextremismus ist daher insgesamt vorzuziehen, auch wenn diesem Begriff in der sehr umfangreichen
Forschung unterschiedliche Bedeutungen zugrunde gelegt werden.[9] Es ist
der Wechsel der Begriffe, der zugleich die wissenschaftlich fundierte Reichweite des historischen Faschismus dokumentiert, dem diese Diskussion vor
allem gilt.

Anmerkungen

1) Vgl. dazu Ian Kershaw, Der NS-Staat. Geschichtsinterpretationen und Kontroversen im Überblick, 2. Aufl., Reinbek bei Hamburg 2001, S.77 ff.

2) Den Repressionen der faschistischen Nationalisten sollen neben den Toten des Bürgerkriegs bis
zu 200000 Menschen zum Opfer gefallen sein. In ihrer Mehrheit waren es Demokraten, Sozialisten
und Kommunisten, aber auch aus rassistischen Gründen Basken und Katalanen. Walther Bernecker,
Krieg in Spanien 1936-1939, Darmstadt 1991, S. 210 ff.

3) Im Gegensatz zu Wippermann verstehe ich den Beitrag von Frau Priester nicht als eine höhere
Gewichtung des Antimarxismus.

4) Brunello Mantelli, Kurze Geschichte des italienischen Faschismus, Berlin 1999, S. 16 ff.

5) Dagegen Gurland: „Nicht an Zuviel an Kapitalismus hat sich der faschistische Brandherd in
Italien entzündet, sondern seine Entstehung liegt in einer Unreife der wirtschaftlichen Entwick-

lung, in einem Zuwenig an Kapitalismus, an Industrialisierung, an industriellem Proletariat begründet." Arkadij Gurland, Das Heute der proletarischen Aktion, Berlin 1931, S. 112.

6) Vgl. dazu Miklós Lackó, Ostmitteleuropäischer Faschismus, in: Vierteljahrshefte für Zeitgeschichte 21, 1973, S. 39 ff.

7) Vgl. dazu Kershaw, S. 162 ff.

8) Jürgen W. Falter, Hans-Gerd Jaschke, Jürgen R. Winkler, Einleitung: Stand und Perspektiven der Forschung, in: dies., Rechtsextremismus. Ergebnisse und Perspektiven der Forschung. Politische Vierteljahrsschrift, Sonderheft 27, Opladen 1996, S. 13.

9) Ulrich Druwe, Susanne Mantino, „Rechtsextremismus." Methodologische Bemerkungen zu einem politikwissenschaftlichen Begriff, ebenda, S. 75 ff.

Adressen der Autorin, Autoren und Herausgeber

PD Dr. Lothar Fritze, Technische Universität Dresden, Hannah-Arendt-Institut für Totalitarismus-forschung, Mommsenstr. 13, D-01062 Dresden

Prof. Dr. Peter Fritzsche, University of Illinois at Urbana-Champaign, Department of History, 309 Gregory Hall, 810 South Wright Street, Urbana, IL 61801, USA

Prof. Dr. Roger Griffin, Oxford Brooks University, Department of History, Gipsy Lane Campus, Headington, GB-Oxford OX3 0BP

Prof. Dr. Eike Hennig, Universität-GH Kassel, FB 5, Gesellschaftswissenschaften, Nora-Platiel-Str. 1, D-34109 Kassel

Dr. habil. Klaus Holz, Evangelisches Studienwerk e.V. Villigst, Iserlohner Str. 25, D-58239 Schwerte

Dr. Wolfgang Kraushaar, Hamburger Institut für Sozialforschung, Mittelweg 36, D-20148 Hamburg

Akad. Rat Dr. Volker Kronenberg, Universität Bonn, Seminar für Politische Wissenschaft, Lennéstr. 27, D-53113 Bonn

Prof. Dr. Reinhard Kühnl, Universität Marburg, Institut für Politikwissenschaft, Wilhelm-Röpke-Str. 6 G, D-35032 Marburg

Dr. Werner Loh, Universität-GH Paderborn, Forschungsredaktion EWE, Warburger Str. 100, D-33098 D-Paderborn

Prof. Dr. Stanley G. Payne, University of Wisconsin-Madison, Department of History, Humanities Building 5217, 455 North Park St, Madison, WI 53706, USA

PD Dr. Friedrich Pohlmann, Universität Freiburg, Institut für Soziologie, Rempartstr. 15, D-79085 Freiburg

Prof. Dr. Karin Priester, Universität Münster, Institut für Soziologie, Scharnhorststr. 121, D-48151 Münster

Prof. Dr. Werner Röhr, Berliner Gesellschaft für Faschismus- und Weltkriegsforschung e.V., Postfach 649, D-1028 Berlin

Dr. Achim Siegel, TU Dresden, Institut für Soziologie, Lehrstuhl für Makrosoziologie, D-01062 Dresden

Prof. Dr. Lothar Steinbach, Berliner Str. 73 d, D-14467 Potsdam

Prof. Dr. Ernst Topitsch, Universität Graz, Institut für Philosophie, Heinrichstr. 26, D-8010 Graz

Dr. Jan Weyand, Institut für Soziologie, Universität Erlangen-Nürnberg, Kochstr. 4, D-91054 Erlangen

Prof. Dr. Wolfgang Wippermann, Freie Universität Berlin, FB Geschichtswissenschaft, Koserstr. 20, D-14195 Berlin

Prof. Dr. Friedrich Zunkel, Ernst-Moritz-Arndt-Str. 4, D-51427 Bergisch Gladbach

In dieser Reihe bereits erschienen:

Erwägungskultur in Forschung, Lehre und Praxis

Herausgegeben von Werner Loh

mit Beiträgen von B. Blanck, R. Greshoff, B. Herzig, U. Kazmierski, K. Schafmeister

**Band 1 Erwägungsorientierung in Philosophie und Sozialwissenschaften
(hrsg. von Werner Loh)**

2000. VIII/206 S. kt. € 24,90 / sFr 44,40 (ISBN 3-8282-0151-2)

Problembewältigungen hängen auch von der Güte der Erwägungen in Entscheidungen ab. Dennoch gibt es bisher keine Tradition, die vom methodisch orientierten qualitativen Erwägen her Probleme zu bewältigen trachtet. In diesem Band wird von verschiedenen Disziplinen aus in die Welt des Erwägens eingeführt. Zunächst werden Zusammenhänge zwischen Lebenslauf und Lehr-Lern-Verhältnissen erwägungsorientiert erörtert.

Danach wird am Beispiel der Auffassungen von Max Weber dargelegt, wie die Orientierung an Kampf Wissenschaft und Erwägen behindern kann. Sodann wird der entwicklungspsychologische Ansatz zur Erfassung von Moralentwicklung von Lawrence Kohlberg kritisch vom Erwägungskonzept her beleuchtet und um den Erwägungshorizont erweitert.

Weiterhin wird die These entwickelt, dass das Problemlösungspotential der Umweltpolitik durch das Ausmaß an Kooperation bestimmt wird und inwiefern Alternativen erwägendes Problemlösen für eine konsensuelle Kooperation konstitutiv ist.

Schließlich werden einerseits zum Idealismus-Realismus-Problem systematisch Alternativen erwogen, wodurch eine neue Lösung ermöglicht wird, sowie andererseits Erwägungen als Disjunktionen behandelt, und es wird nachgewiesen, dass die klassische Aussagenlogik Erwägungsdisjunktionen nicht formalisiert erfassen lässt.

Erwägungsorientierung, Entscheidung und Didaktik

von Bettina Blanck

**Band 2 Erwägungsorientierung in Philosophie und Sozialwissenschaften
(hrsg. von Werner Loh)**

2002. XXI/418 S., kt. € 39,- / sFr 64,50 (ISBN 3-8282-0208-X)

Forschung, Lehre und Praxis leben von "Entscheidungen". Besonders demokratisch-pluralistische Kulturen sind hiervon geprägt. Die Arbeit entwickelt erwägungsorientiert an Hand zahlreicher Beispiele und in Auseinandersetzung mit verschiedenen Auffassungen ein Entscheidungskonzept, das inter- und transdisziplinär anwendbar ist. Es wird die Frage verfolgt, wie entscheidungskompetent mit Vielfalt und Alternativen umgegangen werden kann und wodurch Entscheidungen zu begründeten und verantwortbaren werden. Hierbei wird die Selbstreferentialität solcher Entscheidungsfragen beachtet. Das entwickelte umfassende Entscheidungskonzept wird schließlich unter Hervorhebung des Erwägungsaspekts exemplarisch auf die Gestaltung von Lehr- und Lernzusammenhängen hin konkretisiert. Grundlinien einer allgemeinen Erwägungsdidaktik werden erörtert und Erfahrungen mit Erwägungsseminaren dargelegt.

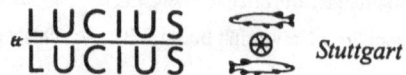 *Stuttgart*

Asylgewährung
Eine ethnographische Verfahrensanalyse
von Thomas Scheffer

2001. 249 S. kt. € 23,- / sFr 41,20 (ISBN 3-8282-0165-2)

Qualitative Soziologie Band 1 (hrsg. von K. Amann, J. R. Bergmann und S. Hirschauer)

Asyl wird nicht anerkannt, sondern in überschaubarer Zahl gewährt. Die praktizierte Asylgewährung fungiert als Filter zwischen globalen Wanderungs- und Fluchtbewegungen auf der einen und dem nationalen Wohlfahrtsstaat auf der anderen Seite. Das Asyl fußt auf einem höchst eigensinnigen und eigenmächtigen Prüfverfahren, das mit "unsichtbarer Hand" und abgekoppelt von den je aktuellen Flüchtlingskrisen immer wieder neu stabile Anerkennungsquoten fabriziert.

Die Frage, wie diese Regulation praktisch ermöglicht und vollzogen wird, steht im Zentrum der detailreichen Feldstudie von Thomas Scheffer. Seine Beobachtungen zum Asylverfahren führten ihn zu den Kontrollgängen an der "grünen Grenze" Ostdeutschlands, zu den Prozeduren einer Erstaufnahmeeinrichtung, zu den "aufenthaltsbeendenden Massnahmen" einer Zentralen Ausländerbehörde und zur Endstation Abschiebehaft. Die Fülle an Material wird wie in einem Brennglas auf die entscheidende Asylanhörung und deren Nachspiel gerichtet. Scheffer zeigt lebensnah, wie die bürokratische Mühle mahlt - und auch zuweilen ins Stottern gerät.

Die Studie ist eine bislang einmalige Praxis-Analyse des Asylverfahrens. Sie liefert das nötige Detail- und Hintergrundwissen fuer all jene, denen um eine Versachlichung der wiederkehrenden Asyl- und Migrationsdebatte gelegen ist. Zusätzlich entwickelt sie Konzepte für eine neue, realistische Soziologie verfahrensförmiger Vermachtung, bürokratischer Organisation und staatlicher Herrschaft.

Deutschland - ein Einwanderungsland?
Rückblick, Bilanz und neue Fragen

herausgegeben von Edda Currle und Tanja Wunderlich
europäisches forum für migrationsstudien (efms)
2001. 538 S., kt. € 39,- / sFr 69,-. ISBN 3-8282-0196-2

Der Band knüpft an die von Friedrich Heckmann 1981 gestellte Frage "Die Bundesrepublik: Ein Einwanderungsland?" an und führt in einem aktuellen Überblick Erkenntnisse aus dem politischen wie wissenschaftlichen Diskurs zum Thema Migration und Integration zusammen.

Autoren aus Wissenschaft, Verwaltung, Politik und Medien diskutieren aus ihrer jeweiligen Perspektive die ausländer- und migrationspolitischen Entwicklungen der letzten Jahre und stellen einschlägige theoretische Erkenntnisse und empirische Untersuchungsergebnisse bezüglich der Konsequenzen von Zuwanderung für die Bundesrepublik Deutschland vor.

Die Darstellung behandelt die folgenden Themenbereiche:

* Migration im politischen und wissenschaftlichen Diskurs
* Migrations- und Integrationspolitik in Deutschland
* Migration und Sozialstruktur
* Migration und Integration in Städten
* Migration in internationaler Perspektive
* Interkulturalität und das Fremde

 *Stuttgart*

Kommunikation, Koordination und soziales System

Theoretische Grundlagen für die Erklärung der Evolution von Kultur und Gesellschaft

von Manfred Aschke

2002. XVI/275 S., kt. € 36,- / sFr 63,- (ISBN 3-8282-0210-1)

Das Buch entwickelt in Auseinandersetzung mit der Systemtheorie Niklas Luhmanns ein Konzept der Erklärung kultureller und sozialer Evolution, das Systemtheorie und Handlungstheorie schlüssig miteinander verbindet.

Im Zentrum der Argumentation steht die Überlegung, daß die Umwelt einen nicht nur zufälligen, sondern selektionstheoretisch verstehbaren Einfluß auf die systeminterne Erzeugung von Information in Kommunikations- und Bewußtseinssystemen hat: Die Evolution der Kartographie setzt die Bewährung der Landkarten bei der Orientierung in der realen Landschaft voraus. Das Grundmodell eines Evolutionskonzepts, das der pragmatischen Dimension von Information Rechnung trägt, wird anknüpfend vor allem an Überlegungen von Bernd-Olaf Küppers zum Ursprung biologischer Information und an die Erkenntnistheorie Jean Piagets gewonnen.

Dabei geht es dem Autor nicht um eine Reduktion von Kultur und Gesellschaft auf Biologie oder individuelle Erkenntnis, sondern darum, die Logik evolutionärer Erklärung zu erfassen und für das Konzept der Erklärung kultureller und sozialer Evolution fruchtbar zu machen. Im Fall der Evolution von Kultur und Gesellschaft wird die Erklärungslast auf die Einheiten Kommunikation, Koordination und soziales System verteilt. Dem Begriff der Koordination als Einheit der Selektion liegt die mit spieltheoretischen Argumenten gestützte Annahme zugrunde, daß Kommunikation den sozialen Akteuren hilft, Probleme der sozialen Koordination ihrer Handlungen zu lösen. Auf dieser Grundlage lassen sich soziale Lernprozesse theoretisch als Ineinandergreifen der Makroevolution von Kultur und Gesellschaft und der Mikroevolution des individuellen Bewußtseins modellieren.

Dimensionen der Verteilungsgerechtigkeit

Von Frank Dietrich

2001. VIII/222 S., kt. € 27,- / sFr 48,10 (ISBN 3-8282-0180-6)

Im Zentrum dieses Buches steht das Thema der Verteilungsgerechtigkeit. Die Darstellung folgt der Einsicht, dass verschiedene Problemdimensionen der Verteilungsgerechtigkeit auseinandergehalten werden müssen. Grundsätzlich wirft jede Verteilung drei Fragen auf:·

- Wer soll bei der Verteilung berücksichtigt werden?·
- Was soll bei der Bewertung der Verteilung betrachtet werden?·
- Wie, d.h. gemäß welcher Prinzipien soll die Verteilung vorgenommen werden?

Diese Verteilungsfragen stellen sich von der Kleingruppe bis zur globalen Menschheitsgemeinschaft für praktisch alle Formen menschlichen Zusammenlebens. Überall, wo Menschen um knappe Ressourcen konkurrieren oder kooperativ Güter produzieren, muß ein Modus für die Verteilung der Güter bzw. der Arbeitslasten gefunden werden. Den Bezugspunkt der vorliegenden Untersuchung konzentriert sich ausschließlich auf die staatliche Gemeinschaft - genauer gesagt: die staatliche Gemeinschaft in modernen westlichen Demokratien und deren normativen Vorstellungen, die in rechtsstaatlichen Prinzipien zum Ausdruck kommen.

 *Stuttgart*